海外中国
研究丛书

刘　东　主编

[日]吉川忠夫　著

王启发　译

六朝精神史研究

江苏人民出版社

图书在版编目(CIP)数据

六朝精神史研究/(日)吉川忠夫著;王启发译.
－南京:江苏人民出版社,2011.3(2022.4重印)
(海外中国研究丛书/刘东主编)
书名原文:六朝精神史研究
ISBN 978 - 7 - 214 - 06837 - 8

Ⅰ.①六… Ⅱ.①吉…②王… Ⅲ.①思想史－研究
－中国－六朝时代 Ⅳ.①B235.07

中国版本图书馆 CIP 数据核字(2011)第 027822 号

RIKUCHO SEISHINSHI KENKYU
Copyright © 1984 Tadao Yoshikawa
Chinese translation rights in simplified characters arranged with Kyoto University Press
through Japan UNI Agency, Inc., Tokyo
Simplified Chinese edition copyrights © 2010 by Jiangsu People's Publishing House
All rights reserved
江苏省版权局著作权合同登记号:图字 10 - 2007 - 197 号

书　　　名	六朝精神史研究
著　　　者	[日]吉川忠夫
译　　　者	王启发
责 任 编 辑	张晓薇
装 帧 设 计	陈　婕
责 任 监 制	王　娟
出 版 发 行	江苏人民出版社
地　　　址	南京市湖南路 1 号 A 楼,邮编:210009
照　　　排	江苏凤凰制版有限公司
印　　　刷	南京新洲印刷有限公司
开　　　本	652 毫米×960 毫米　1/16
印　　　张	30.75　插页 4
字　　　数	400 千字
版　　　次	2012 年 1 月第 1 版
印　　　次	2022 年 4 月第 3 次印刷
标 准 书 号	ISBN 978 - 7 - 214 - 06837 - 8
定　　　价	95.00 元

(江苏人民出版社图书凡印装错误可向承印厂调换)

序"海外中国研究丛书"

　　中国曾经遗忘过世界,但世界却并未因此而遗忘中国。令人嗟讶的是,20世纪60年代以后,就在中国越来越闭锁的同时,世界各国的中国研究却得到了越来越富于成果的发展。而到了中国门户重开的今天,这种发展就把国内学界逼到了如此的窘境:我们不仅必须放眼海外去认识世界,还必须放眼海外来重新认识中国;不仅必须向国内读者迻译海外的西学,还必须向他们系统地介绍海外的中学。

　　这个系列不可避免地会加深我们150年以来一直怀有的危机感和失落感,因为单是它的学术水准也足以提醒我们,中国文明在现时代所面对的绝不再是某个粗蛮不文的、很快就将被自己同化的、马背上的战胜者,而是一个高度发展了的、必将对自己的根本价值取向大大触动的文明。可正因为这样,借别人的眼光去获得自知之明,又正是摆在我们面前的紧迫历史使命,因为只要不跳出自家的文化圈子去透过强烈的反差反观自身,中华文明就找不到进入其现代形态的入口。

　　当然，既是本着这样的目的，我们就不能只从各家学说中筛选那些我们可以或者乐于接受的东西，否则我们的"筛子"本身就可能使读者失去选择、挑剔和批判的广阔天地。我们的译介毕竟还只是初步的尝试，而我们所努力去做的，毕竟也只是和读者一起去反复思索这些奉献给大家的东西。

　　　　　　　　　　　　　　　　　　刘　东

目 录

译者的话

当读者面对吉川忠夫先生的这部《六朝精神史研究》,从书名上,便可以知道其研究对象的时代范围和所属领域,因为这毕竟是以我们或耳熟能详或稍感陌生的历史时期的文化为主题的。我想,大概既会令一见就似曾相识的读者感到亲切,温故而知新;也会令初读本书的读者慕名而来,按图索骥,以致茅塞顿开。总之,应该是开卷有益,各有各的收获。

说到"六朝"之称,大概有四种说法。以历史上公元 3—6 世纪建都于建业后称建康(即今江苏南京)的六个王朝东吴、东晋、宋、齐、梁、陈而名之的是一种说法,又被称作"南朝六朝";以与上述历史时间大致相当,朝代上有重叠的魏、晋、宋、齐、梁、陈而名之的是又一种说法。前一种说法据说源于唐代许嵩的《建康实录》,《宋史》卷三七五《张守传》中张守也说"建康自六朝为帝王都"。后一种说法据说出自北宋司马光《资治通鉴》编年所体现的正统论。再有一种说法是,与建都于南方的六个王朝相对应的北方六个王朝三国魏、西晋、北魏、北齐、北周及隋,因为均建都于北方,也合称"六朝",又被称作"北朝六朝"。还有一种比较常用的说法,就是区别于上述三种说法而泛指整个三国到隋统一之前的魏晋南北朝时期的六朝,这已经是一种历史时间的表述。

中国历史上的朝代及其承继更替,从来都是呈现出地域性与时间性的相互交错。六朝之称,就最明显地体现出这样的特点。吉川忠夫先生本书所考察的时间范围,大体上是既包含着狭义的六朝,又包含有泛称的六朝,这应该是确定无疑的。更何况不仅如此,当我们看到由党锢、何休、《太平经》,以及颜师古、刘知几、道宣、傅奕、唐代的天竺中土说等构成的篇题跃然纸上的时候,吉川忠夫先生研究的时间视野已经超过了六朝而上下延展到了东汉和唐代。所以,在空间的地域性上,吉川先生的论述则是覆盖了南北朝的六朝的。

说到"精神史"一词,大概是日本学者的书名中使用较多的词语,近些年我国的学者也有采用。据说当汉语中原有的"精神"一词被用来翻译西方哲学的相关词语时,其抽象性意涵的丰富性还是蛮有意味的。如同"思想"、"思维"、"意识"乃至"哲学"等词语一样,"精神"一词的使用也有其时代性。那么,我想读者要理解吉川先生本书以"精神史"定名其内容范围,只要看到本书序章《六朝士大夫的精神生活》中"精神生活"一词,自然就能心领神会了。再加上著者在"六朝式精神的诸相"一节所讨论的"容纳佛教"、"隐逸思想"、"山水思想"、"'自然'思想"等问题,还有本书各章篇题中多有出现的"学问"和"宗教"等词语,就使我们更能够领会所谓"精神"的含义和"精神史"所包含的内容。或者可以说,形成于头脑的内在思维,见诸笔端的文字,行诸日常的和政治的生活,这就是精神。而关乎精神在历史上的存在或者其演变的历史的陈列和展示的,就是精神史。当然,也许我们习惯于称之为思想,或者思想史,尽管精神与思想间还是有微妙差异的。这也就让我想起贺麟先生和王玖兴先生翻译的黑格尔《精神现象学》中的"精神",以及作为哲学范畴或命题中与物质相对而言的"精神"了。

　　六朝精神史的内容是极为丰富的,吉川先生本书的具体考察和论述也充分体现了这一点。而我的体会是,本书的考察最具特点的莫过于对四个方面的关注:一是史家及其思想,二是儒道佛三教关系,三是东汉魏晋南北朝至隋唐时期的政治史和社会史演变,四是学术研究的承前启后。这几个方面或许可以成为中国学者推进思想史研究的借鉴。

　　首先,对于或是史家,或是史注家,或是史评家的沈约、范晔、颜师古、刘知几等历史人物,吉川先生进行了直接考察,除了有对其家族前辈系统上的考察之外,对他们作为思想家的思想表现的形式和表述方式的多样性及其历程,还有他们作为史家与文学的联系、与经学的联系、与宗教的联系等问题,本书都有所展开,这是本书的特点之一。其次,以儒道佛三教关系而引出本书对范泰、范宁、沈约、颜之推、顾欢、葛洪、傅奕、僧祐、道宣等在佛儒或佛道关系中的位置和思想表现,以及踞食论争、中土边土论争、夷夏论争等问题,或个案或综合性的研究成为本书所展现的特点之二。再有,对于东汉末年、汉魏之际、南北朝各时代社会、政治的变迁与学问和思想的多方面联系的考察和论述,构成了本书的特点之三。还有,从学术研究的承上启下方面来说,吉川先生汇集近二十年的研究,很多方面是受到福永光司、宇都宫清吉、川胜义雄、谷川道雄等日本学者的影响而展开的,在称引和借鉴他们的研究成果的同时推进了相关研究,体现了吉川先生广博的研究视野和独到的兴趣所在。

　　我想,若详读本书,上面提到的几个特点就会一一呈现出来。

　　最后我想说,对于中国读者,特别是思想史的学习者和研究者来说,吉川先生的这部书确实是值得一读和作为参考的,其中必有可以引申的学术课题和可以借鉴的研究方法。

中文版序

　　本书作为"东洋研究史丛刊"中的一册由京都同朋社出版是在 1984 年 2 月,距今大约 1/4 世纪的往事了。因为在接着序章而由 5 部分、15 章所构成的本书中我想寄托的意图已如在《后记》中所记,所以这里就不再重复了。在本书出版之后,我的研究虽犹如牛步般迟慢,但仍然以本书为基础却是无疑的。那么请读者允许我在此记述一下这些研究的梗概吧。

　　本书出版之后,我对问题的关心就转向了中国的宗教史。也就是想把在本书的第五部分《六朝人与宗教》中所面对的问题,稍微将时代扩展并且更加深入一些。我在 1998 年写了《中国人的宗教意识》(创文社),在《后记》中我写道:"抽去宗教问题来讲有关可称为中国中世的六朝隋唐时代大概是不可能的,这在我是很强烈的认识。本书即是针对这一情况,想就有关生活在六朝隋唐时代的人们的'罪的意识'这一关乎个人的问题,而专门进行考察的。"虽然我对问题的关心转向宗教史原本基于我个人内心的愿望,但是与此同时,有不少是与我从 1974 年到 2000 年 26 年间在京都大学人文科学研究所所担负的共同研究相关的。在人文研究所中以中国研究为主要任务的东方部,中国思想、历史、文学等方面的研究人员每周或者隔周,定期地聚集一堂会读某一文献的做法已经成为长年的传统了,而我就是不断地以会读宗教文献为主的共同研究班中的一员,也就是参加已故福永光司教授和已故川胜义雄教授主持的会读《广弘明集》的共同研究班、已故柳田圣山教授主持的会读《禅林僧宝传》的共同研究班,以及麦谷邦夫教授主持的《周氏冥通记》的共同研究班,还有我自己主持的会读《真诰》和《北山录》的共同研究班。我主持的共同研究班的成果《中国古道教史研究》(同朋社,1992 年)、《六朝道教的研究》(春秋社,1998 年)、《唐代的宗教》(朋友书店,2000 年)三本论文集和《真诰研究(译注篇)》(京大人文科学研究所,2000 年)已经出版了。熟悉日本中国学情况的葛兆光教授写了《文献学与历史学的进路——读吉川忠夫编〈六朝道教的研究〉》和《重新清理唐代宗教的历史——读吉川忠夫编〈唐代的宗教〉》这两篇文章(《域外中国学十论》,复旦大学出版社,2002 年。又收入《屈辱史及其他——六朝隋唐道教的思想史研究》,三联书店,2003 年),他在给这两本书做书评的同时,还详尽而确切地介绍了有关我们共同研究班的情况。读者若能参看一下的话我感到很荣幸。

除了在京大人文科学研究所的共同研究之外,我还参加了在京都花园的禅文化研究所进行的在已故入矢义高教授和已故柳田圣山教授指导下读《祖堂集》和《景德传灯录》等禅录的研究会,这对我来说促动很大。从中受到教益的是,兴盛于唐代的禅佛教在中国宗教史上确确实实是开启了新生面的。例如,就像我在近年发表的《一日不作,一日不食——佛教和劳动的问题》(《东洋史苑》69 号,2007 年)中所论述的,以往的佛教教团,农业劳动被当做禁忌,然而在禅佛教教团,教团的成员全都参加农业劳动(作务)是普遍的事情。

就这样,本书出版后我对问题的关心就集中转向了六朝隋唐时代的宗教史,此外就是对正史《后汉书》进行了日本传统翻译法的训读翻译和注释的《训读本〈后汉书〉》全 11 册(2001 年至 2007 年)的问世。众所周知,《后汉书》中有告诉我们佛教传到中国之初情况的数条纪事。据说成为唐代著名的禅师神会出家之机缘的,就是因为"览《后汉书》,知浮图之说"(《宋高僧传·神会传》)。然而,我致力于对《后汉书》进行训注,倒不一定是因为在《后汉书》中有关于传来初期佛教或初期道教的纪事,而是以对《后汉书》的撰者刘宋的范晔的关心为主要动机的。若不怕被误解而大胆言之的话,我想要通过《后汉书》来理解东汉时代史的情况先姑且不论,毋宁说我所关心的就是生于六朝时代的名门望族顺阳范氏的范晔这个人物本身。这是我很早以前就很强烈地关心着的。也就是作为定位在本书《后记》中所讲的"留意于叙述历经东晋的范宁、宋的范泰、范晔三代的学术史乃至思想史方面"的第二部分《范氏研究》之延长线上的工作而致力于《后汉书》方面的。并且在《训注本〈后汉书〉》中采取仅以范晔所撰述完成的"本纪"和"列传"部分为对象,省略了司马彪撰述完成的"志"的部分,就是出于这个原因。我所认为的六朝时代的学问往往是作为家学而存在的情况,在本书的第四部分《颜氏研究》中也稍有言及,尤其是河东裴氏的史学可谓其典型,刘宋的裴松之著《三国志注》,裴松之的儿子、同在刘宋的裴骃著《史记集解》,裴骃的孙子裴子野著刘宋时代的编年史《宋略》。大概在范晔的《后汉书》中范氏所传的家学传统还是留下了某些影迹吧。作为显而易见的说法,钱大昕说道:"案范宁撰《谷梁集解》,往往采其先人及兄弟子侄之说,蔚宗(范晔)作史,亦举曾祖穆侯(范汪)、王父豫章君(范宁)、先大人宣侯(范泰)。"(《廿二史考异》卷一二《后汉书》"黄宪传条")钱大昕的这一说法,就是根据在《后汉书》列传的论中分别具有的内容:"余曾祖穆侯以为宪隤然其处顺,渊乎其似道,浅深莫臻其分,清浊未议其方。若及门于孔氏,其殆庶乎!故尝著论云。"(列传四三《黄宪传论》)"王父豫章君每考先儒经训,而长于玄,常以为仲尼之门不能过也。及传授生徒,并专以郑氏家法云。"(列传二五《郑玄传论》)"先大夫宣侯尝以讲道余隙,寓乎逸士之篇。至《高文通传》,辍而有感,以为隐者也,因著其行事而论之曰……"(列传七三《逸民·高凤传》)若再补充而言的话,在列传二〇下《郎颤襄楷列传》的论中有云"郎颤、襄楷能仰瞻俯察,参诸人事,祸福吉凶既应,引之教义亦明。此盖道术所以有补于时,后人所当取鉴者也。然而其敝好巫,故君子不以专心焉",其中的"其敝好巫",大概就是承袭范宁《谷梁传集解序》中的"左氏艳而富,其失也巫"之说的。

总之就是像以上这样,本书给了我后来的研究以大的方向。本书的序章《六朝士大夫的精神生活》的中文译稿已被收在《日本学者研究中国史论著选译》第七卷"思想宗教篇"(中华书局,1993 年)中,而此次本书全部被翻译成中文则不能不令我深为感慨。在过了 1/4 世纪的往昔的本书当中还有什么价值呢?这是我所放心不下的。然而读者若能率直地赐予意见的话,那么作为著者的我则是再高兴不过的了。在最后,我想向承担了很麻烦的翻译工作的中国社会科学院历史所研究员王启发先生和他的夫人中国社会科学出版社副编审罗莉女士由衷地致以深厚的感谢之情,并且也想对为中文版翻译事宜付出联络之劳的大东文化大学渡边义浩教授表示谢意。

2008 年 2 月 15 日

吉川忠夫

序章　六朝士大夫的精神生活

前　言

　　在唐代韩愈的《原道》中,有这样一段话:"古之为民者四,今之为民者六;古之教者处其一,今之教者处其三。"其意思就是说,"古"时候的士农工商四民,如"今"又加上僧侣和道士而成为六民;"古"时候的儒教一教,如"今"又加上佛教和道教而成为三教。以主张在理论上推进复古、在现实上超越上述那样的"今"为其通篇之重点的《原道》,尽管闪耀着作为"宋学"之先驱性功绩的荣誉——宋学就是从内在方面给予那些"因儒教的教养(其同时也意味着道德能力)之故,作为完美的存在受到期待理应通过科举而成为为政者(官僚)那样一些人的阶层"①,亦即直到宋代才取得了牢固不移地位的狭义的士大夫以支持的哲学——但是,韩愈认为可以超越的对象即其所谓"今"的时代,并不只是指短短的、即韩愈所处的同一时代,还包括在他之前的六朝时代。不仅如此,或者毋宁说正是以六朝时期为主要对象的,这从其前后的文脉可以看得很清楚。

---

① 岛田虔次:《朱子学与阳明学》(岩波新书,1967年),第14页。

4 　　不过，"士大夫"一词，尽管在狭义上有像前面那样的定义，但是其词语本身，在科举官僚社会确立以前，早在先秦时代就开始使用了，也频见于六朝时期的文献。① 那种广义的士大夫一成不变的性质，大概最主要的就是指作为知识人和作为具有由这些知识所保证的道德能力的保持者。那么，为了弄清楚六朝士大夫所固有的性质，他们知识的内容以及其教养所应有的状态，就成为我们所要探究的问题。从这一点来考虑，被称做"儒教教养的保持者"的狭义的士大夫与六朝的士大夫，有很多情况是不相同的。即如韩愈也指出的，儒佛道(仅限于无特别说明的而言，所谓道，就是指作为道家思想的老庄和以老庄为思想依据而确立的宗教即道教这两者而言的)三教成为一个三方组合，就是在六朝时期，生活于那个时代的士大夫，多少都与三教有关系。即便是在一人身上，三教和平共处的事例也绝不少见。比如张融(444—497 年)在临终时留下遗言，要求"左手执《孝经》、《老子》，右手执小品(《般若经》)、《法华经》"(《南齐书》卷四一)；还有王褒(514—577 年)对自己的几个儿子诫饬说"吾始乎幼学，及于知命，既崇周、孔之教，兼循老、释之谈，江左以来，斯业不坠，汝能修之，吾之志也"(《梁书》卷四一《王规传》)等等，就是这样的例证。

　　再有，正如人们常说到的，六朝的士大夫是以玄儒文史四学兼习作为其人生理想的。② 也就是，到了六朝时期，伴随着以玄学亦即以老庄为中心或者有时加上《周易》的思辨哲学的诞生，汉代时包括在儒学之下而居从属地位的文学和史学此时也获得了独自的领域。文学从儒学中独立出来，是由声称"文章乃经国之大业，不朽之盛事"(《典论·论文》)的

5 魏文帝曹丕(187—226 年)大声疾呼所昭示的；史学从儒学中独立出来，则是从在《汉书·艺文志》中史学大多被著录于"六艺略·《春秋》部"，以及在六朝确立的四部分类法中史部获得了与经部对等的地位这些事实

---

① 参见宫川尚志《六朝史研究——政治·社会篇》(日本学术振兴会，1956 年)，第 174—180 页。
② 森三树三郎：《六朝士大夫的精神》(《大阪大学文学部纪要》3 卷)。

中大体可以看到的,大概因为图书分类是学术分类的直接反映吧。这样,也就几乎受到指摘,认为六朝时文史夺取了作为汉代仕官之捷径的经术的地位(《梁书》卷一四《江淹·任昉传·史臣论》)。此外,以书画为首的各种艺术,不以鉴诫为目的,而是自己被目的化,从而成为批评和鉴赏的对象,这也是从六朝开始的,通过大量的书论和画论的出现就可以想象到。在这里我想暂且附带说一下的,就是被当做非常有趣的话题而提到的情况:原本是作为"罚"的反义词,也是指针对他者的行为的"赏",其字义到了六朝时被加以扩充,变成了新的包含主观的和内省的批评或鉴赏(尤其是关于自然的方面)的意思。①

总之,儒佛道也好,玄儒文史也好,如果认为兼习这些是六朝士大夫的目标,那么自汉武帝"罢黜百家,表彰六经"以来作为唯一绝对价值的儒教,已经成为多数价值中的一种价值了。于此,价值并存的时代到来了,真正地与被称为士大夫者相适应的、丰富的精神生活的展开也开始了。因而,像过去经常出现的那种仅从以经学为中心的立场而认为这个时代是精神史上的衰亡时代的想法,则是片面的错误判断。而且,与之相表里,只强调老庄思想作用的观点也是不妥当的。在研究六朝精神史时所应采取的视角,我想大概就是要明确,立足于儒佛道或玄儒文史兼习的六朝士大夫在现实生活中构筑起了怎样的世界观,这种世界观又宣告了怎样的时代精神。本书则尝试着哪怕只是揭示出其中的一个方面也行。在做这样的尝试之前,我想先就六朝士大夫在社会史上的特质做一简单的描绘,这大概不是徒劳无益的吧。

如人们所熟知的,六朝的士大夫原则上是属于与"庶"相对的"士"的身份,他们出身于豪族乃至贵族,大多相应于其门第的高低而自动地获得官位。还有重要的则是以下的方面,也就是,以东汉末年的所谓清流

---

① 小尾郊一:《中国文学中所体现的自然和自然观——以中世文学为中心》(岩波书店,1962年),第530—559页。

势力的集结为契机,以舆论为背景,又或以友人或师徒等人际关系为媒介,形成了超地域的全国规模的士大夫社会①,然而他们还需要通过这一士大夫社会的舆论——清议——对其作为知识及道德的获得者予以承认。如果反过来讲,比如经济上似乎很沦落,或者在现实中并非官僚,若通过清议而得到承认的话,也可能成为士大夫。但是,与宋代以后士大夫和庶民的关系极具流动性的情况相比较,以出身为存在原则的六朝士大夫,很容易自然而然地形成排他性的和封闭的世界。原因大概就在于,其往往以宫廷和贵族的沙龙,乃至只限于很小范围的特定集团为中心而创作文学和谈论哲学等等。② 再有,被称为骈文的极致美文,也正是与这个时代相适合的。这是因为骈文在一个一个的词语当中都含有典故,无论从视觉上还是听觉上都要求很工整,在给出的词语组合中最大限度地包含着某种思想和感情。这样的文体,并不是任何人都能够做得很好,只有在充满了精粹知识的自信基础上才能够做到。③ 不要忘记的是,在由一部分人独占知识的方面,还与当时处于印刷术发明以前而依据写本的经籍流传时代这一确实的客观情况有关。当时书籍稀少,如果不是具有一定程度的财力和机会的话,由个人收藏大部头的书籍是很困难的。即使是通过借阅,因为必须或是让写字生来誊写以至自己亲自动

---

① 参见川胜义雄《贵族政治的形成》(《六朝贵族制社会的研究》,岩波书店,1982 年,第一部第一章)。

② 在福永光司的《嵇康与佛教——六朝思想史和嵇康》(《东洋史研究》20 卷 4 号)中,对这些沙龙乃至俱乐部进行了计数。

③ 高桥和巳:《六朝美文论》(收入《全集》第 15 卷,河出书房新社,1978 年)。高桥这样讲道:"六朝——换言之,它是这样一个时代,虽说各种各样的历史性制约参与了进来,但是在生于并且生活于其中的文人的意识当中,认为那种特有的美文形式,才是对于他们面对的各种问题的文学性的解决,以及在当时的理想的人生态度上更好的适应和调和;认为为了在理论性上更加推进一步,唯有美文才是文学的必定当然的形态。"他又说:"美文,尽管往往是在内容空疏的那种衰弱形态下而被论述的,但实际上是作为从自古以来的因袭和束缚中解放和进步的旗手而登场的。"他从这个立场出发,论述了六朝美文的特质、作用和发展。高桥氏还在别的地方讲到:"甚至连任何的苦恼和任何的绝望,都必须用美妙的修辞来加以掩饰,这种情况就是六朝文学的基本立场。而且到了南朝末期,则流于一种即使牺牲事实的真实性也要保持其表现之美的趋向了……"(《颜延之的文学》,收入《全集》第 15 卷。)

笔誊写,或是靠记诵,所以也是需要充分的财力和余暇时间的。

一　由汉代至六朝的展开

1　六朝式精神的萌芽

　　以儒教作为自己的意识形态而存在的汉朝帝国的瓦解,是以儒教价值的降低为决定性因素的。不过在此之前,儒教自身的矛盾已经开始显现化了。可以看到,其矛盾就在两方面之间,一方面是为汉朝帝国所公认的学问即今文学,另一方面是与今文学发生对抗且甚至显出凌驾其上之势的在野的学问即古文学。在家法、师法的严格制约之下专治一经的今文学,与家法、师法不固定且五经兼习,并认为五经在整体上构成一个学问体系的古文学,两者立场不同是很显著的。① 这里我想提请读者注意的是,在五经兼习的古文学的学问态度上,虽说只是限于一种经学范围内的问题,但是已经可以看到价值并存的六朝式存在样式的萌芽了。与这种古文学相对的今文学,其极为繁琐的学风很早就受到了批判:"后世经传既已乖离,博学者又不思多闻阙疑(《论语·为政》)之义,而务碎义逃难,便辞巧说,破坏形体;说五字之文,至于二三万言。后进弥以驰逐,故幼童而守一艺,白首而后能言;安其所习,毁所不见,终以自蔽。此学者之大患也。"(《汉书》卷三〇《艺文志》)然而,今文学作为汉朝帝国公认的学问而受到优厚的保护,又由于被排他性地立于学官,所以还担负着培养帝国官僚的职能。但是,在帝国开始走向衰亡之路的时候,就不能不重新审视其作为学问本身的价值了。东汉桓帝(146—167 年在位)的时候,从所谓清流士大夫当中发起的批判朝政的浪潮逐渐高涨起来,而太学生们虽然是受到今文学教育的官僚预备军,然而这些太学生们所

① 对今文学与古文学做了出色概述研究的,有狩野直喜的《两汉学术考》(筑摩书房,1964 年),特别参见其第 132—135 页。

怀抱的一种期待则是"文学将兴"(《后汉书》传四三《申屠蟠传》)。所谓"文学",确实与今天所讲的学问意思是不同的。况且,真正学问的爱好者,比起顽冥固陋的太学博士来,则更支持五经兼通的"通儒"。在六朝士大夫那里一贯地流传着的,的确无非就是这种通的意识。六朝人的理想更超越了"通儒",是以对经学以外的一切事物都通晓的人亦即"通人"为目标的。然而,我认为,这个"通人"一词,作为表示担负着这种时代精神的人之典型的说法而被赋予了新的气息,似乎是在东汉末的时候。例如,五经自不待言,对于今古两种文学都精通的郑玄(127—200 年)被称做通儒是很合适的。可是就连他这样,据说那些"有才说"的袁绍的宾客们,虽然承认其为儒者,但是并不承认其为通人,而且这些通人们还讥评他的学问方法为繁(《后汉书》传二五《郑玄传》)。这个故事在使人知道"通儒"和"通人"哪一方达到了能够具有更高的价值方面,是极有帮助的。

不过,无非就是这样的历史事实,对于给汉朝帝国提供了政治理论、形成了汉代人日常生活之基本成分的儒教,对于没有今文学和古文学之分的儒教,给予其本身以决定性的打击并且准备了新时代的精神的,最终还是汉帝国的崩溃。请看仲长统(180—220 年)的《乐志论》(《后汉书》传三九)。这可以说是预言性地揭示了与新时代相应的时代精神是什么的一个范本。其中写道,"使居有良田广宅,背山临流,沟池环匝,竹木周布,场圃筑前,果园树后",这与其说是汉代的乡里共同体的景观,不如说是豪族所占据的六朝式庄园的景观。其结尾写道,"逍①摇一世之上,睥睨天地之间。不受当时之责,永保性命之期。如是,则可以陵霄汉,出宇宙之外矣。岂羡夫入帝王之门哉"。应该说这并不是儒家思想的表现,而是试图朝着非政治的、超越的、永恒的世界飞翔的心迹之表白。

儒家思想,尽管在礼教(名教)主义的名义之下,做到了形成汉代的

---

① 译者注:中华书局本"逍"作"消"。

制度,统治着教育,创造和感化出种种的道德价值和精神理想,但是在其所支撑起来的社会体制已经瓦解的时候,人们又依靠什么生存为好呢?而且,"夫子之言性与天道,不可得而闻也"、"不语怪力乱神"、"未能事人,焉能事鬼;未知生,焉知死"等等,如《论语》中这些话语所显示的,儒教对属于超越的世界、宗教的世界、永恒的世界的问题,从来是敬而远之的。可是,由于当下以其为依据而建立的体制已经崩溃,在作为与社会孤绝了的个体的人的问题上,尤其是就面对生死问题不能不变得敏感的人们而言,开始渗透于这些人饥渴的精神当中的,可以说首先就是老庄思想。曹魏时的荀粲认为,对性与天道不予言说的儒家思想,尽管有六经的存在,也不过是"圣人之糠秕"(《三国志》卷一〇《魏志·荀彧传》注《晋阳秋》)。还有同时的沐并,在其《终制》当中说道:"儒学拨乱反正,鸣鼓矫俗之大义也,未是夫穷理尽性、陶冶变化之实论也。若能原始要终, _10_
以天地为一区,万物为刍狗,该览玄通,求形景之宗,同祸福之素,一死生之命,吾有慕于道矣。"(《三国志》卷二三《魏志·常林传》注《魏略》)在这些话语当中,汉魏之际的士大夫明确地讲到,就是要把取代儒教的什么思想寄托在老庄方面。如果借用宇都宫清吉氏的话来讲,六朝的精神是在超越了汉代的礼教主义的方外主义当中以完美的表现而体现出来的。①

2　儒教批判与儒教的变化

在对取代儒教的老庄加以省察的同时,另一方面也开始从各种角度对常识性的既成伦理加以检讨或者批判。在当君主与父亲同时陷于笃疾的时候,如果药只有一丸,那么应该救谁呢?对于曹丕的这一设问,邴原悖然而回答说"父也"(《三国志》卷一一《魏志·邴原传》注《邴原别传》)。然而就父与子的关系,对孔融(153—208 年)来说,他认为"论其本意,实为情欲发耳";又就母与子的关系,他认为"譬如寄物瓶中,出则离

---

① 宇都宫清吉:《〈世说新语〉的时代》(收入《汉代社会经济史研究》,弘文堂,1955 年)。

矣"(《后汉书》传六〇)。至于孔融的友人祢衡,则是在掌权者曹操面前先是脱得赤身裸体,然后又慢慢地换上衣裳的底层人物(《世说新语·言语篇》注《文士传》)。在他们那里所能看到的,大概就是针对正在不断地产生出众多的伪善者以及在汉朝帝国内外弥漫着的名教式的良风美俗而做无情地否定的姿态。然而还可以看到,不只是就这样地为否定而否定为止,而是专心瞩目于作为一个自由人的确立,进而提高到一个思想的层次上,这就是所谓的竹林七贤,其中有阮籍(210—263 年)和嵇康(224—?)。

阮籍在《大人先生传》中把礼法之士比作钻到裤子里乱转的虱子,而在他身上又有着不少很有名的故事。比如他醉卧在邻居酒垆主人的年轻妻子旁边,还有他在母亲去世时仍像平常一样地饮酒吃肉等等。这些行为就是针对被礼法所羁绊和束缚的世俗的虚伪性而发出的控告,尽管表现在当他为送别回娘家的嫂子而受到讥议时所讲的"礼岂为我辈设也"(《世说新语·任诞篇》)这句话当中,但是他并没有只停留在这一点上。这就需要引用一些长文来说明了。比如他的《咏怀诗》之第三,"嘉树下成蹊,东园桃与李。秋风吹飞藿,零落从此始。繁华有憔悴,堂上生荆杞。驱马舍之去,去上西山趾。一身不自保,何况恋妻子。凝霜被野草,岁暮亦云已"。其所深咏的沉郁的诗句,正是基于自觉到所有的东西因时间的推移而逐渐变化的虚妄性,以及铭刻在人类存在当中的宿命性的孤独;也就是认为人类的存在无论历史上还是社会上都是孤立无援的,从这一认识出发而产生出要超越时空的束缚、向往成为自然之存在——如《大人先生传》中所描绘的在宇宙中逍遥的、绝对的自由人=神仙——的憧憬。还有嵇康,他明确说到"每非汤武而薄周孔"(《与山巨源绝交书》),也无非是出于尊重从礼教规范中被解放出来的人的自然性而言的。"六经以抑引为主,人性以从欲为欢。抑引则违其愿,从欲则得自然。然则自然之得,不由抑引之六经;全性之本,不须犯情之礼律。"(《难自然好学论》)自然才是人类存在的根源,那么作为他的终极理想的神仙就是完全自然的存在,也就是"至人"。而且,嵇康在犹如阮籍《大人先生传》那样的文学性散文,乃至犹如阮籍《咏怀诗》那样的韵文中,一说到神仙,就与感性所把握到的方面相反,而是留心于展开从肉体的磨炼(养形)和精神的磨炼(养神)这两个方面出发的理论性的神仙说。通过这种理论的实践,就是想把当下存在的自我改造成为另外的某种东西,而且是超越了日常的和经验的世界的有关理法方面的某种东西。①

　　这样,阮籍也好,嵇康也好,他们对礼教的破坏力,可以说是在其自身当中孕育着趋于创造性东西的冲击。这大概是由于他们具有关于人类存在的深刻认识,还有不见其他类比的、他们的显著个性的缘故。这些情况,也是他们自己充分自觉到的地方。这从阮籍教训想要仿效"达"的行为的自己儿子阮浑"未识己之所以为达也"(《世说新语·任诞篇》注《竹林七贤论》)当中就可以看出来。还有,变得与《绝交书》完全不同,而从《家诫》中所看到的嵇康过于慎重的处世态度和对于世间灾祸的周到考虑,也足以让人想到这些情况。尽管如此,在这之后,到了西晋元康时期(291—299 年),阮瞻、王澄、谢鲲、胡毋辅之,这些阮籍的追随者们出现了。他们"故去巾帻,脱衣服,露丑恶,同禽兽"(《世说新语·德行篇》注《王隐晋书》),这种行为被称为通,被称为达。但是他们在模仿阮籍的同时,还剩下最重要的一点最终没能模仿到。按照葛洪(283?—343 年?)所说,不过是"无……之自然,而效其倨慢"(《抱朴子·刺骄篇》)的人物。而依戴逵(?—395 年)所言,则是"捐本而徇末"、"舍实而逐声"(《晋书》卷九四《隐逸传》)的人物。也就是说,只有阮籍的自然是模仿不了的,而他们的行为并不是扎根于情之自然的。因此,由乐广(?—304 年)提出的"名教中自有乐地,何为乃尔也"的批判就是针对他们的(《世说新语·德行篇》)。这些话由本来就不是礼教规范主义者的乐广吐露出来是值

---

① 有关阮籍,参见福永光司《阮籍的恐惧与慰藉——阮籍的生活和思想》(《东方学报》第 28 册);有关嵇康,参见福永光司《嵇康之自我的问题——嵇康的生活和思想》(《东方学报》第 32 册)。

13 得注意的。可以认为,这就是从我将在后面讲述的名教自然论的立场而对无自然的放达的批判。

然而,魏晋的儒学比起汉代时的盛况来,沉滞已极的状况也是事实。如果作为极端的例子而举出《魏略·儒宗传序》(《三国志》卷一三《魏志·王肃传》注)的纪事,尽管太学的荒废已经结束,但是在正始(240—248 年)中提起圜丘之议的时候,郎官及司徒领吏二万余人,其中在京师在籍的虽然达一万人,可是应诏而参议者也没有几人。不过,应该注意到,被放在士大夫教育最初阶梯位置的,仍然是以《孝经》、《论语》为首的一系列的儒家古典。在曹丕那里,"少诵《诗(经)》、《论(语)》,及长而备历《五经》、四部、《史》《汉》、诸子百家之言"(《典论自序》)。还有,被称为喜好《周易》、《老子》之玄学的钟会(225—264 年)也是这样,他从母亲那里所接受的家庭教育过程是:4 岁读《孝经》,7 岁读《论语》,8 岁读《诗经》,10 岁读《尚书》,12 岁读《左传》和《国语》,13 岁读《周礼》和《礼记》,14 岁读《成侯易记》(成侯是其父钟繇的谥号);他被允许独自学习而能够"涉历众书"的时候,则是在其 15 岁进入太学以后的事情(《三国志》卷二八《魏志·钟会传》注引《母传》)。仅就这些来说,成为他们教养之基础的依然是儒家思想,从这一点上来辨别汉代与六朝的不同是很困难的。因为其不同在于各有存在的形式,特别是在儒教性质的变化上。受到激烈批判浪潮的冲击,以至有了作为有力的对立物的老庄存在,这样的儒教已经不可能再是原本汉代式的情形了。

说到儒教的变化,不外乎就是从沉滞到复生的一个摸索的结果。何
14 晏(190?—249 年)在《论语集解》中,对于"回也,其庶乎屡空[1]"的空,除了常识性的"空匮"之义以外,又提出了"虚中"这一解释,他还想出了老子和儒教的圣人性质的同一性。还有阮籍在被追问到老庄与儒教之异

---

[1] 译者注:本书原文此处作"回其庶乎屡空矣",现据《论语·先进》原文而改。又在本书第十三章注 12(译者注:即本译文第 380 页注⑤)中即"回也,其庶乎屡空"。

同的时候,他以"将无同(难道不是同吗)"三个字来回答。这是很有名的故事(《世说新语·文学篇》)。这些论及老庄与儒教之一致性的说法,就是根据赋予儒教圣人以全新性质的状况的。例如,在回答裴徽提出的"夫无者,诚万物之所资,圣人莫肯致言,而老子申之无已,何邪"的质问时,王弼这样说道:"圣人体无。无又不可以训。故言必及有。老庄未免于有,恒训其所不足。"(同上)这就是说,因为老庄还尚且停留在形而下的"有"的世界,所以反而讲论关于形而上的"无";与之不同,儒教的圣人体会到了"无",因为"无"是超越了言说的东西,所以反而讲论关于形而下的"有"。虽然这一看就是明显的诡辩逻辑,但是作为一种类型而固定化,不能不说在六朝精神史的展开中的确是留下了很大的足迹。在《难宅无吉凶摄生论》中,嵇康说:"夫神祇遐远,吉凶难明。虽中人自竭,莫得其端,而易以惑道。故夫子寝答于来问,终慎神怪而不言。"也就是说,孔子虽然感悟了超越性世界的理法,但是担心会使凡人迷惑,故特意隐而不说。这显然是王弼逻辑的延续。但是并未到此为止。不久,这个逻辑又在以孔子为佛之睿智的获得者的主张上被反映出来,以至于给儒佛一致论或者是儒佛道(三教)一致论提供了一个有力的论据。

这样,六朝的儒学就达到了与汉代儒学甚为不同的样子。我想,这种情况可以在范宁(339—401 年)的《谷梁传集解序》中找到具体的素材。[15]首先值得注意的是,其中可以看到如下的说法:"《左氏》艳而富,其失也巫。《谷梁》清而婉,其失也短。《公羊》辩而裁,其失也俗。"虽然是对《谷梁传》的注释,但是他并不是特别地提出来而使之彰显,而是公平地指出《春秋》三传各自的得失。进而他如下地认为,理应作为最终目标的,是充满了必然妥当和至为妥当的真理的"经"(在他的场合就是《春秋》),三传则不过是为了使"经"得到疏通的方便而已。所以说,只采择三传中正确的解释,如果全都出现错误的时候,就应该全都舍弃,要根据"理"来疏通"经"。因此,对于传是不应该墨守的。而且,如同在《集解》中混合有庄子风格的解释这一事实所最为清楚地显示的那样,只要是"理",采用儒家以外的说法也无妨。对他来说,被看作是体会到了真理的,即使认为首先是儒家的经本身,但是在他说到"并舍以求宗,据理以通经"的时候,就可以认为其中正隐约地显示出已经脱离了经本身而趋于终极性的真理——宗——的志向。换言之,就像传是为了疏通经的方便一样,这样一来,经就是担负着为了接近超越经之真理的一种价值的东西了。①不过,在这里必须说明的情况是,这种思考,恐怕只限于以通人而自诩的士大夫。还要指出的是,以经学为职业的专门家们,不注意"究览异议,择从其善",而是"宁道孔圣误,讳闻郑、服非"(《旧唐书》卷一○二《元行冲传》载《释疑》引王劭《史论》),以所谓"章句之学"相终始。

那么,范宁的立场告诉我们,前面已经指出过的六朝时的多种价值并存的现象,并不仅仅是多种价值相互毫无关系地存在着,相反,可以预想到的,这些价值是充满着终极性真理的存在。而且,将其真理性以各种各样的形态投射出来的多种价值——即说教的存在又是被容许的。葛洪在《抱朴子·辨问篇》中认为的所谓圣人就是"人事之极号",儒家的圣人周、孔是"治世之圣人",以及葛洪所讲到的甚至以"棋圣"、"书圣"为代表的"知音之圣"、"用兵之圣",即所有的领域都有圣人存在,这些说法不过是将这种思考以极端的形式表述出来而已。《抱朴子》一书,在理论性方面主要是继承嵇康,同时更详细地论述了技术性方面——道术——的神仙说,所以作为"得道之圣人"的黄老在其中占据最高的位置是当然的。尽管因此被认为是诽谤儒家圣人的东西而受到非难,然而作为回答,他辩明说,这只是"但欲尽物理耳","理尽事穷,则似于谤讪周孔矣"

---

① 以上有关范宁的详细情况,参见本书第三章《范宁的学问》。范宁的态度,似乎显示出与东汉何休的态度的鲜明对照。后者不仅著《公羊传解诂》,又通过《谷梁废疾》和《左氏膏肓》而排斥其他二传,通过《公羊墨守》而坚定自己立场。然而实际上,在何休那里也已经能看到涉猎于各种经传,追求"理应当然"之处的态度等,请参见本书第一章《党锢与学问——特别以何休为例》。

（《辨问篇》），也是没有办法的。① 的确，他在另一方面，对作为"治世之圣人"的周、孔给予了十分的尊敬。这种情况甚至适用于对有关阮籍和嵇康的认识，他们只是排击束缚人之自然的礼教，而在他们的思想形成上，儒家思想作为一种价值，在从自己生命的实在深处而被重新解释的同时，也还是有着很多关联的。

二　六朝式精神的诸相

1　容纳佛教

六朝士大夫，为了接近终极真理，为了"尽理穷事"，在各种各样的价值中发现了意义，而且还对超越了日常的、经验的世界之永恒的东西抱有强烈的冲动。也正是这种情况，成为使之比较容易接受作为外来宗教的佛教的条件。而且可以想象的地方是，加深和异民族的接触，有时候还必须经历异民族统治，这种历史性的现实也是可数的条件之一。能够提出所谓"圣贤所出，何必常处"，就是六朝士大夫在涉及相当广的范围的一种心态。②

佛教虽然早在汉代就流传了，但是作为思想对中国的士大夫有了具体的影响力，即如习凿齿在写给道安（314—385 年）的书简（《弘明集》卷一二）中也曾讲到的，应该是在自其流传而经过了四百年以上的东晋时开始的。习凿齿指出，因为东晋明帝（322—325 年在位）信奉佛教，所以犹如大地一打嗝，万窍即咆哮一样，贤哲君子们都偏向了佛教。此说确否我们暂且放下。还有如何尚之（382—460 年）所列举的那样（《弘明集》卷一一），东晋时代以来，佛家的确抓住了多数士大夫的心。可以说，在佛教思想当中也有特别被中国的士大夫抱以新鲜印象而受到欢迎的方

---

① 以上有关《抱朴子》的详细情况，参见拙稿《抱朴子的世界（下）》（《史林》47 卷 6 号），以及本书第十一章《师受考——集中于〈抱朴子内篇〉》。
② 参见本书第十一章《中土边土的论争》。

18 面,这就是中国传统思想中本来所缺少的轮回报应的思想。就其背景来说大概可以考虑如下。道教是通过形神的磨炼而追求永生的,但是它只停留在对现在生命的无限延长上;而且尽管其所说如此,但是既然死是落在千万人头上的严峻的事实,虽然嵇康和葛洪多有所辩,却不能具有充分证明神仙之实在的说服力。从死的恐怖中解放出来,是依然未能解决而原样保留着的问题。《列子》的各篇,或者王羲之(307?—365? 年)所讲的"我卒当以乐死"(《晋书》卷八〇)这句话所显示出的一种快乐主义,也可以认为其实就是与死的恐怖互为表里的。还有,原本在中国也有"积善之家必有余庆,积不善之家必有余殃"(《周易·坤卦·文言传》)这一立场的报应说存在,但是又如这句话所显示的,报应并不是以作为一个人的问题而言的,往往是被当做一家之中的父祖和子孙的关系来考虑的①;由于即使在一个人那里的报应,也始终是停留在现世的报应上,因而屡屡发生善恶的行为与吉凶祸福方面的不对应,令司马迁早就感叹过"天道,是耶非耶",而往往把人们推向了宿命论的谛观。可是,在佛教那里,讲历经三世的轮回报应,尽管是否是佛教本来的思想而被以疑问视之,但无论如何作为接受者一方的中国人,则当做轮回的主体而设想了不灭的"神"。也就是说,即使伴随着死而"形"、"质"都消灭了,而不灭的"神"则通过再次和"形"、"质"相结合,就可以保证在来世的再生了。这样一来,可以说纠缠于原来的轮回观念的有关生存的很深的绝望感就被排除了,并且一转而变成约定从死的恐怖中得到救济的希望了。② 所谓"世皆悲(形质的)合之必离,而莫慰离之必合。皆知聚之必散,而莫识

19 散之必聚",这是东晋罗含的《更生论》中的一段(《弘明集》卷五,752,

---

41 ① 被称为起源于东汉的《太平经》,在唐代抄录的《太平经抄》中又有如下一段:"比若父母失道德,有过于乡里,后子孙必被乡里所害,此乃承负之验也。"(丙部,《道藏》第 746 册)对应的原文在《太平经》本文当中没有看到。

② 参见津田左右吉《神灭不灭的论争》(收入《全集》第 19 卷,岩波书店,1965 年),还有梶山雄一《慧远的应报说与神不灭论——在与印度思想的对比当中》(木村英一编《慧远研究——研究篇》,创文社,1962 年)。

27c)。进而,比如根据慧远(334—416 年)所说,除了在现世报应的现报之外,又有在来世所受的生报,还有在经过很多的生世之后所受到的后报(《弘明集》卷五《三报论》),这就变得大致可以对应性地说明善恶的行为与吉凶祸福的关系了。

　　这样,作为对于中国人极其具有诱惑性的东西而被接受的,特别就是轮回报应说。然而一般东晋的士大夫接受佛教思想之际所采取的方法是,"以经中之事数,拟配外书"(《高僧传》卷四《竺法雅传》,T50,347a)①,也就是将佛典的专用术语与中国的经籍,尤其是与老庄的著述结合起来的做法。这样一来所理解的佛教就是格义佛教。所谓格义佛教,概言之,不外乎就是根据老庄思想而作的佛教解释,仿效王弼以来尝试附加给儒教的圣人以作为老庄式的"无"乃至"道"的获得者的性质,而也想将佛教的圣人"佛"附以作为这样的人物的性质。孙绰(311—368 年)的《喻道论》(《弘明集》卷三),也就是其最显著的例子。②"夫佛也者体道者也。道也者导物者也。应感顺通,无为而无不为者也。无为故虚寂自然,无不为故神化万物。"(T52,16b)这样,如果佛被附以了作为老庄式的无为自然之道的获得者性质的话,由于儒家的圣人已经明显地被附以了那样的性质,那么以老庄为标准进一步而言,佛和周孔的一致在道理上也就是很自然的了。对于使作为外来宗教的佛教与中国的传统思想相结合,从而起到了三教一致论的关键作用的老庄思想,大概就应该给予这样的评价。"周孔即佛,佛即周孔。盖外内名之耳。……周孔救极弊,佛教明其本耳。共为首尾,其致不殊。……其迹则胡越,然其所以迹者,何常有际哉?"(17a)尽管在儒佛之间存在着内外以至本末的不同,但是那只是"迹"——作为儒是儒,佛是佛的具体的样式,亦即教法—— [20]

---

① 译者注:本书著者所引用的佛教经典文献均依据《大正新修大藏经》,以"T"表示,后面的数字是具体册数和页码,"a"、"b"、"c"则表示上、中、下三栏的位置。

② 有关孙绰的思想,参见福永光司《孙绰的思想——东晋三教交涉的一个形态》(《爱知学艺大学研究报告》第 10 辑)。

的不同,在"所以迹"——使儒作为儒、佛作为佛的具体的样式,即形成教法的根本理法——上两者是一致的。

不过,我认为在所谓"迹"和"所以迹"这一原本出自《庄子·天运篇》的概念当中,似乎隐藏着在解释说明六朝精神史的发展上极其重要的关键。如前面一再讲到的那样,我的考虑是,认为儒佛道三教价值并存的六朝人,虽然充分认识到了作为"迹"的儒佛道的不同,但是在另一方面,由于认为其在"所以迹"上是一致的,所以儒佛道兼习,也就是加深趋于"所以迹"的睿智,因而精神上的无秩序状态就绝不会发生。尽管新流传的各种佛典一经陆续地开始被汉译,就产生了对以道安为首的格义佛教的真挚的反省,以致不久就认为应该在其本来的样式上来接受佛教,但是由于与中国的传统思想没有发生相互轧轹,因而"迹"和"所以迹"的逻辑应当还是极其有效的。仿效孙绰的慧远,是在内外关系上来把握佛教与儒教的。进而,作为对儒家古典的注释而意外的情况是,在《论语义疏》中,皇侃(488—545年)把儒教称为与内教相对的外教;还有范泰(355—428年)和谢灵运(385—433年),讲到《六经》是为了"济俗为治"的经典,而为了"求灵性之真奥"就不能不以佛教为指南等等(《高僧传》卷七《慧严传》,T50,367c)。我想,尽管这使人认为他们不仅认识到作为"迹"的儒佛的不同,而且认识到在两者之间一定的价值序列,但是认为儒佛在"所以迹"上一致的思考还是全都一以贯之的。而且同样的关系,在儒道之间也可以指出来。所谓"圣教(儒教)救其末,老庄明其本,本末殊途,而为教也",这是东晋李充的《学箴》(《晋书》卷九二《文苑传》)中的一段,甚至其表述都和《喻道论》是一样的。使三教一致论成立的一个很有力的根据,就在于这种"迹"和"所以迹"的思考逻辑。

在这里我想附带说一下的是,在与三教一致论者对立的排佛论者那里,实际上也可以发现不少"迹"和"所以迹"的思考逻辑。例如,范晔(398—445年)的《后汉书·西域传论赞》。其中他讲到,世俗教化的方法不止一种,而是适应教化的对象而采取各种各样的形式,如果挑出儒佛道三家一致的地方,并舍弃如佛教的轮回说和报应说这样有疑问的地方,那么三教的大道大概是相同的。轮回报应说难以看出与中国传统思想的一致点而作为疑说被特别示例的这一点,是首先值得注意的。进而值得注意的一点是接着前面而考虑的,尽管佛教与中国思想的大道是相通的,但是由于瑰丽的风土和淫虚的性情,不具有中国礼教的西胡教化所产生的无非就是佛教,所以它是应该返还到西胡人的手上。再有,从道教立场攻击佛教的顾欢(420—483 年)所作的《夷夏论》,尽管也说"道则佛,佛则道",而暂且承认道佛的一致,可最终还是排斥佛教,维护道教的,其论辩则大致如下:"佛道齐乎达化,而有夷(印度)夏(中国)之别。若谓其致既均,其法可换者,而车可涉川,舟可行陆乎?"像这样,在范晔和顾欢那里,大概也都可以很容易地发现"迹"和"所以迹"的思考逻辑。只是三教一致论者与他们决定性的不同在于:三教一致论者在注意"迹"的同时,更把着力点放在"所以迹"上;相反,他们则把视点放在"迹"上,强烈地强调"迹"由于受到在其地域上固有的历史的、社会的、风土的各种条件(顾欢将其称为"俗")的制约,因此断定印度所产生的佛教是不适合于中国的。[①]

2　隐逸思想

从胡族马蹄的恐怖中逃离出来的东晋士大夫们,在美丽的江南找到了安歇之地。曾经为阮籍和嵇康生活过的,确实是所谓"往者天尝在下,地尝在上,反覆颠倒,未之安固"的时代(《大人先生传》)。尽管既存的秩序被颠覆了,但是尚未看到替代它的新的秩序的确立。而且,"亲昵怀反侧,骨肉还相雠"(《咏怀诗》之七十二),就是在这样的吃掉或者被吃掉的时代,此时以九品官人法开始被门阀中心所运用为最大的契机,从而达到了门阀贵族制社会体制的确立,士大夫们的政治、社会、经济的地位也

[①] 有关范晔和顾欢的详细情况,参见本书第四章《关于踞食论争》,及第十三章《夷夏论争》。

安全而确实地得到了保证。与这一事实相呼应,在阮籍和嵇康等人那里所看到的作为实践的、主体性的人生探究的意愿,逐渐地丧失了。再有,由于预见到胡族的猖獗和国家灭亡的阴影,使其感受性变得更加敏锐,而愈益追求强烈刺激的西晋元康时期的放达派之遗风,在他们那里是根本没有的。取代想要改变现实的愿望的,则是安于现实的软弱的精神。作为思辨,则是很容易流于观念性、游戏性的东西,既不能内化为所谓走向实践之契机的力量,又潜藏着只是作为充满知性趣味的东西的危险。弗朗西斯·培根所讲的"知识就是力量"的定义,在他们的场合是不适用的。新近接受的佛教,特别是格义佛教,也并不是与这样的精神背景无缘的存在。帛尸梨密多罗(高座道人)、竺法深、支遁、竺法汰、唐僧渊、于法兰、于法开、于道邃这些胡汉的沙门们,与东晋贵族社会有很深的接触,由他们所代表的佛教,因为是得到贵族社会的支持而发展起来的,所以往往容易缺少与历史性的现实对决的态势,其清高而独善的性格则是难以抹掉的。极而言之,甚至可以说当时的佛教,就是给在京师建康和东南地方的会稽这两大中心的贵族清谈界提供清谈材料的清谈佛教。①而且,其清谈一类的情况,举一例而言,即如沙门支遁写出《即色论》而向王坦之(330—375 年)展示的时候,因为对方一言不发,支遁就问道:"默而识之乎?"所得到的回答是:"既无文殊,谁能见赏?"(《世说新语·文学篇》)一方面广泛地运用着内典和外典(在这里指《维摩经》和《论语》)中的知识,另一方面又深陷于仅靠表现上的技巧和高妙的机智,即使很危险也要支撑这样的谈论。在六朝士大夫特异的隐逸思想当中,大概可以看到他们的这种既观念性又游戏性、既清高又独善的思考的完全定型。

党锢之狱、黄巾之乱、群雄割据,对于在社会不安不断发生的波浪中遭受折腾的东汉末士大夫来说,出处进退就是一个紧迫的问题。以郭泰

---

① 参见福永光司《支遁及其周围——东晋的老庄思想》(《佛教史学》5 卷 3 号)。

(128—169 年)为很好的例子,即有不少人作为处士而终其一生。再有,在"易生嫌疑,贵贱并没"(《世说新语·栖逸篇》注引《王隐晋书》)的魏晋的暗淡世情之下,比如像因阮籍和嵇康前去拜访而出名的孙登那样栖逸山中的逸民也有不少。这些处士或逸民,大概可以划归为《后汉书·逸民传序》所列举的几种传统的逸民类型的某一类当中。也就是各归为隐居以求其志者、回避以全其道者、垢俗以动其概者、疵物以激其清者当中的某一种。若进一步借用《后汉书》的表述的话,他们大致都是"观其甘心畎亩之中,憔悴江海之上,岂必亲鱼鸟、乐林草哉。亦云性分所至而已"的人物。也就是,为了保持不与世俗相容的耿介的自我,从而置身于与世俗悬隔的境遇,甘愿强忍于艰苦而隐逸的生活。

不过,如果认为老庄思想是解说超越世俗的"方外之宾"的存在方式的,那么在老庄思想广泛而普遍渗透的六朝时代,隐逸行为已经成为士大夫普遍关心的事情了。可是,伴随着作为稳定体制的门阀贵族社会的确立,出现了与以往极为不同形态的逸民。如果先讲出结论的话,那就是不避世的逸民和不艰苦的隐逸。在他们的立场上,并不是避世不避世的问题,而只是要问将心情置于何种境地的问题。

以会稽内史为最后任职而在会稽退休的王羲之,在写给谢万的书简中将自己的心境做了如下的告白:"古之辞世者或被发阳狂,或污身秽迹,可谓艰矣。今仆坐而获逸,遂其宿心,其为庆幸,岂非天赐!违天不祥。"(《晋书》卷八〇)接着,就是叙述有关他与儿孙们在桑果之间逍遥,与友人谢安的山海之游,与亲族知己的欢宴等等,"其为得意,可胜言邪!"而且,与友人谢安的山海之游,又伴随着作为"并行田视地利"的庄园主的工作。在这里,很有特点的是,取代古人之艰苦的隐逸而变为坐享其成的隐逸,正是建立在经济安逸基础上的悠然自适的生活,才被当做"得意"(根据《庄子·外物篇》的"得意忘言"之语)而称颂的。① 不过,

---

① 参见拙著《王羲之——六朝贵族的世界》(清水书院,1972 年)。

25 王羲之的隐逸是在离开了官场的个人世界而形成的,当隐逸被还原到专门归于心情的状况时,那么如以下所表现出的立场,毋宁说就是当然的了。这就是针对谢万从以处士为优、以仕官者为劣的观点而写出有关渔夫、屈原、季主、贾谊、楚老、龚胜、孙登、嵇康等四隐四显的《八贤论》,而孙绰评论说:"体玄识远者,出处同归。"(《世说新语·文学篇》注引《中兴书》)还有,在邓粲那里也有很好的实例。起初对于州郡的辟召一律不应的邓粲,后来还是因为荆州刺史桓冲的邀请而有负于初志。当遭到栖逸时代的友人对其变节的揶揄时,他这样回答说:"足下可谓有志于隐而未知隐。夫隐之为道,朝亦可隐,市亦可隐。隐初在我,不在于物。"(《晋书》卷八二)《晋书》撰者则议论说,尽管对于邓粲的这一回答,其友人没有再回应,但是同时邓粲的名誉也减半了。这大致体现出,虽然朝隐、市隐的理论对六朝士大夫来说是极其具有诱惑力的,但是仍然留下了不少难以全面承服的蹒躇。我们看一下谢灵运的相关诗句,也是可以这样说的。"昔余游京华,未尝废丘壑。矧乃归山川,心迹双寂寞。"(《斋中读书》)此诗中所吟咏的是体现他以整合"心"和"迹"(行动)为目的的境况。"庐园当栖岩,卑位代躬耕。顾己虽自许,心迹犹未并。"(《初去郡》)此诗中所吟咏的无非是对其心迹的不够整合的悔恨。① 谢灵运的这种立场,我认为与将在后面一节讲到的他的山水观也有很深的关系。那么大体上朝隐、市隐的理论获得了胜利。"小隐隐于陵薮,大隐隐于朝市"(王康琚《反招隐》)。而且,由于佛教沙门也被认为是一种逸民,所以孙绰在《道贤论》中将天竺的七僧比拟成竹林七贤(《高僧传》卷一《竺法护传》),陶渊明(365—427 年)在《集圣贤群辅录》中将沙门于法龙算作西晋时期 26 的八达之一。即便如此,那些沙门到了王坦之时,则被当做束缚于佛教立场的非自由人而加以否定。"高士必在于纵心调畅。沙门虽云俗外,

---

① 参见王瑶《论希企隐逸之风》(《中古文人生活——中古文学史论之二》,棠棣出版社,1951 年。后收入《中古文学史论集》,上海古籍出版社,1982 年)。

反更束于教,非情性自得之谓也。"(《世说新语·轻诋篇》)

对于这种在六朝时期特别的隐逸观,如果按照沈约(441—513 年)的《宋书·隐逸传序》来整理的话,便成为如下的结果。与"贤人之隐"成对比的"隐者之隐",比如荷蓧丈人、巢父、披裘公等,那只是为了以与人不同为目的而做到的"身隐",唯"贤人之隐"才是隐于"道"的"真隐"。由于这种真隐是"迹见于外,道不可知",所以不附加客观的判别。这样一来,尽管六朝士大夫自己是官僚,而且往往是财富的所有者,但是依然能够贯彻隐的立场。那么相反,舍弃官僚地位并舍弃财富,就是被迹所抓住了。而且,忽略了这一否定逻辑而安于现状式的隐逸思想,与老庄的立场也并不是相矛盾的。倒不如说,进行了老庄思想的某种替代性解读的这一说法大概是更正确的。何以这么说呢?因为郭象(252?—312 年)在其《庄子注》当中就这样讲到:"若为拱默乎山林之中而后得称无为者,此庄老之谈所以见弃于当途(为政者)。当途者自必于有为之域而不反者,斯由之也。"(《逍遥游篇》)这个注是附在许由推辞了尧所让天下的传说之后的。就《庄子》的本文而言,只是将贯彻了逸民立场的许由当做难能可贵的来解说的;而郭象对这一内容所做的如上注解,特别来说是做了曲解,那么在这里,郭象的《庄子注》作为"特会庄生之旨"(《经典释文·序录》)的解说,大概是有着广为世人欢迎的一个有力的理由的。

3　山水思想

安于被视为在隐逸思想中具有特点的自在世界的六朝士大夫的精神,沉入到了想要通过理智来克服现实的实践意志之反面的、随时起伏的情感世界。在这个时代,艺术的开花结果,其中大概可以发现一个理由吧。

"夫人之相与,俯仰一世,……虽趣舍万殊,静躁不同,当其欣于所遇,暂得于己,快然自足,不知老之将至。及其所之既倦,情随事迁,感慨系之矣。向之所欣,俯仰之间①,已为陈迹,犹不能不以之兴怀。况修短随化,终期于尽。古人云,死生亦大矣(《庄子·德充符》),岂不痛哉!……固知一死生为虚诞,齐彭殇为妄作"。这是著名的王羲之《兰亭诗序》(《晋书》卷八〇)中的一段,悲欢也好,死生也罢,长寿也好,短命也罢,承认人类存在的弱点之根源就在于对立而变化的诸相,为了克服这些,从而否定主张万物齐同说的《庄子》的立场。王羲之承认,时时刻刻变化着的情感性的东西,其中反倒是人性之自然,所以他才原原本本地肯定感性与心情世界的脆弱和短暂。在会稽内史王羲之主办的永和九年(353 年)三月三日的这次兰亭之宴当中,有四十余位名士出席,其中的一人孙绰,也留下了《兰亭诗序》。"耀灵纵辔,急景西迈,乐与时去,悲亦系之。往复推移,新故相换,今日之迹,明复陈矣。"在这里他所承认的,也和王羲之一样,就是想要以悲欢之原样来肯定变换无尽的人间悲欢这样的态度。② 于是,作为陶冶这种情感的东西而得到重视的,就是山水之自然了。六朝时对于山水的倾倒,作为其表现的山水文学的确立,在这里就有其根据了。孙绰还说道:"情因所习而迁移,物触所遇而兴感。故振辔于朝市,则充屈之心生,闲步于林野,则辽落之志兴,……为复于暧昧之中,思萦拂之道,屡借山水,以化其郁结。"(《文选》卷一一)山水间的游放,使其得以从世俗的烦恼中解放出来,并化解心中的郁结。但又不只是如此。还有,如果借助孙绰的《游天台山赋》(《文选》卷一一)的表述来说,"浑万象以冥观,兀体同于自然",也就是与作为超越了现象世界的天地宇宙之存在原则的"自然"之间所达到的冥合。这里要注意的是,在他那里,尽管也认为那就是原本的神仙境地,但是神仙不是以通过仙道的实践性修业为媒介,而是在幻想的心理状态中寻求的。因为从有力地保持着通过炼金丹和折磨肉体以追求神仙的这一抱朴子式的立场,到向

---

① 译者注:此处中华书局本"俯仰"作"俛仰"。
② 参见前揭拙著《王羲之》。

后来由陶弘景(456—536年)集大成的茅山派道教的推移转变过程,在其中是得到重视的。①

我认为,不只是孙绰,王羲之和谢灵运跋涉了会稽的山水,也是向山水之自然当中寻求心灵的沉潜。尤其是谢灵运在会稽始宁(浙江省上虞县)经营"栋宇居山"的山居生活,为的就是"选自然之神丽,尽高栖之意得","仰前哲之遗训,俯性情之所便。奉微躯以宴息,保自事以乘闲";"谢平生于知游,栖清旷于山川"(《宋书》卷六七《山居赋》)。在《游名山志序》(《初学记》卷五)中,也超越了把沉潜于山水看作是缺乏大志者之所为的世人的非难,而强调山水的"清旷之域"是不比世俗"名利场"差的理想之地。并且认为,就像这样,清旷之心正应该栖于清旷之山水,在那里展开自得和自适的生活;而且这才是隐逸者的生活。从而,山水,并不只是作为美好的享乐对象而存在的。在题为《从斤竹涧越岭溪行》而歌咏始宁退隐时代的山水小纪行的五言古诗中,以拂晓山水之精巧的描写开始,幻想着在那山水之中突如其来的神女的身姿。然而立即就反省到,这种神女最终不过是依靠理智而不能辨析的幻想中的存在。于是,在结句时吟咏道:"观此遗物虑,一悟得所遣。"若只是通过一心一意般地对山水的观赏,就能够排遣一切思虑的话,这个排遣之所在,所谓"所遣",就是指意识到在《庄子·齐物论篇》的"郭象注"中所说的"既遣是非,又遣其遣,……而是非自去矣",而能够达到这样的感悟。像所谓"一悟得所遣"这样的去掉阶梯而一举悟道的方法,大概与他在《辨宗论》中主张的顿悟论不无关系。

《辨宗论》②(《广弘明集》卷一八)是谢灵运接受了竺道生(?—434年)之说,在解说对根本性真理的悟得方法上很难解的哲学论文。其中,

29

---

① 关于陶弘景,麦谷邦夫的《陶弘景年谱考略(上)(下)》(《东方宗教》47号、48号)似乎给我们提供了基本的资料。又,参见本书第十一章《师受考》。
② 有关《辨宗论》,参见福永光司《谢灵运的思想》(《东方宗教》13、14合并号),木全德雄《谢灵运的辨宗论》(《东方宗教》30号),荒牧典俊《南朝前半期的教相判释的形成》(福永光司编《中国中世的宗教与文化》,京都大学人文科学研究所,1982年)。

谢灵运认为,佛和孔子得到的理在终极性上是同一的,同时,"华民易于见理,难于受教";另一方面,"夷人易于受教,难于见理"。(T52,225a)其以中国人相对于印度人在理智上的优秀性为前提,认为因此佛所采取的是阶梯性地积累"学"而达到感悟的"渐悟说";相反,孔子所采取的是无媒介地一举达到感悟的"顿悟说"。那么,他自己是偏袒"顿悟说"的。而且,说这样的"顿悟说"是以"得意忘言"的道家之说为基础,正是与在以上的诗句中看到的"所遣"一词相照映的。这样,对谢灵运来说,山水并不只是美好的享乐对象,其作为自己哲学的验证场所,还有作为为了达到感悟的具体的场所,也都是有意义的。

与山水文学的发生相对应,中国山水画的滥觞也是在东晋。上面所提到的孙绰的《游天台山赋》,其实好像就是在天台山图的旁边吟咏出来的。同样地,因为年老体病而已经受不了山水跋涉的宗炳(375—443年),据说把曾经游历过的名山画在墙上,坐卧时都面对着它。在他的《画山水序》(《历代名画记》卷六)中,这样地说到山水的意义:"圣人以神法道,而贤者通(于道);山水以形媚道,而仁者乐(于此)。不亦几乎。"我想,在讲到山水通过打动感觉的美丽容姿而向形而上的道献媚的这一话语当中,似乎精妙地集中体现了六朝士大夫的山水观。

4 "自然"思想

体现了如上各种展开样式的六朝士大夫精神,并作为解明其构造上的关键词而极其重要的,大概就是"自然"概念。有关"自然"简明扼要的说明,就是郭象在《庄子·知北游篇》注中所给出的所谓:"谁得先物者乎哉?吾以阴阳为先物,而阴阳者即所谓物耳。谁又先阴阳者乎?吾以自然为先之,而自然即物之自尔耳。吾以至道为先之矣,而至道者乃至无也。既以无矣,又奚为先?然则先物者谁乎哉?而犹有物无已。明物之自然,非有使然也。"追求物的存在原理,做反反复复的思考之后,从而得出这样的结论,物即自然,也就是作为"自为而然的东西"而其自体自生和存在。因此,稽康在描绘代替儒家式君子的新的君子像,而说"越名教而任自然"(《释私论》)的时候,那就是宣告了拒绝顺随作为他律性规范的名教的自律性精神的开花结果。再有,由于山水之自然的确是超越了作为有如文字之自然那种人为的思虑的存在,在与之冥合的过程中,既可以寻求人的自然性的获得,又能做到在山水的游放中发现意义。不过其另一方面,如果认为所有的存在都是"自为而然的东西"的话,那么大概也会导出这样的结论:其实也不是名教以外的什么东西,只是本身已经存在,并非作为应该超越的名教,而是作为应该肯定的自然。而且在现实中,丧失了自然的西晋元康时期的放达派,作为单纯的名教破坏者而被指责;并且,也激起了屡屡将西晋亡国的罪过归于他们的情况,而名教自然一致论更增加了这样的力量。于是,如先前所述的那样,在汉末魏晋之际遭受激烈批判之波澜的君臣或者父子的关系,就以至被当做自然的关系来考虑了。"君亲自然,匪由名教,敬授既同,情礼兼到"(《文选》卷四七,袁宏《三国名臣序赞》)。"君臣之敬,皆是自然之所生,理笃于情本,岂是名教之事耶"(《弘明集》卷一二《沙门不敬王者论》中桓玄对王谧的论难,T52,82b)。再有,礼也被认为和律一并都不是他律性的规范,而是来自自然的。"原夫礼律之兴,盖本之自然,求之情理,非从天堕,非从地出也。"(《宋书》卷五五《傅隆传》)①

　　这样,尽管经学可以说极其沉滞了,但是只有礼学例外地被充分研 ₃₂ 究,这种一看就很奇妙的现象,就出现在六朝时期。那么在礼学中,尤其是丧服被重视的情况,大概是因为在提高门阀构成人员之间作为同族的意识上,还有在搞清楚他们相互之间的亲疏关系上,其作为维持门阀秩序的原则是有效的。再有,如在《世说新语》中可以看到的大量事例那样,容貌、言语、服饰等等,在涉及日常生活的所有方面都细致地转动着神经,以至给自己身上制作高雅而艺术性的衣着。大概正因为他们的留

---

① 参见唐长孺《魏晋玄学之形成及其发展》(《魏晋南北朝史论丛》,三联书店,1955年),第339页。

意,礼学也就被充分地加以研究。这样一来,以对礼的古代典籍的研究为开始,补充古代典籍的阙文,或者是伴随着时代变迁而适当地调整了的日常性做法整体上被世代相传,这些大致就被称作"士大夫风操"(《颜氏家训·风操篇》)。

不仅如此,由六朝士大夫所建立的门阀贵族制社会,其多层性的阶层秩序本身在通过"自然"概念加以说明的时候,应该说作为曾经否定名教性体制的原理本身,同样在外部的保护构造之下,当下则变成了维持体制的角色。如果对比而言的话,在西方中世纪,自然法的思想虽然首先是作为批判地上人间的各种制度的原则而出现的,但是不久到了圣托马斯时,尝试着自然法思想与现实的妥协,使之担负起使现世性秩序正当化的角色。上述情况与这一展开过程极其类似。① 这里就从郭象的《庄子注》中举出一例。"若皆私之,则志过其分,上下相冒,而莫为臣妾矣。臣妾之才而不安臣妾之任,则失矣。故知君臣、上下、手足、外内,乃天理自然。岂真人之所为哉。"(《齐物论篇》)各自分别安于自己的"分",就是超越了人为的天理自然。而且,郭象认为,在那种境地可以展开逍遥之游,可以保证自适的状态。然而,这个"分",是先天禀受的东西,相对于后天而言,则是不可避免、不可逃避、不可附加的东西。在这里,贵贱之"分"被绝对化,从而获得了维持门阀贵族制社会秩序的思想保证。② 这样,如果想要各自分别安于自己的"分",在不受其他领域侵犯的地方确立自己的自适状态,还有门阀自身的自适,大概就只有在王朝权力不干涉和不介入的情况下才能够确保。举例而言,范宁说到"今王法则许期亲以上得相为隐,不问其罪,盖合先王之典章"(《论语义疏》所引),从而称赞了王法——现行的律。而所谓先王之典章,不言而喻就是指《论语·子路篇》的"父为子隐,子为父隐,直在其中矣"。认为这种形成于门

① 参见世良晃志郎《中世法的理念与现实》(《岩波讲座世界历史》7,1969 年)。
② 参见户川芳郎《郭象的政治思想及其〈庄子注〉》(《日本中国学会报》第 18 集)。

阀亲族间的情爱关系是优先于王法的,以此为观念,而且在现实中王法对之予以承认,尽管或是不得不承认的。这无非就是六朝门阀贵族社会的实际状态。①

这样一来,尽管也不是没有像东晋的幸灵那样,从在一切存在中使性情自得即性情自然的见解出发来解释奴婢解放的例子②,但这始终只是少数意见,终究没能成为多数意见。也就是说,"自然"概念虽然作为变革的思想而内在充分地包含着能动的因素,但是在现实中,以郭象为首的六朝人认为,士就是士,庶就是庶,奴婢就是奴婢,安于各自的"分"、"任"才是天理自然;在自然的观念上,比起变革来,更加打上了调和的烙印。我想,就在作为齐梁间代表性的士大夫沈约(441—513 年)那里寻找一些具体的素材来考察一下这个问题。③

在沈约那里,有论文论证了佛知与众生知没有不同的问题,亦即众生都拥有萌芽性的佛性的问题(《广弘明集》卷二二《佛知不异众生知义》)。然而这一问题并不是直接地意味着说明在佛的面前众生之平等。如果说为什么,就是因为他不认为在众生当中包括士、庶、奴婢等所有的人。如同生物是根据其"识"的等差而被分为各种等级的,即昆虫不及鸟兽,鸟兽不及犬马那样的,在人类中也难以忽视地存在着基于其贤愚之等差的品级,又是基于与贤愚相对应的情性的明暗而达到感悟的。因此依照沈约所言,无知,或是在知的方面贫乏的愚者,最终是达不到感悟的。而且,他是把基于智愚的品级平行地替换为贵贱的品级,把两者的关系当做与其说是因为智而所以贵,因为愚而所以贱,不如说是因为贵而所以智,因为贱而所以愚的情况来把握。这样一来,即使在达到感悟的过程中,贵贱的秩序还是严格地得到确保的。很早时,竺道生就根据

34

---

① 参见本书第三章《范宁的学问》。
② 幸灵对江州的士人们讲了如下的话:"天地之于人物一也,咸欲不失其情性,奈何制服人以为奴婢乎,诸君若欲享多福以保性命,可悉免遣之。"(《晋书》卷九五《艺术传》)
③ 详细情况参见本书第七章《沈约的传记与生活》、第八章《沈约的思想》。

42

六卷《泥洹经》的分析,主张"一阐提人(断善根者)皆得成佛"之说(《高僧传》卷七),虽然在佛教界掀起了一大波澜,但是到底还是停留在佛教界内部的问题,最终没有留下作为社会层面的运动原则而起作用的痕迹,这一情况大概也是因为通过如沈约那样的逻辑而给予了解决。

那么,昆虫就是昆虫,鸟兽就是鸟兽,犬马就是犬马,而且愚(贱)者就是愚(贱)者,智(贵)者就是智(贵)者,各有各自的品级。承认这些的沈约认为,在安于它们各自品级的同时,又相互不侵犯他人的领地,由此,性情自然的、和谐的世界就形成了。沈约的《郊居赋》(《梁书》卷一三)就是他的这种世界观的文学性表现。在那里,包围其郊居住宅的虫鱼鸟兽草木,全都作为自得的存在而受到歌颂,被这种自得之自然所包围的作者自身也是自得的,已经停止了自己的主张,正在变成作为自然中的一物而被相对化的存在。这一作品,被时人称为是当时屈指可数的杰作,大概就因为正是自得乃至自适成了六朝士大夫普遍的理想。认为从人类世界甚至到生物界所有的存在都可以在各自的"分"上获得其生性的沈约还强调,为了让生物获得生性而坚决地戒除杀伤生命,这种慈悲,不仅是内圣(佛),而且是外圣(周孔)都一贯进行的教诲(《广弘明集》卷五《君圣论》)。但是,他的这一眼光在注视到作为人间关系的集体社会的时候就认为,安于各自的智愚之分,而且最重要的是安于贵贱之分,就是适合于自然之法则的自适。因此,他极力主张士庶辨别的必要,应该说是当然的结果。

这样一来,沈约就把愚且贱的庶民原封不动地滞留在了难以解救的溟濛之渊,而他自己则安乐于处在显要地位的朝隐,在趋于佛道两教的宗教生活的沉潜中只顾追求自我救济了。尽管可以看到他的日常生活是依照着慈悲的教导而自律的,将多余的财物布施给佛僧,然而这无非是为了"藉此轻因,庶证来果"(《广弘明集》卷二八《舍身愿疏》T52,323c)。与沈约同时代的范缜,在其著名的《神灭论》(《梁书》卷四八《儒林传》)中,指责世上的奉佛者是"厚我之情深,济物之意浅",这一评语可不只限于奉佛者,大概对于那些从现实的各种关系中移开视线,把他们的自由志向转到宗教世界和隐逸世界的六朝士大夫来说,也是广为适用的。因此,为克服六朝式的意识而高举旗帜的韩愈和李翱等唐代的古文家们,与六朝人相反,频频地讲说在人们相互间所形成的作为道德的仁义之道。再有,到了宋代的大慧时,禅"从个人自得的领域有意识地飞跃,开始果敢而大胆地切入社会生活当中",可以说其中存在着禅在士大夫社会广泛渗透的理由。的确,在大慧那里可以看到如下的话语:达到感悟的人,"岂独于生死路上得力,异日再秉钧轴,致君于尧舜之上,如指诸掌耳"①。我们不得不承认,在这些人与六朝士大夫之间存在着难以填埋的断层。社会性连带意识的缺失和因此而来的社会思想的贫困,就是交给后世解决的课题。不过,到了六朝末期,填埋以往的间隙并朝着下一个时代而起到桥梁作用,这一新的倾向总算在一部分士大夫中间萌发出来了。

36

三　士大夫的自我变革

"就像是给那意想不到地受到冲击,而到现在突然无意识的身体的存在以新的感觉一样,接受来自这些事件的打击,对可以将那种存在推向不安的什么东西的存在而感到漠然。"(瓦莱里)

给门阀贵族制社会以最直接冲击的事件,就是 6 世纪中叶前后在北朝的始于"六镇之乱"的各种叛乱,在南朝的"侯景之乱"。在门阀贵族制社会从基础上激烈动摇的时候,的确从这些事件当中,代替以出身为原则的门阀主义的,则是以个人能力为原则的贤才主义萌芽起来。在亲身体验了"侯景之乱"的颜之推(531—593？年)的《颜氏家训》中,这种观念随处得到明显认同的情况,即如在本书第九章《颜之推论》中所讲的那

①　荒木见悟:《大慧书》(《禅的语录》17,筑摩书房,1969 年),第 254 页的解说及其本文第 55 页。

样。还有在南朝陈的徐陵(507—583 年)那里尽管表现不像颜之推那样明显,但是也能窥见一鳞半爪。他在一篇文章中告诫说,对于趁着开始于"侯景之乱"的梁陈交替之际的混乱之机而向各地崛起的土豪将帅层乱卖乱发官位的情况应该加以限制,应该使其安于各自的"分"(《徐孝穆集》卷五《答诸求官人书》)。其中讲到,"既无旧又无勋,既无地又无才者"寻求官位是不应该的。也就是说,他提出的旧和勋,地和才,就是在传统积累基础上所形成的门第,以及归属于个人的勋功和才能,把两者的总合就叫做"分"。因此,他把按这个"分"相应地给予官位的状况看作是正常的状态。同时他还讲到,官爵的获得,不一定只与人的主观努力有关。他的确像佛教信仰者那样,是把被业缘或者是外典所说的天命所左右的事情结合起来而论的。然而,在认为因为贵而所以智、因为贱而所以愚的沈约的命题,与这种将门第和勋功、才能的总和叫做"分"的命题之间,差别还是不小的。

对门阀主义的反省,即便在"侯景之乱"以前,也并不是完全没有的。王僧虔(426—485 年)的《诫子书》(《南齐书》卷三三),作为从确实的门阀贵族之口道出这种反省的很早的事例是很可贵的。"因为我不能给你们留下什么'荫',所以你们应当各自不断努力。一个人的贵贱或名声,是由他是否读了数百卷书而决定的。"①认为与兴亡更替的王朝无关而夸耀自己连绵不绝的门第,早已成为贵族的风习。或认为官位不是由朝廷所给予的,根本上是来自于自己的门第,所以,"或因家世余绪,得一阶半级,便自为足,全忘修学"(《颜氏家训·勉学》)。在这样的风气尚存的时候,王僧虔所讲的脱离了门阀的"荫"而作为个人自我的生活方式的意义,大概应该得到很高评价。② 不过,还应该指出的是,王僧虔所讲的读

---

① 译者注:此处本书原文只是简约《诫子书》的文字而述之,《南齐书》卷三三所载其原文如下,可以参考。"况吾不能为汝荫,政应各自努力耳。或有身经三公,蔑尔无闻;布衣寒素,卿相屈体。或父子贵贱殊,兄弟声名异。何也? 体尽读数百卷书耳。"

② 参见安田二郎《关于晋安王子勋的叛乱——南朝门阀贵族体制与豪族土豪》(《东洋史研究》25 卷 4 号),同氏《王僧虔〈诫子书〉考》(《东北大学日本文化研究所报告》第 17 辑)。

书的内容，是以《周易》、《老子》、《庄子》这所谓三玄为首的，包括"论注百氏"、"荆州八袠"和"才性四本论"、"声无哀乐论"等清谈的主题，总之都是六朝式的东西。在这一点上，与讲清谈无用论，讲"济世成俗之要"一类思想乃至学问的颜之推之间，还是可以画出一条分割线的。

　　把视线从现实的社会关系中移开的六朝士大夫，在直接面对由自己所造成的体制危机的时候，作为当然的结果而应该体会到的，最明显的，首先大概就是在政治上的无力感。颜之推之所以不得不极力地讲"济世成俗之要"一类的思想乃至学问，就因为如此。而且，这也是六朝末期的时代要求。隋朝的苏威，在评论南朝官场上培养出来的柳庄时说："江南人有学业者，多不习世务，习世务者，又无学业。能兼之者，不过于柳庄。"（《隋书》卷六六）这令人想到，至少在江南的社会中，学业与世务处于乖离的方向上，但是在这时候已经开始要求将二者统一的人格了。尽管有所记载，早在南齐的武帝(482—493 年在位)就曾慨叹说："学士辈只是大为读书，在经国之用上起不了什么作用。"①（《南史》卷七七《刘系宗传》）在朝隐中发现了隐逸的最高形态的六朝士大夫，与其说是由于他们高贵的出身，而当然地、排他性地独占了显要的官僚地位，不如说是因为他们安身于能够独占官位的体制，所以就以对政治世界的无知和不关心为超俗而加以赞赏。"国家至少在他们那里不是第一重大的事情。在他们那里，人生问题是第一位的。"②于是，颜之推批判因为依靠门第就能获得官位而轻视修学的人，从而极力主张读书，并将其内容规定为"济世成俗之要"。所谓"济世成俗"，未必就是狭隘地指实务能力而言的。"士君子之处世，贵能有益于物耳，不徒高谈虚论，左琴右书，以费人君禄位也。"（《涉务篇》）"入帷幄之中，参庙堂之上，不能为主尽规以谋社稷，君子所耻也。"（《诫兵篇》）这就是，既强调士大夫无论"物"还是"社稷"均收

38

39

---

① 译者注：《南史》原文为："学士辈不堪经国，唯大读书耳。……于事何用？"
② 参见本章注 9(译者注：即本译本第 7 页注①)，第 491 页。

在视野当中,并以置身于与他人的关系中来完成自己为目标;又强调从内在方面支持这样的士大夫的思想乃至学问。

正像这样,以对门阀贵族制社会加以冲击为直接的契机,从而产生针对以往作为官僚的存在方式、学问的存在方式和来自祖荫的生活方式等做总的反省和批判,并且从这一坐标上开始摸索新的士大夫形象。这就是超越了六朝式的士大夫,而与隋唐时期诞生的科举制官僚相关联性质的形象了。如果可以将士大夫定义为作为知识人,并且通过其知识和其知识所保证的道德能力而成为官僚者的话,那么可以说正是在朝着词语上意思准确的士大夫回归的过程中而摸索到了新的士大夫形象。但是,如同在隋朝开始的科举制并没有立即开花结果那样,在达到使这一新的士大夫形象确定下来之前,必定还会经过很多的曲折。

第一部分
从汉走向六朝

第一章 党锢与学问——特别以何休为例

前 言

据记载,在使人看到清流运动在中国各地不断高涨的公元 2 世纪中叶稍后的时候,在东汉洛阳的太学生中间发出了"文学将兴,处士复用"的期待之声(《后汉书》卷四三《申屠蟠传》,以下在本章中引用《后汉书》的地方省略标出《后汉书》)。这里所说的"文学",无疑就是讲到"文学子游、子夏"时的文学,也就是现在所谓学问的意思。众所周知,清流运动最终归结为清流士人当中的激进分子在党人的名义下被从官场驱逐的党锢事件,但是这里"处士复用"一事先暂且不论。尽管清流运动受到挫折,然而或者应该说正因为如此,"文学",大概可以说没有辜负太学生们的期待而兴起了。在这一疾风怒涛的时代,出自清流士人,特别是党人们的各种著述等所保留的事实,就有力地说明了这种状况。所以极为容易看到这样的事例,党禁唤起了人们由内在产生的进行著述的欲望。

"及党事起,(应)奉乃慨然以疾自退。追愍屈原,因以自伤,著《感骚》三十篇,数万言";"荀爽……后遭党锢,隐于海上,又南遁汉滨。积十余年,以著述为事,遂称为硕儒";"陈纪……及遭党锢,发愤著书数万言,号曰陈子";"张奂……禁锢归田里(敦煌酒泉)。……奂闭门不出,养徒千人,著《尚书记难》三十余万言";如此等等。除了在《后汉书》各自的本传中所能看到的事例之外,还有赵岐和郑玄的例子。赵岐的《孟子注》,虽然是在党锢发生之前,但却是他在为躲避宦官唐衡一派的迫害而隐藏在北海孙嵩住所的夹壁墙里的时候所撰写的。① 还有,郑玄孜孜不倦地注释经书的工作,其动因,我想无疑就是其面临着党锢和紧接其后的黄巾之乱,还有在这些接二连三的事态当中其与弟子们的关系紧张。再有,本章中将稍加深入考察的《春秋公羊传解诂》的著者何休,也是连坐于党禁的一个人物。

然而,不管是何时的情形,如果认为在他们期待的背后积蓄着对当时状况的不满,那么令太学生们呼喊出"文学将兴"的原因,不外乎就是学问的沉滞,尤其是在太学中的学问的沉滞。那么让太学生对学问的沉滞抱有不满的原因又是什么呢? 为了回答这个问题,就有必要先讲一下有关东汉太学的概况。所以我想接着再举出《公羊解诂》的问题。如果想到太学中学问的样式,还有何休本身就是党人,再有就是太学与清流的相互关系,那么抛开这些问题来讲《公羊解诂》的形成是不可能的。

一　东汉的太学

东汉王朝基本上继承了西汉武帝以来的太学制度,也就是设置各专一经的五经博士,在博士门下修完一定学业的博士弟子——太学生——必须接受考试而任用为官职的制度。东汉的太学,是在距离王朝创业的时日尚浅,光武帝还处于兵马倥偬之间的建武五年(公元 29 年),开始在洛阳城的开阳门外,离宫城八里的地方,准备设置长十丈、宽三丈的讲堂

(《纪》一《光武帝纪上》及其注引陆机《洛阳记》)。① 对于这一建设,有记载说:"诸生、吏子弟及民以义助作。"(《东观汉记·光武帝纪》)不久即渐成规模,到汉明帝(公元 57—75 年在位)的时候,就像作为匈奴伊秩訾王的大车且渠前来入学所象征的那样,即达到了也迎接异民族统治者阶级出身的入学者这种程度,呈现出非常兴隆的景象(传二二《樊准传》、传六九《儒林传序》)。然而,到了距离其创设历经近一个世纪的汉安帝(107—125 年在位)的时代,太学一变而成为"学舍颓敝,鞠为园蔬,牧童荛竖,至于薪刈其下"(《儒林传序》)这样一种荒废的景象,也就是太学里的学问荒废的景象。"博士倚席不讲,朋徒相视怠散"。

招致这样学问荒废的最初原因,最主要的就是排斥了古文学而只能教授今文学,这样必然使教学的内容固定化,使得学问失去了创造性。我想大概就是这样。刚被立为学官时的十四博士,也就是《易》为施、孟、梁丘、京氏,《尚书》为欧阳、大小夏侯,《诗》为齐、鲁、韩,《礼》为大小戴,《春秋》为颜、严;这 14 个博士,不用说完全都是"以家法教授"的今文家(《儒林传序》)。当然,在光武帝的整整一个时期,《左传》是曾经被立于学官而讲读议论的。② 由于古文学的兴隆说起来是时代的要求,所以即使是作为朝廷大概也不能完全无视。这之后的汉章帝建初八年(公元 83 年),又下诏书令在选拔高材生的基础上,安排他们学习《左氏》、《谷梁》、《古文尚书》、《毛诗》(纪三《章帝纪》、传二六《贾逵传》)。再有,虽然说是以高第者擢为讲郎,并使其在近署给事,但是古文学根本就不被立于学官(《儒林传序》)。朝廷还是固执于今文学的。而且太学生面对着始终

⁴⁸

---

① 但是如果依据《水经注》卷一六《穀水注》,在存留于石经东边的顺帝阳嘉元年(132 年)所立的一个石碑上刻有"建武二十七年造太学……"。而且,博士官是在建武五年(公元 29 年)之前被设置的,即如在建武四年(公元 28 年)范升的上奏中有云:"今陛下草创天下,纪纲未定,虽设学官,无有弟子。"(传二六)还有《儒林传序》也讲到:"先是,四方学士多怀挟图书,遁逃林薮。自是莫不抱负坟策,云会京师,范升、陈元、郑兴、杜林、卫宏、刘昆、桓荣之徒,继踵而集。于是立五经博士,各以家法教授。"(传六九)随后又记载说:"建武五年,乃修起太学。"

② 这尤其是太学创设的前一年建武四年的事情。在《范升传》和《陈元传》可以看到的事情经过,详见狩野直喜《两汉学术考》(筑摩书房,1964 年)第 135 页以下。

必须遵守家法的这一方针。比如,在和帝永元十四年(102年)拜命为司空的徐防上疏说道:

> 伏见太学试博士弟子,皆以意说,不修家法,私相容隐,开生奸路。每有策试,辄兴讼讼,论议纷错,互相是非。……今不依章句,妄生穿凿,以遵师为非义,意说为得理,轻侮道术,浸以成俗,诚非诏书实选本意。……臣以为,博士及甲乙策试,宜从其家章句,开五十难以试之。解释多者为上第,引文明者为高说;若不依先师,义有相伐,皆正以为非。(传三四)

徐防的上述意见据说被原封不动地采纳了。被立于学官的只是排他性的今文学,而且,在作为其学风而被要求必须遵守家法乃至师法的时候,扎根于从"意说"一词就能够感受到的批判精神的那种创造性的萌芽被扼杀了。自然而然地,无为、安逸、惰性一类的人物就成为广泛支配性的了。所谓"博士倚席不讲,朋徒相视怠散",大概就是这种趋势的景象。在《儒林传序》中所看到的上面这句话,出自尚书令樊准的上疏所讲的"今学者盖少,远方尤甚。博士倚席不讲,儒者竟论浮丽"(传二二)当中。那么樊准上疏的时候是在邓太后临朝的时代,说起来也就是从元兴元年(105年)汉和帝死,到汉安帝永宁二年(121年)太后死之前的事情。

应该怎样打破太学的沉滞呢?为此,朝廷所进行的就是伴随着学舍的新建等若干制度上的改革。这是依照将作大匠翟酺的意见:"光武初兴,愍其荒废,起太学博士舍、内外讲堂,诸生横巷,为海内所集。明帝时,辟雍始成,欲毁太学,太尉赵熹以为太学、辟雍皆宜兼存,故并传至今。而顷者颓废,至为园采刍牧之处。宜更修缮,诱进后学。"(传三八)这样一来,从汉顺帝永建六年(131年)九月开工,到翌年阳嘉元年(132年)七月完工(纪六《顺帝纪》),"用作工徒",也就是参加的工匠有11.2万人(《水经注》卷一六《穀水注》)。新建起来的学舍有240房,1 850室

49

（《儒林传序》）。在为纪念完工所进行的明经考试中，连落第者也都补为博士弟子，而且甲乙科员各增加了十人（《顺帝纪》）。大概就是在西汉末期平帝的时候，所谓"岁课甲科四十人为郎中，乙科二十人为太子舍人，丙科四十人补文学掌故云"（《汉书·儒林传序》）中的甲乙科，当然也就是将博士弟子任用为官僚的范围扩大了。进而尚书令左雄奏言道："征海内名儒为博士，使公卿子弟为诸生。有志操者，加其俸禄。"或者像汝南的谢廉、河南的赵建，都是刚到 12 岁，就以其十分精通于经书而令拜命为童子郎等①，因为这些做法，以至于"负书来学者云集京师"（传五一《左雄传》）。随后到了汉质帝本初元年（146 年），除了让受到郡国推举的50 岁以上、70 岁以下的明经者就学于太学之外，还让从大将军到六百石官员的子弟来受业②，如果岁满的话，在考试的基础上以高第者五人为郎中，以次席五人补任为太子舍人（纪六《质帝纪》）。这样一来，来到太学的游学者激增，在公元 2 世纪中叶，实际达到了三万余人这一令人吃惊的数字（《儒林传序》）。

可是这一数字并不一定意味着太学里学问的兴隆。"自是游学增盛，至三万余生。然章句渐疏，而多以浮华相尚，儒者之风盖衰矣。"（《儒林传序》）通过设施上的扩充和并非基于自发入学而是强制的入学奖励，还有可以说是争取人气的各种政策，太学生数量确实激增了。但是在教课内容上却没有多少修改。而且，所谓章句之学，如果能够将其称为传统的话，就像这一传统甚至都表现为"疏"那样，已是完全被用尽了。不仅如此，由于太学生激增这一确切的事实，太学又不能不承担起新的课题了。

三万余人的太学生，都是抱着成为朝廷官僚的志向而汇集起来的

---

① 尽管时代靠后，但是据说广陵的臧洪也是因为其父的战功，在 15 岁就拜命为童子郎而知名于太学（传四八）。

② 可是根据《儒林传序》，他们并不经常在太学中在籍，只是在习乡射礼的春三月和秋九月会于太学。

人,是"禄利之路"使他们这样的。最重要的是,太学是官僚培养机构,太学生是官僚预备军。以逸民的话来说,太学也就是又一个"帝王之庭"(《后汉纪》卷二二,夏馥)。如果太学生只是以真正的学问研究为目标的话,那么在全国各地,有着很多可以适合他们要求的私塾。比如虽然被征为博士而不去就任的山阳瑕丘的檀敷,据记载,其"立精舍教授,远方至者常数百人"(传五七《党锢传》)。在那里比太学大概具有更为自由的学风。而且不只限于今文学,讲授古文学的私塾当然也是存在的。比如,习于《古文尚书》的陈留东昏的杨伦,在大泽中讲授,弟子达千余人(传六九《儒林传上》)。不过,大多是要作为朝廷官僚而云集的太学生们,其中又有几人最后成功地达到了目的呢? 即使甲乙科策试的范围各扩充十人,但是要满足三万余人的要求,大概还是非常没把握的。而且,朝着非由正路的所谓浊流官场的进出也逐渐变得显著起来,这就更带来了时代性闭塞的情况。即使以及第的甲科通过策试而被采用为郎中,在那时候的三署里,据说有七百余人或者两千余人的郎官甚至连固定职务也没有的过剩状态。[①] 太学生们与清流运动相呼应,在高呼着"文学将兴"的同时又高呼起"处士复用"的情形就根源于这种背景。清流运动无疑扰乱了针对由浊流势力所造成的选举制的破坏而进行一致攻击的准星。早在阳嘉二年(133 年)李固的对策中,就主张对中常侍也就是宦官子弟的出仕应该给予限制:"又诏书所以禁侍中、尚书中臣(中朝之臣)子弟不得为吏察孝廉者,以其秉威权,容请托故也。而中常侍在日月(皇帝、皇后)之侧,声势振天下,子弟禄仕,曾无限极。虽外托谦默,不干州郡,而谄伪之徒,望风进举。今可为设常禁,同之中臣。"(传五三)还有,汉桓帝时的尚书朱穆在上疏中说:"案汉故事,中常侍参选士人。建武(公元 25—55 年)以后,乃悉用宦者。自延平(106 年)以来,浸益贵

51

---

① 传四四《杨秉传》:"秉上言,三署见郎七百余人……"。传五六《陈蕃传》:"蕃上疏驳之曰,……又三署郎吏二千余人……。"若据纪四《和帝纪》元兴元年(105 年)注引《汉官仪》,所谓"三署"就是五官署和左署、右署。

盛,……权倾海内,宠贵无极,子弟亲戚,并荷荣任。故放滥骄溢,莫能禁御。凶狡无行之徒,媚以求官,恃势怙宠之辈,渔食百姓,穷破天下,空竭小人。"(传三三)例如,据称是与朱穆的这一上疏相前后的延熹二年(159年),因为一扫外戚梁氏之功而被授予侯爵,从而替代了梁氏五侯而被称为"五侯"的单超、徐璜、具瑗、左悺、唐衡等宦官五人当中,单超的弟弟单安为河东太守,其弟弟的儿子单匡为济阴太守,徐璜的弟弟徐盛为河内太守,其兄长的儿子徐宣为下邳令,左悺的弟弟左敏为陈留太守,具瑗的兄长具恭为沛相。宦官子弟就任地方官是很明显的事情(传六八《宦者传》)。不仅如此,如果有讨好于宦官的官僚,那么也就有成为其宾客而在猎官运动中神魂颠倒的人。建康元年(144年)被举为贤良方正能直言极谏科的皇甫规在对策中讲到:"公卿以下,至于佐吏,交私其(中常侍、小黄门之)门,终无纪极。顽凶子弟,布列州郡,并为豺狼,暴虐群生。"(《后汉纪》卷一九)再有,在时代降至汉灵帝的时候,郎中审忠说道:"州牧郡守,承顺风旨,辟召选举,释贤取愚。"(传六八《宦者·曹节传》)这样,所谓清流们认为选举制和辟召制都是因为浊流的压力而濒于危殆的这样的危机感加深了。而且这种危机感又是太学生们人所共有的。

桓帝时代(147—167年)的太学,已经有了成为清流势力之一大据点的趋势。永兴元年(153年),作为刺史而前往冀州监察的朱穆由于宦官赵忠一族的弹压,被问以输作左校之罪;以刘陶为首的太学生数千人蜂拥至宫阙前,都自愿以身受刑,进行了强硬的上书,从而使朱穆成功获释(传三三)。延熹五年(162年),在因为拒绝了来自徐璜、左悺等人的贿赂要求的议郎皇甫规也被判处输作左校之罪的时候,诸公及太学生张凤等三百余人进行了抗议行动(传五五)。所以有云:"东汉太学三万人,危言深论,不隐豪强,公卿避其贬议。"(《明夷待访录·学校》)在当时的太学生中名声特别高的,就是陈留的符融、太原的郭泰、颍川的贾彪、南阳的何颙等人,他们与作为清流势力之巨头的司吏校尉李膺、太尉陈蕃、尚书

53 王畅等结成了亲密的交情。其中又如郭泰,在由清流之间所编排成的天下名士列表即所谓"三君"、"八俊"、"八顾"、"八及"、"八厨"当中,甚至被排了在"八顾"之首(传五七《党锢传序》)。

清楚地记载了太学内如此沸腾情况的,大概就是《循吏·仇览传》(传六六)。仇览,一名香。陈留考城人。在已年过四十而任考城县主簿的时候,仇览被县令王涣预测将会是个人物,从而受到了"今日太学曳长裾,飞名誉,皆主簿后耳。以一月奉为资,勉卒景行"这样的激励,随即前往太学游学,并且在那里与同郡符融所住的房间相邻。① 尽管在名声很高的符融那里总是聚来满屋的宾客,但是仇览并没有想与之过话。符融对仇览这样的情形反而注意起来。一日,他这样说道:"与先生同郡壤,邻房牖。今京师英雄四集,志士交结之秋,虽务经学,守之何固?"可是何览却说:"天子修设太学,岂但使人游谈其中!"留下这句话后便起身离去。符融把这件事讲给了郭泰,二人再次来到仇览的房间造访,仇览才特意请郭泰留宿了一晚。

上面的故事,说明了各种情况,诸如当时的太学既是从全国聚集来的"志士"们相互结交和高谈阔论的地方,又是像仇览这样的专心于"经学"者反倒不免被当做"固"而遭受白眼的环境等等。当然,对浊流的批判大概是主要的内容。能够高呼"文学将兴,处士复用"的人,大概也就是在这样的情况下出现的。"先是,京师游士汝南范滂等非讦朝政,自公
54 卿以下皆折节下之。太学生争慕其风,以为文学将兴,处士复用。"(传四三)

二 党锢与太学

那么,文学真的兴起了吗? 处士真的被任用了吗? 将好像是被热病

---

① 太学生好像是过着寄宿生活的。在顺帝时新营建的二百四十房、千八百五十室,大概就是为此而建的设施。

缠住一样的整个太学的兴奋比作战国时的处士横议之风的申屠蟠,预料到将会有不幸的结局因而离开了太学。在两年之后,也就是延熹九年(166 年)即发生了党锢事件。以李膺为首的清流派激进分子两百余人被处以禁锢之刑,而且在当时浊流们告发李膺等人的上疏中,有如下的说法:"养太学游士,交结诸郡生徒,更相驱驰,共为部党,诽讪朝廷,疑乱风俗。"(《党锢传序》)值得注意的是,李膺等把太学生如同党羽一样地培养的事实是其遭到弹劾的第一项事情。还有,所谓"诸郡生徒",大概就是指作为小规模之太学的郡国学校的生徒,还有比如与李膺有姻亲关系的、颍川长社的钟皓在密山经营的私塾的生徒①(传五二)。不管怎样,党锢一发生,贾彪在作为外戚的城门校尉窦武和任尚书的霍谞等人那里活动的结果,就是到了永康元年(167 年)六月,党人被从洛阳的各个监狱里释放了出来。但是终身禁锢之刑不变,名籍照旧留在王府里。同年十二月桓帝崩,灵帝立,作为窦武之女的窦太后临朝,在对清流势力怀有同情的窦武的影响力之下,党人复归官场的情况相继出现了。然而这也是很短暂的。与依靠窦太后的宦官们的对立,最终甚至发展到了建宁元年(168 年)的武斗。结果是窦武一方决定性地败北。在翌年(169 年)发生了第二次的党锢。第二次党锢比第一次党锢更为激烈。据记载,狱死者百余人,"妻子徙边,诸附从者,锢及五属",被处以死、徙、废、禁之刑者有六七百人。其结果反而是"天下豪桀及儒学行义者,一切结为党人"。党禁完全被解除,实际是在黄巾军蜂起的中平元年(184 年)因为朝廷担心党人与黄巾军合谋的结果(纪八《灵帝纪》、传五七《党锢传序》)。这样,

55

---

① 有关郡国的学校,在《汉书》卷八九《循吏·文翁传》中有如下的纪事:"景帝末,为蜀郡守,……又修起学官于成都市中,招下县子弟,以为学官弟子,为除更繇,高者以补郡县吏,次为孝弟力田。常选学官僮子,使在便坐受事。每出行县,益从学官诸生明经饬行者与俱,使传教令,出入闺阁。县邑吏民,见而荣之。数年,争欲为学官弟子,富人至出钱以求之。繇是大化,蜀地学于京师者比齐鲁焉。至武帝时,乃令天下郡国,皆立学校官,自文翁为之始云。"再有,钟皓是被记载为"以诗律教授,门徒千余人"的清流派处士,与荀淑一同受到颍川士大夫的尊敬。他又是发现甘心于小吏的陈寔(颍川许人),并尽力加以推荐的人。

78

在朝廷一日比一日混乱加深的事态当中,对"处士复用"的期待变成现实的条件大概已经不存在了。中平五年(188年),尽管朝廷下了补选处士荀爽、郑玄、韩融、陈纪、申屠蟠等14人为博士的诏书,但是给人的印象是并没有一个人接受。然而,对"文学将兴"的期待,却有名无实地还没有终结。

确实,与清流运动关系很深的太学,以党锢为分水岭,就如同颓废和寂寥来临了一样。"党人既诛,其高名善士多坐流废,后遂至忿争,更相言告。"(《儒林传序》)太学生们的相互告发又是以怎样的方式进行的呢?这是无法知道的。但是即如曾经的太学名士何颙,一被列在党人的名籍上,就假冒姓名而打算逃命于汝南了(《党锢·何颙传》,以及《三国志》卷一〇《魏志·荀攸传》注《张璠汉记》)。还有,熹平元年(172年)窦太后崩,不知何人在朱雀阙上书写了"天下大乱,曹节、王甫幽杀太后,常侍侯览多杀党人,公卿皆尸禄,无有忠方者",因此被认为是针对宦官政府的谗谤而进行彻底的搜查,其结果是太学诸生千余名被捕(《灵帝纪》、《宦官·曹节传》)。曹节、王甫、侯览都是倾权于当时的宦官。汉献帝被董卓强迫迁都于长安,太学也迁到了此地。初平四年(193年),在课试四十余名儒生的时候,尽管已经决定上第者任为郎中,中第者任为太子舍人,落第者罢黜,但是实在令人印象深刻的是,朝廷又重新下了诏书说:"孔子叹学之不讲,不讲则所识日忘。今者儒年逾六十,去离本土,营求粮资,不得专业。结童入学,白首空归,长委农野,永绝荣望,朕甚愍焉。其依科罢者(落第者),听为太子舍人。"(纪九《献帝纪》)从应课试的人仅达到四十余名的情况就足以使人想到太学生的锐减,而且他们又都是离开故乡,每天的生活也很穷困的样子。

这样,太学就面临着颓废和寂寥了。尽管如此,或是正因为如此"文学"才兴起了。这里特意采用转折式表述并不是没有理由的。其事实是,首先地方的私塾显示出了胜过以往的兴盛。太学生们已经舍弃了对国都洛阳的迷恋,而散在全国各地,并非为了利禄的学问,开始在地方上着实地扎下了根。担当了这种培养生徒之任的,尽管有时是割据地方的群雄①,但是大多是清流人士或者党人②,乃至原来的太学生们经营的私塾。比如返回故乡太原介休的郭泰,据说也教授了计以数千人的弟子(传五八);即使在远方的蜀地,例如广汉绵竹也有由学于太学的董扶和任安开设的私塾。③ 太学生此时成了有力的文化传播者。

　　《三国志》卷一一《魏志·邴原传》注引《邴原别传》淋漓尽致地记载了,为寻找真正的老师,当时的青年们负笈万里之途而外出游学的那种兴奋。朝气蓬勃而有志于地方游学的北海朱虚的邴原,其同郡安丘有一个叫孙崧的人,也就是曾经藏匿过赵岐的孙崧。在拜访这位孙崧时,邴原被询问道:"君乡里郑君,君知之乎?"其所说的郑君就是指北海高密的郑玄。④ 对于孙崧的提问,在邴原回答说"然"之后,两人就开始了以下的问答。孙崧曰:"郑君学览古今,博闻强识,钩深致远,诚学者之师模也。君乃舍之,蹑屣千里,所谓以郑为东家丘者也。君似不知而曰然者,何?"邴原曰:"先生之说,诚可谓苦药良针矣;然犹未达仆之微趣也。人各有志,所规不同。故乃有登山而采玉者,有入海而采珠者。岂可谓登山者不知海之深,入海者不知山之高哉!君谓仆以郑为东家丘,君以仆为西家愚夫邪?"于是,孙崧以自己之非而致歉,又以在充豫地方士人中多有知己而给邴原写了介绍信,但是邴原只是将介绍信留在了家里,与同乡管宁,以及平原高

---

① 时代虽然稍微靠后,但是在初平元年(190 年)以后,在荆州刺史刘表治下兴盛的荆州的学校即可以看到其典型。详细的情况则参见拙稿《东汉末荆州的学术》(综合研究《有关中国士大夫阶级与地域社会的关系的综合性研究》报告,1983 年)。

② 比如在本章开头所提到的张奂。

③ 《三国志》卷三一《蜀志·刘焉传》注以及同书卷三八《秦宓传》注引的《益部耆旧传》。

④ 郑玄在太学学习之后,进一步在东郡张恭祖、扶风马融等门下继续达十余年的各地游学,结束后回到故乡北海高密,或是在客耕于东莱的同时,有数百以至达千人的学徒跟从,这一情况是其过了 40 岁以后的事情,即最早也是在第一次党锢发生的延熹九年(166 年)以后(郑珍的《郑学录》卷一传注认为是永康元年,即 167 年)。不久,与孙嵩亦即孙崧等人连坐于党锢。这样一来,郑玄就进入了"隐修经业,杜门不出"的生活。即使在这期间,研究方面自不必说,他还专心于对弟子的教育。邴原拜访孙崧一事,从各种情况来判断,特别是如后面所述在汝南他与范滂结交,从这个范滂的事迹来推断[参见本章注 14(译者注:即本译文下页注②)],我认为应该是在第一次党锢与第二次党锢之间的事情。

唐的华歆结伴踏上了游学之路。① 邴原之所以没有携带孙崧的介绍信,是因为他认为学问"非若交游待分而成"。据说汝南名门出身的袁弘也是为了隐瞒自己贵势的身份,"乃变姓名"而叩于师门(传三五《袁闳传》附)。与之同样的,在弟子与老师的紧张关系上,社会性的外在保护层反而也只会增添麻烦。这样说来,邴原是在陈留以韩子助(卓)为师,在颍川以陈仲弓(寔)为宗,在汝南与范孟博(滂)结交,在涿郡与卢子干(植)相亲近的。②

在拥有数百人、数千人而形成的私塾当中,因为维持其秩序的需要,大概主要根据修业的深浅而采取了一定的阶层制。③ 而且并不只是读书,大概生产劳动也是塾生们每天的重要课程之一。④ 在东汉末严峻的社会环境之下,学团的存在必须与各种各样的外来压力进行斗争,有时还会陷于解散的窘境之中。⑤ 这样,当时的私塾,就是读书和劳动一体化的生活集团,因此可以想象,以其本身形成了一个聚落的情况大概也有

---

① 《三国志》卷一一《魏志·管宁传》"管宁,字幼安,北海朱虚人也。……与平原华歆、同县邴原相友,俱游学于异国,而敬善陈仲弓(寔)"。还有同书卷一三《华歆传》注引《魏略》"(华)歆与北海邴原、管宁俱游学,三人相善,时人号三人为一龙,歆为龙头,原为龙腹,宁为龙尾"。

② 韩卓是曾经作为陈留太守的冯岱一到任就被同郡的符融推荐为主簿的人物(传五八《符融传》)。作为他另外的事迹,只知在《符融传》注引《袁山松书》中有云:"卓字子助,腊日奴窃食祭其先,卓义其心,即日免之。"还有中平二年(185年)时他任大将军掾的事情(传三八《应劭传》)。陈寔在任太丘长的时候遭遇党锢,从而隐居荆山成为远近的宗师(《三国志》卷二二《魏志·陈群传》注引《魏书》)。范滂在遭遇第一次党锢被系缚于黄门北寺狱,之后被赦而回到故乡汝南征羌。可是又遭遇第二次党锢再次被缚,以年纪轻轻的33岁而刑死(《党锢传》)。还有,邴原在涿郡拜访卢植,大概是在卢植从马融门下修学结束后回到乡里进行"阖门教授"时候的事情(传五四)。

③ 例如在讲到郑玄师事马融的时候,传二五《郑玄传》云:"(马)融门徒四百余人,升堂进者五十余生。融素骄贵,玄在门下,三年不得见,乃使高业弟子,传授于玄。"其中,作为马融的"门人冠首"的就是卢植(《世说新语·文学篇》注引《郑玄别传》),郑玄进入马融门下之事原本也是通过他介绍的。卢植大概如同塾头式的人物。

④ 《世说新语·德行篇》中记载的有关管宁与华歆的话题,大概就是他们游学中的情景。"管宁、华歆共园中锄菜,见地有片金,管挥锄与瓦石不异,华捉而掷去之。又尝同席读书,有乘轩冕过门者,宁读如故,歆废书出看。宁割席分坐,曰:'子非吾友也!'"参见本章注13(译者注:即本译文本页注①)。

⑤ 例如郑玄学园。《三国志》卷一二《魏志·崔琰传》中云:"至年二十九,乃结公孙方等,就郑玄受学。学未期,徐州黄巾贼攻破北海,玄与门人到不其山避难。时谷籴县乏,玄罢谢诸生。琰既受遣,而寇盗充斥,西道不通。于是周旋青、徐、兖、豫之郊……。"

不少。① 无论怎样,作为与邴原同时代的人,彼此也相识的北海营陵人王
修,其诚恳地写下的《诫子书》,就是可以作为给到远方游学的子弟来读
的文字。王修自己就有过在 20 岁的时候到南阳游学的经历(《三国志》
卷一一《魏志》)。

> 自汝行之后,恨恨不乐,何者,我实老矣,所恃汝等也,皆不在目
> 前,意遑遑也。人之居世,忽去便过,日月可爱也,故禹不爱尺璧而
> 爱寸阴。时过不可还,若年大不可少也,欲汝早之,未必读书,并学
> 作人(从《太平御览》卷四五九引用的文章在此之后作为继续而插入
> 了数句。"汝今逾郡县,越山河,离兄弟,去目下者"),欲令见举动之
> 宜,观高人远节(又《御览》在下面插入有"闻一得三"一句),志在善
> 人,左右不可不慎,善否之要,在此际也。行止与人,务在饶之,言思
> 乃出,行详乃动,皆用情实,道理违斯败矣。父欲令子善,唯不能杀
> 身,其余无惜也。②

再有就是,加上私塾的繁荣,以及归结于党锢的清流运动的挫折,
"文学"的确从中兴起了,这一情况虽然如我开始论述过的那样,从党人
留下很多著述的事实中得到了说明,但是在这里,我想特别举出何休来
加以考察,即何休的《公羊解诂》是怎样回答"文学将兴"这一期待的,又
是怎样反映着清流运动中所展开的思潮的。

三 何休的立场与方法

《后汉书》传六九《儒林传》所记载的何休字邵公的事迹,并非能使我

---

① 使人想起的是,尊敬郑玄的北海国相孔融命高密县特建一乡而定名为郑公乡的事情。还有,
《后汉纪》卷二五《灵帝纪》中平五年李楷条中说:"楷字公超,河南人。以至孝称。栖迟山泽,
学无不贯,征聘皆不就。除平陵令,视事三日,复弃官隐居,学者随之,所在成市。华阴南土,
遂有公超市。"但是,好像与《后汉书》卷二六中所记张霸的中子张楷字公超的事迹有所混同。
② 据《艺文类聚》卷二三。(译者注:此处本书正文中引用的为日文译文,而在此注中为汉文。
兹将原始文献移到正文相应的位置。)

们满意那样的十分清楚。如果说何休是在光和五年(182年)以54岁而卒的话,那么其生年就是永建四年(129年),比郑玄晚两年出生而早18年去世。何休是任城樊(山东省滋阳县)人。尽管一时得到了作为清流巨头之一太傅陈蕃的招辟,但是建宁元年(168年),陈蕃在政治斗争中一失败,他也连坐于党禁。他被解除党禁是在光和二年(179年)的事情,而《公羊解诂》就成于其被停止公务的这一期间。①

毋庸多说,公羊学即使在作为官学的今文学当中也是特别占据大宗地位的。何休的立场在与《左氏膏肓》、《谷梁废疾》一并的三部著作当中,为《公羊墨守》的书名明确地体现着。"与其师博士羊弼,追述李育意以难二传,作《公羊墨守》、《左氏膏肓》、《谷梁废疾》"(本传)。② 以这三部著作而整顿好了自己阵营的何休,接着就着手于《公羊解诂》的撰写了。③正如其书名的文字那样,何休是墨守公羊的。不仅如此,他是在汉代经学潮流当中棹桨飞舟,这从其在《解诂》中频频引用纬书,或者还有苏舆所说的"何氏注《传》,喜言灾异,虽本家法,而傅会可议者多"④的那种程度,以及他极为热心于主张天人相与的灾异说等事实上大概可以证明。

---

80 ① 为钱大昕《廿二史考异》卷一二之说。再有,参见中岛隆藏《何休的思想》(《集刊东洋学》19号)。

② 被认为是何休老师的羊弼的情况不详。李育则在《儒林传》中有列传。"李育,字元春,扶风漆人也。少习《公羊春秋》。沉思专精,博览书传,知名太学,……常避地教授,门徒数百。颇涉猎古学,尝读《左氏传》,虽乐文采,然谓不得圣人深意,以为前世陈元、范升之徒,更相非折,而多引图谶,不据理体[参见本章注3(译者注:即本译文第37页注②)],于是作《难左氏义》四十一事。……后拜博士。(建初)四年(公元79年),诏与诸儒论《五经》于白虎观,育以《公羊》义难贾逵,往返皆有理证,最为通儒。"那么,陈立的《白虎通疏证》就有关在《白虎通》卷一·《爵篇》的"《春秋传》(桓公十一年)曰:合伯子男以为一爵"之后接着所引的"或曰,合从子,贵中也",进而推测李育与何休的关系而说道:"公羊先师异说也,《白虎通》杂论经传,多以前一说为主,或曰,皆广异闻也,何休《公羊注》(桓公十一年)曰'合伯子男为一,词无所贬,皆从子,夷狄进爵为子是也';'合三从子者,制由中也'。则何意以伯子男为一,皆称子也。考休学于羊弼,本传云'休与弼追论李育意',……然则此盖李育说也。李育之义,未知为《严氏春秋》《颜氏春秋》,然何序以二家非非,又云依胡母子都条例,则李育之说,亦本之胡母子都也。"何休的序我在后面将加以考察。

③ 在《解诂序》的徐彦疏中认为,三书的成书是在其注《公羊传》之前。

④ 《春秋繁露义证·五行顺逆篇》。

这样一来,我想姑且将何休定名为传统主义者似乎不会错的。但是,他 60
并不是单纯守旧的传统主义者。如果《解诂》变成了只是停留在记录师
法、家法方面的东西,那么,他作为清流人物之一,如何来回答太学生们
对这些清流们所抱的"文学将兴"的期待? 他为什么要写《解诂》,为什么
必须写此著,亦即他的基本态度在于什么? 对于这些问题,我想在参考
徐彦疏的同时,先确认一下有关《解诂》的序。尽管何休与太学的关系是
完全不清楚的①,但是他在这个序里所表明的与在太学里所讲授的严、颜
二家《春秋》学相对立的立场,大概还是能够看出来的。

　　在《解诂》的序中,何休说,如同在孔子的话里有的"吾志在《春秋》,
行在《孝经》"那样,唯《春秋》和《孝经》才是"圣人之极致","治世之要
务"。那么传《春秋》的不止一家,并且因为是以乱世之史为根据而写作
的书,所以其中包含很多"非常异义、可怪之论"。为此,"说者"们——此
语如果依据徐彦疏的话,就是指"胡毋子都、董仲舒之后,庄(严)彭祖、颜
安乐之徒",又不外乎是指被立为学官的严、颜二家,是他们对那些议论
提出了疑惑,由此就造成了产生"倍(背)经"、"任意"、"反传违戾"之错误
的情况。

　　例如,成公二年,在鞌之战中,齐顷公被鲁、晋、卫、曹四国之军所包
围。当时作为顷公之车右的是逢丑父这个人,其面目和衣服都与顷公相
似,因为其站在了本是人君应该站的车左的位置而完全变成了顷公,结
果使顷公毫发无伤地得以逃脱,自己却被斩杀了。那么,有关这一点而
提出解释的徐彦疏就说:"《春秋》不非而说者非之,是背经也。"②作为所
谓"倍经"的例子,在成公二年的疏中也指出:"公羊说、《解疑论》,皆讥丑 61
父者,非何氏意。"那么,认为公羊说和戴宏的《解疑论》"倍经"的何休的

———

① 如先前所述的那样,除了何休的老师是博士羊弼的情况,还有在昭公二十五年"以人为苗"的
　　注中所言"苗,周坿垣也。所以分别内外,卫威仪,今大学雍作'側'字"的情况,也就是在记
　　录着与熹平石经的文字的异同之外,其他不明。
② 译者注:此句是《解诂序》的疏文。

解释是怎样的呢？经文上只有"六月癸酉,季孙行父、臧孙许、叔孙侨如、公孙婴齐,帅师,会晋郤克、卫孙良夫、曹公子手,及齐侯战于鞍,齐师败绩";"秋七月,齐侯使国佐如师,己酉,及国佐盟于袁娄";尽管特别提出逢丑父而没有使用认为其"贤"的辞语,然而那也并不是讥评丑父什么。"当绝"的应该是虽然始终蒙受耻辱但是并没有死难的齐顷公。"如贤丑父,是赏人之臣绝其君也。若以丑父故不绝顷公,是开诸侯战不能死难也。"丑父以权宜之道使顷公得以幸免的行为,自然是如果齐人以为善则最好,而在显示王法的《春秋》中并没有将此当做贵。这就是何休的解释。

所谓"任意",就是指比如有关所见、所闻、所传闻的所谓三世的区分,颜安乐把襄公二十一年孔子诞生以后当做所见之世,就是说把襄公当做两属于所闻之世和所见之世的一类了。何休则根据《春秋纬·演孔图》,把昭、定、哀三公的时代当做所见之世,把文、宣、成、襄四公的时代当做所闻之世,把隐、桓、庄、闵、僖五公的时代当做所传闻之世(隐公元年注)。

进而,徐彦疏中当做"反传违戾"的例子所举出的是,宣公十七年"六月癸卯,日有食之",只讲日而不言朔,颜安乐的解释是在十四日发生了日食。但是,如果按照隐公三年传例,"曰某月某日朔日有食之者,食正朔也。其或日,或不日,或失之前,或失之后。失之前者,朔在前也。失之后者,朔在后也",那么,因为这里正是只讲日的,即相当于"失之前者,朔在前也"的事例,所以应该解释为在二日发生了日食。

这样一来,严、颜二家的说者们博引"外文"而装点自己的说法,尽管是"讲诵师言——胡、董之前,公羊氏之属"以至于百万言,但是甚至还有尚未加以解释的情况。有时加造嘲讽之词,或者援引他经而失于句读,以无为有等等,甚可悯笑者,不胜计数。因此被古文学者以"俗儒"来嘲讽。而且终于由贾逵抓住了其学问上的弱点,以为"《公羊》可夺,《左氏》可兴"而决定奋笔著述了。如果根据《后汉书》来补充的话,这就是指建初元年(公元 76 年)的事实,贾逵摘引《左传》之理胜于《公羊》的地方而著作了《长义》,汉章帝予以嘉奖,不仅下赐了布匹以及衣物,还决定让贾逵对被选拔为"《公羊》严、颜之高才者"20 名讲授《左传》。① 尽管是如此屈辱的事态,但是《公羊》的先师们不能在看清对手的理词曲直的基础上再加以决定,因此"二创"这种说来就是"倍经"、"任意"、"反传违戾"的错误,以及"援引他经,失其句读"的错误,依然接连不变地被延续着。② 不过何休说,这是"世之余事",也就是固守《公羊》之文而持论《左传》,以至于败绩和失据的过错,而他在私下里为此感到可悲已经很久了。如此云云。

这样,在何休的胸臆当中,对于没有能够正面阻止来自左氏学派的责难和攻击的那些先师们不争气的情况,郁积了很多的悲叹之情。因此,应该说《解诂》也就像是何休的自负与使命感的情感表露。对于"世之余事",徐彦疏解释道:"言先师解义,虽曰不是,但有已在《公羊》必存。故曰此世之馀事。馀,末也。"云云。那么,怎样才能够使《春秋》大义得以保存呢?

正像何休在序中已经明言的那样,第一,尽管认为严、颜二家末流们的"二创"之弊,也正是导致太学的学问沉滞的弊病,但是,要排除这些而回归到胡毋子都、董仲舒等人的正确传统③;第二,要正确地理解他经之义,尤其是《左氏》之义。这两个立场是有密切关联的。通过弄通他经之义来很好地培育传统的学问内容,必须不至陷于"二创"之弊那样

_63_

---

① 而且形成了第一节第 48 页(译者注:即本译文第 37 页)举出的建初八年(公元 83 年)的诏书。
② 徐彦疏把这里的"先生"当做戴宏等人而说道:"今戴宏作《解疑论》以难《左氏》,不得《左氏》之理,不能以正义决之。"陈立的《公羊义疏》卷七六怀疑何休对李育大概也有不满的地方。
③ 《公羊义疏》卷七六排除了惠栋在《九经古义·公羊上》中从与《汉石经》比较而认为何休是依据了《颜氏春秋》的说法,从而说道:"按何氏亦不必为颜氏学,其本或偶与石经所记颜氏学合耳。"进而,王国维在《书〈春秋公羊传解诂〉后》(《观堂集林》卷四)中提出了如下重要的说法:"邵公(何休)之本,实兼采严、颜二家,与康成(郑玄)注《礼经》、《论语》体例爰同。知后汉之季,虽今文学家亦尚兼综,而先汉专已守残之风一变,家法亦不可问矣。"兼综,已经是六朝式思考的一个标志。

_81_

地来考虑。也就是说,在回归到正确传统的同时,还要树立起不至于"倍经"、"任意"、"反传违戾"的创造性的新义。这就是何休的基本立场。这大概是开辟了不至于成为"守文持论"之"俗儒"的通儒的立场。据记载,何休"精研《六经》,世儒无及者",《孝经》、《论语》自不用说,甚至达到给风角和六日七分等术数之书作注,"皆经纬典谟,不与守文同说"(本传)。我想,在切近《解诂》的时候,我们再对这些方面稍做深入的考察。

何休与严、颜二家代表的所谓家法、师法是如何对立的呢?其一个方面已经如有关"倍经"、"任意"、"反传违戾"的实例所看到的那样。在这之外,还有比如根据许慎的《五经异义》,在公羊说中是依据《周易》的"时乘六龙以驭天下也"和《王度记》而说明天子之驾为六龙(马),可是何休解说道:"礼,大夫以上,至于天子皆乘四马,所以通四方。"这与公羊说相对立。据徐彦疏,所谓公羊说就是章句家的意思(隐公元年注,疏)。

像这样,可以看到很多何休与所谓章句家之言相对立的情况。毋宁说他是以不想改变更为古旧的传统来作为自己的主张,在其序的结尾处就讲到:"往者略依胡毋生《条例》,多得其正。故遂隐括,使就绳墨焉。"如何休所说:"《春秋》有改周受命之制。孔子畏时远害,又知秦将燔《诗》、《书》,其说口授相传,至汉公羊氏及弟子胡毋生等,乃始记于竹帛。"(隐公二年注)这样,胡毋生(子都)才是和公羊高的五世孙公羊寿一起开始将自孔子口传相承下来的《春秋》之义记录在竹帛上的人物(也参考序疏所引《戴宏序》),说来就是被认为是居于公羊学的原点位置的人物。那么何休说"往者"所依据的胡毋生的《条例》是什么呢?遗憾的是这并不清楚。另一方面,尽管不知何休为什么没有举出董仲舒的名字①,

_____

① 或者可以想象大概是由于严、颜二家与董仲舒有直接的系谱关系。《解诂序》的徐彦疏引郑玄《六艺论》中所记《公羊》的传授如下:"治《公羊》者,胡母(毋)生、董仲舒,董仲舒弟子赢公,赢公弟子眭孟,眭孟弟子庄(严)彭祖及颜安乐,安乐弟子阴(冷?)丰、刘向、王彦。"因此与之相反有关换成了胡毋生,《汉书·儒林传》中有云:"齐之言《春秋》者宗事之,公孙弘亦颇受焉。"但是看不到其弟子的情况。

但是从董仲舒到何休的承袭关系却是极其显著的。比如,显示出何休与颜安乐之说相龃龉的三世的区分,就是作为董仲舒之说而已有之的。①还有,对于因逢丑父的权宜之道而免于一死的齐顷公,何休评论说如果"不绝顷公,是开诸侯战不能死难也",这在《春秋繁露·竹林篇》的言语中大概是可以找到根据的:"大辱莫甚于去南面之位而束获为虏也。曾子曰:'辱若可避,避之而已。及其不可避,君子视死如归。'谓如顷公者也。"仔细追踪这种从董仲舒到何休的承袭关系的清代学者苏舆,在他的《春秋繁露义证》卷首的《例言》中说:

> 何休序《公羊解诂》云:"往者略依胡毋生《条例》,多得其正。故遂隐括,使就绳墨。"而无一语及董。《条例》当是"五始"、"三科"、"九旨"、"七等"、"六辅"、"二类"、"七缺"之说。究其义,与此合者十实八九。胡毋生与董同业,殆师说同也。

而且,苏舆还对陈澧的《东塾读书记》卷一〇就何休注中与《繁露》相同的地方仅举出三条而感到遗憾。陈澧曾说:"何注多本于《春秋繁露》,而徐彦不疏明之。"并作为例子举出了三条。这里就顺便看一下这三条, *65* (一) 隐公元年注"变一为元",是依据《春秋繁露·重政篇》的"《春秋》变一谓之元";(二) 隐公元年传"所见异辞,所闻异辞,所传闻异辞"的长文注,是依据《俞序篇》的"始言大恶杀君亡国,终言赦小过。是亦始于粗粗,终于精微。教化流行,德泽大洽,天下之人人有士君子之行而少过矣,亦讥二名之意也";(三) 尽管这不是注,但是隐公元年疏所引《春秋说》的"以元之深,正天之端,以天之端,正王之政",就是原样地依据《二端篇》的。陈澧指出的何休注分别依据《春秋繁露》的情况就是这些。即在如今参考由苏舆引导而得出的从董仲舒到何休的若干承袭关系之前,

---

① 《春秋繁露·楚庄王篇》说:"《春秋》分十二世以为三等,有见、有闻、有传闻。有见三世,有闻四世,有传闻五世。故哀、定、昭,君子之所见也。襄、成、文、宣,君子之所闻也。僖、闵、庄、桓、隐,君子之所传闻也。"

何注中已有这些示例了①。除此之外,还有例如《诗经·大雅·棫朴》"奉璋峨峨,髦士攸宜"一句,郑笺认为是宗庙的祭辞;对此,董仲舒(《郊祭篇》)、何休(定公八年注)都认为是郊天之辞。如此等等。二人一致的见解是不少的。这样,作为何休的显著立场之一而存在的,无疑就是不至于成为可能被悯笑的后世的"说者",而回归到董仲舒,或者还有胡毋生的古来传统。

不过,虽说如此,但当然不是何休之说全都渊源于董仲舒乃至胡毋生。何休为了能疏通《春秋》的经传之义而努力地涉猎于各种的经传。批判所谓"说者"们是"援引他经,失其句读"而使之体无完肤的何休,其实屡屡地以其他的经传,尤其照理是其最为敌视的《左传》为注,这一情况即如以下随意可以举出的两三个例子。

---

① 《楚庄王篇》:"今所谓新王必改制者,非改其道,非变其理,受命于天,易姓更王,非继前王而王也。若一因前制,修故业,而无有所改,是与继前王而王者无以别。"→隐公元年"曷为先言王而后言正月?王正月也";注:"王者受命,必徙居处,改正朔,易服色,殊徽号,变牺牲,异器械,明受之于天,不受之于人。"

《楚庄王篇》:"是故作乐者,必反天下之所始乐于己以为本。舜时,民乐其昭尧之业也,故《韶》,韶者昭也。禹之时,民乐其三圣相继,故《夏》,夏者大也。汤之时,民乐其救之于患害也,故《濩》,濩者救也。文王之时,民乐其兴师征伐也,《故》武,武者伐也。四者天下同乐之一也,其所同乐之端,不可一也。"→隐公元年"僭诸公犹可言也,僭天子不可言也";注:"王者治定制礼,功成作乐。未制作之时,取先王之礼乐宜于今者用之。尧曰《大章》,舜曰《萧韶》,夏曰《大夏》,殷曰《大护》,周曰《大武》,各取其时民所乐者名之。尧时,民乐其道章明也。舜时,民乐其修绍尧道也。夏时,民乐大其三圣相承也。殷时,民乐大其护己也。周时,民乐其伐讨也。盖异号而同意,异歌而同归。"

《玉英篇》:"桓之志无王,故不书王。"→桓公三年"春正月,公会齐侯于嬴";注:"无王者,以见桓公无王而行也。二年有王者,见始也。十年有王者,数之终也。十八年有王者,桓公之终也,明终始有王,桓公无之尔。不就元年见始者,未无王也。"

《精华篇》:"是故胁严社而不为不敬灵,出天王而不为不尊上,辞父之命而不为不承亲,绝母之属而不为不孝慈,义矣夫。"→庄公元年"不与念母也";注:"念母则忘父,背本之道也。故绝文姜不为不孝,距晒聨不为不顺,胁灵社不为不敬,盖重本尊统,使尊行于卑,上行于下。"

《五行对篇》:"地出云为雨,起气为风,风雨者地之所为。地不敢有其功名,必上之于天。若从天气者,故命曰天风天雨也,莫曰地风地雨也。勤劳在地,名一归于天,非至有义,其孰能行此。故下事上,如地事天也,可谓大忠矣。"→庄公二十五年"秋,大水。鼓用牲于社于门。其言于社于门何?于社礼也,于门非礼也";注:"大水与日食同礼者,水亦土地所为,云实出于地,而施于上乃雨,归功于天,犹臣归美于君。"

隐公三年："癸未,葬宋缪公。葬者曷为或日,或不日? 不及时而日,渴葬也。"注云："不及时,不及五月也。礼,天子七月而葬,同轨毕至。诸侯五月而葬,同盟至。大夫三月而葬,同位至。士逾月,外姻至……。"这里的礼,在《左传》隐公元年可以看到。①

文公八年："宋人杀其大夫司马。宋司城来奔。司马者何? 司城者 *66* 何? 皆官举也。"注云："皆以官名举言之。天子有大司徒、大司马、大司空,皆三公官名也。诸侯有司徒、司马、司空,皆卿官也。"接着注云："宋变司空为司城者,辟先君武公名也。"这是依据《左传》桓公六年。

昭公十一年："夏四月丁巳,楚子虔诱蔡侯般,杀之于申。楚子虔何以名? 绝。曷为绝之? 为其诱封也。"注云："使不自知而死,故加诱。"这大概是从《左传》有的"使醉而执之,……杀之"而得到暗示的解释。

这样,以《左传》为很好的例证,不仅涉猎各种的经传,而且在得不到"文据"(襄公三年疏语)的时候,或者是判断不一定需要"文据"的时候,如果借徐疏的表述而言,何休是把"理当然也"(庄公十四年)的地方,乃至"以理知之"(庄公二十八年、僖公二十八年)的地方,在根据自己"消量"(宣公五年)的同时,又作为"注者之言"(桓公八年),而"以意言之"(隐公三年、定公元年)。在这种"以意言之"的注中,何休创造性提出的先人未发之说大概有不少。还有他不想只是单纯地为了疏通经传之义而附加的注,也绝对不会少的,这些不就特别是何休一个人的话语了吗? 有关这一点后面我们再加以考察。

尽管何休从董仲舒那里有所承袭是难以否定的,可是与此相反,体现着与董仲舒明显地相龃龉的说法当然也是存在的。例如,还是由苏舆

①《公羊义疏》不仅指出《白虎通·崩薨篇》及《说苑·修文篇》中也有同样的文字,而且还说:"刘向、班固、何君,皆不习《左氏》,恐古礼有是语,故依用焉。"然而对其所讲的何休不习《左氏》,则有很多反证而不能使人赞成。而且,尽管何休在这里说"士逾月,外姻至",但是与在《左传》隐公元年《正义》中所引的《膏肓》中根据《礼记·王制篇》而说的"礼,士三月葬,今云逾月,左氏为短"是明显矛盾的。陈立怀疑说:"或《膏肓》书成在先,作注时未及更正与?"(《公羊义疏》)参见本章注22(译者注:即本译文第48页注③)。

指出来的,相对于董仲舒认为的天子之臣为三公、大夫、下大夫、士、下士(《春秋繁露·爵国篇》),何休则如同"天子上士以名氏通,中士以官录,下士略称人"(隐公元年注)所记的那样,将天子之士,不是作为士和下士的二等,而是分为上士、中士、下士。而且,显示与董仲舒最为明显乖异的,大概就是有关那个"张三世"之说了。董仲舒根据成公十五年传"《春秋》内其国而外诸夏,内诸夏而外夷狄,……言自近者始也",同时只讲到"亲近以来远,未有不先近而致远者也。故内其国而外诸夏,内诸夏而外夷狄,言自近者始也"(《王道篇》)为止,并没有脱离传文的显著的飞跃。然而到了何休那里,《春秋》是将天下之化首的王者的立场托于鲁而体现了王法的(隐公元年、成公二年注),而且包含着这样的图示:所传闻之世=衰乱=内其国而外诸夏,所闻之世=升平=内诸夏而外夷狄,所见之世=太平=夷狄进而至爵,天下之远近小大若一(隐公元年、昭公十六年)。[1] 诚然,这不过是相对于分别不同的三世而体现在所谓"做异辞"的"文"上面的情况。

四 何休与清流思潮

在《公羊解诂》中,表明了《春秋》是专门为了汉王朝而作的这样的信念,或者如果考虑到其神秘性色彩的话,与其说是信念而不如说是信仰了。哀公十四年春,西狩获麟。据说在"若有王者则至,若无王者则不至"的这一仁兽的出现当中,包含着"周亡之征"、"汉兴之瑞"、"孔子将没之征"的三种意义。"孔子将没之征"在这里暂且放下不提。由于是正当"天下散乱"的春秋之时,"不当至而至",所以对周而言是表示天下亡失之"异"的麟的出现,在另一方面,则成为圣汉将兴之"瑞"了(注以及徐疏)。[2] 以麟的出

---

[1] 参见稻叶一郎《春秋公羊学的历史哲学——何休〈春秋公羊经传解诂〉的立场》(《史林》50 卷 3 号)、日原利国《春秋公羊传的研究》(创文社,1976 年),第 250 页。

[2] 在《礼记·礼运篇》的《正义》所引的《五经异义》中,也有作为公羊说而云:"哀十四年获麟,此受命之瑞,周亡失天下之异。"

现为契机,孔子预见了汉王朝的兴起,为了汉王朝而作了《春秋》。何休在哀公十四年传的注当中,反复地进行了如下的解说。①

《传》云:"孔子曰:'孰为来哉! 孰为来哉!'反袂拭面,涕沾袍。"注云:"夫子素案图录,知庶姓刘季当代周。见薪采者获麟,知为其出。何者? 麟者,木精。薪采者,庶人燃火之意。此赤帝将代周居其位,故麟为薪采者所执。……夫子知其将有六国争强,从横相灭之败,秦项(楚)驱除,积骨流血之虐,然后刘氏乃帝,深闵民之离害甚久,故豫泣也。"

《传》云:"何以终乎哀十四年? 曰:'备矣!'"注云:"人道浃,王道备。必止于麟者,欲见拨乱功成于麟,犹尧、舜之隆,凤皇来仪。故麟于周为异,《春秋》记以为瑞。明大平以瑞应为效也。绝笔于春,不书下三时者,起木绝火王,制作道备,当授汉也。"

《传》云:"君子曷为为《春秋》? 拨乱世,反诸正,莫近诸《春秋》。"注云:"……孔子仰推天命,俯察时变,却观未来,豫解无穷。知汉当继大乱之后,故作拨乱之法以授之。"

《传》云:"制《春秋》之义,以俟后圣。"注云:"待圣汉之王以为法。"

说《春秋》是为汉王朝而作,也未必就是先人未发之说。② 但是,董仲舒只是或讲"孔子立新王之道"(《玉杯》),或讲"《春秋》缘鲁以言王义"

① 《春秋经传集解》序的《正义》指出,在不是何休的而是孔舒元的《公羊传》本中云:"十有四年春,西狩获麟,何以书? 记异也。今麟非常之兽,其为非常之兽奈何? 有王者则至,无王者则不至。然则孰为而至? 为孔子之作《春秋》。"其与传文本身存在着异同。

② 作为纬书的类别,例如《后汉书》传三《公孙述传》记载说:"述亦好为符命鬼神瑞应之事,妄引谶记。以为孔子作《春秋》,为赤制而断十二公,明汉至平帝十二代,历数尽也";传一九《郅恽传》记载说:"上书王莽曰:……汉历久长,孔为赤制";传二〇《苏竟传》记载说:"夫孔丘秘经,为汉赤制,玄包幽室,文隐事明";传三八《霍谞传》记载说:"奏记于(梁)商曰,……谞闻《春秋》之义,原情定过,赦事诛意,故许止虽弑君而不罪,赵盾以纵贼而见书。此仲尼所以垂王法,汉世所宜遵前修也"。还有《论衡·须颂篇》说:"《春秋》为汉制法,《论衡》为汉平说";《佚文篇》说:"孔子曰:'文王既殁,文不在兹乎!'文王之文,传在孔子。孔子为汉制文,传在汉也";《正说篇》说:"或说《春秋》二百四十二年者,上寿九十,中寿八十,下寿七十。孔子据中寿三世而作,三八二十四,故二百四十年也。又说为赤制之中数也"。《隶释》卷一《孔庙置守庙百石碑》说:"孔子大圣,则象乾坤,为汉制作";同卷《韩敕造孔庙礼器碑》说:"孔子近圣,为汉定道";等等。

69 (《奉本篇》),还没有达到以至于将新王特定为汉王朝。不管怎样,如果认为《春秋》是为汉王朝而作的话,那么这对汉人来说即使是不喜欢,大概也还是成为担负着深刻意义的东西,成为与现实的要求具有很深关系的东西。这些即如凌曙《公羊问答》卷二所记:"问,哀公十四年注,'待圣汉之王以为法',此汉儒之空言与? 抑果有确证否? 曰:两汉君臣皆以经义发为文章,观其诏诰奏议,凡决疑定策,悉本之于公羊。"以及接着引用的诸多举例所显示的那样。而且有关何休的《公羊注》,也可以明显地看到其想在《公羊经传》和汉制之间寻求脉络的态度。在训诂性的注释当中,比如哀公十二年"春,用田赋",注云:"言用田赋者,若今汉家敛民钱,以田为率矣。"像这样多用"若今……"一类的表现,虽然是古典注释常见的手法,但肯定还是他取向上的表现。进而,汉礼或汉律在引证中被提出来的情况,大概就更在于他的取向了。① 当然也不仅如此,对中国人来说,如果认为古典的注释不只是始终为训诂性的注释,而且是可以寄托自己思想的一种有力的著述形式,那么,何休所处的呈现出一种世纪末性病症的时代,也就是东汉桓灵时代的情况,尽管在何休注当中得到了积极或者消极的反映,但是大概也绝非过于道破了的。② 虽然在《解诂》的序中说到《春秋》是"据乱而作",但是如同春秋是乱世一样,何休生活的时代也仍然是乱世。在"上有圣帝明王,天下太平,然后乃至"(哀公十四年注)的时候麟的出现,理所当然地应该是"圣汉将兴之瑞"(哀公十四年疏)。然而,在何休的周围,丝毫不存在能够称作太平的状况。仅在那些并非只是疏通经传之义就结束的注解当中,很容易看出何休的大概是

---

① 假如各举一例来表示的话,徐疏指出,在桓公十六年注中的"天子有疾称不豫,诸侯称负兹,大夫称犬马,士称负薪"所讲的就是汉礼的名称。再有,昭公三十一年注中的"……犹律一人有数罪,以重者论之,《春秋》灭不言入(庄公十八年传)是也"。若据其本传,在何休那里有由以《春秋》驳汉事的六百余条所构成的著述,被称为是"妙得公羊之本意"。

② 前引中岛氏的论文中说:"何休撰作《公羊解诂》的意图是积极的,他是在对《公羊》的注释中提出自己的经世策略,并想以隐微的形式来表现他的世界观的。"尽管在经世策略的表现上使人感到稍微有些迷惑,但是基本上是可以赞成的。我自己则专门注意其与被认为是清流运动中主要的思潮之间的关联。

托于乱世之春秋而言的一种感怀。如果我们还记得何休就是党人之一 ⁷⁰ 的话,那么这就不只是他个人的感怀了,大概作为清流士人的思潮而具有普遍性。

宣公十七年"冬十有一月壬午,公弟叔肸卒",注云:"称字者,贤之。宣公篡立,叔肸不仕其朝,不食其禄,终身于贫贱。故孔子曰:'笃信好学,守死善道。危邦不入,乱邦不居。天下有道则见,无道则隐。'此之谓也。……卒而字者,起其宜为天子上大夫也。孔子曰:'兴灭国,继绝世,举逸民,天下之民归心焉。'"如此地特意引述《论语·泰伯》、《尧曰》两篇中的话语,单纯地作为经的注释而言,这不是稍微有些深思过度了吗?大概告诫宦官之受宠用一类的发言,也是当然存在的。襄公二十九年"阍弑吴子馀祭。阍者何?门人也,刑人也。……君子不近刑人,近刑人则轻死之道也。"注云:"刑人不自赖而用作阍,由之出入,卒为所杀,故以为戒。不言(弑)其君者,公家不畜,士庶不友,放之远地,欲去听所之(《礼记·王制篇》),故不系国。不系国,故不言其君。"尽管这是从传的本文而原样地引出来的注释,但是在哀公四年的注中说:"春,王三月,庚戌,盗杀蔡侯申。弑君贱者穷诸人(文公十六年传),此其称盗以弑何?贱乎贱者也。贱乎贱者孰谓?谓罪人也",之后又说:"罪人者,未加刑也。蔡侯近罪人,卒逢其祸。故以为人君深戒。不言其君者,方当刑放之,与刑人义同。"在东汉时代,所谓"刑隶"(传四七《刘陶传》)或者"刑余"(传六八《宦者传论》)都是对宦官的蔑称。或者还如在杨秉的上疏中所言:"臣案国旧典,宦竖之官,本在给使省闼,司昏守夜,而今猥受过宠, ⁷¹ 执政操权"(传四四),这恰好可以看到使人联想到"阍"的表述。^① 进而还有,在郎中审忠弹劾宦官曹节等人的文章中,可以看到"吴使刑人,身遘其祸"(《宦者传》),不用说这就是袭用了《公羊传》襄公二十九年的文字。以上大概都是我们应该注意的。

---

① 在《周礼·天官序官·阍人》注中有云:"阍人司昏晨以启闭者。"

　　而且,在何休极力地主张选用"贤者"的时候,使人感到这似乎与在清流士人之间广泛存在的论调越来越接近了。"礼,公卿大夫士皆选贤而用之。卿大夫任重职大,不当世,为其秉政久,恩德广大。小人居之,必夺君之威权"(隐公三年注)。可是,贤人不被任用而"世卿"夺取了国君的威权,或者是"天子诸侯不务求贤而专贵亲亲"(文公元年注),这就是春秋时代的现实。如此一来,何休说道:"当春秋时,废选举之务,置不肖于位。辄退绝之以生过失,至于君臣忿争出奔。国家之所以昏乱,社稷之所以危亡。"(隐公元年注)虽然当下其所谓君臣纷争出奔的事情还没有发生,但是伴随着浊流势力进出的选举制的混乱,正带来国家社稷的危机,这一情况是我在第一节中已经提到过的李固、朱穆、皇甫规、审忠等清流士人的共同的认识。

　　那么,何休认为,虽然在《春秋》中,春秋时代的现实是乱世,但是在其措辞当中,则是依托于从衰乱之世到升平之世,从升平之世再到太平之世的发展这样一种稍显乐观的历史观。他把所谓太平之世的整体图景,在宣公十五年《传》"什一者,天下之中正也,什一行而颂声作矣"的长文注释中提示了出来。尽管这并不全是何休的发明①,然而其无非就是由何休所假设的理想社会。所谓"颂声",按照何休所说就是"太平歌颂之声,帝王之高致"。

　　何休所描绘的社会最主要的特征,就是财富与劳动的平均化(财均力平),这是通过井田法而实现的。井田法是将寇盗驱逐于野外,而没有强者欺凌弱者之事的、由圣人制定出来的制度。凡一夫一妇,受田百亩而养育父母妻子,以五口为一家(五口范围之外的叫做余夫,一人受田二十五亩),再有公田十亩。百亩私田加上十亩公田,这就是所谓什一之税。庐舍则为两亩半。所以一家的土地是一顷十二亩半,八家为九顷,仅这就成为一井。庐舍被安置在中央就是以人为贵,公田在其附近就是

———————————

① 虽然这里不能一一注记,但是尤其与《汉书·食货志》的一致是很明显的。

重公,私田被安排在外就是贱私。在井田里,一是无泄地气(徐疏,冬前相助犁),二是无费一家(田器相通),三是同风俗(同耕而相习),四是合巧拙(共治耒耜),五是通财货(井地相交,遂生恩义,货财有无,可以相通),这些也就是伴随着共同作业和相互扶助的实际情况的。而且,如同有所谓"市井"一词那样,交易也被安排在井田里进行。① 为了防备灾害,田里不是只种一个种类的谷物,而且田里不能有妨碍五谷生长的树木。在庐舍的周围种植桑荻杂菜,饲养五只母鸡和两头母猪,瓜果种植在田界的地埂上。女子们勤勉于桑蚕丝织。如此,老人能够穿上帛、吃上肉,死的时候能够得到安葬。再有,十井的人家共同负担兵车一乘。司空通过鉴别田地的高下肥瘦而将其分为三等,并且规定,上田一岁一垦,中田二岁一垦,下田三岁一垦。为了不造成肥沃田地与贫瘠田地之间的不公平,每三年实行一次土地轮换和与之相伴随的住居的迁徙。

那么,在田地里的聚落叫做庐,在城邑里的聚落叫做里,一里八十户,八家一起成为一巷,在里的中央安置校室。代表里的人有父老和里正,他们按照里民的一倍数来受田,而且容许其乘马。要分别选出父老中的"耆老有高德者",亦即经验丰富的故老中的有德者,还有里正中的"辩护伉健者",亦即实行能力、指导能力都出色的强健者。② 父老和里正,在民众外出从事田作的春夏时节,早晨,开门而坐于塾(门侧之室),对有过时而来者就不让出去了;到了日落时分,有出樵而未归者也不让进入了。而且,在耕种收获结束,民众在城郭里生活的秋冬时节,里正鼓励纺织,同巷的男(衍字?)③女人们每天晚上共同努力地做工。因此,女子劳动一个月就是相当于45日的劳动量,这样持续地从当年十月到来年的正月。另一方面,在这期间父老在校室里担当教育工作。小孩到了

①　这前后,与《后汉书》传六六《循吏·刘宠传》注所引《春秋井田记》的文句一致。
②　阮元的《校勘记》中说:"按辩当做辨,辨即今人所用之辦字。辨护,谓能干辦护卫也。"在《周礼·地官·山虞》职"若禁山林,则为主而修除,且跸"的郑注中,也可以看到:"为主,主辦护之也。"
③　译者注:本书原文即如此。

8 岁就要进入小学,到 15 岁就要进入大学进行学习。其推选方式是,学习成绩优秀者就被从里的校室送到乡的乡学,从乡学送到邑的庠,从庠送到诸侯的国学,分别在这些小学里学习。进而,诸侯每岁将其中的小学成绩优秀者呈贡给天子而使其在大学里学习。大学的成绩优秀者被称为造士。如果造士的德行、能力都同等的时候(行同而能偶),就通过射箭来选拔而授爵。这样一来,"士以才能进取,君以考功授官"就理当成为可能了。而这种原则,无非就是何休不断极力主张的选用"贤者"的原则。而且这种社会,就像贡士制度那样明显地始终是以"财均力平"的里为基础,从里到乡、邑、国这样地被积累起来,而且还有天子位于其上。其中具有不是上意下达,而是下意上达这样的构造,说起来就是在民意之总和基础上的国家的形成。这种情形,大概也可以通过如下所说的情况来证明。也就是说,对于 60 岁的男子,50 岁的女子,无子者,官方不仅给予衣食,而且让他们在民间采集诗歌,就是"饥者歌其食,劳者歌其事"那样的诗歌。这些依然是从里到乡、从乡到邑、从邑到国,然后从国到天子那样地被报告上来,这样一来,王者就能够"不出牖户,尽知天下所苦(根据《老子》四十七章),不下堂而知四方"了。

再有,对于王者,有着"德合元者称皇"、"德合天者称帝"、"合仁义者称王",或是"天所生,故谓之天子"(成公八年注)等各种的称谓来称呼①。那么作为王者的人物,又应该如何存在呢?何休认为王者是"至廉无为以率先于天下",而不能处于追求的状态。若处于追求的状态,也就是"诸侯贪,大夫鄙,士庶盗窃"了(桓公十五年注)。而且,原本就是"天地所生,非一家之有,有无当相通"(隐公元年注),"天地自然之利,非人力所能加,故当与百姓共之"(桓公十六年注)。这里所认同的,恰好是与大

_____

① 《白虎通·号篇》中也说:"帝王者何?号也。号者功之表也,所以表功明德,号令臣下也。德合天地者称帝,仁义合者称王,别优劣也。……帝者天号,王者五行之称也。皇者何谓也?亦号也。皇,君也,美也,大也。天人之总,美大称也……"

体被定名为《太平经》的道教经典的思想相通的认识。① 然而,这种天地自然所带来的利益不应该为王者一家所独占,同时还必须对这种天地之德表示报恩之心。比如有以社祭来作为报恩的具体表现。"社者,土地之主。祭者,报德也。生万物,居人民,德至厚,功至大。故感春秋而祭之。"(庄公二十三年注)何休在宣公十五年注中所描绘的理想社会,也具有深深扎根于这种天地自然当中而被充分地培育着的景象。其中,如《礼记·王制篇》所说的那样,三年的耕作中要生产出一年的储备,九年的耕作中要生产出三年的储备,30 年的耕作中要生产出十年的储备,那么即使在遭遇水害旱灾时也是民无忧色,四海之内皆乐其业,这样就会"颂声作"了。何休的长文注释到这里而结束。

何休说到,在春秋时代,由国、属、连、卒、州构成的"保伍"制所遭的破坏及混乱还在持续(桓公二年注)。这确实是春秋时代的现实。而恰如这样的情形,在东汉时代,乡里制也是确实地朝着崩坏的方向走下去。而且,清流运动的主要方面,如果像川胜义雄所说的那样,认为乡里制崩坏的来临,就在于豪族通过无德行的武力和财力对乡里的统治——即领主化倾向,从而这种崩坏就存在于对其进行抵抗的地方②;那么,把理想社会当做以"财均力平"的里为基础的情形来加以描绘,并且把站在其顶点的王者当做至廉无为者来加以描绘的时候,在这里,何休不又是与那些清流的立场相分开的吗?到处都面临着衰乱的这样的一种绝望,不就是被逆投影在这种理想社会上了吗?

75

---

① 王明编《太平经合校》(中华书局,1960 年)卷六七,第 246—247 页有如下一段文字:"或有遇得善富地,并得天地中和之财,积之乃亿亿万种,珍物金银亿万,反封藏逃匿于幽室,令皆腐塗。见人穷困往求,骂詈不予;既予不即许,必求取增倍也。而或但一增,或四五乃止。赐予富人,绝去贫子。令使其饥寒而死,不以道理,反就笑之。与天为怨,与地为咎,与人为大仇,百神憎之。所以然者,此财物乃天地中和所有,以共(供)养人也。此家但遇其聚处,比若仓中之鼠,常独足食,此大仓之粟,本非独鼠有也。少内之钱财,本非独以给一人也。其有不足者,悉当从其取也……。"
② 参见川胜义雄《汉末的反抗运动》(《六朝贵族制社会的研究》,岩波书店,1982 年),第一部第二章。

结　语

　　可以使人感到,在《公羊解诂》中与清流士人的思潮相呼应的言说还是不少的。这一情况使人想到何休与现实有着很深的相互关联。但是这还是如同在获麟的解释上,或是在衰乱、升平、太平的三世说中所明确地看到的,是以出色而观念性、理念性的思考为其特征的。其中,现实与理念微妙地相互交错。人,无论是谁,都必须以现实为思考的出发点,但是要让他在理念的世界中放开翅膀,以保留使其飞翔的自由。"王室乱莫肯救,君臣上下坏败,亦新有夷狄之行"(昭公二十三年注);"定公失政,权移陪臣,拘其尊卿(季孙氏),丧其五玉,无以合信天子,交质诸侯"(定公八年注);"礼,税民公田不过什一,军赋十井不过一乘。哀公外慕彊吴,空尽国储,故复用田赋,过什一"(哀公十二年注)。尽管像这样的情况不外乎就是春秋末的严酷现实,然而何休认为,"《春秋》定、哀之间,文致太平,欲见王者治定"(定公六年注),即,《春秋》在"文"当中,在微妙的措辞当中,显示着(昭)定哀之世就是太平之世。与此如出一辙的就是,尽管与其相关联的东汉的现实正在走向无尽的衰乱,但是何休在理念的世界里构筑起了就像在那个"什一行而颂声作"的注当中集中表现所能看到的那种太平的理想社会。大概与对现实的绝望的深度成反比,对太平的希冀的幅度增加了。不管怎样,就像昭、定、哀三世始终作为"文"而可以是太平之世那样,这种希冀也始终作为不实之"文",也就是仅仅在理念的世界里才可能存在的社会。其中或许是在第二节我曾考察过的读书和生产劳动一体化的地方学团的理想的某些投影,不过大概何休也熟知其完全实现的条件是不存在的。正如在《陈蕃传》中所记载的"蕃与(窦)后父大将军窦武,同心尽力,征用名贤,共参政事,天下之士,莫不延颈想望太平"(传五六)那样,可以想象,何休曾经应陈蕃的辟召,也就是被对于太平的热烈期待之情所鼓动。但是那个陈蕃已经不在了,清流运动遭受到了挫折,何休自己也由于禁锢而被迫不得不蛰居起来。他就是在这样的时候而执笔撰写了《公羊解诂》的。

何休与现实的相互关联绝对是很深的。不过,即便注释是作为讲述自己思想的一种著述形式,但是注释仍然还是注释。《公羊解诂》通过以经传为媒介,把自己与现实的直接关系抽象化,或者作为理念而得以结晶化了。其中形成了与清流士人们的经世策略性的议论相区别的独自立场。它是出色而知性的作为。为了丰富这种知性的作为,从而以与统治着太学的家法、师法明确地对立的方法,也就是将涉猎于众多的经传并回归于古老传统而作为有效的方法来加以采用的。77

第二章　真人与革命

前　言

　　如果把从东汉到曹魏的禅让革命看作是一场戏剧的话，那么在其进行的过程中，很像是出色的性格演员的"真人 chen-jen"的登场，是从很早就一直留在我心里的一个问题。所谓"《五经》无真字"是顾炎武判定了的一个颠扑不破的铁案①，在原来的经书中不会出现，在诸子百家尤其是道家的书籍中才可能出现的"真人"，在禅让革命中又现出了身影。作为东汉时的字典作者的许慎，把"真"的字义解释为"僊（仙）人变形而登天"，说是在"真"字的构成要素中，其下面附着的"八"，就是登天时的交通工具的形象。也就是说，这就成为汉代人所描绘的"真（人）"的最一般的印象。可是，其为何又在禅让革命中现出了身影呢？尽管我心里一直想着这个问题，但是至今并没有怎么做深入地思考，恰好，从福永光司那里得到惠赠上田正昭、上山春平合著的《道教与古代的天皇制》（德间书

---

①《日知录》卷一八《破题用庄子》。在《说文》的"真"字的段玉裁注中，也说道："经典但言诚实，无言真实者，诸子百家乃有真字耳。"

店,1978 年)一书,以此为契机,我就想来探索一下汉魏的禅让革命之际
"真人"出现的意义及其背景。《道教与古代的天皇制》一书的确可以说
是富有刺激性和积极性的论考,其中提出有必要注意以往被等闲视之的   85
日本古代社会中的道教乃至道教性要素的存在及其作用。而且,福永氏
承担的第一章题为《天皇与真人》,如果现在只抽出与"真人"的关联而
言,其中论及,作为天武天皇谥号的"天渟中原瀛真人"的"真人"无疑是
来自于中国的东西。还有特别是在其刚刚发表的《天皇与紫宫与真人》
(《思想》1977 年 7 月号)当中,以在陶弘景的《真诰》中出现的"真人"——
在天上的"仙"的世界中占据比仙人更高位置的高级官僚——为中心,
中国思想史上的"真人"概念的轮廓也已被弄清楚了。本章始终不过
是想就有关在中国某个历史时期依托于"真人"的一种印象来进行一
些考察。

一 汉魏禅让革命之际的真人

汉魏革命之际,"真人"是在怎样的语境下出现的呢?我们就从这一
问题开始讨论。先要请读者知道的是,只要不是特别地提出来的,本节
所引用的文献都是来自《三国志》卷二《魏志·文帝纪》的内容。

东汉献帝建安二十五年(220 年),曹操驾崩,太子曹丕就原封不动地
承袭了丞相和魏王的官爵。而马上就是改元为延康元年的这一年六月
庚午,跟随着军队的曹丕,从许(河南省许昌县)向南进发。说是对孙权
的讨伐只是他的借口,而进行已经提到日程表上的禅让革命的初步准备
才是其真正的目的。当时,预兆和祝福新王朝诞生的祥瑞的出现,从各
地被报告上来。例如在三月,曹丕出生的故乡谯(安徽省亳县)出现了黄   86
龙。45 年前的东汉灵帝熹平五年(176 年)也在谯出现了黄龙,通晓天文
算术的太史令单飏被光禄大夫桥玄所询问,他回答说:"其国后当有王者
兴。不及五十年,亦当复见。天事恒象,此其应也。"默记着单飏的话的

一个叫殷登的人,在延康元年时尚还健在,他流露出话来说:"单飓之言,其验兹乎!"在纬书之一条中,则有说:"德至水泉,则黄龙见者,君之象也。"(《艺文类聚》卷九八《祥瑞部·龙》引《孝经援神契》)那么,七月甲午到达谯的曹丕,在位于谯城东的故宅筑坛,并且聚集六郡以及当地的父老百姓,举行了安排有伎乐百戏表演的宴会。其盛大仪式通过立于坛前的《大飨之碑》(《隶释》卷一九)而留传于后世。而且在同一天,曹丕又发布了如下的一项教令。"先王皆乐其所生,礼不忘其本①。谯,霸王之邦,真人本出。其复谯租税二年。"(裴松之注引《魏书》)

以谯的三老为首的吏民们祈望和祝愿曹丕长寿,飨宴经过了一个日夜才结束。那么在上面的教令中讲到的所谓"真人"到底是指谁而言呢?因为是由曹丕发出的教令,当然就不会是指他本人了。从其讲到"霸王之邦"的地方也使人察觉到是在讲其父曹操的事情,而且,曹操被认为就是"真人"的证据在别处也是存在的。在东汉桓帝的时候,黄星曾经出现于楚宋的分野。通晓天文的段熲预言道:"后五十岁,当有真人起于梁沛之间,其锋不可当。"果然从那以后过了50年的建安五年(200年),在官渡之战中曹操大胜袁绍,而且变得天下无敌了。这是从《魏志·武帝纪》的记载中所看到的情况。到了后世,唐太宗也认同这一事实而作文写道:"既而三分(或"三元"之误)肇庆,黄星之应久彰,主卜启期,真人之运斯属。其天意也,岂人事乎?"(《初学记》卷九《帝王部·总叙帝王·祭魏太祖文》)

随后,曹丕在十月丙午(四日②)再到了曲蠡(河南省临颍县西北)。接着,于乙卯(十三日)留在许的东汉献帝,通过作为其使者的张音前往曲蠡,传达禅位的意旨,这也就是要进行禅让革命的最后程序了。在这

---

① 其所依据的是《礼记·檀弓上篇》的"君子曰,乐乐其所自生,礼不忘其本"。
② 这以下的日期以卢弼的《三国志集解》之说为参考。又参考尾形勇《中国古代的"家"和国家——皇帝支配下的秩序构造》(岩波书店,1979年)第六章《古代帝国的秩序构造与皇帝支配》,第282—287页。

里裴松之注所引《献帝传》中详细记载了从想要推进遵照献帝意旨的左中郎将李伏开始,到尚书令桓阶等结束的数度奏言,或是在曹丕与汉献帝之间相互辞让往返的交往等等,还有直到最终在辛未(二十九日)登坛受禅时的"禅代之众事"。其中之一,就是辛亥(九日)太史丞许芝列举出现在谶纬中有魏应该代替汉的标志的奏言而说道:"《易传》曰:'圣人受命而王,黄龙以戊己日见。'七月四日戊寅,黄龙见。此帝王受命之符瑞最著明者也。"其中不仅引用了《春秋汉含孳》、《春秋玉版谶》、《春秋佐助期》、《孝经中黄谶》,还显示出《易运期谶》中的文句:"言居东,西有午,两日并光日居下。其为主,反为辅。五八四十黄气受,真人出。"还有"鬼在山,禾女连,王天下"。根据许芝对这些文句的解谜,就是这样的:"言"和"午"合在一起就是"许",两个"日"就是"昌"。也就是说,因为这里讲的是"汉当以许亡,魏当以许昌",所以许芝说:"今际会之期在许,是其大效也。"有关"其为主,反为辅"以下的说明也是写着的,当然就是意味着作为主人的汉代君主此时相反地变成了魏的辅臣。还有,"五八四十黄气受,真人出"一句想说的大概就是,有四百余年的汉的运数已尽,代替属火德的汉的赤气的,就是属土德的黄气受命,以及"真人"的出现。许芝还说道:"臣闻,帝王者五行之精。易姓之符,代兴之会,以七百二十年为一轨。有德者过之,至于八百;无德者不及,至四百载。是以周家八百六十七年,夏家四百数十年,汉行夏正,迄今四百二十六岁。又高祖受命,数虽起乙未,然其兆徵始于获麟。① 获麟以来,七百余年,天之历数,将以尽终。帝王之兴,不常一姓。太微中,黄帝坐常明,而赤帝坐常不见,以为黄家兴而赤家衰,凶亡之渐。……"进而他说《易运期谶》中还有一条是"鬼在山,禾女连",也就是"巍(魏)"字的出现,正是显示魏将成为新的"天下之王"的意思。值得注意的是,在当前这里,开始建立魏王

---

① 汉高祖元年相当于乙未之年。"获麟"不用说就是《春秋》哀公十四年的"西狩获麟",即麟的出现被认为是预兆汉王朝兴起的祥瑞。参见前一章《党锢与学问》。

朝的曹丕似乎被比作接受了五行之精气——在这里是黄气——的
"真人"。

那么,来自许芝以外的人们推荐曹丕即位的奏言相继不断,在为答
复辅国将军刘若等百二十人联名的奏言而曹丕发布的教令中,也出现了
"真人"一词。曹丕说到,自己的德行尚未达到,还不足以接受天命;受寒
冻的人,受饥饿的人,鳏男寡女,到处都是;又由于与孙权、刘备之间不断
的战争,士民们没有得到无忧无虑的休息……这样,就不只是"人事未
备"了。还有"夜未曜景星,治未通真人,河未出龙马,山未出象车,蓂荚
未植阶庭,萐莆未生庖厨,王母未献白环,渠搜未见珍裘",也就是说"灵
瑞未效,又如彼也"。尽管在这里所列举的各种"灵瑞"分别作为圣人出
现的标志而理所当然是有所传承的①,但是只有这个"治未通真人",很难

---

① 尽管时代靠后,让我们用《宋书》卷二七—二九《符瑞志》来替代性地检索一下。曹丕的教令
中所列举的灵瑞,几乎全部的对应物都可以在其中得到确认。

　　景星,在卷上的黄帝条有"有景云之瑞,有赤方气与青方气相连,赤方中有两星,青方
中有一星,凡三星,皆黄色,以天清明时见于摄提,名曰景星",以此记述为首,在帝尧条景星出
现于翼宿的位置,在帝舜条出现于房宿的位置。在汉代的文献中,参见《白虎通·封禅篇》、
《论衡·是应篇》等。

　　龙马,在帝尧条可以看到"……二月辛丑昧明,礼备,至于日昃,荣光出河,休气四塞,白
云起,回风摇,乃有龙马衔甲,赤文绿色,临坛而止,吐《甲图》而去。"在卷中有"龙马者仁马
也,河水之精……"这样的说明。早在《礼记·礼运篇》"山出器车,河出马图"的郑玄注有云:
"马图,龙马负图而出也。"又参见在此处《正义》所引的《中候握河纪》。

　　象车,在卷下有"象车者,山之精也,王者德泽流洽四境则出。"《礼运篇》的"器车"大概就
是"象车",虽然郑玄注有说明,但是《正义》则如下说道:"案《礼纬斗威仪》云,其政太平,山车
垂钩。注云:山车,自然之车;垂钩,不揉制而自圆曲。"

　　蓂荚,在帝尧条有"又有草荚阶而生,月朔始生一荚,月半而生十五荚,十六日以后,日落
一荚,及晦而尽,月小则一荚焦而不落,名曰蓂荚,一曰历荚。"说是在帝舜的时候,还有周公
摄政的时候也生长。再有,参见《白虎通·封禅篇》、《论衡·是应篇》。

　　萐莆,也是在帝尧条有"厨中自生肉,其薄如箑,摇动则风生,食物寒而不臭,名曰箑脯。"
又参见《白虎通·封禅篇》、《论衡·是应篇》。

　　王母,在帝舜条有"及即帝位,……西王母献白环、玉玦"。早在《大戴礼记·少间篇》可
以看到:"昔虞舜以天德嗣尧,……西王母来献其白琯。"

　　渠搜,虽然其在《宋书·符瑞志》中看不到,但是在《北堂书钞》卷一二九《衣冠部·裘》
中 * 有如下的纪事:"《田俅子》云:禹治水毕,天赐玄圭,渠搜之人服禹之德,献其珍裘。"在《汉
书·艺文志》"诸子墨家者流"中著录有《田俅子》三篇"。(译者注: * 即在"渠搜献珍裘"
条下。)

猝然理解其所含的意思。

在汉魏的禅让革命进行的过程中,"真人"登场的情况大致即如上。然而即使这样说,接受新的天命并进行革命的主体,也就是曹丕,却一直并没有被比作"真人"。大多还是被称为"圣人"①,有时候又被以"大人"之名来称呼。在前面所显示的许芝的奏言中,以作为《易传》曰"的所谓"圣人受命而王,云云"为开始,例如在成于辛酉(十九日)的给事中博士苏林与董巴一并的上书中,也引用了纬书《诗推度灾》而说道:"今年青龙在庚子。《诗推度灾》曰:'庚者更也,子者滋也,圣命天下治。'又曰:'王者布德于子,治成于丑。'此言今年天更命圣人制治天下,布德于民也。……臣闻天之去就,固有常分,圣人当之,昭然不疑。"或者还有癸丑(十一日)督军御史中丞司马懿以下的奏言中所见的"大人"一词,即"夫大人者,先天而天弗违,后天而奉天时。天时已至而犹谦让者,舜、禹所不为也"。这不用说,就是根据《周易·乾卦·文言传》的表述。这样,夹在"圣人"和"大人"当中而"真人"偶尔露面的情况,就是因此反而引人注目那样的人物;然而这种与天命有关的"真人",实际上在汉魏革命以前也不是不存在。通过追寻其系谱,曹丕所讲的"治未通真人"的意思大概也就自然而然地变得清楚了。

二 真人赤精子

"真人"没有出现在经书里。出现真人的,不用说绝大多数是在道家系统的书籍当中。据说是在《庄子·大宗师篇》里最早出现的。② 在那里,作为政治统治者的"真人",其部分情况尽管在"以刑为体,以礼为翼,以知为时,以德为循,云云"的话语中被表现出来,但是,其大体是从各种

① 对天子的一般性的尊称是"圣人"。东汉建武七年(31 年),光武帝所下诏书中不仅歉言自己不德,而且禁止以后臣下在上书中称自己为"圣",这件事就证明了这一情况(《后汉书》纪一《光武帝纪下》)。
② 参见福永光司《天皇与紫宫与真人——中国古代的神道》(《思想》1977 年 7 月号)。

角度表现为道家性的德乃至道的获得者的人物,和与天命有关的"真人"没有直接联系。

有如在汉魏的禅让革命中登场的"真人",限于文献之征,大概是在西汉末期而出现其身影的,也就是在西汉成帝时候的事情。据说齐人中有一个叫做甘忠可的人作《天官历》、《包元太平经》十二卷,其中讲到当今汉家际会天地之大终,必须重新改受天命,这就是天帝降"真人"赤精子所教授的。[1] 甘忠可的说教被夏贺良、丁广世、郭昌等人所传扬,但是因为中垒校尉刘向奏言称他们为"假鬼神而罔上惑众"之人,结果甘忠可狱死,夏贺良等被论处不敬之罪。然而,其后夏贺良等仍秘密传布其说教,不久到了哀帝时代,因为通晓灾异而得天子之宠的司隶解光泄漏了夏贺良等秘藏甘忠可之书的事情。被命令调查此事的奉车都尉刘歆报告说:"不合《五经》,不可施行。"可是解光诉其不满说:"前歆父向奏忠可下狱,歆安肯通此道。"还有通晓灾异之学的黄门侍郎李寻也成了甘忠可之书的爱好者。这样一来,当时已成为长安令的郭昌劝说李寻而想要帮助夏贺良等人,其结果是,他们在黄门署伺机等待从而屡次得到了天子的召见。他们再三地陈说,作为"赤精子之谶"[2]所讲的内容,就是应该改元易号。"汉历中衰,当更受命。成帝不应天命,故绝嗣。今陛下久疾,变异屡数,天所以谴告人也。宜急改元易号,乃得延年益寿,皇子生,灾异息矣。得道不得行,咎殃且亡。不有洪水将出,灾火且起,涤荡民人。"这样,在建平二年(公元前5年)六月甲子,天子终于下了诏书,其开头就是"盖闻《尚书》,五曰考终命",不仅引用了《尚书·洪范篇》的所谓五福之一,而且,所做的独特解释很值得注意。所谓"大运壹终,更纪天元人元,考文正理,推历定纪,数如甲子也"。也就是将"考"解释为"考正",将

---

① 这以下的经过,见于《汉书》卷一一《哀帝纪》、卷二六《天文志》、卷七五《李寻传》。还有,尽管《天官历包元太平经》被认为是一本书的书名,但是这里姑且当做二本书的书名。
② 顺便言之,这可以说是"谶"字的初次出现。

"终命"解释为"运终受命"①;其讲的就是,面临天地宇宙大运的一个周期之终点的当今,如同甲子的干支到了一周之后再度复元一样,必须重新改受天命,实行从历纪开始的改制。诏书中接着讲到:"朕以眇身入继太祖,承皇天,总百僚,子元元,未有应天心之效。即位出入三年,灾变数降,日月失度,星辰错谬,高下贸易,大异连仍,盗贼并起。朕甚惧焉,战战兢兢,唯恐陵夷。惟汉兴至今二百载,历纪开元。皇天降非材之右,汉国再获受命之符。朕之不德,曷敢不通。夫受天之元命,必与天下自新。"这样,就把建平二年改元为太初元将元年,易号为陈圣刘太平皇帝②,原来的一昼夜漏刻各为 100 刻度也被改定为 120 刻度。 *92*

可是,改制的效果一直没有体现出来。汉哀帝的疾病也是依然如故,时日持续。尽管如此,由于夏贺良等人置喙于政治而要求更进一步的改制,所以很快在八月丁巳,朝廷向内外宣称撤回六月甲子诏书,夏贺良及其党羽们被一扫而净。那么,引发了这次事件的"真人"赤精子的原型,如果据东汉应劭的说法,不外乎就是汉高祖刘邦。"高祖感赤龙而生③,自谓赤帝之精"(《汉书》卷一一《哀帝纪》注)。其现在作为天帝——赤帝——的使者下到地上来,把天帝的教导作为《天官历》和《包元太平经》来讲说,这恰如强心剂一样再一次地注入了天命。这样一来,汉王朝的复元大概就可以企望了,也就是重新接受了新的天命的汉哀帝作为天帝之子的复元。"高皇摄正总万廷,四海归咏理威明,文德道化承天精,元祚兴隆协圣灵。"(《初学记》卷九《帝王部·总叙帝王·河图》,又《太平御览》卷八七《皇王部·汉高祖皇帝》条《龙鱼河图》)正是像这样,以关于

---

① 据在《李寻传》王先谦的补注中所引苏兴之说。

② "陈圣刘"意味着什么呢?后世没有一个确定的解释。李斐认为"陈"就是"道",从而解释为"得神道的圣者刘(汉)"的意思;如淳认为,由于陈乃舜之后裔,而不久篡汉的王莽是陈的后裔,所以说"谬语以明莽当篡立而不知";韦昭讲为"敷陈圣刘之德"。列举了以上三说的颜师古赞成如淳和韦昭二说。胡三省则认为如淳说"流于巫"而只取韦昭说。

③ 在《史记》卷八《高祖本纪》中,把刘邦的出生记载为"其先刘媪尝息大泽之陂,梦与神遇。是时雷电晦冥,太公往视,则见蛟龙于其上。"此处《索隐》引用的《诗含神务》中有云:"赤龙感女媪,刘季兴。"

刘邦而所说的情况作为一例,王者应该就是接受了天帝之精气的天帝之子①,那么也还是应该被称为"真人"的。

哀帝时代的这一事件,在不久之后发生的王莽篡权中也留下了影迹。也就是王莽称摄政皇帝的居摄三年(公元 8 年)十一月甲子日,王莽上奏于太后而如下所说到的(《汉书》卷九九《王莽传上》)。依照宗室广饶侯刘京的上书,是这一年七月的事情,齐郡临淄县昌兴亭长辛当,一夜之间几次在梦中见到了天公(天帝)的使者。天公的使者所言中转达了"摄皇帝当为真"这一天帝的命令。还说,如果不相信的话,在该亭一定会有口新井出现,那就是最重要的证据。天一亮,亭长找去一看,果然找到了一口深达地下百尺左右的新水井……还有,哀帝建平二年(公元前 5 年)六月甲子下诏书,改元为太初元将元年。如果考察其事情本身的话,甘忠可和夏贺良的谶书就藏在兰台。臣莽一想,所谓元将元年,是说"大将,居摄而改元"的文字,到现在就清楚了,如此云云。于是,居摄三年就改作初始元年,漏刻又再次采用 120 刻度了。王莽即真天子之位,建立国号为"新"的王朝,是在这一年的十二月癸酉朔日的事情,这一日就成为始建国元年正月朔。就这样,《天官历》和《包元太平经》在王莽篡权中也是帮了一个忙的。如果这样的话,王莽不是也有把自己比作"真人"的心态吗?而且,在"摄皇帝当为真"的所谓天公的命令中,并没有仅限于"即真"这样的事情上,或许还包含着这以外的什么意思吧。

三　白水真人

从西汉末期到王莽时代,也就是在西历纪元前后的中国,在日益加深的社会不安当中,大概人们清清楚楚地实际感受到,在或是"天地大终"、或是"大运一终"一类的词语中所表现出来的终结观。大概他们也

---

① 在《礼记·曲礼下篇》"天子祭天地,祭四方,祭山川,祭五祀,岁遍"的《正义》中说:"王者各禀五帝之精气而王天下。"或者还有《初学记》卷九所引《春秋孔演图》的"天子皆五帝之精宝"。

期待着救世主的出现。以宫廷为中心企望通过"真人"而使王朝再生,与此情况差不多同样的时候,在民众中间西王母信仰爆发性地广泛流传。这就是建平四年(公元前 3 年)从关东开始的,在将 26 个郡国卷入兴奋的漩涡的同时,最终甚至传染到了都城,出现了集体性歇斯底里状态。 94 "纵目人当来",人们这样地呼喊着,就是幻想着西王母变成救世主而降临。① 这之后,即使对于反抗王莽的赤眉军和刘秀,只是程度上不同,人们大概是寄予着同样的期望吧。寻求"真主"的呼声举世高涨②,而且应该由接受了天帝之精气的"真人"来进行革命的想法,到这个时期似乎逐渐地加强了。先是赤眉军在山东起事。在南方,受到反抗王莽政权而举兵的将军们的拥戴,刘秀的族兄刘玄即天子之位,即所谓更始帝。如果根据《东观汉记》,当时,设坛场于淯水上的沙中而举行即位式的时候,一部分将军们发出微弱的声音说,由于王莽还没有灭,还是暂且称王为好。对此,一位叫张印的人,拔剑击地而大喝一声说道:"称天公尚可,称天子何谓不可!"就是说甚至希望像天公,即天帝本身来统治的那样。人们的情绪是很高昂的。

更始帝三年(25 年)正月,通晓天文的方望察觉到更始帝必定失败的局势,从而将从长安找到的刘婴在临泾(甘肃省镇原县西北)立为天子。刘婴是王莽还在做摄皇帝的时候作为孺子而让其继平帝之位后不久王莽一当上真皇帝就被废弃了的人物。方望在立刘婴之际说道:"前定安公婴,平帝之嗣。虽王莽篡夺,而尝为汉主。今皆云刘氏真人,当更受命。欲共定大功,何如?"(《后汉书》传一《刘玄传》)这个方望,尽管曾经

---

① 《汉书》卷一一《哀帝纪》、卷二六《天文志》、卷二七《五行志下》。参见小南一郎《西王母与七夕传承》(《东方学报》46 册)。
② 反对王莽政权而想要举兵的所谓下江兵的将军王常,接受了刘秀之兄刘伯升的合纵的提议而说道:"王莽篡弑,残虐天下,百姓思汉,故豪杰并起。今刘氏复兴,即真主也。诚思出身为用,辅成大功。"(《后汉书》传五)还有王莽的导江卒正,也就是蜀郡太守公孙述,也在组织豪族军队之际大声疾呼:"天下同苦新室,思刘氏久矣,……吾欲保郡自守,以待真主。"(同上书传三)但是,公孙述后来与东汉的光武帝对抗,使用各种各样的符命和谶记而想把自己变成"真主",这是众所周知的事情。

任在天水成纪(今甘肃省泰安县)自立的隗嚣的军师,但是因为劝阻隗嚣答应更始帝的聘请未被采纳心生嫌隙,于是便与隗嚣诀别了。在辞谢于隗嚣门下之际,虽然在给对方的书信中显得极为含蓄,但是引人注目的是最后他写的令人难以理解的话:"望闻乌氏有龙池之山,微径南通,与汉相属,其傍时有奇人,聊及闲暇,广求其真。愿将军勉之。"(同上传三《隗嚣传》)王先谦把乌氏推定为甘肃省平凉县西北,泾水以北的弹筝峡口。如果是这样的话,方望距离刘婴即位的临泾很近。其所说的适合访求"真"的"奇人",大概就是指"真人"吧。

尽管以方望为丞相的一党数千人的"真人"刘婴政权在短促之间就被更始帝的军队击破了,但是最初奉仕更始帝,不久就在这个混乱的时代崭露头角,在名实两方面都成功地达到使汉王朝再兴的刘秀,也就是东汉光武帝,确实也是被比作"真人"的。《后汉书》纪一《光武帝纪论》所记载的一个由来就是,当光武帝出生于其父济阳县令刘钦官邸的建平元年(公元前 6 年)十二月甲子之夜,因为出现了赤光照耀产室的吉兆,还有县界内生长出一茎九穗之嘉禾的奇瑞,故此而取名秀。进而,在记载其翌年所发生的夏贺良事件之后又说道:"及王莽篡位,忌恶刘氏。以钱文有金刀,故改为货泉。或以货泉字文为'白水真人'。"这就是袭用了王莽在始建国元年所下的命令:"今百姓咸言,皇天革汉而立新,废刘而兴王。夫'劉'之为字,'卯、金、刀'也。正月刚卯,金刀之利,皆不得行。博谋卿士,佥曰天人同应,昭然著明。其去刚卯莫以为佩,除刀钱勿以为利。"(《汉书》卷九九《王莽传中》)其命令就是,因为忌惮作为汉王室姓氏的"劉"字可以分解成的"卯"、"金"、"刀"三个部分的情况,于是禁止使用刻有"正月刚卯"及"金刀"字样的"刀钱"。所谓"正月刚卯"则是在正月的卯日作为驱魔而佩于革带上的东西。还有,随着刀钱的禁止,而新发行直径六分、重一铢,刻有"小钱直一"的小钱,与以往的"大钱五十"二品一起通行。这件事情,在《汉书》卷二四《食货志下》中有所出入的同时,还可以看到如下的记载:"莽即真,以为书'刘'字有金刀,乃罢错刀、契刀及五铢钱,而更作金、银、龟、贝、钱、布之品,名曰'宝货'。小钱径六分,重一铢,文曰'小钱直一'。……《光武帝纪论》中所讲的"货泉",大概就是指所谓的"宝货"和"铜钱"两种而言。① 不管怎样,尽管"货泉"二字可以分解"泉"为"白水","货"为"真人"这样的平常的拆字,然而"白水"则意味着保存有刘秀所属的春陵侯家刘氏故宅的南阳蔡阳的白水乡,从而所谓"白水真人"无非就是刘秀了。虽说《后汉书》是5世纪的范晔的著作,但是这大概并非到了这样晚的时代才编造出来的故事。因为在东汉的崔骃(？—公元92年)的《反都赋》(《艺文类聚》卷六一《居处部·总载居处》)中已经将光武帝歌颂为"潜龙初九,真人乃发"了。还有在《水经注》卷二八《沔水注》条说道:"(白)水北有白水陂,其阳有汉光武故宅,基址存焉。所谓白水乡也。苏伯阿望气处也。② 光武之征秦丰,幸旧邑,置酒极欢。张平子以为真人南巡,观旧里焉。"光武帝在旧邑故宅置酒是在建武三年(公元27年)十月的事情。张子平亦即张衡(78—139年)在他的《南都赋》(《文选》卷四)的颂当中是这样表述的。也就是,对东汉人来说,刘秀就是不能不使人相信的确实的"真人"、"白水真人"。同在这篇《南都赋》中,也可以看到这样的文句:"方今,天地之睢剌,帝乱其政,豺虎肆虐,真人革命之秋也。"据李善注,"睢剌"就是祸乱之喻。前两句是讲刘邦平定了由秦始皇和秦二世引发的祸乱,后两句是讲针对也应该比作豺虎的王莽虐政,"真人"刘秀进行了"革命"的事情。

虽然方望讲到了"刘氏真人,当更受命",但是这大概是当时谁也不明说的私下里讲的话。而且,在刘秀那里不是也悄然地有了只有"我"才是应该再受天命的"真人"这样的愿望吗？如果以今天的话来说,刘秀所

① 如果根据《汉书》卷二四《食货志下》,在"小钱直一"和"大钱五十"之外,钱货更有四品,合起来为六品,还有黄金一斤换算为一万钱;其他的银货有二品,龟宝有四品,贝货有五品,布货有十品。
② 在方才刚刚引用过的《后汉书·光武帝纪论》中马上接着说道:"后望气者苏伯阿,为王莽使至南阳,遥望见春陵郭,喟曰:'气佳哉！郁郁葱葱然。'"

进行的一些应有的情报工作似乎是很确实的。据说,王莽末年,还尚未出名的刘秀在前往目的地时,于当地听到了作为图谶学者的蔡少公所讲的"刘秀当为天子"这样的谶语。在有人说这个人大概就是王莽的国师公刘歆(即后来改名刘秀的)①这样的话的时候,刘秀就假装开玩笑地说:"何用知非仆耶?"(《后汉书》传五《邓晨传》)这之后,在出行讨伐占据邯郸的王郎②的更始二年(公元 24 年),刘秀站在滹沱河畔,正在因找不到船而难以渡过的时候,恰好得到了老天保佑而从冻结的河面上通过。他又在行军到达下博城西时迷失了道路,这时候出现一位白衣老父,指着路的方向说道:"努力吧!信都郡为长安(更始帝)守,去此八十里。"李善注称,此白衣老父盖"神人"也。有关"神人"与"真人"的关系,请参考本章下一节。之后,当刘秀很快就要在鄗(河北省柏乡县北)即位之际,其长安游学时代的同舍生强华,从关中前来奉上了《赤伏符》,上面写着:"刘秀发兵捕不道,四夷云集龙斗野,四七之际火为主。"四乘七为二十八,从刘邦到刘秀举兵是 280 年,也就是说其意味着在这个"四七之际",属火德的汉将再次成为天下的主人(《后汉书》纪一《光武帝纪上》)。

⁹⁸

四 《太平经》与真人

"真人"应该接受天命而进行革命,成为新的王朝的主人,这一想法,我想在西历纪元前后好像几乎是确定了的。与这一革命的主题有关的"真人",好像一迎来东汉王朝的安定时期就暂时隐去了身影似的,然而在总算又开始看到其影迹的桓帝建和二年(148 年)十月的时候,长平(河

---

① 《汉书》卷三六《刘歆传》有云:"初歆以建平元年改名秀,字颖叔云。"应劭注云:"《河图赤伏符》云'刘秀发兵捕不道,四夷云集龙斗野,四七之际火为主。故改名,几以趣也。"还有,卷九九《王莽传下》说:"先是,卫将军王涉,素养道士西门君惠。君惠好天文谶记,为涉言:'星孛扫宫室,刘氏当复兴,国师公姓名是也。'涉信其言,以语大司马董忠,数俱至国师殿中庐,道语星宿,国师不应……。"
② 王郎自称是汉成帝的王子子兴。

南省淮阳县西)的陈景称"黄帝子",还有南顿(河南省商水县)的管伯称"真人"而阴谋叛乱(《后汉书》纪七《桓帝纪》)。有关这次叛乱,尽管在他们立即伏诛以外的事情不是很清楚,然而大概值得注意的是,陈景已经既不是称"赤帝子"、也不是称"赤精子",而是称"黄帝子"了。而且,从陈景与管伯的举兵地点很接近的情况来看,两者间大概会有一些联络,如果可以这样考虑的话,管伯暂且就是"真人黄精子"了。

　　同样是汉桓帝延熹九年(166 年),恰好是发生了第一次党锢的这一年,通于天文阴阳的襄楷进行了著名的上书(同上书传二〇下)。其中言及了据传原本是干吉①在曲阳的泉水上得到,之后传授给弟子宫崇的神书百七十卷,也就是《太平清领书》的事情。《太平清领书》就是宫崇献于汉顺帝的朝廷,还有襄楷献于汉桓帝的朝廷的,但是未曾引起注意。《后汉书》中不仅评论说"其言以阴阳五行为家,而多巫觋杂语",而且又略记了此书的结局命运:"有司奏崇所上妖妄不经,乃收藏之。后张角颇有其书焉。及灵帝即位,以楷书为然。"

　　《后汉书》的注者李贤,不仅认为"神书,即今道家《太平经》也"②,而且从传世到唐代的《太平经》中引用了数条来作为《襄楷传》的注。然而,有关出现于东汉时代的《太平清领书》与《太平经》之间的传承关系,议论纷繁,李贤所看到的《太平经》是否果真与今天收于《道藏》中的《太平经》是同样的东西呢? 如果是同样的东西,那么《太平经》是否就是汉代的东西呢? 应该说未解决的问题还有很多。③ 在这里暂且依照的是以下两位的立场,即汤用彤认为在今天的《太平经》中所能看到的事实和学说确实

99

------

① 译者注:此处的"干"或作"于"。参见本译文第 333 页的相关译者注。

② 译者注:此语见于襄楷延熹九年(166 年)的上疏中"臣前上琅邪宫崇受干(于)吉神书,不合明听"一句之后的李贤注。

③ 简单说来,请看熊铁基《〈太平经〉的作者和思想及其与黄巾和天师道的关系》(《历史研究》1962 年第 4 期)的第 8 页脚注 3。自汤用彤《读〈太平经〉书所见》(《往日杂稿》,中华书局,1962 年)以来,中国学者普遍采取认为《太平经》的内容是汉代的东西的立场。熊铁基也得出结论认为《太平经》的问答体部分与襄楷的制作有关,散文体和对话体部分与干吉和宫崇的制作有关。

是汉代的东西,还有马克斯·康德谟(Max Kaltenmark)认为包含着至少可以上溯到汉代的部分。[①]

那么,翻阅一下《太平经》(这里采用的版本是王明编《太平经合校》,中华书局,1960 年)来看的话,可知其是以作为天的使者而降临的"神人(天师)"针对"真人"这样那样的提问而恳切地加以垂范示教为主要部分的。例如在神人的话语中有云:"吾迺上辞于天,亲见遣,而下为帝王万民具陈,解亿万世诸承负之谪也。"(第 64 页)这一神人的教导大概已经通过真人转达给有德的君主。"今真人以吾书付有道德之君,力行之令效,立与天相应,而致太平,可名为富家,不疑也"(第 32 页)。而且令人兴趣很深的是,包括"神人"和"真人"的天地之间的九种人,其序列和职能被安排得很清楚。也就是,(一) 无形委气的神人——(治理)元气,(二) 大神人——天,(三) 真人——地,(四) 仙人——四时,(五) 大道人——五行,(六) 圣人——阴阳,(七) 贤人——文书,(八) 凡民——草木五谷,(九) 奴婢——财货(第 88 页)。而且还说到,神人、真人、仙人、道人、圣人、贤人六种人是"助天治",各自分别掌管,神人主天、真人主地、仙人主风雨、道人主教化吉凶、圣人主治百姓,贤人辅助圣人理万民之录(第 289 页)。也就是说,"真人"才是地上的代表者,而连那些圣人和贤人们只是被放在相当低的位置。[②]

讲天地的终始,是《太平经》的又一个主题。"昔之天地与今天地,有始有终,同无异矣。初善后恶,中间兴衰,一成一败。阳九百六,六九乃周,周则大坏。天地混淆,人物糜溃。唯积善者免之,长为种民……"(第

---

① 前注引汤用彤的论文,以及马克斯·康德谟著、福井文雅译《〈太平经〉的理论》(酒井忠夫编《道教的综合性研究》,国书刊行会,1077 年)。

② 参见前注引马克斯·康德谟的论文。但是这个序列,即使在后世也并不是不变的。例如,南齐的顾欢针对袁粲对他的《夷夏论》提出的反论,又进一步提出了反论,其中体现出神仙二十七品说,他讲到:"仙变成真,真变成仙,或谓之圣,各有九品,品极则入空寂,无为无名。"(《南齐书》卷五四《高逸传》)据此的话,就是作(一)神(圣)、(二)真、(三)仙的排列顺序。

1 页)①"今天道大周,故使吾(神人)下,善说真人善事,乐其化为上善,故以第一事教之。"(第 651 页)在这种绝望中出现的神人,却反复地讲到认为"上皇太平气且至——上皇太平之气确实将至了"(第 146 页)。

在汉顺帝、汉桓帝时代没有引起注意的《太平清领书》,就像不久后的情形那样,一方面张角作为太平道的创立者并且成为"黄巾之乱"的领袖而"颇有其书",另一方面汉灵帝认为此书"然也",这也就是因为将要面临比西汉末期有过之而无不及的衰落之世,绝望性的终结观再次广泛地覆盖于社会的缘故。汉灵帝也好,张角也好,都是以与应该体得"上皇太平之气"、实现"太平"的"有(道)德之君"相并列而作为相应的目标的。

要具体地查清楚汉灵帝与《太平经》的联系,是极其困难的。不过有一点,即汉灵帝称"无上将军"的事实是不可忽视的。这是由于"黄巾之乱"而天下动荡不安的中平五年(188 年)的事情。据记载,一些得知了望气者②所言"京师当有大兵,两宫流血"的人向大将军何进进言说:"《太公六韬》:有天子将兵事,可以威厌四方。"于是,就在洛阳的平乐观下筑起大坛,建起高十丈、十二重的五彩华盖,在此坛的东北筑起小坛,也建起高九丈、九重的华盖。数万人的步兵、骑士排成整列。出来阅兵的汉灵帝在大华盖之下,何进在小华盖之下,各自停下马;礼毕,灵帝亲自身披甲胄,称"无上将军",环绕阵营三周后而还朝(《后汉书》纪八《灵帝纪》、传五九《何进传》)。这里特意提出这一事情,是因为实际上"无上"一词频见于《太平经》当中。比如,针对充满难以理解的言语文句的《师策文》中的"使人寿若西王母"一句,在说明其每个字的意思而到关于"王"字时,神人说道:"王者,谓帝王得案行天道者大兴而王也,其治善,迺无上也。"(第 68 页)或者还有说,在"上皇太平气"的"上"字中托引出"无上"之"天"的意思(第 146、147 页),或是说"故帝王象天为行也,称无上之

---

① 但这是《太平经钞》甲部的文章,这一部分并不是从《太平经》中抄出的,似乎与伪造有关。参见王明的《前言》。
② 译者注:即观云气来判断吉凶的人。

君,不敢失天"(第661页),或是说"天君者则委气,故名天君,尊无上"
(第715页)。尽管这样说,但是作为称"无上将军"的人,汉灵帝并不是
最早的。早在光武帝建武四年(28年),涿郡太守张丰反叛就曾称"无上
大将军"。张丰一直兼好方术,有一位道士说:"丰当为天子",而且将一
个装着石头的五彩袋子挂在张丰的肘腕上,说这石头中有玉玺,张丰听
后当真就反叛了(《后汉书》传一○《祭遵传》)。进而,汉顺帝建康元年
(144年),在九江郡当涂山筑营垒的叛乱指挥者当中,徐凤身穿绛衣,佩
带黑绶带,起名为"无上将军";还有一人马勉,头戴皮冠,身穿黄衣,称
"黄帝"(同上书纪六《冲帝纪》、《质帝纪》,传二八《滕抚传》)。[①] 如果考虑
到这些事情的话,就不能认为汉灵帝的"无上将军"是直接根据《太平经》
的。大概可以说,只是在将"无上将军"或"无上大将军"的称号与带有某
种神性的皇帝结合起来这一点上是确实的,而《太平经》大概是挑选出在
当时社会广泛流行的"无上"观念,并对其进行了某种程度的体系化定
位。那么,我想说的是,汉灵帝的"无上将军"的称号与《太平经》之间并
不是直接影响的关系,而是刺激性传播的关系。一方面"无上将军"被用
作带有神性的皇帝的称号,另一方面"无上"又成为《太平经》中一个重要
的观念,所以不能认为两者绝对没有关系。

那么另一方面,有关《太平经》与张角乃至黄巾军的关系,在中国学
界曾经有过激烈的论战。[②] 如今在这里不能深入地讲这个问题,不过如
果暂且提出一个问题的话,那就是说到"后张角颇有其书"的《后汉书》的
纪事。在这一纪事中,使人感到似乎包含着如戎笙所说的意思,即使假
定认为张角有《太平经》一书,也并不是相信以它作为经典来使用,这是
不能简单地加以断定的。还有杨宽之说,针对诸如张角把自己的教法称

[①] 贺昌群《论黄巾农民起义的口号》(《历史研究》1959年第6期)指出,他们占据当涂山,就是根
据"代汉者当涂高"的谶语。
[②] 杨宽《论〈太平经〉——我国第一部农民革命的理论著作》(《学术月刊》1959年9月号)主张张
角的太平道是以《太平经》作为经典的;戎笙《试论"太平经"》(《历史研究》1959年第11期)和
前面提到过的熊铁基的论文则完全否定两者的关系。

作"太平道"的情况,以及在举兵之际张角及两位弟子各自分别号为"天公将军"、"地公将军"、"人公将军"的情况,还有 36 方的组织在甲子之岁的甲子之日举兵的情况,再有让病人跪拜思过而以符水咒说进行疾病治疗的情况,毁神坛的情况等等,而想从中找到与《太平经》的关系;我想,这似乎也不见得是能够视为强辩而加以排斥的说法。

结　语

103

　　东汉王朝因"黄巾之乱"而陷入了不能再维持的状态。黄巾军也没有能实现太平的理想社会就失败了,从而越发地进入到群雄割据的战乱时代。然而,从众多的群雄当中独立竞争,连战连捷而称霸华北的,就是曹操。曹丕将父亲曹操称作"真人",还有后来在由曹丕推进的革命的过程中也几度有"真人"登场等情况,在前面我已经论述过了。可以说,在那个时候,有关革命方面的"真人",亦即对它的信仰而应该如此称呼的情况早已经固定下来了。三国魏的傅嘏(209—255 年)的《皇初颂》(《艺文类聚》卷一〇《符命部·符命》)可以说是歌颂曹丕的文章,其中也说道:"寻盛德以降应,著显符于方臻,积嘉祚以待期,储鸿施于真人。"尤其是在"真人"的作用上,则有这样的不同,既有真人成为天帝的使者而降临到地上的时候,也有真人从作为天帝使者的神人那里得到教导的时候。然而无论是哪种时候,在真人是天帝之教导——天命——的传达者的情形上没有变化,通过接受这一天命的人就能够实行革命。这样一来,接受了天命,体会到了天命的革命的主体,大概还是被比拟为"真人"的。"真人革命之秋"这一张衡说的话,就应该这样来理解。总之,如果用《太平经》的话来说,就是在"太平之气至"之际,当然一定会是"天地之真仙人出"(第 648 页),而且也是应该出现的。曹丕所说的"治未通真人"的辞让之语,大概是以这样的"真人"信仰为背景才容易理解的。只是足以与真人相感通、能使真人出现的德治还尚未具备,这就是曹丕辞

104

让的意思。天子不仅仅是人,还应该是在此之上的存在,即应该兼具有神性。如果依据《太平经》的话,被定位于远在圣人位置之上的真人,作为治理地上的代表者,与治理天上的神人是面面相对的。

在本章结束之际,我想曹丕的禅让革命与在汉中布教的张鲁的天师道教团并不是没有关系的情况,还应该附带地说一下。前面介绍过的记载了汉魏之际"禅代众事"的《献帝传》,在最开始,就记载了左中郎将李伏对曹丕的奏言。李伏原来是张鲁的部下的事情,有关文章是很清楚的。然而他讲到:"昔先王(曹操)初建魏国,在境外者闻之未审,皆以为拜王。"这讲的是曹操被封为魏公是在建安十八年(213年),之后在二十一年(216年)被进爵为魏王,不过境外之民认为是在十八年的阶段曹操被封为魏王的。可是当时在汉中成为羁旅之身的武都(甘肃省成县西北)李庶和姜合,对李伏说道:"必为魏公,未便王也。定天下者,魏公子桓,神之所命,当合符谶,以应天人之位。"所谓"子桓"不是别人,就是曹丕的字。李伏把这一事情对张鲁讲了。当张鲁问姜合这样的说法在什么书上出现过的时候,姜合回答说:"《孔子玉版》也。天子历数,虽百世可知。"这讲的是,在《孔子玉版》一类的谶纬书上写着"定天下者魏公子桓"。那么,经过一个多月之后,在逃亡者写来的册文上,果真如姜合所言,不是魏王,而是魏公。李伏进而接着讲述到:"(姜)合长于内学——谶纬之学,关右知名。(张)鲁虽有怀(魏)国之心,沈溺异道变化,不果寤合之言。后密与臣议策质,国人不协,或欲西通(刘备),鲁即怒曰:'宁为魏公奴,不为刘备上客也。'言发恻痛,诚有由然。合先迎王师,往岁病亡于鄴。……"曹操讨伐张鲁是建安二十年(215年)的事情,当时张鲁的弟弟张卫果敢抵抗,张鲁则听从功曹阎圃之言,最终在退却巴中的过程中投降。而后被拜命为镇南将军,遇以客礼,又被封以阆中侯、邑万户。据记载,在张鲁从汉中到巴中撤退之际,尽管有人进言要把宝货仓库烧掉,但是他没有听,而说道:"本欲归命国家,而意未达。今之走,避锐锋,非有恶意。宝货仓库,国家之有。"于是将之原封不动地封藏着离开了。

（《三国志》卷八《魏志·张鲁传》）

在张鲁投降之时,姜合作为先头部队而迎接曹操,李伏也被人看到下到其军门来。然而在由曹丕即将进行革命之际,李伏却透露了姜合曾经讲过的那些谶语。如果认为这不是李伏为了献媚于曹丕所编造,而是事实的话,那么说曹丕应该受命的事情,就成为最早在由张鲁布施了一种神圣政治的汉中地区被私下谈论的。并没有能够完全理解姜合所讲的话的张鲁,却也表示了"宁为魏公奴,不为刘备上客也"这种坚定的决心,还有他封藏宝货仓库而迎接曹操军进驻,这些情况大概就是因为他看清了天命降临之处吧。而且,作为曹丕在想要进行革命的时候得到来自天师道教团的承认和拥戴,这在对内外显示其神性上,一定也是极其有效的。

第二部分
范氏研究

第三章　范宁的学问

前　言

　　东晋范宁的名字,作为《春秋谷梁传集解》的著者而被人们记忆着。在这部汇集了有关《谷梁传》注释的著述之外,进而,范宁的著作在《隋书·经籍志》中记载的还有,《古文尚书舜典注》一卷、《礼杂问》十卷、《春秋谷梁传例》一卷、《范宁启事》三卷。除了《谷梁传集解》,他的著作几乎都失传了。不过在《论语义疏》或《通典·礼典》当中,虽然是片段的,但仍然相当丰富地保留着他的一些主张,这还是令人庆幸的。总之我认为,尽管如上所示范宁的著作一览很容易使人看到他是忠实的儒家之徒,然而,正像他还有着与当时的佛教界相互交往的若干事迹这一事实而象征性地显示的那样,与这个时代的很多思想家不相例外,对于范宁,似乎也不能仅仅从经学史的立场出发来考虑他的学问。因此,这里虽然以范宁为素材,但是在描绘不仅仅局限于经学史的六朝精神史的一个片断的同时,就他的学问的存在样式而论,由于被认为与他作为一个门阀贵族有深刻的关系,所以我打算以门阀贵族方面之学问的形式为主要问题来加以考察。在讲范宁的学问之前,我们先来接触一下有关他的传

114 记,则是为了看清楚他的学问之所以产生的历史的和社会的背景。而且,范宁既是在刘宋时期的踞食论争中而出名的范泰的父亲,又是《后汉书》的著者范晔的祖父。在范泰或范晔的思考方法当中,的确也可以看到来自范宁的影响。在以"范氏研究"为题的第二部中,与考察范宁的学问的本章相衔接,我将进而举出在踞食论争中范泰的立场,还有范晔的《后汉书》的情况,以期揭示以学术为中心而形成的范氏三代的门阀史。

一 范宁的出发点——《王弼何晏论》

范宁(《晋书》卷七五),字武子,东晋的安北将军、徐兖二州刺史范汪之子。在其父范汪幼小的时候,南阳顺阳的范氏一蹶不振,从"孤贫"的境遇中起家的范汪,凭着天赋才智,使自己这一代在门阀贵族社会中确立起了一定的地位。之后,范汪得到当时执政的会稽王司马昱的眷顾,在升平五年(361 年)被任命为安北将军、徐兖二州刺史,也就是北府军团长。这个时候,与荆州亦即北府相拮抗而掌握了西府军团的军阀桓温实际正在扩张其势力,眼里盯着以司马昱为顶点的中央政府,使得东晋的政局暗云密布。据说,尽管范汪曾经任过桓温的属僚,但是由于他不甘心一直置身于其下,所以桓温对范汪就怀有了怨恨。范汪被司马昱给予要职的事情,当然不会给桓温留下好的印象。结果,桓温就设置了一个陷阱。桓温声称要进行北伐,从而向北府军团提出了出动军队的要求。尽管范汪答应了其要求,但
115 是仍被桓温以迟误军期为理由,要求将范汪解职并贬为庶人身份。对于第一级别的实力人物所提出的这样的处置要求,能够敢于提出异议的人早已经没有了。范汪也就此失去了任期仅有八个月的安北将军、徐兖二州刺史的职位。这样,在父亲范汪被迫蛰居的时候,其子范宁为 23 岁。①

---

143 ① 姜亮夫的《历代人物年里碑传综表》认为范宁的生卒年为咸康五年(339 年)到隆安五年(401 年)。《宋书》卷六〇《范泰传》中把范宁的死放在司马元显专权和桓玄辅晋之间,因此其卒年即使向最晚估计也要在元兴元年(402 年);又《晋书》本传说他是在 63 岁而卒,所以其生年即为咸康六年(340 年)。这样,我认为《碑传综表》之说十分妥当。由于没有特别提出异说的理由,所以就姑且从于此说。

　　在这之后,到桓温活着的时候为止,范氏家族的人们进出官界之路硬是被封死了。而且不只是范汪的失势。虽然司马昱想要招辟已经长到青年的范宁,但是立即遭到桓温的反对。由于当时没有能够尽力牵制桓温的实力人物,所以在兴宁三年(365年)从荆州移镇到姑孰和在太和三年(368年)被加以殊礼的桓温篡夺王朝,已经只是时间的问题了。太和六年(371年),废帝司马奕被废黜之后,司马昱,也就是简文帝被拥立,可以说这就是走向桓温篡夺王朝的一个步骤。桓温这一篡夺意图的实现,只不过是由于被朝臣谢安、王坦之、王彪之的策划岔开,才一天一天地拖延了。

　　对于范氏一家来说,桓温在世的时期,是极为阴暗封闭的日子。范宁的侄子范弘之在日后写给桓温的故吏王珣的书简中,坦言道:"吾少尝过庭,备闻祖考之言,未尝不发愤冲冠,情见乎辞。当尔之时,惟覆亡是惧,岂暇谋及国家。"(《晋书》卷九一《儒林传》)在这种失意的时代,长兄范康夭折,而被寄予期望要将父亲范汪确立起来的门阀地位维持下去的,除了范宁,就别无他人了。范宁博览书籍,精心励志于学问。而且在这个时期发表了重要的论文,这就是《王弼何晏论》。尽管《王弼何晏论》撰写的时间很难确定,但是关于他执笔的动机,在其本传中有所说明: "时以浮虚相扇,儒雅日替,宁以为其源始于王弼、何晏,二人之罪深于桀纣。"如果注意到文中的"浮虚"一词,那么认为这篇论文是作为对当时流行的清谈的批判而写的大概不会有问题。当时清谈界的领袖,不是别人,就是司马昱。而且范宁的父亲范汪,好像也曾经加入了司马昱的清谈沙龙(《世说新语·排调篇》)。还有范宁的从叔父,也就是范汪的从父弟范启,更是司马昱清谈俱乐部中的宠儿,这在《世说新语·文学》、《排调》、《轻诋》诸篇所记的逸话中有很多的体现。这样,如果考虑到范氏一家既有与当时的清谈界相互关系很深的人,又有在阴暗封闭的环境中撰写出来的《王弼何晏论》,那么就使人感到,这篇论文是范宁站在相当严厉地自我反省的立场上写出来的。而且,在年轻的时候写出的这篇论文,就决定了他以后的方向,并且成为其思想的出发点。

116

王弼和何晏二人，无疑被人推崇为魏晋玄学的开山人物。原本范宁的论文就是作为所谓"平叔(何晏)神怀超绝，辅嗣(王弼)妙思通微。振千载之颓纲，落周孔之尘网。斯盖轩冕之龙门，濠梁之宗匠"这种绝口称赞论者的反论而写的，是要指出他们二人的浮华言说搅乱和迷惑后生至甚，因而礼乐崩坏，中原倾覆，亦即招致了西晋王朝灭亡这一不幸的事态。这篇论文就是针对被认为是王弼之亚流的司马昱等清谈之徒，追究他们宽容桓温跋扈的责任，促使他们觉醒，而在这一意图下执笔写成的。不但桓温也是一位谈论的名手，再加上司马昱的清谈癖，确实带来当时政治上的不振，从而给了桓温可以利用的机会。"简文(司马昱)为相，事动经年，然后得过。桓公(桓温)甚患其迟，常加劝免。太宗(司马昱)曰：'一日万机，那得速！'"(《世说新语·政事篇》)在其将政治上停顿不前的缘由通过作为清谈的一种形式的机智语言来加以说明的时候，就可以窥见司马昱的面目了。那么，范宁在《王弼何晏论》中又是怎样讲的呢？

"王何蔑弃典文，不遵礼度，游辞浮说，波荡后生，饰华言以翳实，骋繁文以惑世。搢绅之徒，翻然改辙，洙泗(孔门)之风，缅焉将坠。遂令仁义幽沦，儒雅蒙尘，礼坏乐崩，中原倾覆。古之所谓言伪而辩、行僻而坚者(《礼记·王制篇》)，其斯人之徒欤！"他说，如果与王、何二人这样的罪过相比，桀、纣的暴虐之罪还算是轻的。因为王、何之罪是"正足以灭身覆国，为后世鉴诫耳"。如果与桀、纣的"一世之祸"、"自丧之衅"为轻小之罪相比，王、何的"历代之罪"、"迷众之愆"则是重大的罪过。

作为与这篇《王弼何晏论》撰写的时期相接近，并且执笔的动机也极相类似而可以举出的，大概就是比范宁年长九岁的他的妹婿王坦之(330—375年)所写的庄子弹劾文《废庄论》了(《晋书》卷七五)。[①] 能够说明《废庄论》是在"尤非时俗放荡，不敦儒教，颇尚刑(形)名学"时而执

---

① 《世说新语·方正篇》注引《王氏谱》说："王坦之娶顺阳郡范汪女，名盖，即宁妹也。"而且有关《废庄论》，参见蜂屋邦夫《王坦之的思想——东晋中期的庄子批判》(《东洋文化研究所辑要》75册)。

笔写成的,就是其与《王弼何晏论》有着近似的立场。而且,王坦之因为与具备司马昱清谈俱乐部之代表级身份的支遁之间意见不合,从而又写了《沙门不得为高僧论》;还有,讲到把支遁的谈论讥评为"诡辩"的《世说新语·轻诋篇》中所记载的有关逸话,也是值得注意的。我认为,范宁和王坦之的这两篇论文,全都是以批判清谈,恢复沉滞了的儒家说教为意图而写出来的,但是范宁与王坦之的议论展开方式则未必是一样的。因而我想,是否可以通过将《王弼何晏论》与《废庄论》加以比较研读,从而使范宁之主张的轮廓能够更加清楚呢?

王坦之说:"孔父(孔子)非不体远,以体远故用近;颜子(颜回)岂不具德,以德备故膺教。胡为其然哉?不获已而然也。"孔子和颜回,也就是儒家的圣人和贤人,是道或者德的获得者,所以没有必要特意抬出庄子来。不过正是由于他们对道体会得很深,是完全的德的具备者,所以其外在所体现的功能——用——反而倒是卑近的,是发自于万不得已的心情而相当于世俗之教化的。① 然而"语道而失其为者",还有"辩德而有其位者",也就是庄子,不可能是真的道或德的获得者。尽管如此,由于诡谲、恢诞的庄子的言说在世上流行蔓延着,所以"礼与浮云俱征,伪与利荡并肆。人以克己为耻,士以无措为通。时无履德之誉,俗有蹈义之愆"。那么,真的道或德,又是作为怎样的东西而被说明的呢?"若夫利而不害,天之道也;为而不争,圣之德也。(《老子》第八十一章)群方所资而莫知谁氏,(《老子》第四章)在儒而非儒,非道而有道。弥贯九流,玄同彼我,万物用之而不既,(《老子》第三十五章)亹亹日新而不朽,昔吾孔老固已言之矣"。

在这里值得注意的是,不仅老子被与孔子同等对待②,而且与此相

① 成为这种思想之先例的就是王弼。"弼曰:圣人体无,无又不可以训,故言必及有。老庄未免于有,恒训其所不足。"(《世说新语·文学篇》)这里的圣人就是儒家的圣人。
② 讲到孔子和老子的同一性的,大概始于何晏。《世说新语·文学篇》注引《文章叙录》说:"自儒者论,以老子非圣人,绝礼弃学,(何)晏说与圣人同。"

反,庄子和老子被严格地区分,庄子被置于老子之下;同时,除了《周易·系辞传》之外,一方面专门借用《老子》的语言和思想,一方面儒家的圣人被当做老子式的道或德的获得者而加以描绘。尽管王坦之表示儒家的圣人是普遍性的道的获得者,并且说明了这个道——体——与道的外在所体现的功能——用——的关系,然而,另一方面可以说范宁则是专门注意其用的方面的。虽然他们二人都批判清谈,主张恢复儒家的说教,但是王坦之是将儒家的说教内在化,并且进行哲学性的解释,相反,范宁则是将其外在化、客观化,也就是从用的方面来把握。所谓用的方面,换言之就是礼教的意思,这个问题,确实在范宁把王弼和何晏当做"不遵礼度"、"使礼乐崩坏"的人来加以谴责的姿态当中是可以看到的。这样,强调儒学的用的方面,就是范宁整个一生都不变的态度。他作为礼教的拥护者而行动着的情况,还有在他的学问体系当中礼学占了很大的部分的情况等等,我将在后面再论述。而且应该看到,他以后的方向已经脱胎于《王弼何晏论》了。

二 理想主义的挫折

不过,范宁受惠于世间谁也意想不到的桓温的突然去世,在宁康元年(373 年)以后,他终于作为余杭令而能够出仕官吏了。这也是他到了快 35 岁而很晚才出仕官吏。他在余杭六年的任职期满之后[①],又迁任临淮太守,被封为阳遂乡侯。接着不久,他便在中央官界获得了中书侍郎的职位。从史所记载的"时更营新庙,博求辟雍、明堂之制,宁据经传奏上皆有典证"的情况,就证明了其非凡的礼学知识,而且当朝廷中出现异议的时候又每每对其有所下问。在范宁因患眼疾而向张湛求处方的时候,曾被他揶揄道:"用损读书一,减思虑二,专内视三,简外观四,且晚起

---

① 当时的地方官在职期限为六年的情况,无非就是范宁的《陈时政》中所讲到的:"守宰之任,宜得清平之人。顷者选举,惟以恤贫为先,虽制有六年,而富足便退。"(本传)

五,夜早眠六。凡六物熬以神火,下以气箴,蕴于胸中七日,然后纳诸方寸。修之一时,近能数其目睫,远视尺捶之余。长服不已,洞见墙壁之外。非但明目,乃亦延年。"从这个故事中便浮现出范宁作为精励恪勤的用功家的风貌。

那么,范宁大概正是由于有着如此丰富知识和出色学问的缘故,才赢得了晋孝武帝的信赖。当时,致力于各个势力之间意见的调和而给东晋王朝带来一时安宁的谢安(320—385 年)已经去世,当朝皇帝的弟弟会稽王司马道子集中了权力,中央政治达到极尽历史尽头一般的放纵。而向这个司马道子献媚并得到无限宠爱的,不是别人,就是王坦之的第三个儿子,也是与范宁有相当于甥舅关系的王国宝。"儒雅方直"的范宁始终痛恨王国宝的"阿谀诌佞",于是向孝武帝进言应将其贬黜。为此,王国宝指使此时也受到司马道子深厚宠爱的袁悦之,秘密地进行活动,想让尼支妙音致书信给皇太子的母亲陈淑媛,传话说"国宝忠谨,宜见亲信"。孝武帝知道此事的始末之后大怒,并将袁悦之杀掉了。于是王国宝害怕了,后来又和司马道子一起再三向孝武帝进说其舅范宁的谗言,因此范宁遂处于孤立。这样,范宁对污浊的中央政界感到绝望,从而自己要求出任豫章太守。据记载,尽管孝武帝根据故事而说:"豫章不宜太守,何急以身试死邪?"以促其回心转意,但是范宁不信占卜,态度始终坚决,孝武帝也就不得不同意了。此事被推定为是太元十三年(388 年)的事情。① 虽然事情的始末即如以上所述,但是这一事件作为范氏与太原王氏之间纠葛上的起因则很难深究。因为王国宝的弟弟王忱与范氏,在后来继续保持着不变的亲密关系,所以在作为舅舅的范宁与作为外甥的王国宝之间所发生的冲突,我想,始终还是基于范宁"直言无讳"(本传)、

121

① 虽然《通鉴》把范宁从豫章太守转任一事记载于太元十四年条上,但是如果根据《宋书》卷九三《隐逸・周续之传》,可知在周续之(377—423 年)12 岁的时候,也就是在太元十三年(388 年),范宁已经就任于豫章了。所谓:"豫章太守范宁于郡立学,招集生徒,远方至者甚众。续之年十二,诣宁受业。"

"措心正直"(《晋书》卷九一《儒林·徐邈传》)的性格。

　　与此事相关联,首先应该注意到的就是,在《论语义疏》(以下略称《义疏》)所引用的范宁的《论语》解释当中,憎恶佞者、谄者的词语很多。"哀公舍贤任佞,故仲尼发乎此言(举直错诸枉则民服,举枉错诸直则民不服),欲使举贤以服民也"(《为政篇·哀公问曰何为则民服章》)。"祝鮀以佞谄被宠于灵公,宋朝以美色见爱于南子,无道之世,并以取容,孔子恶时民浊乱,唯佞色是尚,忠正之人不容其身,故发难乎之谈,将以激乱俗,亦欲发明君子全身远害也。"(《雍也篇·子曰不有祝鮀之佞而有宋朝之美章》)尽管这些话语原本难免受到切合《论语》本文而注释的限制,但是同时它们又理应是从注释者的感情而来的表现。那么可以认为,在这些话语当中,就潜藏着范宁像对王国宝而称其性"卑佞"(《晋书》卷六四《司马道子传》)并始终憎恶其阿谀风气那样的辛辣批判。范宁所说明的是"不以正道求人为谄也"(《学而篇·子贡问曰贫而无谄章》),然而在王国宝所讨好的司马道子的身边,只要是范宁所看到的,大概就是脱离正道的人猬集在一起的。例如,暴露了当时政情内幕的许荣上疏说:"今台府局吏、直卫武官及仆隶婢儿取母之姓者,本臧获之徒,无乡邑品第,皆得命议,用为郡守县令,并带职在内,委事于小吏手中;僧尼乳母,竞进亲党,又受货赂,辄临官领众。"(《司马道子传》)在这个时候,非由正路且优倡出身的赵牙,还有作为钱塘捕贼史的茹千秋,都是靠行使贿赂,从而被任为魏郡太守和骠骑咨议参军的。虽说范宁也与许荣一起再三上奏时政的得失,但是在涵养了基于儒家思想之正统的士人意识的范宁眼里,大概不会看不到这种现实是"无道之世"和"乱俗"的。那么,在自己要求出任豫章太守的范宁那里,就没有把自身比作处于乱世而"全身远害"的君子的情形吗?根据他的解释,"君子与人无有偏颇厚薄,唯仁义是亲也"(《里仁篇·子曰君子之于天下也章》),"弃货利而晓仁义则为君子,晓货利而弃仁义则为小人也"(同上《子曰君子喻于义章》),这就是说,所谓君子,最重要的就是必须不顾货利而亲于仁义。

最终,范宁还是离开了中央政界。而且他一当上豫章太守,就及早地进行了有关时政的上奏。(一)实施土断。(二)整顿人口稀少的郡县。(三)应该擢用清平的人才为地方官。(四)缩减送故吏之制。(五)整肃奢侈、放浪轻慢的官纪。(六)缓和谪兵制。(七)提高全丁、半丁的年龄。在涉及这七项内容的上奏当中,充满着范宁想要拯救政治已经不复存在的这种混乱局面而给社会带来安定的理想主义者的使命感。而且,说到他的理想主义,即如在上述的第七项主张中可以确实看到的,最重要的不外乎就是梦想着恢复和实现儒家的说教。其所主张的就是,应该把以 16 岁以上为全丁、13 岁以上为半丁的现行规定,按照《仪礼·丧服传》的篇章中所说的"年十九至十六为长殇,十五至十二为中殇"而修改为 20 岁以上为全丁,16 岁到 19 岁为半丁。 *123*

不过,据记载,议论说"当今刺史郡守,幕府事任皆重,与古诸侯不异也"的是其父范汪的想法,而讲到"秦罢(诸)侯置(太)守。虽不继位,皆有吏臣。不得准古诸侯也"的(《通典》卷九〇,《礼典》五〇)则是范宁的想法。也就是说,由于他们父子认为州郡的长官与周代的诸侯正相匹敌①,所以当了豫章太守的范宁当然可以不等中央的指令,而有在当地实行自己理想的自由。特别是,他在豫章郡设立了郡学,而被看成是远离秩序极其混乱的国都,想要构筑一个能够作为其理想所在的儒家正道的小世界一样的地方。在其郡学,儒家的古典得到研究,目的就是通过这些来端正地方的风习教化。虽然其父范汪曾经在任东阳太守时建起过学校,而且范宁本人也在任余杭县令时期设立过县学,但是豫章的郡学,无论在规模上还是在意图上,都更加庞大了。那里尽管被称为郡学,但却似乎是很具有经营费用一切由私人俸禄来维持的私塾性质的学校。"宁在郡又大设庠序,遣人往交州采磬石,以供学用。改革旧制,不拘常

---

① 不过这样的思考方式,从东汉时就已经相当广泛了。例如在《后汉纪》卷九永平三年条,作为陈留太守傅宗之言,可以看到"昔者诸侯,今之两千石也"。

宪。远近至者千余人,资给众费,一出私禄。并取郡四姓子弟,皆充学生,课读《五经》。又起学台,功用弥广。"若根据《晋书》卷九一《儒林·范宣传》记载则可以认为,由于受到住在豫章的处士范宣的感化,同时又作为范宁设立郡学的一个结果,以至江州的人士喜好经学,因此在相当程度上达到了范宁所期望的目标。

124　　范宁在《义疏》中的一条下讲到:"切磋琢磨所以成器,训诱学徒义同乎兹。"(《学而篇·子贡问曰贫而无谄章》)而豫章郡学也无非是将他的这种理想具体化了。而且,作为他重视人之教化的背景思考,可以指出的大概就是其所采取的人性论的立场:"人生而静,天之性也。感于物而动,性之欲也(《礼记·乐记篇》)。斯相近也。习洙泗之教为君子,习申商之术为小人。斯相远也①。然情性之义,说者不同。且依一家旧释云,性者生也,情者成也。性是生而有之,故曰生也。情是起欲动彰事,故曰成也。然性无善恶而有浓薄,情是有欲之心而有邪正。性既是全生,而有未涉乎用。非唯不可名为恶,亦不可目为善。故性无善恶也。所以知然者,夫善恶之名,恒就事而显。故老子曰:天下以知美之为美,斯恶已;以知善之为善,斯不善已(第二章)。此皆据事而谈。情有邪正者,情既是事,若逐欲流迁,其事则邪。若欲当于理,其事则正。故情不得不有邪有正也。故《易》曰:利贞者,性情也(《乾·文言传》)。"(《阳货篇·子曰性相近也章》)尽管范宁所讲的一家旧释是指谁人之说已经难以详查,但是他接受此说,将人心分为性和情,根据认为"生曰性"、"性无善无不善"的告子之说,也就是被孟子当做异端邪说的告子之说,同时作出如下的思考:性只有浓薄而无善恶,作为性之用的情则有邪正,这个情与欲望是有关系的。那么,正因为情有邪正,所以才需要为限制情而使其不断地朝向正道的教化。总之,范宁建立起郡学,并且把地方的教化看作是自

---

① 译者注:武内义雄校本《论语义疏》此处"也"字前有"矣"字。见《武内义雄全集》第一卷《论语篇》,第348页上。角川书店,1978年。四库全书本《论语集解义疏》则无"矣"字。

己的责任义务,这与我们前面已经指出过的他重视儒学的用的方面的思
想有着很深的关系。范宁不仅设立郡学,而且,主张整肃官纪的他,为了
能够在豫章郡内实现其目标,从而想出了分别向 15 个属县派遣议曹而
使其监督,还有让归乡的属吏们利用休暇来采访故乡长官的政绩情况,
这样的一种情报政治,被其友人徐邈责备为是做过头了(《晋书》卷九一
《儒林传》)。

如此兴办郡学和梦想着依照儒家说教而进行地方教化的范宁的理
想主义,却要面临突如其来的破灭的日子了。这大概是因为他的理想主
义太过于游离于现实的缘故。其直属长官江州刺史王凝之就弹劾了他:
"(豫章)郡城先有六门,宁悉改作重楼,复更开二门,合前为八。私立下
舍七所。臣伏寻宗庙之设,各有品秩,而宁自置家庙。又下(所辖)十五
县,皆使左宗庙,右社稷(依照《礼记·祭义篇》),准之太庙。皆资人力,
又夺人居宅,工夫万计。宁若以古制宜崇,自当列上,而敢专辄,惟在
任心。"

范宁曾经在到豫章赴任的时候,上奏了当时徭役过重一事。所谓
"古者使人,岁不过三日,今之劳扰,殆无三日休停"。尽管如此,如果认
为王凝之的弹劾文中没有基于恶意的夸张,难道是范宁为了复行古制而
忘却了自己的主张吗? 结果是范宁被问罪。当时任天门太守的其长子
范泰,为了给父亲辩明情况而上下奔走。孝武帝也考虑到范宁是因为一
心想着教化而受到弹劾,因此在事件难以定论的处理过程中,其问罪得
以赦免。不过,就此时机,范宁便退出了官界。时为太元十六年(391 年)
至十七年(392 年)。① 在这以后,在直到 63 岁没世以前的大约十年时
间,范宁就在丹阳专心致志于深入研究经学的生活。

---

① 范宁受到弹劾时,其长子范泰为天门太守。据《宋书》卷六〇《范泰传》,范泰是通过其外弟荆
　州刺史王忱的关照而成为天门太守的,且在太元十七年(392 年)十月王忱卒于官为止还在其
　任上。另外,因为弹劾范宁的王凝之为江州刺史是在太元十六年(391 年)到二十年(395 年)
　之间,所以罢免事件应该是在太元十六年乃至十七年发生的事情。

三 《谷梁传集解》的成书

到现在为止,我所讲的都是以范宁的生活和经历为中心的,然而范宁的名字之所以被今天的我们所记忆,当然还是莫过于其作为《谷梁传集解》(以下略称为《集解》)的著者的缘故。"初,宁以《春秋谷梁氏》未有善释,遂沉思积年,为之集解。"正如其本传所记载的这样,《集解》是他历经多年沉思的成果。在《集解》的序当中,范宁自己讲道:

"升平之末,岁次大梁,先君北蕃回轸,顿驾于吴,乃帅门生故吏、我兄弟子侄,研讲六籍,次及三传。《左氏》则有服(虔)杜(预)之注,《公羊》则有何(休)严(彭祖)之训。释《谷梁传》者,虽近十家,皆肤浅末学不经师匠。辞理典据既无可观,又引《左氏》、《公羊》以解此传,文义违反,斯害也已。于是乃商略名例①,敷陈疑滞,博示诸儒同异之说。"也就是说,其注《谷梁传》的工作,早在岁星宿于大梁的酉年,亦即在升平五年(361年)的十月,从其父范汪的"北蕃"亦即安北将军和徐兖二州刺史的职位被桓温所夺,并被贬为庶人身份而蛰居于吴地的时候,就已经开始了。②然而,范汪不久就去世了。③ 与范宁想要将父亲的遗志早日实现的这种焦虑正相反,岁月荏苒流逝。于是,"乃与二三学士及诸子弟各记所识,并言其意。业未及终,严霜夏坠,从弟凋落,二子泯没。天实丧予,何痛如之! 今撰诸子之言,各记其姓名,名曰《春秋谷梁传集解》。"

---

① 在杨士勋的《疏》中说明到:"商略名例者,即范氏别为《略例》百余条,是也。"还有,《四库提要》卷二六《经部·春秋类》中说道:"自序有商略名例之句,《疏》称宁别有《略例》百余条,此本不载,然注中时有传例曰字,或士勋割裂其文,散入注疏中欤。"

②《世说新语·假谲篇》中说是蛰居于东阳。

③ 据说范汪是 65 岁而卒,然是什么时候则不清楚。据说范汪 6 岁来到江南,被荆州刺史王澄寄予希望。王澄于永嘉元年(307 年)为荆州刺史,六年(312 年)卒于官。还有据说在苏峻之乱的时候,亦即咸和二年(327 年),范汪弱冠,刚刚来到京师。为了满足这两个条件,确定范汪的生年为永嘉元年(307 年),而卒年在咸安元年(371 年)左右,这大概是妥当的。

这样,《集解》既是作为完成父亲遗志的著述,同时又具有作为在著述的过程中夭折的范汪第二个儿子范雍、第三个儿子范凯、从弟范邵等各位子弟之墓碑的意义。尽管《集解》上冠以范宁一人的名字,但是在这里大概有必要先特别铭记一下范宁一家人以及范氏周围的人们,亦即或称作门生故吏或称作学士的人们一起共同研究的成果情况。

在《集解》"庄公三年"条,记录了有关"五月,葬桓王。《传》曰:改葬也。改葬之礼缌,举下缅也"的解释,这已经由范宁的先君即范汪与蔡司徒即蔡谟(281—356年)详细地论述了①,此处的解释是原本采用了范汪之说。尽管范汪的名字被明确记录的只有这一条,但是大概可以认为,随处都保留着其父的说法。还有虽然杨士勋的疏将其序文中的"故吏"解释为"谓昔日君臣,江徐之属是也",但是在《集解》中提出说法的人们当中,从范汪开始而后被范宁所继承的《谷梁传》注释的事业中,我认为,与其直接有关的,就是以下的八人。

范泰,范宁之长子,字伯伦。〔桓十五,庄三十一,僖元、六,文十五、十六、十八,宣元、十二、十七,成二、十四,襄三十〕

范雍,范宁之第二子,字仲伦。〔隐元、四,庄三,僖十五、二十六(2),文七,宣十一(2),成九、十五,昭二十五、二十六,定四、十,哀十四〕 *128*

范凯,范宁之第三子,字季伦。〔桓十四,僖五、二十二、三十一,文九、十五,宣四,成二,襄二十一、二十九,昭二十,定十三,哀元、八〕

范邵,范宁之从弟。〔隐三,桓二、六、九,庄十三,僖四、十七(3)、二十四,文四、六,宣二,襄七、二十五,昭十二,定元,哀二〕

---

① 范汪和蔡谟之说一并见于《通典》卷一〇二《礼典》六二,即把《仪礼·丧服·子夏传》的"改葬缌"一句解释为,在改葬的时候也和本葬的时候同样适当地反服从缌麻到斩衰的五服。《集解》庄公三年条也从此说。也就是这一条记载了桓王改葬之事而顺便说明了改葬之礼。又把"举下缅"一句解释为从最下的缌麻服到最上的斩衰服分别使用本服的意思,进而反对认为在桓王改葬时全都以缌麻服结束的说法。参见藤川正数《魏晋时代的丧服礼的研究》(敬文社,1960年)第二章《关于改葬之服》。

徐邈,被列于《晋书》卷九一《儒林传》(344—397 年)。字仙民。东莞姑幕人。据说在他到 44 岁时由谢安推荐而出仕之前,一直在京口勤勉于学问。[1] 他出仕以后与范宁有着亲密交往。大概就是所谓"二三学士"中的一人。如果参考《经典释文·序录》和《隋书·经籍志》,在他名下有《春秋谷梁传(注)》十二卷、《春秋谷梁传义》十卷、《答春秋谷梁义》三卷等著作。由于在《范宁传》中有云,在《集解》问世之后,"既而徐邈复为之注,世亦称之",所以大概是与《集解》相分别并比其时间晚而形成的著述。〔隐三、八,桓二、十三、十七,庄三(2)、六、二十六,僖十五、三十、三十二,宣八,成三、十四、十六,昭九、二十、二十七,定元〕

徐乾,据《经典释文·序录》,字文祚,东莞人,东晋的给事中。大概是徐邈的一族。他也有《谷梁传注》十三卷。〔桓十,庄六、二十四,文元,襄三十,哀七〕

江熙,据《经典释文·序录》,字太和,济阳人,东晋的兖州别驾。大概是范汪任徐兖二州刺史时期的故吏。他汇集了卫瓘、缪播、栾肇、郭象、蔡谟、袁宏、江淳、蔡系、李充、孙绰、周壊[2]、范宁、王珉等晋代的《论语》注释家 13 人之说。其进而被皇侃的《论语义疏》所继承。〔桓二、三,庄三、八(4)、十二、二十一,闵二,僖元、四、五、二十四、二十七,成八,哀二(2)、三〕

郑嗣,不明。〔桓十四(2),庄二十一,僖八、二十八(2),文元、四,宣

---

[1] 可是,因为谢安于太元十年(385 年)而卒,到徐邈 44 岁时早已经不在世了,所以大概是什么地方搞错了。

[2] 译者注:此处以及后面索引中的"壊"字,据《武内义雄全集》(角川书店,1978 年)第一卷《论语篇》所收怀德堂本《论语义疏皇侃序》(第 202 页下栏)中的"晋散骑常侍陈留周壊字道夷",作"壊"。然而,据严可均编《全梁文》卷六五皇侃《论语义疏叙》中则为"瓌"字,即"晋散骑常侍陈留周瓌字道夷"(《全上古三代秦汉三国六朝文》,中华书局,1958 年版,第 3340 页)。另外,《四库全书总目·论语义疏提要》(中华书局,1963 年版,第 290 页中栏倒数第 5 行开始)中说道:"据《中兴书目》称:侃以何晏《集解》去取为疏,十卷又列晋卫瓘、缪播、栾肇、郭象、蔡谟、袁宏、江厚、蔡溪、李充、孙绰、周瓌、范宁、王珉等十三人爵里于前,云此十三家是江熙所集……此本之前列十三人爵里,数与《中兴书目》合,惟江厚作江淳、蔡溪作蔡系、周懐作周瓌,殆传写异文欤。"其中,两处均作"瓌"。以上几种材料姑列于此,供读者参考。

二、八,成十二(2),襄二十三,二十七(2)、三十,定二(3)、四,哀元〕

※〔 〕内表示引用的出处。例如,"隐元"表示在隐公元年条下,"哀十四"表示在哀公十四年条下引用了其说。再有( )内的阿拉伯数字表示在这一年的条下有数处引用了其说。

还有,除了在杨士勋的疏中引用了范宁回答薄叔玄这个人有关《谷梁传》之义的质问的文章之外,在《集解》中也很丰富地引用了前人之说。这就是,董仲舒(1 条)、京房(5 条)、刘向(10 条)、许慎(4 条)、何休(30条)、郑玄(34 条)、谯周(1 条)、杜预(13 条)。其中,又以"何休曰……,郑君释之曰……"这样的问答形式明显占多数。这些,无疑是从针对《公羊经传解诂》的著者何休主张在《春秋》三传中《公羊传》应有独尊性并为驳斥《谷梁传》而写的《谷梁废疾》,还有郑玄对其所写的反论《起废疾》当中引用的,也就是范宁取郑玄之说而原封不动地作为《谷梁传》的注释了。[①]范宁在先儒当中对郑玄非常倾倒的情况,其孙范晔在《后汉书》传二五《郑玄传》论中就讲到:"王父豫章君(范宁)每考先儒经训,而长于玄,常以为仲尼之门不能过也。及传授生徒,并专以郑氏家法云。"郑玄的学统是怎样为范宁所传的呢?我在这里试做一推测,就是范宁的曾祖父范晷(《晋书》卷九〇《良吏传》)为了游学,举家从南阳郡顺阳县移住到清河郡的事实。尽管可以认为那是三国抗争时候的事情,然而清河距离郑玄的出身地北海很近,因为清河第一名望的崔琰(《三国志》卷一二《魏志》)是近距离师事于郑玄的高弟之一,所以郑玄的学统为范宁所继承的盖然性应该是很高的。

范氏的诸弟子与门生故吏、学士们会聚一堂,深入研究《谷梁传》的情形,即使现在想象一下也是很壮观的。在那里,肯定是反复地进行着自由而活跃的讨论。在那里,只要是参加的人,大概是不管官位的高低

130

[①] 范宁除了引用郑玄的《起废疾》之外,还有将五帝列数为黄帝、颛顼、帝喾、帝尧、帝舜的说法(隐公八年),将三望当做是海、岱、淮之祭的说法(僖公三十一年)等都是承袭郑说。再有在《通典》卷九一《礼典》五一中,记载了范宁围绕着就"无服之殇"马融和郑玄的解释的可否而与戴逵论争并从于郑玄说的情况。

与年龄的长幼,都是平等的人。首先由一个人逐条提出问题,对此各自相互讲述意见,或是引用提出先人之说,甲论乙驳,在讨论推敲到极致之后,采用被认为最为适当的说法,并记录下来。范宁大概在这种自由讨论中只是起到作为问题提出者,乃至意见的归纳人的作用吧。可以使人想象到《集解》是经过这种讨论而完成的,例子即显示如下。

○ 关于宣公十二年的"春,葬陈灵公"。

"(问题提出者)传例曰:失得(德)不葬(昭公十三年)。君弑贼不讨不葬,以罪下也(隐公十一年)。日卒时葬正也(襄公七年)。灵公淫夏姬,杀泄冶(宣公九年)。臣子不能讨贼逾三年然后葬,而日卒(十年夏五月,癸巳,陈夏征舒弑其君平国)时葬(在这一条,就是指春)何邪?"

"泰曰:楚已讨之矣(十一年,冬十月楚人杀陈夏征舒)。臣子虽欲讨之,无所讨也。故君子即而恕之,以申臣子之恩。称国以杀大夫,则灵公之恶不嫌不明,书葬以表讨贼,不言灵公无罪也。逾三年而后葬,则国乱居可知矣。非日月小有前却,则书时不嫌。"

在这里,或被认为与传例三条相矛盾的经文的表述,成为讨论的主题,其长子范泰的意见作为最优之说而被采用了。

○ 关于哀公二年的"晋赵鞅帅师纳卫世子蒯聩于戚。纳者,内弗受也。帅师而后纳者,有伐也。何用弗受也?以辄不受也,以辄不受父之命,受之王父也。信父而辞王父,则是不尊王父也。其弗受,以尊王父也。"

"宁不达此义,江熙曰:齐景公废世子,世子还国书篡(哀公六年)。若灵公废蒯聩,立辄,则蒯聩不得复称曩日世子也。称蒯聩为世子,则灵公不命辄审矣。此矛盾之喻也。然则从王父之言,传似失矣。经云,纳卫世子。郑世子忽复归于郑(桓公十五年),称世子明正也。明正则拒之者非邪?"

卫灵公的太子蒯聩触犯父亲而流亡国外，灵公死后，其想在晋赵鞅亦即赵简子的支持下回到卫。但是，由于在卫已经有蒯聩之子蒯辄继为灵公之后，所以蒯聩没有达到目的。在传文中，蒯辄是以受王父亦即祖父灵公之命来作为拒绝其父蒯聩复国的理由的，但是范宁没有能够弄明白这一传义。即如后面我们将接触到的那样，他在序中也认为，如果依照这一传文的话，就是讲做儿子的背叛了父亲。那么，仅就经文中称世子而言，蒯聩依然是应该继承灵公的，因此，大概是以认为拒绝这样做的蒯辄是不对的，从而对传文提出质疑的江熙的意见被作为适合的意见而写下来的。 *132*

即如以上二例显示的那样，《集解》是以就本文的字义而加以合理的解释为本来目的的。因为这就是注释，所以受到被列举出来作为素材的《谷梁传》本文很强的制约，这是不用说的。不过，我想要指出的是，在受到这种制约的同时还在其中显示出若干的特征。因为可以想到，这样不仅可以得知范氏一派的学风，而且也能成为了解六朝时代儒学存在状况的一个线索。

如所周知，《春秋》三传中的《公羊传》是作为汉代的官学而流行的，不久《左传》便取代了它的地位，而《谷梁传》在整个时代都处于不振状态。即使在东晋，情况也是一样。在元帝时代，尽管太常卿荀崧奏请立《谷梁》博士于学官，但是被诏以"《谷梁》肤浅，不足以置博士"而退下来（《晋书》卷七五《荀崧传》）。而特意采用这样的《谷梁传》作为共同研究的对象又是为什么呢？即如前面已经引用过的序中所讲的，就是因为《谷梁传》没有如同《左传》有服虔、杜预，《公羊传》有何休、严（庄）彭祖那样的能够让人放心使用的注释。其理由大概就只是这些，我想，其特别提出《谷梁传》而加以彰显的态度似乎很难确认。在序当中，范宁指出《春秋》三传各有得失，从而说道："左氏以鬻拳兵谏为爱君（庄公十九年），文公纳币为用礼（文公二年）。谷梁以卫辄拒父为尊祖（哀公二年），不纳子纠为内恶（庄公九年）。公羊以祭仲废君为行权（桓公十一年），妾母称夫人为合正(隐公二年)。以兵谏为爱君,是人君可得而胁也。以纳币为用礼,是居丧可得而婚也。以拒父为尊祖,是为子可得而叛也。以不纳子纠为内恶,是仇雠可得而容也。以废君为行权,是神器可得而窥也。以妾母为夫人,是嫡庶可得而齐也。若此之类,伤教害义,不可强通者也。"范宁针对三传各自得失所持的是是非非主义的立场是很显著的,但是他还归纳出印象性的批评的表述:"左氏艳而富,其失也巫。谷梁清而婉,其失也短。公羊辩而裁,其失也俗。"在著述了排击谷梁的《谷梁废疾》和排击左氏的《左氏膏肓》的同时,又著述了《公羊墨守》而只信奉《公羊传》的何休的态度,使人觉得大概是在郑玄出现以前的汉儒普遍的态度①,然而与此相反,在这里所看到的范宁的态度,则好像性质相当不同。这是因为,在《春秋》三传中并非特别地彰显哪一个,各自的价值不是被等级序列性地,而是并列性地加以对待的;他们的这种不特意选择某一种古典的态度,不是也可以暂且以教养主义之名来称呼的吗? 至少,在他们的态度上可以看到精神上的世界主义。

　　然而,我们应该看到,他们所提出的这一志向使得他们在给《谷梁传》作注的过程中采取灵活态度的另外一面。范宁在我们前面引用过的序当中,对以往《谷梁传》的注释者以《左传》或者《公羊传》来解释《谷梁传》的做法不满。因此在《集解》中,为了以谷梁来解释谷梁,所以就尽心于在解释某一条的时候对照其他诸条的方法上。但是这未必是始终能够固守的方法。岂止如此,如同或与上面范宁讲的话相矛盾的话语,也是在同样的序中讲到的。"凡传以通经为主,经以必当为理。夫至当无二,而三传殊说,庸得不弃其所滞,择善而从乎? 既不俱当则固容俱失。若至言幽绝择善靡从,庸得不并舍以求宗,据理以通经乎? 虽我之所是,理未全当,安可以得当之难而自绝于希通哉?"也就是说,传始终不过是为了通经之方便的。关于某一段经文,传文各自地分别其说的情况很

———————————

① 参见皮希瑞《经学通论》卷四《春秋·论春秋兼采三传不主一家始于范宁而实始于郑君》。

多,对这种情况,在《集解》的本文当中也讲到,"文同而义异者甚众。故不可以一方求之"(隐公二年);"宁谓,经同而传异者甚众。此吾徒所以不及古人也"(僖公三年)。可以认为,如果在《谷梁传》作为对经的解释不妥当的时候,则以遵从其他二传为宜。例如,作为僖公十四年"夏六月,季姬及鄫子遇于防,使鄫子来朝"之经文的传,附加了"遇者同谋也"的《集解》中讲到:"鲁女(季姬)无故远会诸侯,遂得淫通。此亦事之不然。《左传》曰:鄫季姬来宁,公怒之以鄫子不朝,遇于防而使来朝,此近合人情。"以合乎人情与否作为判定的标准,而认为应该遵从《左传》之说,这一情况大概是值得注意的。进而,可能不只是《谷梁传》,其他二传也都有被判断为不适当的时候。在这个时候,就都不加遵从,而以提出独自的说法为宜。前面我作为例证所举出的哀公二年条下的江熙之说等就是这种情况。这样,对于范宁来说,未必认为传是必须墨守的。不,不仅是传,即使是经,也没有必要顽迷地墨守于其一字一句。比如,在推测成公元年的经文中大概有脱落时范宁就说道:"谷梁子作传,皆释经以言义。未有无其文而横发传者。宁疑,经冬十月下云,季孙行父如齐。脱此六字。" [135]

在认为解释谷梁没有必要一定依据谷梁来做出,而目的始终在于"据理以通经"的范宁那里,而认为只要在理,那么根据儒家以外之说来解释谷梁也是完全无妨的。在定公十年的《集解》中有云:"雍曰:二国会曰离。各是其所是,非其所非。然则所是之是未必是,所非之非未必非。未必非者不能非人之真非。未必是者不能是人之真是。是非纷错,则未有是,是非不同,故曰离。"这一思辨性的对"离"的解释,大概是根据《庄子·齐物论篇》的瞿鹊子与长梧子的问答所展开的逻辑。再有,僖公二十二年的《集解》中有云:"凯曰:道有时,事有势。何贵于道,贵合于时。何贵于时,贵顺于势。宋公守匹夫之狷介,徒蒙耻于夷狄。焉识大通之方、至道之术哉?"这里的"大通"一语,不仅是出于《庄子·大宗师篇》、《秋水篇》等的词语,而且涉及论旨的总体,大概可以认为受到了来自庄子的自适思想的显著影响。

范宁著《王弼何晏论》，弹劾了清谈之徒，但是应该说，时代的风潮还是无例外地也涌向了范氏一家，而且不只是范宁的儿子范雍和范凯。其父范汪就曾经混迹于司马昱的清谈俱乐部，而且在范晔的《后汉书》传四三《黄宪传论》中说："余曾祖穆侯（范汪）以为宪隤然其处顺，渊乎其似道。浅深莫臻其分，清浊未议其方。若及门于孔氏，其殆庶乎！"这种引用《系辞传》，借用《老子》的人物批评，不外就是《世说新语》中所见丰富事例的六朝清谈的一种形式。还有在范汪的本传中所记载的其"善谈名理"，大概就是表示他是驾驭缜密逻辑做思辨性谈论的名手的说法。这与前面举出的范雍的逻辑展开方法不是没有关系的。

这样，可以知道《集解》撰作的基本态度是相当自由的。对于范宁们来说，可以认为，真理就是在经当中的，过分地拒绝繁琐的议论，反而会妨碍取得对经的真理的把握。"旧史有详略，夫子因而弗革，故知曲说虽巧，致远则滞矣。"（庄公元年）比起拒绝繁琐的议论来，唯"据理以通经"才是他们最大的课题。①

四　范宁的门阀观

如前面指出的那样，重视儒学之用的侧面的范宁，据说就是作为这

① 在这里，我想对于《集解》六朝时代的评价简单地做些附言。《集解》出现后不久，尽管魏的麋信注被照旧使用，但是到宋元嘉二十二年（445年），颜延之当上国子祭酒，在国子学采用《集解》，好像是与麋信注并用。在《南齐书》卷三九《陆澄传》中记载的南齐永明中（483—494年）当上领国子博士的陆澄给王俭的书简中说：《谷梁》，太元（东晋孝武帝的年号，376—396年）旧有麋信注，颜（延之）益以范宁，麋犹如故。颜论闰分，范当此，以同我者亲。范宁关于闰分之说，在文公六年的《集解》中可以看到。那么，在南齐的国子学，还只是用麋信注。有关这个情况，陆澄接着说道："常谓《谷梁》劣《公羊》，为注者又不尽善。竟无及《公羊》之有何休，恐不足两立。必谓范善，便当除麋。"不过，在针对于此的王俭的回信中说："《谷梁》小书，无俟两注，存麋略范，率由旧式。"也就是说，《集解》不太被注意是实情。这样说来，像王俭指出的那样，由于《谷梁传》本身被作为"小书"而没有被顾及的事情大概是不少的。即使在北朝情况也没有变化。虽然在《晋书》卷一○六《石季龙载记上》有云"国子祭酒聂熊注《谷梁春秋》，列于学官"，但是在《北史》卷八一《儒林传序》中讲到："其《公羊》、《谷梁》二传，儒者多不厝怀。"

一具体体现的礼学方面的专家,著有《礼杂问》十卷。如人们所熟知,在被认为儒学普遍极其不振的六朝时代,唯有礼学是例外地充满着研究的领域。这大概是因为,礼学不仅是作为与朝廷的制度典礼、门阀的轨仪有关的实学而发挥作用,而且在维持门阀之作为门阀的秩序,强化门阀成员之作为同族的意识上,亦即作为使门阀之所以成立的原则,礼学也可以是有效的。作为使门阀所以成立之原则的礼学,是以门阀之渊源所自的祖先祭祀和门阀内部各成员的丧服为主要对象来展开的。如果认为前者是注意时间上的纵的方面的话,那么处理门阀各成员之间相互亲疏关系的丧服,则是注意空间上的横的方面的。范宁的议论也就专门集中在祭祀与丧服方面。而且其第三子范凯,也在《集解》桓公十四年引用《礼记·祭统篇》的"夫治人之道,莫急于礼。礼有五经(吉凶军嘉宾),莫重于祭",从而强调祭祀的重要性。

　　那么,在《通典》卷九六《礼典》五六中引用了范汪的《祭典》,其中范宁的意见也得以体现而被记载着。可以认为,《祭典》中所处理的,就是围绕着《仪礼·丧服传》的"何如而可为之后? 同宗则可为之后。何如而可以为人后? 支子可也"这一文句所讲到的,是否大宗和小宗都应该重视的宗法问题,也就是深刻关系到门阀的存在形式的问题。范汪首先讲到:"废小宗昭穆不乱,废大宗昭穆乱矣。先王所以重大宗也。岂得不废小宗以继大宗乎!"也就是说,即使牺牲小宗,大宗也是应该连续地继承下去的。只要大宗的宗主明确的话,即使在遭遇丧乱的时代,其家族断绝那样的事情也不会发生。而且,"同姓百代不婚,周道也。而姓自变易,何由得知。夫既不知,或容有得婚者"。如果宗主不明确的话,就有触犯同姓不婚禁忌的担心。与此相反,范宁主张在承认大宗的重要性的同时,小宗也绝不应该废。这是因为,父母之恩是莫大的,子孙断绝是最大的不孝,所以,如果想要在牺牲小宗而继承大宗的时候,就是"生不敬养,没不敬享,生人之本不尽,孝子之事靡终",这不是"所以通人子之情,为经代之典"。还有,"夫嫡子存则奉养有主,嫡子亡则烝尝靡寄,是以

137

138

（《仪礼·丧服传》中）支子（嫡妻第二子以下）有出后（大宗）之义,而无废嫡之文。故嫡子不得后大宗。但云以支子继大宗,则义已畅矣。不应复云嫡子不得继大宗。此乃小宗不可绝之明文也。若无大宗,惟不得收族耳。小宗之家,各统昭穆,何必乱乎?"

　　接着这里的,则又是范汪意见的继续。尽管在围绕着应该重视大宗,还是应该重视小宗的问题上,范氏父子之间的意见是有分歧的,但是如果将这个问题对照着当时的门阀制度来考虑的话,似乎可以认为,范汪所希求的是作为门阀之统体的永远不灭性,而范宁则想要承认门阀内部各分支的独自的存在发展。如果想到门阀在那个时候逐渐开始解体的情形的话①,可以认为范宁的意见是适合实情的。同时,似乎也可以说,经过又一代才确立了门阀地位的范汪强调大宗的重要性又是极为当然的事情。不过,即使按照二人都主张的,通过宗子也好,嫡子也好,"家"应该永远地持续维持其生命,在以此为原则的观念方面则是没有改变的。血统归根到底是必须保护的。在范宁写给谢安的书简中,针对当时似乎相当广泛流行的异姓养子风习而严厉地批判说:"称无子而养人子者,自谓同族之亲,岂施于异姓。今世行之甚众,是为逆人伦昭穆之序,违经典绍继之义也。"(《通典》卷六九《礼典》二九)还有,在《集解》襄公六年,也讲到:"家立异姓为后则亡,国立异姓为嗣则灭。"

139　　在认为应该重视小宗的范宁的主张当中,可以看到尊重作为人子之情的话语,因而他是极为尊重骨肉之亲间的情爱的。② 而且可以看到,他或许是想要把建立在骨肉之亲间的情爱基础上的家族关系,放在一切社会关系之上的位置来对待。在《论语·先进篇》"颜渊死,门人欲厚葬之。子曰:不可。门人厚葬之。子曰:回也,视予犹父也,予不得视犹子也。

---

① 参见第九章《颜之推论》第三节。
② 还有,范宁也在宣公十七年"冬十有一月壬午,公弟叔肸卒"的《集解》中讲述道:"泰曰:宣公弑逆,故其禄不可受,兄弟无绝道,故虽非而不去,论情可以明亲亲,言义足以厉不轨,书曰公弟,不亦宜乎。"

非我也,夫二三子也"一段的《义疏》当中,就引用了范宁的话说:"回虽以父事我(孔子),我不得以子遇回。虽曰师徒,义轻天属。今父欲厚葬,岂得制止。"这里,范宁接受马融之说,将孔子反对厚葬颜回但是结果孔子的反对没有被接受的情况,解释成是因为颜回之父听从了门人们厚葬的建议;并且认为颜回与父亲之间的骨肉之亲关系——天属——比孔子与颜回之间的师徒关系更加强有力。家族关系被放在师徒关系之上的位置的情况或许是当然的。然而,针对家族关系应该甚至比王法更为优先的情况,针对《子路篇》中有名的话"父为子隐,子为父隐,直在其中矣",范宁这样说道:"夫①所谓直者,以不失其道也。若父子不相隐讳,则伤教破义,长不孝之风。焉以为直哉。故相隐乃可为直耳。"如果到这里为止的话,似乎也可以看成是由本文引导的原样的注释。可是接着如下所讲的,就应该极为引人注意了:"今王法则许期亲以上得相为隐,不问其罪。盖合先王之典章。"也就是,这与其说是讲家族关系优先于王法,不如说是把王法——律——容忍这种在家族间形成的情爱,并将其纳入体系当中的情况当做合于先王典章来赞美的。② 这不正是当时的门阀贵族所抱有的世界观最为切实的表现吗?要说为什么的话,就是因为,可以说,在六朝社会,存在着与具体体现公共性秩序的王法相分别的私人性秩序,这两者未必是相互矛盾、相互对立地存在的,相反,倒不如说是处于后者支撑着前者,而且使其成立的关系。处在这种私人性秩序的中心位置的,不用说就是门阀贵族。而且,所谓门阀,就应该是以家族关系为基

140

---

① 译者注:武内义雄校本《论语义疏》此处作"夫子"。见《武内义雄全集》第一卷《论语篇》,第314 页下。角川书店,1978 年。四库全书本《论语集解义疏》则无"子"字。

② 不过,即使在汉代,在宣帝的地节四年(公元前 66 年)下了如下的诏书:"父子之亲,夫妇之道,天性也。虽有患祸,犹蒙死而存之。诚爱结于心,仁厚之至也,岂能违之哉! 自今子首匿父母、妻匿夫、孙匿大父母,皆勿坐。其父母匿子、夫匿妻、大父母匿孙,罪殊死,皆上请廷尉以闻。"(《汉书》卷八《宣帝纪》)还有在《唐律·名例律》中也有如下的条文:"诸同居,若大功以上亲,及外祖父母外孙,若孙之妇,夫之兄弟,及兄弟妻,有罪相为隐;部曲奴碑为主隐,皆勿论。即漏露其事,及摘语消息,亦不坐。其小功以下相隐,减凡人三等。若犯谋叛以上者,不用此律。"

础而形成的。极而言之,个人已经埋没在了门阀当中,只是作为门阀当中的一个成员而得以存在。换言之,大概也可以说,这种情形就是,即使个人努力于自由的自我完成,也只有通过门阀这一整体才能获得完全的体现。前面我们已经讨论过的《集解》的形成过程,就雄辩地说明了这种情况。

结　语

大力地鼓吹以礼学为主体之儒学的范宁,另一方面却又与佛教有着很深的交往。如果不考虑到这一点,就无法述说有关他的全部情况。在这里,我想通过概观范宁与佛教的交往,来思考一下在其思想整体当中儒佛处于怎样的相互关系,以作为本章的结论。

范氏与佛教的交往,早在范汪时代就已经开始了。宋元嘉十二年(435 年),回答宋文帝提问的何尚之,就作为东晋的崇佛家之一而历数到了范汪的名字(《高僧传》卷七《慧严传》,T50,367c)。接着,范宁对佛教也并不是无所关心的。岂止是无所关心,相反倒是显示出了他积极的关心。据说,在兴宁(363—365 年)中,为了来到京师的苦行僧慧受,王坦之在捐献其庭园的时候,也把分别位于其东、西、南的属于王雅、刘斗、范宁的宅第一齐捐献了,在那里建造了安乐寺(同上书卷一三《慧受传》,410b)。又据说,范宁在任豫章太守的时期,为了庆祝佛的诞生日,在四月八日举行了请佛的仪式(《世说新语·言语篇》)。而且,范宁将慧远的弟弟慧持从庐山邀请来,让其汇讲法华、阿毗昙的大小乘教义,以致呈现出听讲者"四方云聚,千里遥集"的盛况(《高僧传》卷六《慧持传》,361b)。给庐山带来小乘教义的是僧伽提婆,他在太元十六年(391 年)来到庐山,从当年冬天到翌年翻译出了《阿毗昙心论》四卷。[1]　由于我们考虑到范宁

141

---

[1] 参见塚本善隆《中国初期佛教史上的慧远》(木村英一编《慧远研究——研究篇》,创文社,1962 年)第四章第三节。

失去豫章太守职位的时间不会晚于太元十七年(392年)十月①,所以,慧持被邀请到豫章,应该就是在小乘阿毗昙教义被介绍到庐山之后不久的时候。这样,就可以推测,范宁对佛教界的新思潮有着极其敏感的兴趣,而且与庐山教团也有着密切的交往。特别是对有关后者的推测可以提供支持的,就是在范宁与王珣之间形成的书简往复的情况。王珣书云:"远公(慧远)、持公(慧持)孰愈?"范宁答书云:"诚难兄难弟也。"王珣复书云:"但令如兄诚未易有,况复弟贤耶。"(同上)这一往复书简似乎使人想象到,范宁不只是与慧持,还与庐山教团的主持者慧远本人有着熟知其人品这种程度的很深的交往。据记载,在慧远结成白莲社的时候,范宁也被推荐入社了。即使认为这不过是后世编造的传说而并非史实②,但是即便产生这种传说也并非不可思议的背景还是存在的。而且,作为慧远的在俗弟子而在庐山受到重视、并被列为十八高贤之一的周续之,不是别人,就是原来在豫章郡学,从范宁那里得授《五经》乃至纬候之业,甚至被称作此一门之颜渊的范氏高足(《宋书》卷九三《隐逸传》)。

142

我认为,范宁与佛教当中尤其是慧远统领的庐山教团有密切交往,作为理由首先不能不考虑到他的在任地豫章与庐山在地理上相接近,再加上如所记载的慧远对其在俗弟子宗炳、雷次宗等讲授《丧服传》,所以他也是通晓礼学的,从而使得两者很容易在佛教以外的方面有所交往。进而,慧远继承和发展了道安的排斥以往格义佛教的主张,③大概也给作为《王弼何晏论》作者的范宁以更加亲近的感觉。不过,使范宁与庐山教团结合起来的更主要的原因,还有如下的情况。

范宁任豫章太守时的京师佛教界,正像被许荣严厉批判的那样,即如同与当时掌权的司马道子的政治混乱相呼应一样地处于腐败堕落之极的境地。"臣闻佛者清远玄虚之神,以五诫为教,绝酒不淫。而今之奉

---

① 请看本章注8(译者注:即本译文第99页注释①)。
② 参见汤用彤《汉魏两晋南北朝佛教史》(中华书局,1955年),第371页。
③ 参见本章注20(译者注:即本译文第112页注释①的塚本论文)。

者,秽慢阿尼,酒色是耽"(《晋书》卷六四《司马道子传》)。而且,范宁自己在言及避役之徒时所说的"至有残刑(形)翦发,要求复除",大概也包含对充满秽杂因素的当时的佛教界的批判。① 然而,只有庐山教团情形稍稍不同。即如同"远规"的制定上所清楚地显示的那样,其中,教团整肃的主张被大声疾呼着。对于礼学者范宁来说,他一定感觉到,有规章的僧团的存在,只是信奉上有儒佛的不同,而都是愉快的。就庐山教团强烈地吸引着他的理由,在这一点上来寻找恐怕是更合适的。大概就是在作为教化的工具上,他看到了儒佛的一致点。或者对他来说,可以认为体认真理的东西,当然还是在儒家的经典当中,而不存在于其他的什么地方。即使认为在他说到"若至言幽绝,择善靡从,庸得不并舍以求宗,据理以通经乎"的时候,也隐微地表示着经典中所包含的真理已经离开经典本身而趋于普遍的真理——宗或者道——这样的志向,但是他的话语与王坦之的《废庄论》等不同,始终只是隐微的。况且,很难认为范宁由此而引导出贯通儒佛的真理并采取了所谓儒佛一致论的立场。

不过,范宁之子范泰成为刘宋时期祇洹寺的大檀越②,范泰之子范晔反倒成为佛教否定论者。尽管这些情况应另设章节来论述,但是在这里我只想记下一件事情,以预先作为进入下一章的铺垫。这就是范宁所讲的"圣人应物作教"(《义疏·子罕篇·子曰主忠信章》)。虽然这里的圣人无疑是指儒家的圣人,但是,他讲到的适应着被历史性、社会性的各种条件规定了的对象亦即"物",圣人以改变教化的方式来体现,这句话蕴涵意味的地方,不久就被范泰、范晔所继承,而圣人被置换成为贯通儒佛的圣人概念,以至大体上是,在范泰那里,圣人概念被用于否定伴随着佛教而来的印度式习俗;而在范晔那里,圣人概念则被用于否定佛教本身。

---

① 引得司马道子尊崇的支妙音尼(《比丘尼传》卷一,T50,936c~937a),在如先前所述范宁转任豫章太守上有点关系的情况,也是此时应该想起的。
② 译者注:"檀越"即施主。

第四章　关于踞食论争

前　言

　　这里所称的"踞食论争",就是刘宋文帝元嘉初年,围绕着由中国的佛教僧团新介绍的印度式的饮食做法,在沙门和士大夫之间存在的论争。① 在记载了踞食论争的《弘明集》卷一二中,尽管作为士大夫一方的意见而一并记载了范泰和郑鲜之的言论,但是两者在论调上没有大的差别,所以对于想特别作为范氏门阀史的一环来对待这一问题的笔者来说,则打算先抛开郑鲜之的意见,而从范泰(《宋书》卷六〇、《南史》卷三三,355—428 年)的立场来考察这一论争。本章的意图在于两点:第一,中国的传统习俗乃至思想与外来习俗乃至思想相互接触的问题。这个问题,大概在对踞食论争的经过进行考察的过程中,就会自然而然地清楚了。第二,体现在踞食论争中的范泰的立场,从其父范宁那里继承了什么,进而又被其子范晔怎样地继承

---

① 有关踞食论争,在贯通性地论说了当时佛教界动向的塚本善隆的《关于南朝"元嘉治世"的佛 *162*
　教兴隆》(收入其《著作集》第三卷,大东出版社,1975 年)一文当中有所言及。

下去。

再有,在《弘明集》中,是以如下的顺序来介绍这一论争的。范泰《与王司徒诸人书论道人踞食》(A 书简,T52,77c～78a)、慧义《答范伯伦书》(B 书简,78a～b),范泰《答义公》(C 书简,78b)、范泰《与生观二法师书》(D 书简,78b～c)、范泰《论据(踞)食表》三首(《上表》1、2、3,78c～79b)。以下我在引用的时候,为了方便就采用括号内的略称。

一　踞食论争的背景——范泰与祇洹寺

范泰,字伯伦,东晋永和十一年(355 年),作为范宁的长子而出生。如在前一章中考察过的那样,他也参加了作为其父范宁毕生事业的《谷梁传集解》的撰作,其中到处可以看到他的意见。范泰出身于东晋的太学博士,与其父的情况不同,他是相当顺利地开始其官僚生活的。然而,元兴元年(402 年),桓玄的势力压倒了中央的政界,当初是将范泰的父亲范宁和祖父范汪压制到底的桓温,而作为其子的桓玄,这一次又将范泰放逐到了丹徒。不过,在丹徒,也就是京口,不久刘裕就兴起打倒桓玄之兵。大概可以考虑,范泰在丹徒或与刘裕多少有所接触。即便只说是反桓玄派的人物,也就成为他接近刘裕的充分理由。不久刘裕成功地打倒了桓玄,并开始朝着篡夺东晋王朝的方向发展,范泰则一直是作为刘裕一方的人物。义熙十二年(416 年),作为向征服后秦王朝而处在北征途中的刘裕授予九锡的使者,范泰陪同袁湛前往彭城,并一直到达洛阳。据说到了洛阳的范泰并没有与袁湛同行参拜晋帝陵(《宋书》卷五二《袁湛传》),这件事大概足以显示其对由刘裕不久即将开启的新王朝的媚态了。

这样一来,在宋王朝,范泰的地位理应是很辉煌的。但是和预想不同,他并没有取得什么要职,而是止步于实际上并没有开设的国子学祭酒这一闲职的地位。在新王朝开启之际,他也到了已是 66 岁高龄的境况。进而,在其本传中还说道:"拙于为治,故不得在政事之官。"①还有,他"好酒,不拘小节,通率任心",始终是一个自尊心很强而好浮华,通过谐谑而驳倒对手的文人贵族,从正史纪事所体现的范泰的形象就是这个样子。② 不过,即使认为这是属于旧有的贵族势力方面的表现,然而新政权,似乎至少与其开始所抱的原则是难以相容的。③ 在新政权之下对其贵族趣味给予满足的人物,似乎就是当时的谢灵运、颜延之、慧琳道人等所拥戴的庐陵王刘义真——刘裕的第二子,范泰在之后所写的文章中说道:"但猥蒙先朝忘丑之眷,复沾庐陵矜顾之末。息(范)晏委质,有兼常款。"(本传)422 年,宋武帝亦即刘裕崩后,其长子刘义符——少帝——即位。但是到了 424 年,顾命之臣徐羡之、傅亮、谢晦、檀道济等杀死了刘义真,进而废黜了少帝,拥立了刘裕的第三子刘义隆,亦即文帝。对于除了谢晦大都是新兴贵族的徐羡之等人的专横早就感到非常厌恶的范泰,其愤怒因这一事件而达到了顶点。在元嘉二年(425 年)的元旦节,他最终决定离开都城,在东阳过自由自在的生活。④ 可是,到了翌年(426 年),又是政局的转变,徐羡之等人被除掉,范泰再次回到了都城,而且被授予侍中、左光禄大夫、国子祭酒、领江夏王师,从朝廷得到了优厚的待遇。我认为,与谢灵运和颜延之不同,虽然未必是一代文宗⑤,但却是个

---

① 在《南史》卷一九《谢澹传》中有"澹任达仗气,不营当世,于顺阳范泰为云霞之交"。

② 除本传外,参见《晋书》卷八三《袁湛传》、《宋书》卷四六《赵伦之传》、《宋书》卷六〇《王准之传》、《南史》卷一五《刘穆之传》、《南史》卷三三《郑鲜之传》。

③ 到这里为止所叙述的有关刘裕的部分,参见拙著《刘裕》(人物往来社,1966 年)。

④ 其祖父范汪曾经任东阳太守,还有据《世说新语·假谲篇》说,在做徐兖二州刺史而失势之后,范汪就蛰居于东阳。范泰也早年任东阳太守。这样使人想到,东阳对于范氏是个渊源很深的地方,在那里有着很多的生活基础。顺便一提,引人注意的是,在陈朝的徐陵《东阳双林寺傅大士碑》中可以看到作为东阳乌伤县令的范胥之名,还可以看到作为傅大士的弟子的范难陀之名。范胥是以《神灭论》知名的范缜的儿子。虽然不是范泰直接的后裔,却也是从范汪数起的第七代孙。

⑤ 虽然本传记载范泰著有文集,可是作为他的文学作品现存的则极少。还有有关他所撰述的《古今善言》,也被著录在《隋志》"子部杂家类"。关于《古今善言》,据说南齐的晋安王萧子懋从武帝那里得赐此书和杜预手定的《左传》(《南齐书》卷四〇),由于《水经注》卷三六《温水注》中也加以引用,所以可以认为是经过南北朝而流传的书籍。不过此书在今天将《水经注》的引用和《太平御览》的引用合起来,也只知道寥寥数条。

163

爱挑剔的元老,而且"博览篇籍,好为文章,爱奖后生,孜孜无倦"的范泰,在士大夫社会是有着相当影响力的人物。

150 那么,范泰在宋王朝的第一年即永初元年(420 年),将修建在都城的邸第的西半边划出来建造了一个佛寺,并且邀请慧义做那里的住持。因为慧义和范泰的关系被比作身子和须达的关系,所以就定名为祇洹寺(《宋书》本传以及《高僧传》卷七《慧义传》,T50,368c)。说到慧义,他在东晋末期曾对刘裕说,有三十二璧、黄金一饼降临到新王朝开启者这样的符命,而自己是从嵩山出来寻找这一符命的,他是参与宋王朝的创业而有力量的一位怪僧。曾经作为授予九锡的使者的范泰,还有慧义,也就是在禅让的时候起到了不可缺少的作用的这两个人之间通过一种奇妙的结合,祇洹寺得以开基了。如果想到刘裕感谢嵩山之神灵的《祭嵩山文》(《初学记》卷五)其实也是范泰执笔所写的这一情况,两人奇妙的结合就更加容易理解了。

就像其父亲和祖父一样,范泰也从年轻时就是佛教的信徒(《上表》1)。而且关于佛教,他也似乎积累了相当多的钻研。在竺道生的传记中说道:"王弘、范泰、颜延之[①]并挹敬风猷,从之问道。"(《高僧传》卷七,366c)在《出三藏记集》卷一二所引陆澄《法论目录》中著录的《问竺道生诸道人佛义》(范伯伦)、《众僧述范问》、《范重问道生往反三首》、《傅季友(傅亮)答范伯伦书》(T55,84b)等一系列的书简,就说明了在他与竺道生们之间就有关佛性交换意见的情况。还有,在《法论目录》中,除以上的之外,作为范泰所写的东西,还列出了《与诸道人论大般泥洹义》(83a)、《与诸道人论般若义》(83b)、《答谢宣明(谢晦)难佛理》(85a),还可以看到卞湛回答范泰论难的《报应论》(84c)。泥洹佛性说是竺道生早就主张的,在当时的思想界掀起了很大的波澜[②],可以知道范泰热心于对这种新

---

① 译者注:本书原文所据《大正新修大藏经》此处无"之"字,又加注作"延 + 之"。
② 参见本章注 1(译者注:即本译文第 115 页注释①)的塚本的论文。

思想的吸收,而且他回答谢晦的文章大概也是体现出其作为护教者的立场的。

到了老年,范泰的心似乎越发地被佛教俘虏了。"臣事久谢,生涂已 *151*
尽。区区在心,唯来世而已。"(《上表》2)而且作为祇洹寺的檀越的他,以
宛如对待自己的孩子成长一样地喜爱和看护着这个寺院的发展。他在
写给隐居于始宁别墅的谢灵运的书简中说道:"祇洹中,转有奇趣,福业
深缘森兮满目。"(《广弘明集》卷一五,T52,199c)在他随着这个书简把祇
洹寺的各种像赞一起送给谢灵运,并请求其应和的作品的时候,很快就
收到了谢灵运的回书。"山间幽阻音尘阔绝,忽见诸赞欢慰良多,可谓俗
外之咏。寻览三复味甂增怀,辄奉和如别,虽辞不足睹然意寄尽此。从
弟惠连后进文悟衰宗之美,亦有一首,并以远呈。承祇洹法业日茂,随喜
何极。六梁微缘,窃望不绝。"(同上,200a)①顺便一提的是,在《广弘明
集》中,就收载了范泰的各种像赞中的《佛赞》,及谢灵运的应和之作《佛
赞》、《菩萨赞》、《缘觉声闻合赞》。

正如从以上的往还书简中也可以察觉到的那样,祇洹寺对范泰来说
确实是灵魂游息之地。据说宋文帝在某时曾讲到:"范泰、谢灵运常言,
《六经》典文本在济俗为治,必求灵性真奥,岂得不以佛经为指南耶。"
(《高僧传》卷七《慧严传》,367c)其所讲的就是,政治的问题在于儒家的
六经,人的灵魂的问题在于佛经。范泰如何能够使灵魂沉潜于佛经当中
呢?虽然已经没有可知的理由了,但是为了其灵魂的游息而经营祇洹寺
的事情则是确实的。不得不置身于与徐羡之等人的严峻对决,一时间连
生命安全都难以保证的他,据说为了幽冥之福,又将果竹园六十亩捐赠 *152*
给了祇洹寺(《高僧传》卷七《慧义传》,368c)。大概正是为了能够作为灵

———————————

① 把这些当做谢灵运在始宁隐栖时的往还书简,是因为谢灵运在其中讲到:"即时经始招题,在
所住山南,南檐临涧,北户背岩,以此息心,当无所忝耶。"这与他在此地所吟咏的《山居赋》的
一节中有的"建招题于幽峰,冀振锡之息肩"是一致的。谢灵运在始宁隐栖是 423—426 年。
元嘉三年(426 年),范泰和颜延之一起到访,并怂恿他结束隐栖生活而再次仕任官职(《宋书》
卷六七《谢灵运传》,及谢灵运《还旧园作,见颜范二中书》)。

魂的游息之地,才在那里寄托了很多范泰的个人兴趣和嗜好。他与谢灵运的往还书简,就使人想到这一情况。于是也就很有可能成为为了夸示在政治世界里没能够充分满足的权势欲且极其世俗性的工具而被利用。他还曾经向文帝请求赐予御制的祇洹寺碑赞(《上表》2)。尽管文帝最终是拒绝了,然而作为范泰,大概就是想借天子的威光来提高祇洹寺的权威的。

可是,在对范泰来说应该是灵魂游息之地的祇洹寺,确实出现了不祥的问题。这就是以慧义为首的僧侣们,采用了印度式的饮食做法的事情。作为在此之前对于慧义们来说确实难得的檀越范泰,以这一事情为界限,一下子变成了挑战性的态度。于是,在两者之间反复地出现了激烈的论战。这就是所谓的踞食论争。

二 踞食论争的经过

法显从中天竺国带回来的梵本《摩诃僧祇律》,是由住在建康道场寺的佛驮跋陀罗翻译出来的(《高僧传》卷三《法显传》,338b)。其翻译工作是从义熙十二年(416 年)十一月开始,到十四年二月结束的(《摩诃僧祇律私记》,T22,548b)。祇洹寺的慧义等 50 个僧侣,就接受了传入不久的这一僧祇律。而且,其中包含着与按照中国式的正座(或方坐、端坐)的饮食做法不同,而是以被称做踞食(或偏食)的印度式的踞坐(或偏坐、企坐)来取食的做法。可以认为,被记载为"西域名僧多投止此寺,或传译经典,或训授禅法"(《慧义传》,368c)的祇洹寺,是个很容易接受原本为外国习俗的有着异国环境的地方。可是,檀越范泰始终采取反对踞食的立场,除了开始与慧义们论争之外,还促使当时执政的司徒王弘同意,以至进而甚至请求文帝来裁定此事。王弘就任司徒是在元嘉三年(426 年)正月,从而这场论争,在其之后,也就成为范泰在中央东山再起而相当得意的时期。先从慧义的主张来看:

祇洹寺释慧义等五十人,敬白诸檀越。夫沙门之法,政①应谨守经律,以信顺为本。若欲违经反律,师心自是,此则大法（佛法）之深患,秽道之首也。如来制戒有开有闭。开（以自己认为的那样）则行之无疑,闭则莫之敢犯。戒防沙门不得身手触近女人,凡持戒之徒,见所亲漂溺深水,视其死亡,无敢救者。于是世人谓沙门无慈,此何道之有,是以如来为世讥嫌开此一戒,有难听救。如来立戒,是画一之制,正可谨守而行。岂容以意专辄改作。俗儒犹尚（于《春秋》）谨守夏五,莫敢益其月者②,将欲深防穿凿之徒,杜绝好新乐异之客③。而况三达（具备此智慧的如来）制戒,岂敢妄有通塞。范檀越欲令此众改偏从方,求不异之和。虽贪和之为美,然和不以道,则是求同非求和也④。祇洹自有众已来至于法集,未尝不有方偏二众。既无经律为证,而忽欲改易佛法,此非小事。实未敢高同。此寺受持僧祇律为日已久,且（僧祇）律有明文,说偏食法凡八议。若元无偏食之制,则无二百五十矣。（僧祇律）云:"食不得置于床上。所弃之食置于右足边。"又云:"不得悬足累胫。"⑤此岂非偏食之明证哉。……（B书简）

针对这个说法,范泰立即提出了反论:

……戒以防非,无非何戒。（因为踞食与防非的事情没有关系）故愚惑之。夫其戒随俗变律。华夏本不偏企,则"聚骨交胫"（踞食）之律,故可得而略。手食之戒,无用匙箸⑥之文,何重偏坐而（不让实

①译者注:《大正新修大藏经》此处加注作"政＝正"。
②《春秋》桓公十四年有"夏五,郑伯使其弟语来盟"。"夏五"理应是"夏五月",但是说没敢改动。
③译者注:《大正新修大藏经》此处作"容",并加注作"容＝客"。本书原文日译文意则为"客"。
④这是根据《论语·子路篇》的"君子和而不同,小人同而不和"。
⑤如此的文章在《摩诃僧祇律》中是看不到的。卷二二有的"若噉鱼肉果瓜甘蔗时,皮核滓骨,不得纵横弃地,当聚足边"(T22,406b),还有卷二〇有的"若床脚高者,不得悬脚坐"(392a),或许就是这样的文章。
⑥译者注:《大正新修大藏经》此处作"筋"。《四库全书本》作"筯"。本书原文日译文意亦作"筯"（箸）。

行地)轻乎手食①。律不得手近女人，寻复许亲溺可援。是为凡夫之疑，果足以改圣人(制定)之律，益知二百五十非自然定法。如此则固守(戒律)不为全得师心，未足多怪。夏五阙文，固守不为疑。明慎所见苟了，何得顾众而动(即使改变也可以)②。(企坐之)企之为义，意在宜进。欲速则事不得行，端坐则不安其居，时有倨傲③之夫，故非礼法所许一堂两制。……(C 书简)

我想，在范泰和慧义之间，大概有着数倍于现存往还书简的激烈的论辩反复出现。可是，逐渐趋于形势不利的范泰，就向以司徒王弘为首的公卿们寻求支援了：

范泰敬白公卿诸贤。今之沙门坐有(方踞)二法，昔之祇洹似当不然。据今外国言语不同，用舍亦异，圣人随俗制法，因方弘教。尚不变其言，何必苦同其制。但一国不宜有二，一堂宁可不同。而今各信(自己任意的)偏见，自是非彼，不寻(圣人)制作之意。唯以雷同为美，镇之无主，遂至于此。无虚于受人，有用④于必执，不求鱼兔(目的)之实，竞攻筌蹄(手段)之末。⑤ 此风不革，难乎取道。树王(释尊)六年，以致正觉，始明玄宗，自敷高座，皆结加⑥跃坐，不偏踞也。坐禅取定义不"夷(立膝)俟"⑦。踞食之⑧美在乎食不求饱，此

---

① 这一部分应该作"为何只重视偏坐而不让实行那样地轻视手食呢"* 这样的翻译。而在塚本前揭论文中作"依照印度风格而变成用手抓食物，踞坐着吃的样子……"的译法，则需要订正。前揭拙著第244页也犯了同样的错误。对当时没搞清楚的情况我深感惭愧。(译者注：* 这一句原是本书引文的日文翻译。)

② 其父范宁在《谷梁传集解》成公元年条下，推测经文上有脱漏。而且也可以一并想起，在其序中所讲到的，传是为了通经的方便，如果在三传全都错的时候则"并舍以求宗，据理以通经"。参考前一章第三节。

③ 译者注：《大正新修大藏经》此处加注作"倨=踞"。

④ 译者注：《大正新修大藏经》此处加注作"用=同"。

⑤ 这是根据《庄子·外物篇》的"筌者所以在鱼，得鱼而忘筌。蹄者所以在兔，得兔而忘蹄"。

⑥ 译者注：《大正新修大藏经》此处加注作"加=跏"。本书原文日译则作"伽"。

⑦ 《论语·宪问篇》"原壤夷俟"。

⑧ 译者注：《大正新修大藏经》此处加注作"踞食之＝据之食"。

皆一国偏法，非天下通制。亦由（北方）寒乡无绨绤之礼，（南方）日南 *156*
绝毡裘之律。不可见大禹（前往裸国）解裳之初，便谓无复章甫①（以
至入乡而从乡）。请各两舍（自己的偏见），以（调停）付折中②君
子。……（A书简）

这样，尽管求得了王弘们的同意，但是由于问题没有解决，所以范泰
最终甚至到了请求文帝来裁定的地步。可以想象，他认为，作为应该是
中国礼教本身的体现者的天子，大概是当然地反对踞食的，所以他就想
利用这种天子的权威而把与慧义的论争一举引向胜利。

……司徒弘达悟有理中，不以臣言为非，今之令望信道未笃，意
无前定，以（方坐、踞坐）两顺为美，不断为大。俟此而制，河可清矣。
慧严、道生本自不企。慧观似悔始位伏度。圣心已当有，在今不望
明诏孤发。但令圣旨粗达，宰相则下观而化，孰曰不允。……江左
中兴，高座来游，爱乐华夏，不言此制（踞食）。释公（道安）信道最 *157*
笃，（根据戒律）不苦其节，思而不改（踞坐），容有其旨。罗什卓荦不
羁，不正可测，落发而不偏踞，如复可寻。禅师（佛驮跋陀罗）初至，
诣阙求通，欲以故床入踞，理不可开，故不许其进。后东安众集，果
不偏食。此即先朝旧事。臣所亲见者也。谨启。（《上表》1）

诏。知与慧义论踞食。近亦粗闻率意不异来旨。但不看佛经，
无缘制以所见耳。不知慧严云何，道生便是悬同。慧观似未肯
悔。……比自可与诸道人更求其中耶。（在《上表》2当中）

臣言。奉被明诏，悚惧屏营。……五帝不相袭（各自前一代的）
礼。三王不沿其（各自前一代的）乐。③ 革命随时其义并大。庄周
以今古（的不同）譬舟车（的不同）（《庄子·天运篇》）。孟轲以专

---

① 这是根据《淮南子·原道训》的"禹之裸国，解衣而入，衣带而出，因之也"；还有《庄子·逍遥
游篇》的"宋人资章甫而适诸越，越人断发文身，无所用之"。
② 译者注：《大正新修大藏经》此处加注作"中＝衷"。
③ 这是根据《礼记·乐记篇》的"五帝殊时，不相沿乐；三王异世，不相袭礼"。

信书不如无书(《孟子·尽心上篇》)。是故证(父攘)羊非直闻。①
(愚蠢的正直并不是正直,没有必要学习以外国的习俗为标准定
规)。斯(五帝和三王)两用大道之行,天下为家②,臣之区区一堂之
同,而况(问题在于)异俗(只在一国通用的)偏制,本非中庸(中
道)之教,(慧)义、(道)生、(慧)观,得象弘接圣旨,脱有下问,望
其依理上酬,不敢以多自助取长于人。慧观答臣,都无理据,唯
褒臣以过言,贬臣以干非,推此疑其必悔,未便有反善怙辞。臣
(王)弘亦谓为然。……臣近难慧观。辄复上呈如左。……(《上
表》3)

在以上所看到的上表文和文帝的诏文中再三出现的慧严、道生、慧观等
人,与慧义相并列,都是居于当时佛教界领导者地位的中国僧侣。那时
候,慧严在东安寺,道生在青园寺,慧观在道场寺,各自分别住在建康的
名刹里,与文帝也是交往频繁。范泰所说的批判慧观的文字果真就是 D
书简与否,一下子难以确定。但是无论如何,在其中,他痛烈地讽刺了对
于僧伽提婆和法显所带来的新学说而一喜一忧的当时建康的佛教界。
其中对佛教的喜爱早已经完全消失了踪影,只有对沙门的战斗性的姿态
是更加显著了。大概应该说,他是在始终与踞食有牵连的沙门当中,看
到了跟在新学说后面转悠的建康佛教界的、被更加矮小化了的一幅讽刺
漫画。

三 踞食论争与范氏诸人的思想

踞食论争,就是围绕着如上的经过而展开的。大概关键性是以范泰
于元嘉五年(428 年)八月去世一事为第一理由,连谁人被送去发配军队

---

① 《论语·子路篇》中直躬的话。
② 《礼记·礼运篇》有"大道之行也,天下为公,……今大道既隐,天下为家"。

的事情也没有发生,似乎就稀里糊涂地结束了。①

那么,在范泰的踞食反对论中所见的推论方式,即大体如下。在各国,存在着历史性、社会性地产生的固有的风俗习惯,而且圣人的学说就是适应这些而改变样式的。因而,戒律也应该为了适合其国的实情而被改变,所以在中国,踞食是不被认同的。况且戒律也只不过是为了达到佛道的方便,也就是"达道乃可无律"(《上表》1)。然而,仅就与慧义们拘泥于踞坐的情况完全相同,范泰拘泥于正坐的情况,大概通过概观其论争就已经清楚了。如果是"佛道本身是实,戒律不过是作为末"的话,方坐、踞坐理应都是可以的,然而在不是方坐就不行的方面,极大地凸现出了作为礼教主义者的范泰的姿态。即使对他来说,比起道本身来,问题就在于或方坐或踞坐的外在形式上。范泰的父亲范宁就是本质上的礼学者,礼教的拥护者。② 而且,其弟范雍也曾说道:"中国者,盖礼义之乡。圣贤之宅,轨仪表于遐荒,道风扇于不朽。"(《谷梁传集解》哀公十四年)而范泰也绝不是脱离这种范氏的思想谱系的人,所以"齐桓内救中国,外攘夷狄,亲倚之情,不以齐为异国"(同上,庄公三十一年),这种对于从夷狄的进攻中保护了中国的齐桓公的霸业予以称赞的话语,在他那里也可以看到。总之,对他来说,方坐就是中国礼教的象征本身。作为祇洹寺的大檀越,而且被认为对相当高程度的佛教教义也是很清楚的范泰,终究还是对以礼教为依据的事情抱有更深的兴趣。

然而,就慧义与范氏的关系来说,则后来还有故事。范泰去世之后,其第三子范晏就夺回了以前父亲捐赠给祇洹寺的果竹园。尽管慧义以范泰的遗嘱作为挡箭牌而力争,但是纷争惊动了世间,慧义最终不得不搬迁到了乌衣寺。之后在元嘉二十一年(444 年)范晏也去世了。《慧义

160

---

① 在顾欢的《夷夏论》当中,有云"擎跽磬折,侯甸之恭,狐蹲狗踞,荒流之肃",这仅可以看作是踞食论争的痕迹,然而即便如此,值得注意的是《夷夏论》与范泰议论的立场相类似。详细的内容参考第十三章《夷夏论争》。
② 参考前一章。

传》在讲过这些之后,总结道:"晏后少时而卒。晏弟晔,后染孔熙先谋逆,厥宗同溃。"(369a)其行文上只是说,范晏死,接着因范晔的谋反罪而范氏一家溃灭了①,这些事件就是范氏对待慧义的态度的报应。即使不管这是不是报应,仅就范晔的心已经脱离了佛教而言则是无疑的。何以这么说呢?就是因为《范晔传》(《宋书》卷六九)在对范晔被拉往刑场时的样子进行描写当中是这样写的:"晔常谓死者神灭,欲著《无鬼论》;至是与徐湛之书,云'当相讼地下'。其谬乱如此。又语人:'寄语何仆射(何尚之)。天下决无佛鬼。若有灵,自当相报。'"这一段说到等待处刑的范晔的精神错乱,或许原来是将笔触放在描述作为谋反者的他是如何矛盾的方面,然而其中似乎已经显示和想要说的就是,在正常精神状态时的范晔,作为身为祇洹寺的大檀越范泰的儿子,竟然意外地是一个神灭论者和佛教否定论者的情况。而且,作为能够稍微详细地窥见范晔的佛教观的材料,则有《后汉书》传七八《西域传》的《论》和《赞》。②

其中可以看到的有关佛教的分析,即如下的内容:"详其清心释累之训,空有兼遣之宗,道书之流也。且好仁恶杀,蠲敝崇善,所以贤达君子多爱其法焉。"佛教能够被中国人广泛地接受,就是因为其有着与道家和儒家思想的很多一致点。然而,其"好大不经,奇谲无已",而且"精灵起灭(轮回说),因报相寻(应报说),若晓而昧者,故通人多惑焉"。同样地在《后汉书》的《郭躬传》(传三六)中,特意附载了吴雄、赵兴、陈伯敬三人的传记,所讲到的禁忌不足以惧怕,善行未必得善报,恶行未必得恶报的情形,大概就是为了显示范晔不仅对于佛教的报应说,而且对于一般的报应说的怀疑。那么,《西域传·论》的结尾就说道:"盖导俗无方,适物异会,取诸同归,措夫疑说,则大道通矣。"讲到教化的方法不是固定不变

---

① 有关范晔的谋反事件,参见拙文《史家范晔的谋反》(《历史与人物》,1971年11月号)。

② 在《广弘明集》卷一中引用了概论有关佛教的《后汉书·郊祀志》,并注记为"出范晔《汉书》"。可是,既然是范晔的未定稿,是否留下了《郊祀志》也是个疑问(参考下一章《范晔与刘知几》),那么其中所引用的《魏书》不外就是《魏书·释老志》,无论如何也不能认为是范晔的文章。

的东西,是适应其对象而各种各样地改变的,这前一半的主张,其实就是
范泰反对踞食时的有力的立论根据。① 而且,范宁也以同样内容的事情
而曾经讲过:"圣人应于物作教。"(《论语义疏·子罕篇·子曰主忠信
章》)现在先放下范宁的情况,来看一下范泰的踞食论的立场,尽管道或
其获得者圣人始终被认为是佛,然而通过将论点集中在其教化方法上,
从而否定了印度式的习俗。虽然范晔也大体认为儒佛道三教的大道是
终极性地相通的,但是在他的立场上,则主张包含在佛教中的疑说终究
应该舍弃。而且似乎最终他认为,由于三教分别是大道的具体表现,所
以应该有历史性、社会性的制约,因而在印度产生的佛教应该回到印度
去。范晔在《西域传·赞》中这样说道:"遐矣西胡,天之外区。土物琛 *162*
丽,人性淫虚。不率华礼,莫有典书。若微神道,何恤何拘!"讲的就是,
为了教化不具有中国礼教的西胡而产生在印度的不外乎是"神道",这也
就是佛教。

　　范泰否定佛教所附带的作为印度式习俗的踞食的时候也好,范晔否
定佛教本身的时候也好,以存在于各自国家的历史性、社会性条件的不
同作为论据而立论的情况是很清楚的了。而且,中国固有的历史性、社
会性,在二人都有的立场上,最重要的首先是作为礼教而被掌握的。这
样考虑的话,似乎可以说,作为祇洹寺大檀越的父亲和作为佛教否定论
者的儿子,虽然二人的存在方式始终不同,但实际上却是站在意想不到
的很相近的位置上的。

---

① 顺便一提,在《后汉书》传三九《王充王符仲长统传·论》中也认为,虽然圣人之道就是一个,
　　但是在其学说形式上,是以有着各种各样的变化为要点的。

第五章　范晔和刘知几

前　言

范晔,字蔚宗(《宋书》卷六九、《南史》卷三三,398—445 年),他的《后汉书》由本纪 10 卷、列传 80 卷两部分构成。最初范晔也准备自己著述"志"的部分,好像也写出了若干的内容,但结果是自己停止而没有完成。① 那么收在现行的《后汉书》中的《志》三十卷,是从司马彪的《续汉

---

① 范晔的"志"的情况,可见后面所举出的《狱中与诸甥侄书》。而且,《后汉书》纪一〇《皇后纪下》有关公主的记述,在"其职僚品秩,事在《百官志》"的章怀太子注中说道:"沈约《谢俨传》曰:'范晔所撰十志,一皆托俨。搜撰垂毕,遇晔败,悉蜡以覆车。宋文帝令丹阳尹徐湛之就俨寻求,已不复得,一代以为恨。其志今阙。"谢俨,不只是对《志》,似乎对《后汉书》的其他部分也有加以撰写的情况,这可以从传三〇《班固传赞》"裁成帝坟"的章怀注中所说的"沈约《宋书》曰:'初谢俨作此赞,云裁成典坟,以示范晔,晔改为帝坟'"的情况而想象得到。那么,从传三二《东平宪王仓传》中有的"乃与公卿共议定南北郊冠冕车服制度,及光武庙登歌八佾舞数,语在《礼乐》、《舆服志》",还有在传五〇《蔡邕传》中有的"引入崇德殿,使中常侍曹节、王甫,就问灾异及消改变故所宜施行。邕悉心以对,事在《五行》、《天文志》"等情况来看,在十《志》当中,可以确认有《百官》、《礼乐》、《舆服》、《天文》的篇名。

然而,在《南齐书》卷五二《文学·檀超传》中有如下的内容:"建元二年,初置史官,以超与骠骑记室江淹掌史职。上表立条例,……立十志:《律历》、《礼乐》、《天文》、《五行》、《郊祀》、《刑法》、《艺文》依班固,《朝会》、《舆服》依蔡邕、司马彪,《州郡》依徐爰,《百官》依范晔,合《州郡》。"大概在南齐的时候是还能看到范晔的《志》的。或许范晔被问以谋反(转下页)

书》中补上的情况也就不用再说了。

本章意在不仅考察唐代的刘知几（661—721年）在其历史理论著作《史通》中是如何评价《后汉书》的，而且以《史通》中所体现的对《后汉书》的这一评价为线索，在对《后汉书》做基础研究的同时，试图弄清楚六朝隋唐时期的史书乃至历史记述的特色之一斑。因此，希望通过本章和第十章《颜师古的〈汉书〉注》，以及没有收入本书的拙稿《裴骃的〈史记集解〉》（《加贺博士退官纪念中国文史哲学论集》，讲谈社，1979年）而将关注点集中在一起。在《史通》的文本上，则使用的是清代浦起龙的《史通通释》。

一 刘知几对《后汉书》的批判——之一 *166*

这是宋元嘉九年①（432年）冬的事情，招致彭城王刘义康生气而被从尚书吏部郎左迁为宣城郡太守的范晔，在当地怏怏不乐，"乃广集学徒，穷览旧籍，删繁补略，作《后汉书》"（《史通·古今正史篇》）。在范晔之前，已经有超过数十家的东汉时代史了。②不过在这些史书当中，除了以编年体写成的晋袁宏的《后汉纪》以外，其他的全都散佚了，唯有范晔

（接上页）罪的时候，谢俨悉蜡以覆车的东西，何时又重见天日了。可是，尽管在被《皇后纪注》所引用的沈约《谢俨传》的这段文章在现在的《宋书》中找不到，但是只要依据这段文章，我认为，范晔的《志》是一直没有能在世上出现的。而且，《宋书》的成书，是在檀超立条例的齐建元二年（480年）之后仅八年的永明六年（488年）。那么，檀超大概并不是看到了范晔的《志》本身，而是看到了《凡例》。总之，其在梁代已经完全失传了的情况，则如刘昭在《后汉书注补志序》中所明确记载的"志遂全阙"那样。这里顺便显示一下有关范晔的《志》刘昭的意见："夫辞润婉赡，可得起改，核求见事，必应写袭，故序例所论，备精与夺，及语〔司马彪〕八志，颇褒其美，虽出拔前群，归相沿也。又寻本书，当做《礼乐志》，其《天文》、*183*《五行》、《百官》、《车服》，为名则同。此外诸篇，不著纪传，《律历》、《郡国》，必依往式。晔遗书自序，应遍作诸志，《前汉》有者，悉欲备制，卷中发论，以正得失，书虽未明，其大旨也。曾台云构，所缺过乎榱桷，为山霞高，不终逾乎一匮。"

① 虽然《宋书》、《南史》的《范晔传》均作元嘉元年（424年），但是应该改作九年（432年）。参见中华书局版点校本校勘记，以及陈光崇《关于范晔〈后汉书〉的三个问题》（《光明日报》1963年11月20日）。

② 众家的《后汉书》的详细情况，参见郑鹤声《各家后汉书综述》（《史学与地学》1期）。

129

的《后汉书》经过长时间的历史淘汰,仍保持着本来的面目而流传着。不仅如此,正如刘知几所指出的"世言汉中兴史(东汉时代史)者,唯范、袁二家而已"(《古今正史篇》),即使在唐代其状况和今天相比几乎没有变化这一情况,不外乎是因为范晔的《后汉书》(仅在以下叙述中所讲《后汉书》的时候,即指范晔的《后汉书》)在以众家的《后汉书》为材料的同时,还具备了适合作为一家之作的资格。对这一点,刘知几也有充分的评价。岂止如此,即便说对于《后汉书》刘知几的肯定性评价就是专门集中在这一点上也不为过。

范晔用以作为最基本的材料的,大概就是《东观汉记》①,有关这一点,正像刘知几所说的:"唯后汉东观,大集群儒,著述无主,条章靡立。由是伯度(李法)讥其不实,公理(仲长统)以为可焚,张(衡)、蔡(邕)二子纠之于当代,傅(玄)、范(晔)两家嗤之于后叶。"(《忤时篇》)他认为,与历经几度反复著述,而且又因为出于多人之手而无体系的《东观汉记》不同,范晔的《后汉书》是具有自己归结出的一个体系的完整成品,在这一点上其价值得到了认同。刘知几还讲到:"窃惟范晔之删《后汉》也,简而且周,疏而不漏,盖云备矣。而刘昭采其所捐,以为补注。言尽非要,事皆不急。譬夫人有吐果之核,弃药之滓,而愚者乃重加捃拾,洁以登荐。持此为工,多见其无识也。"(《补注篇》)也就是说,对于保持着均衡而没有过分与不足,而且是完成了的作品《后汉书》来说,就没有如梁的刘昭那样特意作补注的必要了。② 给《后汉书》以"简而且周,疏而不漏"这样的评语,作为应该以纪事为宗旨的史体的精神,刘知几在《书事篇》中也是强调地说明了的。再有,他还讲到,尽管范晔在相当部分中是依据华峤的《后汉书》的,但是不能将其称作剽窃(《序例篇》)。这也就是因为

---

① 应该注意在传四〇《孝明八王传》开头"余七王,本书不载母氏"的注所讲的"本书谓《东观记》也"。

② 尽管对范晔《后汉书》刘昭做的注今天不传了,但是如果根据"……遂乃掇众史之异辞,补前书之所阙。若裴松之《三国志》,陆澄、刘昭两《汉书》,刘彤《晋纪》,刘孝标《世说》之类,是也"(《补注篇》)这一段文字,似乎其并不是作为训诂,而是以收集异闻为主要着眼点的注。

刘知几认为,范晔的《后汉书》是一家之作,即创造着一种新的价值,并且合乎史体的精神;以至在此限度上,甚至是以上智来称赞范晔的(《列传篇》)。

不过,刘知几的考察在涉及到细节的时候,又不能不指出范晔的《后汉书》中也有很多的瑕疵。首先,在认为"范晔博采众书,裁成汉典,观其所取,颇有奇工"的基础上,刘知几又称其只是采用了当时不得不依据的材料,而且其首先就表现在好记怪异之说这一点上。"至于《方术》篇及诸《蛮夷传》,乃录王乔、左慈、廒君、盘瓠,言唯迂诞,事多诡越。"(《书事篇》)尤其是范晔将王乔、左慈列于《方术传》的情况,就成为刘知几再三批判的对象。

其所讲的一个故事是,叶县的县令王乔,在每月的朔望日照例来朝廷参见。可是对他没有同车骑一起前来而感到不可思议的汉明帝,很想 168
要看一看具体情况。当王乔到来的时候,总有一对凫从东南方向飞来。于是派人设网捉到一看,原来是尚书官署赐予的一只舄(鞋)。这个故事在应劭的《风俗通》里早就指出是虚妄的,然而之后干宝的《搜神记》"乃隐应氏所通,而收流俗怪说",进而范晔又根据《搜神记》而作了《王乔传》。①"宋求汉事,旁取令升(干宝字)之书,……编简一定,胶漆不移。故令俗之学者,说凫履登朝,则云《(后)汉书》旧记。……摭彼虚词,成兹实录。"(《杂说篇中》)还有一个故事是,掌握着各种幻术的左慈在曹操想要抓他的时候,就混在羊群里,自己也变成了羊的样子,被看见了却没有被抓到。刘知几说这个故事是根据葛洪的《抱朴子》②,并且批判范晔将这种怪异之说记录在史书上是"朱紫不别,秽莫大焉"(《采撰篇》)。

尽管刘知几的批判是这样认为的,但是在范晔采用这些怪异之说的事实当中,正意想不到地显示出了六朝人的历史意识之一端。将《搜神

---

① 可见于《风俗通》的《正失篇》,《搜神记》的二十卷本卷一。
② 这一故事,不见于现在的《抱朴子》。

记》等志怪小说类都不例外地著录于史部杂传类的《隋书·经籍志》就说道:"魏文帝又作《列异(传)》,以序鬼物奇怪之事,嵇康作《高士传》,以叙圣贤之风。因其事类,相继而作者甚众,名目转广,而又杂以虚诞怪妄之说。推其本源,盖亦史官之末事也。"这也就是说,在六朝时,这些怪异之说也是属于历史领域的事情,是作为记载着某些历史性真实的事情而被意识到的。鲁迅的《中国小说史略》也记述了六朝人的意识结构:"盖当时以为幽明虽殊途,而人鬼(幽灵)乃皆实有,故其叙述异事,与记载人间常事,自视固无诚妄之别矣。"①(增田涉译,岩波文库本上册,第 65 页)在《后汉书·方术传序》的末尾所讲的"今盖纠其推变尤长,可以弘补时事,因合表之云"这段话,表明范晔也认为,在只是说弥补时事这一点上,其最终是表现历史性真实的一面的东西。那么,尽管《旧唐书·经籍志》中依然把志怪小说类著录在"乙部史录杂传类",但是到了《新唐书·艺文志》中就移到了"丙部子录小说家类"。就这一事实大概可以推想,对于这些怪异之说的六朝人式的解释逐渐地发生变化,志怪被放到历史的领域之外了。也就是,作为学术的一个门类的史学,是在具有自身限定的同时而又明确自己的领域的。刘知几已经不采用六朝人式的解释了。尽管对他来讲已经是作出了"事关军国,理涉兴亡,有而书之,以彰灵验,可也"(《书事篇》)这样的一大让步,然而范晔则是在更为广泛的意义上将怪异之说采用到史书当中的。

刘知几所指出的其瑕疵的第二点,就是范晔在应该列传的人物的采择上有失当的地方。也就是批判其在《列女传》中,没有收录因病而被迫与丈夫生生地分开,并一直贯彻贞节的秦嘉的妻子徐淑;反而收录了在东汉末的混乱时期被劫持到南匈奴,并在虏庭给左庭王生下了两个儿子的蔡琰即蔡文姬(《人物篇》)。不过,即使在这种情况下,如果站在范晔的立场来辩论的话,《列女传》中应该采录的人物的标准未必是只限于节

---

① 译者注:此段据原书还原。参见《鲁迅全集》第 9 卷,人民文学出版社,1991 年版,第 43 页。

妇贞女的,正如《列女传序》中所讲的那样:"搜次才行尤高秀者,不必专在一操而已。"这不仅因为从匈奴回归到中国之后嫁给了董祀的蔡文姬有请求曹操容忍其丈夫之罪的勇敢行为,而且因为更重要的是,她在女性少有的诗文才能上很卓越,所以应该采录于《列女传》,大概这就是他 *170* 的判断。惠栋《后汉书补注》卷一九,在评论上面所示《列女传序》的话时说:"嫌于录董祀之妻故云。"也就是说这个序是为了在《列女传》中收录蔡文姬而预先写下的。

其瑕疵的第三点,就是在光武帝的族兄刘玄亦即更始帝的传中,范晔把在淯水上的沙中筑坛而进行即位仪式时的情形记录为"更始即帝位,南面立,朝群臣。素懦弱,羞愧流汗,举手不能言",进而把进入长安的宫殿时的情形记录为"更始既至,居长乐宫。升前殿,郎吏以次列庭中。更始羞怍,俯首刮席,不敢视",也就是将刘玄这一人物多少作了矮小化的描写。然而刘知几认为,刘玄绝对没有理由是这样懦弱的人物。"夫以圣公(刘玄字)身在微贱,已能结客报仇,避难绿林,名为豪杰。安有贵为人主,而反至于斯者乎?"那么为什么《后汉书》如此记载呢?"将作者曲笔阿时,独成光武之美;谀言媚主,用雪伯升之怨也(伯生乃光武帝兄,被刘玄所杀)。且中兴之史,出自东观(《汉记》)。或明皇(帝)所定,或马(皇)后攽刊,而炎祚(汉的皇统)灵长,简书莫改,遂使他姓追撰,空传伪录者矣。"(《曲笔篇》)这就是说,对于东汉时代成书的《东观汉记》中的曲笔,范晔原封不动而盲目地因袭了。的确,刘宋时的范晔,丝毫没有必要为了东汉王朝而曲笔。即便认为当时所能该依据的材料除《东观汉记》之外再也没有了,大概也还应该说刘知几的这个批评是正确的[①]。而且刘知几又进一步指出,《汉书》和《后汉书》都将刘玄收录于列传当 *171* 中,如同对待东汉王朝之臣下那样是不对的。"至如更始,中兴汉室,光

[①] 在《廿二史考异》卷一二"《后汉书·崔骃传》条",钱大昕也有同样的指摘。"此传叙述家世,词多溢美,盖由东观诸臣阿其所好,蔚宗承其旧文,可加芟削,未为有识也(《东观记·儒林传》有崔篆,乃元嘉初增入,时崔寔为史官,即篆玄孙也)。"

武所臣。虽事业不成,而历数终在。班(固)、范(晔)二史,皆以刘玄为目,不其慢乎?"(《称谓篇》)其所讲的把刘玄列在传当中是错误的而应该立于本纪的这一说法,好像是原本刘知几从年轻时就有的持论。"故始在总角,读班、谢两《汉》(班固的《汉书》和谢承的《后汉书》),便怪前书不应有《古今人表》,后书宜为更始立纪。当时闻者,共责以为童子何知,而敢轻议前哲。于是赧然自失,无辞以对。其后见张衡、范晔集,果以二史为非。"(《自叙篇》)①

刘知几不仅这样主张应该为刘玄立本纪,而且还反对范晔立《皇后纪》(《列传篇》)。就是说皇后的事情是应该记录于列传的。"窃惟录皇后者,既为传体,自不可加以纪名。"(《序例篇》)不过我认为,范晔立《皇后纪》是仿效华峤的《后汉书》之先例的。②

二 在狱中与诸甥侄书

以上所考察的,是关于史料的采择、篇目的设立形式等方面,总之是对史书撰写的时候在技术上、方法上,或者说是对史书构成上的问题的评价,具体可以说是专门针对有关史书本文部分的。但是,由于在范晔之前已有数十家的《后汉书》存在了,而且从东汉到范晔撰写《后汉书》的时候为止,已经经过了数百年的时间,其本文部分大概难免受到那些先行的《后汉书》很强的制约。诚然,如果认为述而不作是中国的史书编纂传统的话,那么抛开那些先行材料的取舍选择和安排方面,史家范晔的本领,大概就不能不体现在序或者是论赞的部分了。有关这一点,范晔

---

① 虽然《张衡集》和《范晔集》均佚而不传,但是在《后汉书》传四九《张衡传》中,可以看到张衡的意见:"更始居位,人无异望。光武初为其将,然后即真,宜以更始之号,建于光武之初。"再有,刘知几有关《古今人表》的批判在《表历篇》中可以看到,然而某些大概是继承了范晔的意见的。

② 《晋书》卷四四《华峤传》说:"峤以皇后配天作合,前史作《外戚传》,以继末编,非其义也,故易为《皇后纪》,以次《帝纪》。"

也强烈地意识到了,而且有着不寻常的自信。元嘉二十二年(445年),被问以谋反罪的范晔,在等待处刑的期间,从狱中给其诸甥侄写了书简。在以自白书的形式写成的《狱中与诸甥侄书》中,作为一个面临死亡深渊的人,紧绷着至于冷酷的自我反省的神经。这也是一篇很好的自叙传,应该当做可以得知范晔内在方面的成长过程乃至思想体系的宝贵材料。那么,这里就摘录其中与《后汉书》有关的部分来看看吧。①

　　本未关史书,政恒觉其不可解耳。既造《后汉》,转得统绪,详观古今著述及评论,殆少可意者。班氏(固)最有高名,既任情无例,不可甲乙辨。后赞(叙传)于理近无所得,唯志可推耳。博赡不可及之,整理未必愧也。吾杂传论,皆有精意深旨。既有裁味,故约其词句。至于《循吏》以下,及《六夷》诸序论,笔势纵放,实天下之奇作。其中合者,往往不减(贾谊的)《过秦》篇。尝共比方班氏所作,非但不愧之而已。欲遍作诸志,前汉所有者悉令备。虽(其中应该记录 *173* 的)事不必多,且使见文得尽。又欲因事就卷内发论,以正一代得失,意复未果。赞自是吾文之杰思,殆无一字空设。奇变不穷,同合异体,乃自不知所以称之。此书行,故应有赏音者②。纪传例为举其大略耳。诸细意甚多。自古体大而思精,未有此也。恐世人不能尽之,多贵古贱今,所以称情狂言耳。

　　在以上的文章中,所说的"纪传例",我认为在章怀注中作为"例"乃至"序例"而引用的部分就相当于此。

---

① 《狱中与诸甥侄书》在《宋书》、《南史》的本传中有所记录,还有在《后汉书》传六六《循吏传赞》的章怀注中,则节录了有关《后汉书》的部分。

② 在记载了东魏的孝静帝就快要把王朝让给北齐时的情景的《魏书》卷一二《孝静帝纪》中,有如下的一段:"帝乃下御座,步就东廊,口咏范尉宗《后汉书赞》云:'献生不辰,身播国屯。终我四百,永作虞宾。'"这是纪九《献帝纪》的《赞》,是范晔的赞在最为适合的场面得到了赞赏之声的事例。由于据说北魏的刘芳(453—513年)有《范晔后汉书音一卷》的著作(《魏书》卷 *184* 五五),好像《后汉书》很早就流传于北朝了。

（一）《例》曰："多所诛杀曰屠。"（《纪一·光武帝纪上》地皇三年注①）

（二）臣贤案：范晔《序例》云："帝纪略依《春秋》，唯字彗、日食、地震书，余悉备于志。"（同上，建武五年注②）

（三）《序例》曰："凡瑞应，自和帝以上政事多美，近于有实。故书见于某处。自安帝以下，王道衰缺，容或虚饰。故书某处上言也。"（《纪五·安帝纪》元初三年注③）

尽管现存的只是这几条，然而仅由这些，就成为史书执笔时的凡例了。而且如（三）所明确的那样，所体现的在微言当中存大义之旨的情况，可知是效仿《春秋》之凡例的。凡例到了干宝的《晋纪》时又复活了④，范晔也对其加以效仿。干宝和范晔的凡例，同被刘知己极力称赞为"理切而多功"（《序例篇》）。这样，范晔无疑是在对其本文部分也做了周到准备的基础上而执笔的。然而正如其在《狱中与诸甥侄书》中所明确的，他本人的自信，毋宁说就是在序、论、赞的部分。他认为，正是在这些部分必须体现出作者的本领来。那么，刘知己对于这些部分的评价又是怎样的呢？

三 刘知几对《后汉书》的批判——之二

在历代史书的序当中，刘知几推崇的是《史记》和《汉书》的序。他说，《史记》和《汉书》的序，继续保持着《书序》、《诗序》的精神，亦即讲述作者之意这样的精神。接着刘知几又说到，尽管这一精神成为华峤的

---

① 译者注：即"进屠唐子乡"句下注。
② 译者注：即"……各正厥事焉"句下注。
③ 译者注：即"东平陆上言木连理"句下注。
④ 尽管在《文心雕龙·史传篇》有云："按《春秋经传》，举例发凡；自《史》、《汉》以下，莫有准的。至邓璨《晋纪》，始立条例。"而只要根据《史通·序例篇》，就可知邓粲也是效仿了干宝的先例的。

《后汉书》以及范晔的《后汉书》的有力范本,但是也就传承到华峤的《后汉书》为止了。例如在华峤《后汉书》的刘平、江革等传的序中,先是讲述有关孝道的存在形式,接着讲述有关毛义孝养其亲的实际情况,这就是效仿《汉书》的王吉、贡禹等传的序中讲述"商山四皓"事迹的情形的。而且在"言辞简质,叙致温雅"这一点上也是相似的。然而,造成了失掉这种史序精神之契机的,恰恰就是范晔。"爰泊范晔,始革其流,遗弃史才,矜衔文彩。后来所作,他皆若斯。于是(司马)迁、(班)固之道忽诸,微婉之风替矣。"(《序例篇》)不仅如此,"若乃《后妃》、《列女》、《文苑》、《儒林》,凡此之流,范氏莫不列序。夫前史所有,而我书独无,世之作者,以为耻愧。故上自《晋》、《宋》,下及《陈》、《隋》,每书必序,课成其数。"也就是说,在杂传中加序的情况,在范晔以后,作为史书的体例而固定化,而且这些序都变成了即便措辞不同,但是在内容上没有太大差别的呆板的东西了。而这样地把史序作得没有意思了的先行者,就是范晔。范晔创造了后世史序的典型这件事,如果换个立场而论的话,也许是应该给予肯定性评价的好事情。可是,当刘知几说到"遗弃史才,矜衔文彩"的时候,其批判是极其辛辣的。因为是不认同其作为史家的资格,所以也就没有比这更厉害的批评了。不过,华峤的刘平、江革等传序的文章,正是被范晔原封不动地采用在传二九《刘赵淳于江刘周赵传》的序当中才传于后世的。还有在传四三《周黄徐姜申屠传》中,其首先想到有关出处进退的处世方式,接着以记录闵仲叔、荀恁、魏桓的事迹作为序文,则是效颦于刘知几所讲的《汉书》王吉、贡禹等传的,至少是与"事迹虽寡,名行可崇,寄在他篇,为其标冠。若商山四皓,事列王阳之首;庐江毛义,名在刘平之上是也"(《列传篇》)这一刘知几所讲的形式相吻合的。我想,进而还有如《党锢传序》中所体现的范晔的某种见识,在这里就不详细论及了。

有关论也是一样,刘知几最为推崇的是"辞惟温雅,理多惬当"的班固的论,而且说荀悦《汉纪》以后的史论,则变成了"大抵皆华多于实,理少于文,鼓其雄辞,夸其俪事"的倾向十分显著那样的情况。如果要举出

175

176 其中比较出色的史论,则有干宝《晋纪》的论,裴子野《宋略》的论,还有范晔《后汉书》的论,亦即给予了谨慎而又肯定的评价(《论赞篇》)。虽然如此,但是刘知几的意见是说,既然仅在每一卷设论已经很烦琐了,就不要在其之后再加赞了,那样也就失去了务必简明扼要的史书精神。

再有,不仅是体例,甚至深入到《后汉书》的论赞的内容而加以批判的地方则只有一例。这就是传三《隗嚣公孙述传》的论赞,尤其是有关对抗王莽而在陇西天水两郡独立割据了的隗嚣的部分,也成为刘知几批判的对象。范晔的论赞如下:

> 论曰:隗嚣援旗纠族,假制明神,迹夫创图首事,有以识其风矣。终于孤立一隅,介于大国,陇坻虽隘,非有百二之势,区区两郡,以御堂堂之锋。至使穷庙策,竭征徭,身殒众解,然后定之,则知其道有足怀者。所以栖有四方之桀,士至投死绝亢而不悔者矣。夫功全则誉显,业谢则衅生。回成丧而为其议者,或未闻焉。若嚣命会符运,敌非天力,虽坐论西伯,岂多嗤乎?

> 赞曰:公孙习吏,隗王得士。汉命已还,二隅方跱。天数有违,江山难恃。

有关这个论赞,刘知几不仅讥评其不用隗嚣之讳而称作"隗王"的情形是不对的(《称谓篇》),而且申斥其全面地"虚美"隗嚣(《论赞篇》)。不
177 过,通过这个论赞,范晔所要说的大概就在于,光武帝和隗嚣都是同样对抗王莽政权而从想要打倒其政权出发的,结果光武帝取得了胜利,而隗嚣失败了,一方得到天的支持,而另一方则不是这样。但是不应该只根据功业成败与否的结果来裁断历史上的事件或者人物。而且,范晔是对隗嚣在广泛人士那里获得了声望,面对光武帝的攻击仍然努力坚持的大丈夫气概表示同情的。正如在后面还要涉及的,范晔这种对于大丈夫气概所表示的同情,就是在《后汉书》中全篇流露着的基调。这体现出与班固的《汉书》鲜明的对比,而且与刘知几的史观是不相合的。还有,范晔

采用"隗王"这一称呼,进而将隗嚣比作西伯亦即周文王是否妥当姑且不论,至于刘知几所说的"虚美隗嚣"的评语,如果不能不从功业成败与否的观点,也就是从正统史观出发的话,大概这又是与其所认为的应该将刘玄与光武帝同样对待的《曲笔篇》意见相矛盾的。

　　总之,如以上所看到的那样,对于范晔自己有着不寻常的自信和喜爱而撰写问世的序、论、赞,刘知几的评价未必都是很好的,毋宁说是否定性的。那么两者的不一致,究竟原因何在呢?

四　范晔的"意"

　　范晔乃是一世名文的著作家。在《文心雕龙·时序篇》中以"何范张沈"并列的宋代的文章家当中,范无疑就是指范晔。不仅他人这样予以认可,在《狱中与诸甥侄书》中,也有着在谦虚语气的同时,又讲到对于文章的非凡抱负和文章理论的一段文字。[①]

　　　　文章转进,但才少思难,所以每于操笔,其所成篇,殆无全称者。常耻作文士。文患其事(事实)尽于形(形式),情(感情)急于藻(技巧),义(理论)牵其旨(内容),韵移其意(心)。虽时有能者,大较多不免此累,政可类工巧图缋,竟无得也。常谓情志所托,故当以意为主,以文传意。以意为主,则其旨必见;以文传意,则其词不流。然后抽其芬芳,振其金石耳。此中情性旨趣,千条百品,屈曲有成理。自谓颇识其数,尝为人言,多不能赏。意或异故也。性别(言辞的)宫商,识(言辞的)清浊,斯自然也。观古今文人,多不全了此处。纵有会此者,不必从根本中来。言之皆有实证,非为空谈。年少中,谢庄(421—466年)最有其分。手笔差易[②]。文不拘韵故也。吾思乃

---

① 在《南齐书》卷五二《文学·陆厥传》的《与沈约书》中也节略地引用了这一部分。
② 在这里是将"文"与"手笔"对比来讲述的。斯波六郎《文笔考》(《支那学》10卷)中推测,大概这一场合的文相当于韵文,而手笔相当于骈文。

无定方,特能济(文章的)难适、(音的)轻重。所禀之分,犹当未尽。
但多公家之言(符檄、笺奏、表启、书札、弹事、议对等,亦即手笔),少
于事外远致,以此为恨,亦由无意于文名故也。

与形相比是事,与藻相比是情,与义相比是旨,与韵相比是意,都更
为得到尊重;从而认为其中应当以意为第一位,这就是范晔的文章理论。
这一情况,肯定也是在《后汉书》的序、论、赞执笔之际的基本态度。而
且,大概正因为是实际应用这一理论而得到满足,才会形成和表现出那
样自信的话语。也就是,对范晔而言,问题就是,与其说记录怎样的历史
事实,不如说如何地来表现它。况且因为在他以前存在着众多的《后汉
书》,所以问题更不得不是这样了。当然,即使说如何来表现,也未必就
是讲文章的雕琢。按照他所言,文章最重要的就是必须是传意的。如果
以意为第一位的话,旨就自然而然地表现出来了,之后再精心于措辞,调
整声调等等也是可以的。刘知几也在其《序例篇》的开头这样记述到:
"孔安国有云:序者,所以叙作者之意也。窃以《书》列典谟,《诗》含比兴,
若不先叙其意,难以曲得其情。故每篇有序,敷畅厥义。"作为序,最重要
的就是应该讲述意,只有讲述了意才能是情,这时候所说的情如果借用
范晔的话来说,大概差不多就等于其所谓旨,也就是说可以得到其中的
情。关于这一点,刘知几和范晔的意见是完全同出一辙的。可是刘知几
并没有显示出对当然存在于《后汉书》背后的意的理解。进而有关其序,
刘知几在严厉批评为"遗弃史才,矜衒文彩"的时候,尽管他自己是用骈
文作《史通》的,但是却排斥将骈文用在史书上(《载文篇》),认为史书始
终应该是以叙事为宗(《叙事篇》)的,大概可以说,刘知几眼睛只专注于
其外在言词的华丽程度,也就更没有显示出对范晔的意的理解了。再
有,尽管刘知几极论作为赞一类的东西在看出人的善恶、史的褒贬上是
起不到什么作用的(《论赞篇》),然而是否果真是这样呢? 我认为,在由
四字一句构成美文的赞当中,照理也还是能够说明作者之意的。

总之,刘知几对《后汉书》所给予的所谓"颇有奇工",还有"简而且

周,疏而不漏"的肯定性评价,是关于其专于对先行众家的《后汉书》进行删补的做法,说来也就是关于其本文方面的评价。但是,刘知几对范晔抱以自信而问世的序、论、赞的有关评价,具有讽刺性的是,其反倒是否定性的。这是因为理应在序、论、赞中讲出的意没有被刘知几理解的缘故。刘知几对《隗嚣传》的论赞的批判,就明显地说明了这一情况。

在最为清楚地传达了作者之意的序、论、赞(乃至述)当中,刘知几给予了很高评价的,是班固《汉书》当中的这些内容。然而范晔在《班固传论》中所讲的话,大概也是极为值得注意的:"(班)彪、(班)固讥(司马)迁,以为是非颇谬于圣人。然其论议,常排死节,否正直,而不叙杀身成仁之为美。则轻仁义,贱守节愈矣。"

在《狱中与诸甥侄书》中所讲到的《汉书》不足取的理由,在这里不是很清楚地显示出来了吗?例如,与指责游侠是社会的严重罪人的班固(《游侠传序》)不同,范晔毋宁说是站在要彰显所有的大丈夫气概的立场上的。我们先前所看到的《隗嚣传论》就是如此。在范晔那里,有着对于重仁义、尊守节的直线式行为和勇烈行为的倾倒。例如在《独行传》全篇就充满着这样的行为:"虽事非通圆,良其风轨,有足怀者。而情迹殊杂, *181* 难为条品;片辞特趣,不足区别。措之则事或有遗,载之则贯序无统。以其名体虽殊,而操行俱绝,故总为《独行篇》焉。"(《独行传序》)如果将这样的行为收到其他卷中的话,就是一些失去了整体协调的不能圆通的行为,也就是,超出了常识的勇烈行为,不记载又太可惜的一类行为,将这些集中起来的就是《独行传》。不管怎样,《狱中与诸甥侄书》中的话也好,《班固传论》中的话也好,在范晔执笔撰写《后汉书》的时候,作为应该否定的对象而不断地出现于其脑海当中的,就是班固的《汉书》。

刘知几是褒班固而贬范晔的。不过,在《文选》的《史论部》,从《后汉书》中引用了《皇后纪论》、《二十八将论》、《宦者传论》、《逸民传论》等四篇(此外引用了《汉书》中的一篇、干宝《晋纪》中的两篇、沈约《宋书》中的两篇),还在《史述赞部》引用了《光武纪赞》一篇,总计有五篇之多,这所体现出的事实就是,至少在六朝时代,《后汉书》的论赞是作为史书文章的典型而被给予了很高评价的。在将这一事实与刘知几对范晔的序、论、赞通常是贬低的事实结合起来加以思考的时候,我们也可以认为,在其背景上,似乎存在着与在《方术传》和《列女传》中所体现的同样的因时代不同而喜好和崇尚相异的问题。范晔生活的六朝时代,人们的兴趣在向所有的领域扩展的同时,也产生了对于处在所有领域的所有的人总要在各自的立场上给予评价的态度。说起来就是存在着评价他人的多种尺度。当这种态度被投影在历史叙述中的时候,不就是带来了这样的结果吗? 即在评价王乔、左慈和蔡文姬的同时,也把隗嚣,还有像被记录在《独行传》中的人物,都当做历史性地具有价值的存在而给予积极的评价。

第六章　范晔与东汉末期

前　言

　　与前一章以《史通》为线索,同时概论了有关范晔的《后汉书》的性质相衔接,在本章,我们来考察一下在《后汉书》的序、论、赞当中,对东汉桓帝时代以降的东汉末期士人社会做了怎样的描绘。在这些当中,大概包含着基于范晔主观因素的附加和省略,并且有时甚至是夸张和歪曲。然而,在他这样做的情形当中,反倒是史家范晔的立场问题被提示出来了。而且,那样的立场,亦即范晔的历史观,当然是与他生活的时代和社会的状况有着紧密的照应关系的。

　　之所以特别举出桓帝时代以降的东汉末期,就是因为可以认为,这个时代不仅是范晔生活的六朝时代在时间上的先行时代,而且这个时代又正是产生所谓六朝时代的母胎。虽然针对六朝贵族社会的生成,乃至其构造,以往想要追溯到东汉末期来探寻的研究已有不少①,可是,究竟

---

① 特别是川胜义雄《六朝贵族制社会的研究》(岩波书店,1982 年)的第一部《贵族制社会的形成》,其中作为第一章《贵族政治的形成》、第二章《汉末的抵抗运动》、第四章《贵族制社会的形成》所收的诸论文。

《后汉书》的著者范晔是怎样地把握这个时代的呢？这大概也是一个值
186 得考察的对象。

一　逸民与党人

"自桓、灵之间，君道秕僻，朝纲日陵，国隙屡启"（传六九《儒林传
论》），正如范晔所记述的那样，东汉王朝的国运，的确在桓帝时代（147—
167 年），还有接着的灵帝时代（168—189 年）开始倾斜，预示着不久就将
到来的衰落。然而在其反面，桓帝的时代又是多姿多彩的人才辈出的时
代。"及孝桓（桓帝）之时，硕德继兴，陈蕃、杨秉处称贤宰，皇甫（规）、张
（奂）、段（颎）出号名将，王畅、李膺弥缝衮阙，朱穆、刘陶献替匡时，郭有
道（泰）奖鉴人伦，陈仲弓（寔）弘道下邑。其余宏儒远智，高心絜行，激扬
风流者，不可胜言。"（传五一《左周黄传论》）桓帝时代，又如其所说的"在
朝者以正议婴戮，谢事者以党锢致灾"（同上）那样，对士人来说不管采取
出处进退的何种态度，都确实是一个多事多难的时代。尽管如此，或恐
怕应该说是正因为如此，多姿多彩的人才不断出现，通过他们的努力，王
朝的命运也几乎得以保住了。"所以倾而未颠，决而未溃，岂非仁人君子
心力之为乎？呜呼！"（同上）范晔的这种想法，大概还可以由如下的一段
文字来补充："及诛梁冀，奋威怒，天下犹企其休息，而五邪嗣虐，流衍四
187 方。自非忠贤力争，屡折奸锋，虽愿依斟流螭，亦不可得已。"（纪七《桓帝
纪论》）

延熹二年（159 年），桓帝暂时在解除梁冀权力的事情上取得成功。
但是，其权力接着又被掌握在了"五邪"也就是单超、徐璜、左悺、唐衡、具
瑗等五人的宦官集团手中，其毒害则弥漫于天下。据说，如果没有与他
们相抗衡的忠贤之臣存在的话，说不定甚至会发生像夏朝的帝王相和周
朝的厉王那样出奔的事态。所谓"忠贤"，根据唐代的《后汉书》注家章怀
太子李贤所记，也就是李膺、陈蕃、窦武、黄琼、朱穆、刘淑、刘陶等人。大

概可以认为,范晔在这里是把桓帝以后的历史当做宦官与士人社会这一相互对立的两者关系的展开做图示性把握的。而且这一士人社会中最为尖锐并形成先导者的部分,无疑就是所谓的党人了。那么,范晔对于这些党人又给予了怎样的评价呢?尽管陈蕃作为宰相而和窦武一同努力到党人一派的结束,但是结果遭遇宦官曹节而致吃了败仗,让我们来看一下范晔针对其人的有关评论:"……彼非不能絜情志,违埃雾也。愍夫世士以离俗为高,而人伦莫相恤也。以遁世为非义,故屡退而不去。以仁心为己任,虽道远而弥厉。"(传五六《论》)所谓"絜情志,违埃雾",所谓"离俗",所谓"遁世",都是指称孤高的隐逸者的词语。然而,在陈蕃并非要选择采取这样的态度,而是出于无法抑制的心情而竭力于救济"人伦-社会"的身影当中,范晔是想使人看到其求道者式的崇高程度。

在东汉中末期,隐逸者式的生活态度作为士人社会当中的一种支配性的风潮而确实存在着。"汉自中世以下,阉竖(宦官)擅恣。故俗遂以遁身、矫絜、放言为高。士有不谈此者,则芸夫、牧竖已叫呼之矣。故时政弥惛,而其风愈往。"(传五二《陈寔传论》)这种隐逸的风潮,就是与宦官对政权的蚕食这一特殊情况相关联的。在其限度上与党人派的诞生如出一辙。我们最好是把如下所示的《逸民传序》和《党锢传序》相比较来看。"自后(桓帝以后)帝德稍衰,邪孽当朝。处子耿介,羞与卿相等列,至乃抗愤而不顾,多失其中行焉。"(传七三《逸民传序》)"逮桓、灵之间,主荒政缪,国命委于阉寺(宦官),士子羞与为伍,故匹夫抗愤,处士横议,遂乃激扬名声,互相题拂,品核公卿,裁量执政。婞直之风,于斯行矣。"(传五七《党锢传序》)。

像这样,甚至在措辞表现上都一致地讲述有关逸民和党人的情况是很值得注意的。说逸民和党人都是作为与宦官对立的一极而出现的,这是范晔的看法。然而,这两者中的一方逸民是抛弃现实的,而另一方党人则是义无反顾地与现实交锋和奋斗的。于是,范晔所称扬的并非前者,而始终是后者。在《陈蕃传论》中所说的"以仁心为己任,虽道远而弥厉",不用说就是根据《论语·泰伯篇》的"士不可以不弘毅,任重而道远,仁以为己任,不亦重乎?死而后已,不亦远乎?"正是因为其始终不放弃这种作为士人的责任,陈蕃才是值得范晔称赞的。在失去了正义与公正的社会,亦即至少范晔是这样认为的东汉末期的社会,这些党人所起的作用是应该给予充分评价的。"功虽不终,然其信义足以携持民心。汉世乱而不亡,百余年间,数公之力也。"(《陈蕃传论》)

189　　排除隐逸者的生活态度而充分评价陈蕃履行了作为现实社会的士人之责任义务的这一评论,就是范晔主张个人在历史上的作用的强有力的发言。但是问题不只限于党锢时代。进一步往后的时代,就有关对曹操篡夺王朝的企图而泼以冷水的孔融(字文举)的评论,范晔又讲到:"若夫文举之高志直情,其足以动义概而忤雄心。故使移鼎之迹(王朝革命),事隔于人(曹操)存;代终之规,启机于身后也。夫严气正性,覆折而已。岂有员园委屈,可以每其生哉!懔懔焉,嚍嚍焉,其与琨玉秋霜比质可也。"(传六○《孔融传论》)

二　正道与权道

　　然而遗憾的是,党人一派结果是败退了。在党人一派被宦官打击败退之后,不久又打倒这些宦官的是军阀董卓等人。进而接着的则是,由于曹操的登场,东汉王朝在混乱中走到了最终的结局。那个孔融也因为触怒了曹操而归于非命。总之是"功而不终"的结局。在使人想起这一冷酷的历史展开的时候,"道之将废也与?命也"(传五七《党锢·李膺传论》)也罢,"……卒而事败阉竖,身死功颓,为世所悲,岂智不足而权有余乎?《传》曰:天之废商久矣……"(传五九《窦武何进传论》)也罢,范晔不得不借用《论语·宪问篇》和《左传·僖公二十二年》中的命运论者式的话语了。可是,范晔这里并不是停止了判断。以为他对历史如此单纯断然地下结论的想法是错误的。他对人们的多样的生活样式和由此结果而带来的历史的复杂性展开瞠目而视。尽管党人们激越而勇敢的行动 ¹⁹⁰的确唤起了人们心情上的同感，然而在面对现实问题的处理上，他们则是拙劣的，这大概难以否定。对于在亡命所到之处播下了灾祸的种子，超过十几人牺牲而剩下的党人张俭，反倒是被冷静地评论了的："然俭以区区一掌，而欲独堙江河，终婴疾甚之乱。多见其不知量也。"（传五七《党锢传》）他人的生命自不待言，自己的生命也绝不应该浪费。范晔极力主张，无价值的死是一种浪费。"若义重于生，舍生可也。生重于义，全生可也。"（传五三《李固杜乔传论》）这样，义和生之比重上的称量，必须是适合于当事者所处的情况而可变的。可是，在为了成就义而全生的时候，就不能只是拘泥于伦理的态度。有时候也需要巧妙细致的计算和偶尔的手腕。特别是在如东汉末期复杂的政治情况之下，事情大概就是这样。有关陈寔、荀爽、王允、荀彧的评论，作为体现范晔这种想法的内容则很是引起我们的兴趣。

既与那些旗帜鲜明地提出政治上的立场而始终排斥妥协，并且想要贯彻自己的正义的党人不同，又与逃避现实的逸民不同，说起来陈寔是贯彻着第三种立场而置身于当时的。他在连坐于党锢事件的时候，与张俭不同，没有逃避责任地挺身入狱；又在身为宦官的中常侍张让之父的丧葬仪式的时候，他毫不犹豫地前往吊问；但是他也不寻求高官显位。对于既不是顺遂又并非不顺遂的陈寔的这种活法，范晔是极口称扬的。"唯陈先生进退之节，必可度也。据于德故物不犯，安于仁故不离群。行成乎身而道训天下。故凶邪不能以权夺，王公不能以贵骄。所以声教废 ¹⁹¹于上，而风俗清乎下也。"（传五二《陈寔传论》）在这里，类似于手腕(strategy)这样不雅的词语是没有的。不过，在《荀爽传论》中，范晔的看法就更加明确地表现出来了。

荀爽开始是与郑玄以及申屠蟠等相并列而过着作为处士的生活的，但是在献帝时代董卓一掌握政权他就作为平原相而出仕了，而且在仅仅95天很短的时日之间就晋升到了司空职位。他协助于既不亚于宦官又是士人嫉视目标的董卓的情况,似乎招致了不少人的蹙蹙。但是范晔说道:"余窃商其情,以为出处君子之大致也,平运则弘道以求志,陵夷则濡迹以匡时。苟公之急急自励,其濡迹乎?不然,何为违贞吉而履虎尾焉?"(传五二《荀爽传论》)乍一看来,荀爽的行动可以看成如同是违背道义的,这是因为其际会于难以实行正道的陵夷时代;为此而"濡迹",这是因为有人要溺水了就应该去救,而不顾脚踩到水里。然而如果想不是这样的话,大概有时就会不顾"履虎尾"(《周易·履卦六三》)那样的危险。这样一来,为了将其行动正当化,范晔引用的就是《老子·四十五章》的话。"所谓'大直若屈,道固逶迤'也"。

　　王允和荀爽一样地协助董卓,尽管得其深厚的信赖,但是却通过谋略而制董卓于死命。有关他的评论,尽管如果参考《三国志》卷六《魏志·董卓传》注的话就可以明白范晔是照抄了华峤的史论的①,但是当其写出来之后,就已是讲"士虽以正立,亦以谋济"了,而"谋"也就是政治上的手腕。在相对于正道的权道被明确地肯定的同时,进而如下地,王允的行为毫无污迹地被正当化了。"若王允之推董卓而引其权,伺其间而敝其罪,当此之时,天下悬解矣。而终不以猜忤为衅者,知其本于忠义之诚也。故推卓不为失正,分权不为苟冒,伺间不为狙诈。及其谋济意从,则归成于正也。"(传五六《王允传论》)

　　进而时代又向后推移,有关作为曹操第一心腹的荀彧的评论,则始终是为荀彧辩护论。"方时运之屯邅,非雄才无以济其溺。功高势强(曹操的情形),则皇器自移矣。此文时之不可并也。盖取其归正而已。亦杀身以成仁之义也。"(传六○《荀彧传论》)所谓"杀身以成仁",就是指荀彧在最终不赞成曹操的篡夺,因此而触怒仰毒,陷于窘境的情况。然而,

---

① 华峤的文章如下:"华峤曰:夫士以正立,以谋济,以义成,若王允之推董卓而分其权,伺其间而弊其罪。当此之时,天下之难解矣,本之皆主于忠义也,故推卓不为失正,分权不为不义,伺间不为狙诈,是以谋济义成而归于正也。"

甚至到这个时候，荀彧始终一贯是曹操很好的协助者。因此，后人对于荀彧，即如范晔所说的"世言荀君者，通塞或过矣"那样，是被加以肯定和否定的各种各样评论的。并且，例如《三国志》卷一〇《魏志·荀彧传》的陈寿的"评"说："荀彧清秀通雅，有王佐之风。然机鉴先识，未能充其志也。"这里裴松之注中说："世之论者，多讥彧协规魏氏，以倾汉祚。君臣易位，实彧之由。虽晚节立异，无救运移。功既违义，识亦疚焉。陈氏此评，盖亦同乎世识。"据此可以认为，似乎大都是倾向于否定性的评论的。① 然而，作为裴松之同时代人的范晔，敢于一反"世论"，从所给出的条件来看，即是作为期望正道之成就的人物而对荀彧的行动给予了肯定的评价的。

结　语

如以上所述，范晔有关荀爽、王允、荀彧的评论，无论其各人各自的行动怎样，都是根据支持其各自行动的内在心情中存在的理由而进行的，而且无论对他们哪一位，都是给予了肯定的评价。依照范晔自己的表述，也就是"迹疑心一"（《荀彧传赞》）这样的理由。即使在《隗嚣传论》（传三）中，范晔也不只是根据功业的成败，亦即行为的结果如何来评价人物，而是强调应该追寻其动机而加以评论，在针对目的在于汉王朝复兴的隗嚣举兵之本来的出发点是与光武帝如出一辙的事情上给予了很高的评价。② 大概也可以将这样的立场称作范晔的动机主义。③ 不过，在追寻动机而进行评论的时候，不能认为其中没有掺入强辩的余地。不

---

① 袁宏《后汉纪》卷三〇"建安十七年荀彧死"条下所附的长文评论也还是这样的。再有，有关荀彧，参见丹羽兑子《荀彧的生涯——关于一个清流士大夫的生活方式》（《名古屋大学文学部二十周年纪念论集》）。
② 参见前一章《范晔和刘知几》。
③ 参见本田济《范晔的〈后汉书〉》（《神田博士还历纪念书志学论集》，神田博士还历纪念会，1957年）。

只是对荀彧的评论,在对荀爽、王允的评论当中,也是作为为了将他们的行为正当化的手段而动机主义在起作用的。可以感受到这些的大概不只是我一个人吧。

对包括陈寔等四人的行动,范晔为何如此地称扬,有时甚至到了使人认为是强辩那样地为之辩护呢?如果范晔站在只是从伦理的见解来裁断历史和评价人物的立场的话,那么讲到荀爽抱有要和王允一起杀死董卓的计划,而且甚至有认为那个计划是相当于荀爽侄子的荀彧制定的说法①,可是仅以这一情况并不能抵消其仕奉于董卓的这一污辱性的事实。还有,如果范晔是站在正统史观的立场上的话,那么对于同样篡夺了东汉王朝的曹操和作为其智囊的荀彧,范晔则是敬慕荀彧坚定而毅然的态度的。但是,历史最终并不是归属于伦理的东西。有时候是睿智决定了胜利,而且或许这反而就是义。不仅如此,所谓虚言、奸计、狡智、欺瞒等一般被看做恶德的事情,甚至有时候也起到历史主角的作用,这是范晔没有忽视的。当然,他从伦理的立场出发不可能是完全自由的,应该说与马基雅维里主义的距离是很远的。虽然正因为如此也才需要相当程度的强辩,但是如果无视有关荀爽、王允、荀彧的评论中所显示的范晔的态度的话,那么对他大概还是不免偏于片面的讥评的。

而且应该进一步考虑的是这一事实,陈寔是颍川的陈氏,荀爽和荀彧是颍川的荀氏,王允是太原的王氏,他们全都是魏晋时代,进一步广而言之,也就是六朝时代各名门的祖先。这不只是说他们仅仅在系谱性上与后世相联系。还可以认为,对于范晔所属的南阳范氏也是其中一员的六朝贵族社会,就其渊源和典型,六朝人也是在东汉末期的上述人物那里来寻求的。② 这一情况大概与范晔的评论不无关系。可以看出,在讲

---

① 在《后汉书》传五二《荀爽传》的王先谦《集解》中说道:"王补曰:爽与王允、何颙同谋诛(董)卓,此殆荀彧因爽病薨,虚构是说,以掩其尸位台司,了无匡正之耻耳。范氏(范晔)震爽盛名,不查其溢美,而谓潜图董氏,几振国命,诬矣……。"

② 在拙稿《抱朴子的世界(上)》(《史林》47 卷 5 号)中,以东汉末的名士郭泰为例而论述过这种情况。

到"荀公之急急自励,其濡迹乎？不然,何为违贞吉而履虎尾焉"的《荀爽传论》中极力地强调的,就是在认为像荀爽这样的人物没有犯错误的道理这一前提上的说法。而这一前提,对范晔来说是自明的,大概这是无可怀疑的事情。总之,从东汉末期到范晔时的两百年的历史,如实地证明了最终他们是胜利者。开创了六朝贵族社会的,当然不是逸民,也不是党人。这一情况不是只限于范晔一个人的认识,或者说是否与从东汉末期到魏晋的客观性历史的展开相符合呢？有关这一点,大概还需要进行各种各样的研究。在这里我只想指出,出仕以前的荀爽在给党人李膺的书简中讲到："方今,天地气闭,大人休否。智者见险,投以远害。虽匮人望,内合私愿。想甚欣然,不为恨也。愿怡神无事,偃息衡门,任其飞沉,与时抑扬。"(传五七《党锢李膺传》)那么在党锢之旋风刮起的时候,这位荀爽,就是以不要违背时势的话来劝戒李膺的。

六朝贵族社会在内部孕育和产生出了各种各样的矛盾。即使是有关各个门阀的兴隆,情况也是一样的。南阳的范氏也绝不可能例外。而且还有范晔自己置身其中的刘宋王朝的政治状况,的确也是很复杂的,最终他是因为反逆朝廷罪的罪名而结束生命于刑场的。对范晔来说,道确实是逶迤的,这大概讲的就是他毫不虚假的实际感受。

第三部分

沈约研究

第七章　沈约的传记与生活

前　言

　　六朝社会,屡屡被学界定义为门阀贵族制社会。如果对这个时代一言以蔽之的话,这个定义是最终不能不被承认的。但是,门阀贵族制社会也绝不是恒常不变的体制,其中也可以看到虽然缓慢但是却不断地流动化的现象。如果问到由此而来之所以然的话,归根到底,大概确实可以归结到所谓向往人的自由的志向这一点上。在社会的底层,席卷着诉求获得"士"的身份的"庶人"雄壮的呼喊声。与之相呼应,在由士所构成的门阀贵族集团内部,也使人看到了极其显著的现象,这就是所谓寒门层的抬头这一事实。对寒门层全体而言的所谓向往自由的志向,就是以政治性、社会性地位的上升为目标的,但是在每个人的意识当中,如何从自己所受的寒门的制约中摆脱出来呢? 这一问题肯定是持续不断地被追问着的。在此之际,把被贵族所占有的文化传统当成自己的东西,不就被看成一个有力的武器了吗?

　　沈约(441—513 年),字休文,如果称谥的话即沈隐侯,其传记大概一定能够对上述问题提供有力的线索。有关沈约,早在 1928 年就有将其200

各种作品做了系年的铃木虎雄的《沈休文年谱》(《狩野教授还历纪念支那学论丛》,弘文堂;也收于当年的《业间录》,弘文堂),其中的考证极其绵密仔细。不过可以认为,从如上讲到的诸点,也就是从历史的见地来考察上还是留有余地的。那么,有关沈约的最根本性的传记资料,就是《梁书》卷一三以及《南史》卷五七中的其本传。

一 吴兴沈氏——沈约的家族背景

如果认为,作为门阀贵族制社会的六朝之人物论,因为其社会性质本身,从而是在门阀与个人的紧张关系基础上形成的,那么即使是对沈约,我们大概也应该从他所属的吴兴沈氏的情况开始考察。

在可知的吴兴沈氏的系谱材料上,现存有沈约的《自序》(《宋书》卷一〇〇)。① 从其所讲的情况可见,东汉之初,沈戎从九江迁移到会稽郡乌程县余不乡,这就是吴兴沈氏的由来。此后,作为几度反复的行政上调整的结果,那里改称为吴兴郡武康县。吴兴位于太湖南边的低湿地带,由于注入太湖的多条河川的泛滥而屡遭水害侵袭。然而在能够很好地利用其丰富的水量的时候,则可以期待获得极高的生产力。② 而且,位于北边扬子江岸的首都建康,还有军事城市京口等,通过小河渠而直接连结,原来以太湖为中心而扩展的三吴平原,整体上就成为六朝时代经济上最为发达的地域。

可以知道,在沈戎膝下有沈酆、沈浒、沈景三个儿子。沈约就是沈浒的后裔。作为从沈浒数起的七世孙或者是从沈约数起的七世祖,沈延迁

---

① 在《全梁文》卷四〇中收录了《湖录金石考》卷四所引用的梁沈麟士《沈氏述祖德碑》,其中也记载着沈氏的系谱。沈麟士将此碑立于金鹅山的祖坟上的事情,根据颜真卿的《吴兴沈氏述祖德记》(《颜鲁公集》卷一三)就清楚了。不过,收在《全梁文》所依据的《湖录金石考》中的文字大概是伪作的情况,在陆心源的《吴兴金石记》卷二中举出了八证来论述。大概确实应该依照此说。这一项的内容,我是参照了畏友安田二郎的指教和提示的。
② 参见载于《宋书》卷九九《二凶传》中刘濬的上言。

居到了其县的东乡博陆里余乌村。这大概是因为沈氏人口增加的缘故。接着,如在其《自序》当中记载的,宋的沈演之、沈庆之、沈昙庆、沈怀文等都是沈景的后裔。因为我已经在拙著《刘裕》(人物往来社,1966 年)的终章《沈约独语》当中讲到了沈约的祖父沈林子的兄弟们、曾祖父沈穆夫的兄弟们、高祖父沈警(沈警是沈延之孙)的情况,在这里,我想就专门列举出沈景一系的人们,同时考察一下沈氏一门特有的性格。仅限于根据以门阀为单位而写的《南史》,卷三四中的沈怀文及其一族,卷三六中的沈演之及其一族,卷三七中的沈庆之及其一族等,看起来似乎沈约一家的威势更强一些。

有关沈氏,首先就是必须确认其在江南拥有本籍的族姓,亦即吴姓的情况。将东晋南朝的历史贯通起来看,吴姓比起以王氏和谢氏为代表的侨姓贵族来只是被给予了比较低的政治和社会地位的情况已是我们的常识,而且这一常识即便就有关沈氏而言也同样适用。比如,对于齐武帝所说的"南士无仆射,多历年所"而立即做出应答说"南风不竞,非复一日"的沈文季,刚一晋升到南士中很少有的仆射的官职,尚书令王晏就戏称其为"吴兴仆射"(《南齐书》卷四四)。

那么,像吴姓的很多情况一样,沈氏也是强有力的地方豪族。不仅被称为"家素富厚,产业累万金,奴僮千计"(《宋书》卷七七《沈庆之传》),而且东晋初期的沈充,甚至曾经私铸过沈郎钱这样的小钱(《晋书》卷二六《食货志》)。以如此丰厚的财力为背景,沈氏似乎在吴兴一带威势兴旺。在有事的时候,由沈氏屡屡地组织起了乡兵的事实,除了沈氏在地域社会中的声望之外大概是根本不能考虑的。作为一个事例而可以举出的就是,宋泰始年间(465—471 年),朝廷为了向北魏派兵,就让沈勃"还乡里募人"(《宋书》卷六三《沈演之传》),可是在发觉沈勃的招募并不可靠之后,宋明帝即发出诏书予以谴责:"沈勃……自恃吴兴土豪,比门义故,胁说士庶,告索无已。又辄听募将,委役还私,托注病叛,遂有数百。周旋门生,竞受财货,少者至万,多者千金,考计赃物,二百余万。"土

202

157

豪沈氏能够将周边的民众作为乡兵组织起来,这大概也是因为在他们之间生来就结成的"义故"关系。当时代后移,沈约的孙子沈众,在面临侯景的战乱而招募了五千人兵力时,也还是"家代所隶故义部曲"(《陈书》卷一八)。那么宋王朝期待于沈勃的,大概就是其在地域社会所拥有的这种力量。可是,在他那里,却由于利用募兵的机会中饱私囊而被弹劾。尽管从朝廷的立场来看事实确实如此,但是如果从沈氏的立场来说,又似乎可以认为,自由地驱使有着劳役义务的庶民的事情,是作为将义故关系重新强化的一个契机而起作用的。在地域社会当中,沈氏的威望始终是在其与周边民众的义故关系的基础上而得以形成的。如果无视这一关系,而只通过一个方面力量来面对地域社会的时候,沈氏的威望就很可能失落。被认为在一个时期处于沈氏的领导者地位的沈庆之,曾将作为"劫首"而被士民们以食客来对待的沈氏数十人杀戮殆尽的情况(《南史》卷三七),可以说也就是基于这种考虑的举措。

在沈氏那里依然保持着使作为吴姓的沈氏从其他的吴姓当中区分开而别有特色的一种性质。借用《南齐书》卷四四《沈文季传》的词语而言就是"将门"。如果稍加斟酌地换言之的话,就是指其"家世为将"(《宋书》卷六三《沈演之传》)的情况。以武事为专门的将门,一般是被包括在寒门当中的,沈氏在本为吴姓而且是将门的双重意义上则就是寒门。比如沈庆之就是这样,虽然其有帮助宋孝武帝即位的大功,但确实像适合其将门出身那样地依然是与文事缘分很浅的一介武弁。他目不识丁,在被天子命令必须赋诗的时候,就由颜师伯口授而照抄。还有,宋文帝元嘉末年,在反对丹阳尹徐湛之、吏部尚书江湛等接受文帝之意所提出的对北魏主战论的时候,而以主张"治国譬如治家,耕当问奴,织当访婢。陛下今欲伐国,与白面书生辈谋之,事何由济"(《宋书》卷七七)亮相的,也就是他。从记载来看,因为他是孝武帝时代之元勋的缘故,所以众随从姻戚数十人得以就任官位(《南史》卷三七),沈氏,尤其是亲近于沈庆之的人们的政治和社会的地位,应该是大大提高了。虽然如此,沈氏是寒门的这一评价不是可以抹掉的,这就是所谓门阀贵族制社会所具有的东西。所以沈庆之的儿子沈文季,不仅受到当世的贵族望门褚渊在"门户"上的排挤(《南齐书》卷四四),而且把沈冲的兄弟三人相继成为御史中丞的事情评论为"晋宋未有也"(《南齐书》卷三四),也未必只是作为褒辞而使人能接受的。为什么呢? 就是因为御史系统的官职很容易被贵族敬而远之。[①] 即便如此,他们也还是仅限于沈氏当中的幸运儿。可²⁰⁴以推断,分为很多支系的沈氏大部分人都不被承认为所谓的士,而只是停留在庶民的阶层。据记载,元嘉二十七年(450 年)为防备北魏的侵寇,三吴的民丁被征发的时候,沈悠之也在征发对象当中(《宋书》卷七四)。还有《梁书》卷四八《儒林传》中的沈峻是"家世农夫",《梁书》卷五三《良吏传》中的沈瑀,在尚未有名的时候,曾前往余姚做瓦器买卖而遭到当地富人的羞辱。

　　以上可以确认的事实,即使有关与沈约系统相关联的沈氏的人们,也差不多是确切无疑的。尽管沈约的《自序》中说到在其祖父沈林子那里多少有些文事上的爱好,然而总不过只是在征服后秦的战争中有所功勋的一个武弁。还有沈约的孙子沈众,如前面所讲到的,面对侯景的战乱,上奏招募隶属于吴兴之家的故义部曲,并率领"宗族及义附五千余人"赶到京师。在分成了很多支系的沈氏的内部,不仅有比如在沈林子一家与沈预一家,还有沈庆之一家与沈悠之一家之间的复仇故事中所看到的纠葛,甚至可以想象,在极其殷盛的一家与另外衰微了的一家之间、豪族与义故之间,也形成着类似的关系。如果是疏族的话,就被认为是"昭穆既远,已为路人"[②]了。不过,世间的人们,只要听到是沈氏,就肯定会一视同仁地有着一种印象——即作为将门而且又是吴姓之寒门的

---

① 参见宫崎市定《九品官人法的研究》(东洋史研究会,1956 年),第 348 页。还有,应该注意到,沈约也曾经担任过御史中丞。
② 这是陶渊明《赠长沙公序》中的话。

印象。

　　沈约虽然是这种寒门出身,但是不久就成为齐梁间文学界、思想界的第一人物,同时又成为梁王朝创业之际的主要人物。尽管被与沈约相并列的范云这样一个不平分子恶言说到"建武以后,草泽底下,悉化成贵人"(《梁书》卷二〇《陈伯之传》),然而沈约的确正是从"草泽底下"而成为贵人的一个人物。

二　出生与父亲之死

　　沈约在宋文帝的元嘉十八年(441 年)作为沈璞之子而出生。母亲为谢氏,但是为何地的谢氏则不详。在沈约出生的前一年,因为其父就任扬州刺史始兴王刘濬的主簿,所以其祖父沈林子得到了刘裕——宋武帝——赏赐的"傍逸陌之修平,面淮流之清直"(《郊居赋》)的居所,大概就是从这个建康都亭里运巷的家馆里传出了沈约呱呱坠地之声。这时候的沈璞,因为替换年轻的刺史刘濬而代行州事的长史范晔还尚且"性颇疏",所以就由他来处理实际的事务,并且得到文帝以及刘濬的深厚信赖。可是这之后,在沈璞迁官而任淮阳太守的元嘉三十年(453 年),亦即沈约 13 岁的时候,发生了文帝被太子刘劭杀害的事件。这一逆弑父王的事件,对沈约一家的确产生了很大的影响。因为帮助刘劭的就是其次弟刘濬,也就是沈璞曾经的主人。得知这一事件的时候,沈璞很是痛心,以至被疾病发作所袭倒的程度。然而因为他是刘濬的故吏,所以被刘濬,进而又被刘劭强行要求将一家老弱送到国都去。大概沈约也被送到了建康。在种种的过程中,刘劭的第三弟、江州刺史武陵王刘骏所指挥的讨伐刘劭的军队奔向京师而直下扬子江。以一家为人质而被刘劭一方所控制的沈璞迷茫于如何去就的问题,直至刘骏来到淮阳太守治所所在的于湖时,他才投降。可是,由于作为刘骏心腹的颜竣与沈璞早就不和,以其投降太晚为借口而将沈璞斩首了。

有关父亲之死,在沈约的《自序》中所讲的,差不多就是以上的情况。可是,在讲到父亲之死的沈约笔下,使人感到些许的笔调涩滞。好像并不仅仅是因为思念父亲的儿子之情使然。刘劭一派是杀害父王的谋反者的事实是难以掩盖的,而且刘骏不久就一扫刘劭和刘濬二位兄长而即位,是为宋孝武帝。这样的话,沈璞被杀死时的情形是怎样的,如果对照后来的历史经过,刘骏的军队是义军,而对义军表示哪怕一点儿的反抗意志的人,说起来也就是谋反者了。这一情况肯定让沈约的笔调变得十分迟钝了。而且,在《南史》卷三三《裴子野传》或《史通·曲笔篇》中,就记载着如下的话题。据说就是,因为后来沈约著《宋书》的时候在《裴松之传》中写到"松之已后无闻焉",裴松之的曾孙裴子野很气愤,所以在其《宋略》中回应道:"戮淮南太守沈璞,以其不从义师故也。"沈约慌忙表示道歉,请求以双方各自删削来结束此事。也就是,虽说是因为沈璞最终抵抗了刘骏的军队,但是原本吴兴的沈氏,不是与刘劭的逆弑事件有很深的关联吗?这就使人想到而可以举出下面的一个事实。

最初,因为刘劭的姐姐东阳公主的婢女王鹦鹉的美言而被允许出入宫廷的女巫当中有个叫严道育的人。刘劭和刘濬称严道育为天师而加以信赖和敬事,不久就利用这个女巫,制造了打算害死其父王的巫蛊,王鹦鹉也参与了此事。其间东阳公主死,王鹦鹉就打算出嫁。不过,刘劭等人担心巫蛊的事情暴露,就决定让其去做身为刘濬参军并宠爱深厚的沈怀远的妾。可是巫蛊的消息还是不知从什么地方泄漏了,王鹦鹉立刻被逮捕,沈怀远被发配到广州,刘劭与刘濬被严厉地诘责,看起来事情就这样结束了。可是,朝廷又发觉了刘濬在那之后也曾窝藏过严道育的事情,最终导致了元嘉三十年的刘劭与刘濬两人逆弑父王事件。不过,在上面登场的沈怀远,其实就是吴兴的沈氏之人;据说严道育也是吴兴人,而且沈氏,即如在《沈约独语》中所述,很早就是天师道道教的信徒了。如果沿着这样的关系寻找下去,则使人感到,在刘劭的谋反与沈氏之间,不是如同有一条黑线连接着吗?还有,在顺从了刘骏的沈庆之那里,也曾收到来自刘劭的要求必须杀掉刘骏的密信。然而沈庆之予以拒绝,始终一贯地忠诚于刘骏。不过当刘劭等进行谋反的时候,似乎确实对沈氏寄予了不寻常的期待。他们所期待的,大概就只是沈氏的经济实力和招募兵众的能力。

在父亲死后,沈约为逃避官府的追究而不得不隐藏起来。虽然不久官方发出了赦免令,但是他有时候也不得不从宗族乡党那里得到施惠粮米数百斛那样地维持着"孤贫"的生活。沈约这一系统的沈氏,到其祖父沈林子的时代就已经生业衰弱了。[①] 前面讲述的沈众招募乡兵的事实,使人推测到其后来在吴兴仍保有着社会基础的情况,这是否作为相对于乡党社会的现实力量而显现化,有时候大概是由是否拥有作为领头人而足以为乡党的人们当做依靠这样的人物所决定的。当时有势力的,就是拥有沈庆之的沈氏一系。与之相反,沈约则是败者之子。"孤贫"当中"贫"字的含义,不只是物质方面,大概也涉及精神方面贫困的状况。处在这样的境地,沈约不分昼夜地勤奋读书,即所谓"博通群籍"。虽然已不能详细地知道他当时拼命学习的样子了,但是可以认为,他正是在其中才发现了从将门转变身份的路径,找到了从草泽底下摆脱出来的道路。尤其使人感到,在沈约那里,是不会将如以上的表述在史传中当做通常的修辞而轻易放过去的。

三 西邸的谈客

沈约在以后历经的很长的官僚生活,首先是从作为宋的奉朝请[②]而开始的。后来在宋明帝泰始三年(467年),蔡兴宗(《宋书》卷五七)出任安西将军郢州刺史,沈约就任其安西外兵参军兼记室;进而在泰豫元年(472年),蔡兴宗出任征西将军荆州刺史,沈约又任其征西记室参军,带

---

① 在沈约的《自序》中,叙述沈林子的情况时说道:"时生业已尽,老弱甚多。"
② 译者注:职官名。

厥西令。在被任以掌军府之书记的记室参军的事情上,就已经预示了沈约的将来。而且,在蔡兴宗从郢州刺史迁任荆州刺史期间,曾经出任镇东将军会稽太守(469 年),沈约在后一年,在给徐勉的书简中回想到"望得小禄,傍此东归"(本传),或许就是指大概会在会稽一起作为同道而言的。

　　据说少壮时候的蔡兴宗通晓文学并与刘濬有过交往(《宋书》卷九九《二凶传》),因此我认为其与沈璞也并非不熟识的关系。与沈约一同得到蔡兴宗的礼遇并且出任安西府主簿的人当中有范岫,后来蔡兴宗之子蔡撙曾经说道:"臣门客沈约、范岫……。"(《南史》卷二九)当时的士大夫,是至少可以委托两个门生在吏部就职的①,那么处于孤贫境遇的沈约,有可能从很早就成为蔡兴宗的门客了。沈约在泰始之初,因为蔡兴宗的介绍从而担当奉敕命撰述《晋书》(《自序》)的工作,如果说那是他正式成为蔡兴宗部下以前的事情的话,那么上面的推测就更确实了。

　　蔡兴宗在泰豫元年(472 年)八月一去世,沈约就作为安西将军郢州 *209*刺史晋熙王刘燮②的法曹参军,或是外兵参军兼记室,再次奉职于郢州。在当时沈约的同僚中有庾杲之,而且沈约得以认识作为同僚的范抗之子范云,也就是在这里(《梁书》卷一三)。还有,根据《栖禅精舍铭》(《广弘明集》卷一六,T52,212c～213a)的序可以认为,征西蔡公亦即征西将军蔡兴宗在郢州建的栖禅精舍,就是其在王巾的《头陀寺碑》(《文选》卷五九)中作为头陀寺的原址而说到的"安西将军郢州刺史江安伯济阳蔡使君,讳兴宗,复为崇基表刹,立禅诵之堂焉"的地方。而沈约把在那里的感受吟咏为"重游践",并且所具纪年为元徽三年③(475 年)。

　　沈约不久作为尚书度支郎而从郢州回到国都,在那里迎来了宋齐的

---

① 参见川胜义雄《六朝贵族制社会的研究》(岩波书店,1982 年)第二部《向封建制的倾斜与贵族制》第五章《门生故吏关系》。

② 在本传中有的晋安王,是晋熙王之误。参见铃木《沈休文年谱》。

③ 在本文中的永徽年号是错误的。

王朝革命(479 年)。可是,在尚未处于显著地位的沈约的身边,这一革命如同什么波澜也没产生一样。在新王朝,他首先被予以的官职,就是作为征虏将军雍州刺史亦即后来被称为文惠太子的萧长懋的记室参军。建元四年(482 年)六月,萧长懋被立为皇太子,沈约也从襄阳迁回国都,被任命为东宫校尉或者说是家令。其被任命为直永寿省而进行四部图书的校定,也就是在这个时候。接着,又作为太子家令同时兼任著作郎(484 年)。当时的著作郎,只是专门作为甲族起家的官职而存在的,尽管常常很容易失去其本来的职能,但是在沈约那里,则是通过兼官著作郎的行事而在《起居注》的撰述以及特别是《宋书》百卷的撰述上倾注了心血。①

那么在这个时候,也就是在永明时代的东宫里,因为喜好文章的文惠太子的影响而文人相聚。即以沈约为首,还有会稽的虞炎、济阳的范岫、汝南的周颙、陈郡的袁廓等人。接着,沈约又成为文惠太子的同母弟竟陵王萧子良于永明五年(487 年)在鸡笼山开设的西邸沙龙当中有才力的谈客。出入于西邸的士大夫和沙门的首领,在冈祐次《中国中世文学研究——以南齐永明时代为中心》(新树社,1960 年)第 48 页、汤用彤《汉魏两晋南北朝佛教史》(中华书局,1955 年)第 458 页中,都认为有各种各样的尊让。不过如果那样的话,文惠太子以及竟陵王的文学沙龙,大体在历史上又是具有什么性质的地方呢?"文惠太子之在东宫,沈约之徒以文才见引,岫亦预焉"(《梁书》卷二六《范岫传》)。"会稽虞炎,永明中,以文学与沈约俱为文惠太子所遇"(《南齐书》卷五二《文学·陆厥传》)。"会稽虞炎、济阳范岫、汝南周颙、陈郡袁廓,并以学行才能,应对左右"(《南史》卷四四《文惠太子传》)。如果综合这些,大概可以说,文惠太子并不是根据家格,而是根据文学、学行、才能等,总之是根据个人所具备的才能来聚集人才。同样的情况大概也适合于有关西邸集团。如果现在只看一下有关所谓的"八友",那么其中的沈约即如我反复讲过的,就

① 有关沈约的《宋书》,参见下一章。

是寒门出身者。谢朓当然是名门,出身于陈郡的谢氏是肯定的,但是其妻是作为女巫之子的将军王敬则之女,后来梁武帝就评价他的儿子谢谟为"门单"(《南史》卷一九)。萧琛是兰陵人,从而也与萧衍还有齐王室是同宗,不过也可以说萧氏本来是将门。范云尽管是范汪的六世孙,可是却属于范宁、范泰、范晔的谱系之外的别的系统,有关从范汪到范云之间的人物几乎没有什么情况为人所知。即使有关乐安的任昉的家族,可知的情况也很少。陆倕因为是吴郡人,所以是吴姓。这样一来,除了琅玡的王融一人,"八友"的大部分并不是显要的名门。他们被招到西邸来,最重要就因为他们是"文学"之士(《梁书》卷一《武帝纪上》)。在这里,我们大概就可以发现沈约在这个时代崭露头角的一个历史性的条件了。

211

在西邸,当然是以竟陵王为中心,兴盛地进行诗作活动。在以沈约为首的西邸集团的人们那里,有着大量题为《奉和竟陵王》的诗歌作品。再有,就是让名僧们来讲佛法,制作梵歌新曲。四声的发现及其在文学上的应用的功绩,主要可以归于周颙、王融、谢朓、沈约等人,在沈约那里则有自负为入神之作的《四声谱》的著作。据说对于四声的发现,梵歌给予了有力的启发。① 总之,大概应该说,永明时代对于沈约来说,的确是个幸福而充实的时期。

493 年 7 月,以南齐武帝的去世为标志,永明时代结束了。因此,先于齐武帝而死的文惠太子的长子,即被立为皇太孙的萧昭业即位。也就是被称作郁林王的这个人。翌年(494 年),改元隆昌,沈约尽管有一段时间曾就任吏部郎,但是不久就作为宁朔将军东阳太守而离开了国都。在他这次东阳赴任当中,我想是牵扯着使其进退两难的政治史上的事件的。

我们先来说明一下事件的梗概。493 年 1 月,随着文惠太子的去世,一时性地产生了要推举竟陵王为下一代皇帝的计划。成为其"谋主"的不是别人,就是沈约的友人中书郎王融。时间正巧是在北魏迁都洛阳之

---

① 参见陈寅恪《四声三问》(《清华学报》9 卷 2 期)。

年,一有传来北魏向南方出动的报告①就必须对其加以防备的竟陵王在建康的东府城募兵。接着,被补任为宁朔将军军主的王融,汇集了强壮的江西伧楚数百名。正当此时,武帝陷于生命危笃状态。皇太孙亦即后来的郁林王改升为东宫,可以前去看望父王病体的竟陵王则获得了进入延昌殿的机会。王融在尽快加固宫城诸门的同时,甚至整理好了指名竟陵王为下一代皇帝的诏书。可是,恢复了一部分意识的武帝不仅问起皇太孙之所在,而且命令其率领东宫的器甲护卫前来参见,也就是准备将他指名为下一代皇帝。然而所任命的监护人,并不是竟陵王,而是相当于竟陵王的从祖父的西昌侯萧鸾。王融将前来参见的皇太孙阻挡在了中书省门口,但是闻听有紧急情况而赶到的萧鸾排除了阻拦,让皇太孙登殿,而让竟陵王退出。结果王融的计划受挫,不久郁林王即位,数十天后王融狱死,翌年四月竟陵王逝去,政局则是目不暇接地变动着。

有关竟陵王最初被任命为郁林王的监护人,但是因为谦让而让给了萧鸾的情况,《南齐书》、《南史》的《竟陵王传》中讲的全都一致。可是,从事件的脉络来考察,情况到底是怎样的呢? 这一事件,从最初就是王融一人所唱的独角戏吗? 其实当武帝临终的时候,竟陵王将萧衍、萧懿、王融、刘绘、王思远、顾暠之、范云等所谓"西邸集团"的很多人任命为帐内军主(《南史》卷六《梁纪上》)。不仅如此,"帝(郁林王)常虑子良有异志,及(子良)薨,甚悦"(《南齐书》卷四〇)的这一纪事,充分地使人想到,围绕着王位继承问题在两者之间有着无声的角逐。大概就是因为这样,竟陵王的突然去世,引出了各种各样的说法。陆惠晓问道:"近者云云,定复何谓? 王融见杀,而魏准破胆②。道路籍籍,又云竟陵不永天年,有之乎?"袁彖回答说:"齐氏微弱,已数年矣。爪牙柱石之臣都尽,命之所余,

---

① 由于对北魏从平城迁都到洛阳的反对者很多,所以孝文帝是借南伐之名,而断然实行了迁都的。

② 《南史》卷二一《王融传》中讲到:"先是,太学生会稽魏准,以才学为融所赏,既欲奉子良,而准鼓成其事。……及融诛,召准入舍人省诘问,遂惧而死,举体皆青,时人以准胆破。"

政风流名士耳。若不立长君,无以镇安四海。王融虽为身计,实安社稷, 恨其不能断事,以至于此。道路之谈,自为虚说耳,苍生方涂炭矣,政当 沥耳听之。"(《南史》卷四四)尽管袁象认为对竟陵王死因的追究就留给 _213_ 好事家,但是他又认为王融是因为领受了"风流名士"身份之后才拥戴竟 陵王的。在他的主张中,有着可以倾听的内容。与之结合起来,重视"吏 事"的齐武帝所说的"学士辈不堪经国,唯大读书耳。经国,一刘系宗足 矣。沈约、王融数百人,于事何用"(《南史》卷七七《恩幸·刘系宗传》), 是应该引起注意的。云集在竟陵王周围的"风流名士"和"学士辈",其中 的过激派王融,想要从以所谓恩幸者为中心的吏事派——比如刘系 宗——的手中将政治权力夺取到自己手中,而以上所讲的就是事件的真 相。当然,对于王融的计划,并不是西邸集团全体都赞成。比如,知道了 其计划的萧衍就对范云追问说:"左手据天下图,右手刎其喉,愚夫不为。 主上大渐,国家自有故事。道路籍籍,将有非常之举。卿闻之乎?"(《南 史》卷二一《王融传》)据说还有太学生虞羲①和丘国宾,在私下里相互说 道:"竟陵才弱,王中书(王融)无断,败在眼中矣。"(同上)可是,大概可以 看到,他们当然对王融的暴行只是怀有危惧,那么依靠士大夫的政治复权 也还萦绕在他们的心中。接着,如后面将讲到的,在数年后成立的梁武帝 政权的时候他们看到了实现。我认为,拥戴竟陵王事件的历史意义,就存 在于为了达到士大夫的政治复权而试行错误性的一个尝试当中。

四　绝望的时期

_214_

　　对于王融的计划,沈约则与之有关到什么程度呢? 这被包了谜一样 的面纱。不过,作为极其亲近的友人王融的谋反,接着是竟陵王之死,从 而使沈约陷于微妙的立场,这是无可怀疑的。我认为,他转任东阳太守

---

① 译者注:此处原著"羲"作"羲",据著者索引改。

就是因为这个缘故。① 在其前往东阳赴任途中的作品《早发定山诗》(《文选》卷二七)当中,就以"眷言采三秀,徘徊望九仙"来歌颂他对神仙的憧憬和仰慕;还有被推测为他在东阳时的作品《新安江水至清浅深见底诗》(同上),则是在附着《贻京邑游好》这一副题下而吟咏成句的。"纷吾隔嚣滓,宁假濯衣巾,愿以潺湲水,沾君缨上尘。"如此前往东阳赴任,在这一时间点上,他或者是超俗,或者至少是被从现实世界中逃避的坚强决心所支持着的。作为咏唱同样主题的作品,尽管在这之前也有《和竟陵王游仙诗》二首和《和刘中书仙诗》二首等,然而毕竟那些只不过是在沙龙里的唱和之作,不具有在这个时期的实际创作那样的分量。而且,这种主题,又是在他东阳期间的诗作中被继续吟咏下去的。

在沈约的东阳之行中,有原来为东阳乌伤人的草堂寺僧人慧约相伴(《续高僧传》卷六)。据说在东阳的慧约,始终过着"惟以静漠自娱,禅诵为乐。……常入金华山采桔,或停赤松涧游止"(T50,469a)的生活。沈约也有《游金华山诗》、《赤松涧诗》等。不过,与这些所咏唱的主题都是对神仙的憧憬和仰慕这一点有所不同,还有谢朓的《酬德赋》,尽管那是应和沈约所赠的五言诗的作品,然而其中也叙述了东阳太守时期沈约的生活:"闻夫君之东(东阳)守,地隐蓄而怀仙。登金华以问道,得石室之名篇。悟寰中之迫胁,欲轻举而舍旃。离宠辱于毁誉,去夭伐于腥膻。"(《谢宣城诗集》卷一)金华山原本是道士的修业场,如果根据梁武帝时期隐栖于这里的刘孝标的《东阳金华山栖志》(《广弘明集》卷二四)所言,则曰:"金华山古马鞍山也,蕴灵藏圣,列名仙牒。"(T52,276b)在刘孝标的

---

① 把沈约转任东阳太守的时间放在隆昌元年(494年),并不是完全没有问题的。因为在《与徐勉书》中,有沈约自己所讲的"永明末,出守东阳"。《沈休文年谱》就采用此说而作永明十一年(493年),并说道:"案:想来文惠太子的去世与沈约的出守之间在东阳那里会有怎样的事情,也不是可以臆测的。"但是,以其本传为首,《文选》卷三〇《和谢宣城诗》的李善注引的《梁书》,还有《续高僧传》卷六《慧约传》等,都很清楚地作隆昌元年。作永明末的,毋宁说不是沈约的记忆错误。如果大胆地推测一下的话,在竟陵王门下的幸福时期和永明的年号,在他的头脑中是难以区分地结合在一起了,那个幸福的时期以竟陵王的死为结束,不就是他一不留神而错写成了永明末的吗?

茸宇的东边建有招题寺，又在其更东南，道观"亭亭崖侧①，下望云雨，……日止却粒之氓，岁次祈仙之客"（276c）。在数年前沈约所目睹的情景，大概样子与此没有不同。

　　不过，这个时候在国都，理应作为郁林王之监护人的萧鸾逐渐集中权力，并在公元494年10月终于篡夺了天子位，是为齐明帝。明帝即位，改元为建武，沈约被升进为辅国将军，作为五兵尚书而回到了建康。之后进而升迁为国子祭酒，但是国子祭酒是非常的闲职，所以在这个时期的沈约那里就没有什么值得特别提起的活跃行动。② 岂止是如此，如果根据其《桐柏山金庭馆碑》③所记，建武时期的沈约为了要实现幽栖的夙愿就讲到"权憩汝南县境"。可是因为那里不适合作为"息心之地"，所以就暂且复归于官途了。这好像是介于齐明帝死与东昏侯即位之间的事情，其所说的永泰元年（498年）亦即东昏侯即位的初年，也就是在其复归官途后很短时间里，又再次来到了天台的桐柏山。"永泰元年，方遂初愿。遂远出天台，定居兹岭。所憩之山，实惟桐柏。……桐柏所在，厥号金庭。事昺灵图，因以名馆。圣上曲降幽情，留信弥密，置道士十人，用祈嘉祉。约以不才，首膺斯任。永弃人群，窜景穷麓。"也就是说，沈约在天台桐柏山的金庭馆或是自己成了道士，或是作为道士们的教头而一同起居的。在《与徐勉书》中所记的"及昏猜（东昏）之始，王政多门，因此谋退，庶几可果，托卿布怀于徐令（徐孝嗣），想记未忘"，大概就是指这时候的情况而言的。④ 不过他在金庭馆的生活好像没有持续多长的时间，其

216

---

① 译者注：此处的断句是依照著者，与《大正新修大藏经》略有不同。
② 如果作为这个时候沈约事迹的可知内容而加以列举，就是《南齐书》卷四七《谢朓传》所记："（朓）迁尚书吏部郎。朓上表三让，中书疑朓官未及让，以问祭酒沈约。约曰……。"以及同书卷五二《文学·崔慰祖传》所记："国子祭酒沈约、吏部郎谢朓，尝于吏部省中，宾友俱集，各问慰祖地理中所不悉十余事。"还有其与莫逆之友谢朓频繁的诗作的赠答等等。
③ 译者注：见于四库全书本《汉魏六朝百三家集》卷八七《沈约集》。
④ 《沈休文年谱》对《桐柏山金庭馆碑》的可信性存在着相当程度的疑问，如在下一章我将要尝试说明的那样，如果确定沈约的宗教生活的印迹，则大概未必不能置信。还有，把桐柏山看作在河南省南阳府桐柏县的西南是错误的，应该是天台山的别名。

理由不明。但是东昏侯永元元年(499 年)八月,发生扬州刺史始安侯萧遥光叛于东府城的事件,作为当时沈约正在建康的明证,就在《南史》卷四一《临汝侯萧坦之传》当中。根据其中所述,左卫将军沈约知道事件的发生,是在夜里的五更。当他驾车马赶到台城西掖门的时候,有人劝他应该以戎服护身,沈约认为一不留神穿了戎服就不能与叛军相区分了,于是依旧穿着朱服进了台城。云云。

恶童天子东昏侯的治世时期,正如这个话题本身所体现的,就是一个竟然如此需要谨慎的保身术的时代。像那时期那样人们的生命被廉价低估的时代大概在中国历史上也是少有的。从沈约受徐孝嗣之命而写成的齐明帝的遗诏来看,在被委托为东昏侯的监护人当中,除了始安王萧遥光举兵失败之外,江祏和江祀兄弟、刘暄、徐孝嗣、沈文季、萧坦之等,都是在永元元年间被杀害的。不只是这些宰臣相继被杀害,士大夫的意见也完全被废弃了。"不与朝士接,唯亲信阉人及左右御刀应敕等"①(《南齐书》卷七《东昏侯纪》)。安居于甜蜜生活当中的,只是那些受到天子宠爱的数十名"群小党与",也就是茹法珍和梅虫儿所代表的恩幸者。如果换一种表述的话,他们就是把天子当做利用工具,或者是把朝廷本身当做利用工具的。这种情况,作为恩幸者之一的徐世檦所说的"何世天子无要人,但阿侬货主恶耳"(同上)的话,讲得倒是很雄辩。对于士大夫们来说,大概不能不意识到,那是一个不仅自己的生命被暴露在危险之中,而且理应依靠士大夫来支撑的朝廷体制本身也面临着危机的时代。

这样一来,以从这种危机中恢复出来为口号的举兵之事,在各地相继出现。首先是在永元元年(499 年)十一月,太尉江州刺史陈显达在寻阳举兵。在其举兵之际的《与朝贵书》(《南齐书》卷二六)中说道:"至乎后主(东昏),行悖三才。……任非华尚,宠必寒厮。……王仆射(王亮)、

---

① 在《南史》卷七七《恩幸·茹法珍传》中说道:"自江祏、始安王萧遥光等诛后,及左右应敕捉刀之徒,并专国命,人间谓之刀敕,权夺人主。都下为之语曰:欲求贵职依刀敕,须得富豪事御刀。"

王领军(王莹)、崔护军(崔慧景),中维简正,逆念剖心。萧卫尉(萧懿)、蔡詹事(蔡约)、沈左卫(沈约),各负良家,共伤时崄。"接着,永元二年(500年)三月的时候,崔慧景在广陵举兵。虽然陈显达、崔慧景等相继败退,但是随后接着于同年十二月在襄阳举兵的,就是雍州刺史萧衍。其举兵的直接契机,就是其兄萧懿由于茹法珍等人的谮言而被杀。而且,其送到京邑的檄文(《梁书》卷一《武帝纪上》)当中,在指责东昏侯的暴政之后又说道:"梅虫儿、茹法珍臧获斯小,专制威柄,诛剪忠良,屠灭卿宰。"进而明言:"今资斧所加,止梅虫儿、茹法珍而已。"萧衍举兵的目的,最重要的就是在首先将恩幸者一扫而光的基础上依靠士大夫来恢复秩序,这大概是很清楚的。这当然是一篇强烈地表达了京邑士大夫们心情的檄文。永元三年(501年)八月萧衍军队到达建康,不久到十二月,同百官一起被包围在台城内的东昏侯,被王珍国和张稷——张稷是沈约的姻亲——等人亲手杀死,和萧衍为旧知的国子博士范云等将其首级送到萧衍的阵营(《南史》卷四六《王珍国传》)。接着,打倒了东昏侯的萧衍,将茹法珍以下41人的"凶党"斩首。其姓名逐一详细地记载于《南史》卷七七《恩幸·茹法珍传》当中。 *218*

五 梁朝政治下的晚年生活

在萧衍的包围持续期间,我想,大概沈约也是作为京邑的百官之一而正在台城内的。① 可是东昏侯一失败,他就被任用为萧衍的骠骑府司马。因为沈约和萧衍,各作为所谓"八友"之一,与范云一样,都是从西邸时代开始的知旧关系。而且,对萧衍最为热心地谈论代替齐王朝的新王朝建设的,当然也就是沈约。"今与古异,不可以淳风期万物。士大夫攀龙附凤者,皆望有尺寸之功,以保其福禄"云云。尽管因为他持续不断地

---

① 尽管其当时的官职是南清河太守,但是南徐州南清河郡是没有实土的侨郡。

进言,萧衍的决心几乎已经坚定了,但是为慎重起见,他又向范云征求了意见,由于其与沈约一致,因而萧衍感慨地说:"智者乃尔暗同。"并约定与二人第二天早晨再会。可是第二天早晨,沈约抢在范云之先一个人访见了萧衍,并将预先准备好的禅让革命时所必需的一切诏诰的草案,以及新体制下的人事名单,都展示了给萧衍。不久,范云受到召请,则有如下的对话为凭。萧衍说:"生平与沈休文群居,不觉有异人处,今日才智纵横,可谓明识。"范云说:"公今知约,不异约今知公。"萧衍说:"我起兵于今三年矣,功臣诸将实有其劳,然成帝业者乃卿二人也。"

219 502 年 4 月,梁王朝终于创建了。这期间,必要的公文书的草稿执笔,原来委任给任昉一人的事情,沈约也参加进来了(《南史》卷五九《任昉传》)。再有在朝廷建立之后,就如何对待只是形骸了的处于南齐最后天子地位的齐和帝的问题,使得萧衍改变想让其活着的想法主张将其杀掉的,实际也就是沈约(《南史》卷五《齐纪下》)。接着,沈约被新王朝任为尚书仆射,在官位上排列比他位置更高的,就只有名门出身的尚书令王亮一人了。协助"成就了帝业"的沈约的地位已经不可动摇,就像当他想安慰从侍中被遣为豫章内史之后正意气消沉的"功臣诸将"之一萧颖达,在劝酒的时候萧颖达当面骂道"我今日形容,正是汝老鼠所为,何忽复劝我酒"那样,沈约已经是十分显贵的人物了。(《南史》卷四一)。然而,使人感到,梁武帝——萧衍的信任似乎未必就在沈约那里。他的信任不如说是在范云那里的。在范云死后(503 年),他的信任似乎又转移到了徐勉和周舍那里。因为有记载说:"初,范云卒,佥以沈约允当枢管,帝以约轻易不如徐勉,于是勉、舍同参国政。"(《南史》卷三四《周舍传》)这样,后世在举出梁朝宰相的时候,就经常是"范徐"连称(《南史》卷六〇《徐勉传》)。也就是说,沈约直到天监十二年(513 年)的闰月乙丑 73 岁卒为止,尽其官职经历所限,尽管不断地走在阳光照耀的地方,但是并没有处在政治枢机的位置。他没有得到梁武帝的信任,恐怕不只是因为其所谓"轻易"的人格。可以认为,其被评论为"用事十余年,未尝有所荐达,政之得失,唯唯而已",不就是因为被追问到了其作为士大夫官僚的姿态吗?

　　这样,即使认为在梁朝的沈约作为官僚只是在虚名上大模大样,但是其作为文学上的巨匠的事实又是不能否定的。在其本传中所说的"谢玄晖(朓)善为诗,任彦升(昉)工于笔,约兼而有之,然不能过也",毋宁说是属于后世的评价,时人则习惯于称"任笔沈诗——任昉的散文和沈约的诗"(《南史》卷五九《任昉传》)。据说任昉对这个评价不满①,不外乎因为当时诗才是文学的主流。沈约的诗在作品上也有称其"诗多而能"——作品多且佳作品类全,这也就是梁元帝给予沈约的评价(《梁书》卷四九《文学·何逊传》)。他的文学名声在齐朝就已经确立了。尽管做出一针见血的看法者说:"永明相王(竟陵王)爱文,王元长(融)等皆宗附之。约于时谢朓未道,江淹才尽,范云名级故微,故约称独步"(《诗品》卷中);然而被称为早在永明时期就"独步"文坛了的情况,作为事实是应该承认的。作为当时的情况,甚至有着这样的话题,当张率把自己的诗出示给虞讷的时候,因为得到的完全是严厉的批评,所以再有新作后就谎称是沈约的作品,虞讷则变得感叹不已了(《南史》卷三一)。

　　在梁朝,沈约的文学名声,大概是伴随着其官位的上升而不能不更加提高的。不仅有这样的故事,刘勰为了得到沈约的墨迹,打听到其外出的机会,就好像正巧也去购物那样地在沈约的车前拿出新作《文心雕龙》(《梁书》卷五〇)。还有的故事是,钟嵘因为请沈约批评而被拒绝,所以在沈约死后,他就在《诗品》中对沈约加以贬低(《南史》卷七二)等等。这些都正是由于沈约处在君临梁朝文学界的缘故。如果检索一下《梁书》或是《南史》来看,被沈约给予诗文评价的人达到了极多的数量。正如称赏当时"家世寒贱"的吴均的文章(《梁书》卷四九)那样,沈约不问其

① 有关沈约和徐昉的评价,在他们死后,即使在北齐也是意见分歧的。《颜氏家训·文章篇》中说:"邢子才、魏收,俱有重名,时俗准的,以为师匠。邢赏服沈约而轻任昉,魏爱慕任昉而毁沈约,每于谈谦,辞色以之。邺下纷纭,各有朋党。祖孝征尝谓吾曰:任、沈之是非,乃邢、魏之优劣也。"

出身如何,对于有才能之士即以极为谦虚的态度来对待,这样的情况是
应该多加强调的,不过这先暂且不论。在史书中将出自沈约的文人评论
甚至很烦琐地抄录下来的情况,大概就是因为其有着社会性的绝对巨大
的影响力吧。可以认为,沈约的被承认,不只是决定了其在文学界的地
位,而且也决定了其在士大夫社会的地位。的确,当时是文学全盛的时
代,也就是"至于膏腴子弟,耻文不逮,终朝点缀,分夜呻吟"(《诗品序》)
的时代。这种风潮,大概与"二汉求贤,率先经术;近世取人,多由文史"
(《梁书》卷一四《论》)的情形,或者还有"招文学之士,有高才者,多被引
进,擢以不次"(同上卷五〇《文学·刘峻传》)的情形,不是没有关系的。
因为这个缘故,被文学巨匠沈约所认可的事情,就成为朝着官界的登龙
门,也就是"轩盖盈门"了(同上卷三六《孔休源传》)。

当时完全占据了沈约的心思的,都是文学诸艺之事。如果借他的话
来说,就是"天下唯有文义棋书"(同上卷三八《朱异①传》)。他是一代人
足以作为标准依据的博识洽闻之士,其多达两万卷的藏书,在当时只有任
昉和王僧孺敢与之竞争(同上卷三三《王僧孺传》)。我想,朝廷所期待他
的,也还是他在这些方面的活跃,他所写的《梁武帝集序》就最能成为其象
征。然而他除了担当以蔡法度为主持的《梁律》撰定事业的协助者(参考
《九朝律考》卷四)和吉凶军嘉宾的五礼编集事业的责任者(《梁书》卷二五
《徐勉传》),以及郊庙乐辞的撰定者(同上卷三五《萧子云传》)等等之外,作
为更小的事业,就是在任昉死后,他和学士贺纵一起共同担当着达万余
卷以上的藏书的书目整理工作(同上卷一四)。还有,作为梁武帝诗作的
对手,在公宴席上担当首座的,也主要就是沈约。② 在那里,或是针对天
子的诗来作和诗③,或是让沈约向在座的人分别赋韵而作诗④。在作诗

---

① 译者注:原书此处作"异",据《梁书》改。
②《梁书》卷三三《刘孝绰传》记云:"高祖雅好虫篆,时因宴幸,命沈约、任昉等,言志赋诗。"
③《梁书》卷三三《王僧孺传》记云:"是时高祖制春景明志诗五百字,敕在朝之人沈约已下同作。"
④《南史》卷五五《曹景宗传》记云:"景宗振旅凯入,帝于华光殿宴饮连句,令左仆射沈约赋韵。
景宗不得韵,意色不平,启求赋诗……"

之外,还有据说是从齐的文人宰相王俭开始的隶事——亦即列举东 *222*
西——的活动。在这个时候,大家要尽量地给天子面子而加以褒美才是
上策,若一不留神遇到天子不高兴,就会如同刘孝标那样被禁止出入宫
廷。沈约也曾在有从豫州进献上来的直径达一寸半的上好栗子时,而就
有关栗事的多少上和梁武帝一争胜负,直到结果沈约以三事之差而败北
梁武帝才高兴,但是因为沈约退出之后说了"此公护前,不让即羞死"的
话,从而招来麻烦,被问以不敬罪。①

　　之后,晚年的沈约在建康城的东郊即钟山山麓的东田修盖了邸宅。
东田,就是齐朝文惠太子曾经修建过别墅的地方。还有,如果确信《文
选》卷二二《游东田诗》的李善注的话,谢朓也曾在这里拥有庄园。对沈
约来说,这里是一片寄托了很深思念的土地。根据其吟咏东田邸宅的
《郊居赋》(本传),因为其祖父从宋武帝刘裕那里受赐的运巷之邸宅(参
考其自序)荒芜了,所以是"傍穷野,抵荒郊,编霜葵,葺寒茅。构栖噪之
所集,筑町疃之所交"的样子。在那里,东郊的自然景观依旧,树林繁茂,
有小沼,小河流淌,还有着不知多少的耕地。而且,在其阁斋的墙壁上,
有王筠的《草木十咏诗》、刘显的《上朝诗》、何思澄的《游庐山诗》、刘杳的
赞二首等,还有年轻友人的作品,并由当时的书法家之笔写成(《梁书》各
本传)。他在给刘杳的答书中这样写道:"君爱素情多,惠以二赞。辞采
妍富,事义毕举,句韵之间,光影相照,便觉此地,自然十倍。故知丽辞之
益,其事弘多,辄当置之阁上,坐卧嗟览。"这说的是,通过刘杳的赞文,郊
居的自然景观增色了十倍。沈约的文学观不是很有趣味吗? 在郊居宅
里,大概也是和文人们一起作诗,在文学谈论上很热闹的。再有,在天监
八年(509 年)二月十八日,在这里,沈约邀请来僧俗百人,进行了关斋等 *223*
活动(《广弘明集》卷二八《舍身愿疏》)。对这个事情的考察,我们留在下

————————————
① 有关隶事,参见本书第十章《颜师古的〈汉书注〉》第一节 4。

一章。在这里,我想以被时人看作最高杰作的《郊居赋》①为主要素材,来弄清楚沈约晚年的内心世界。

如果根据赋中所吟咏的地方,便坦露了"独往"之情很早以前就是他的愿望。所谓"独往",就是"任自然不复顾世"之意。② 然而持续下来的是并非其本意的官僚生活,所以越到晚年,这样的心情就越强烈。"迹平生之耿介,实有心于独往。思幽人而轸念,望东皋而长想。本忘情于徇物,徒羁绁于天壤。应(应璩)屡叹于牵丝,陆(陆机)兴言于世网。事滔滔而未合,志悁悁而无爽。路将殚而弥峭,情薄暮而逾广。抱寸心其如兰,何斯愿之浩荡。"到这里为止,其逃避现实的志向与官僚生活的交错,已经很清楚了。不过,如今的郊居宅邸里的生活,差不多已经达到了他的夙愿。尽管我们将《郊居赋》的内容压缩成这样,然而如果相信其所说的"仰休老之盛则,请微躯于夕阳,劳蒙司而获谢,犹奉职于春坊。时言归于陋宇,聊暇日以翱翔"的话,天监九年(510年),沈约迎来70岁,他遵照七十致仕之古训,卸下了尚书令的要职,转而为侍中左光禄大夫领太子少傅,其夙愿的实现则是在这以后的事情。③ 而且,其所谓在郊居宅邸而得以实现的生活,就是"栖余志于净国,归余心于道场"的归依佛门者的生活。如果稍微详细地置换一下其所吟咏的内容,就是"每诛空而索有,皆指难以为易,不自已而求足,并尤物以兴累",像这样的存在方式,也就是其认为"亦昔士之所迷,而今余之所避也"而在受到排挤的时候所过的知止知足的生活,又是在万物全都各得其性的地方所过的自得的生活。"惟至人之非己,固物我而兼忘,自中智以下愚,咸得性以为场。"原

___

① 《梁书》卷五〇《文学·刘杳传》中说:"因著《林庭赋》,王僧孺见之叹曰:'《郊居》以后,无复此作。'"

② 在《文选》卷二六的谢灵运《入华子岗是麻源第三谷》的一句中有"且申独往意",在其李善注中是作为司马彪之说而这样说的。

③ 所有的文本都作"劳蒙司而获谢,犹奉职于春坊"。《赋抄笺略》在卷四采录了《郊居赋》,不仅将"蒙司"作"冢司",还作注说:"言帝以冢宰为劳,使解吏部任,而犹优以春坊之秩也。"如果是"冢司",在任昉的《为范尚书让吏部封侯第一表》(《文选》卷三八)中也有"今兹首夏,将亚冢司",李善注也认为是指吏部尚书。可是沈约作为吏部尚书,是在梁王朝建立以前的萧衍为梁王时期的事情。尽管"蒙司"一词不得其解,但姑且做本文那样的理解。

来,他的赋就是这样吟咏起来的。在沈约周围的虫鱼鸟兽草木,全都作为自得的存在而被描绘出来。比如对鱼的描述,就是像"小则戏渚成文,大则喷流扬白。不兴羡于江海,聊相忘于余宅"这样歌颂的。并不是"鱼相忘于江湖"(《庄子·大宗师篇》),而是在郊居宅间"相忘"的。被这种自得的自然所包围了的沈约,当然也是自得着的。"时复托情鱼鸟,归闲蓬荜。旁阙吴娃,前无赵瑟。以斯终老,于焉消日。"不过,他已经停止了自己主张,完全变成了作为自然中的一物而相对化的存在。这样一来,在各自获得各自之物性的同时,就能形成有所调和的世界。在《郊居赋》中表现出的所谓独往者的世界,大致就是这样的内容。

　　然而,如果认为独往是沈约的夙愿,那么这一事实与其"自负高才,昧于荣利,乘时藉势,颇累清谈"(本传)的情况又是怎样的相互关系呢?还有,如果认为其独往之情最初实现的年份是在天监九年(510年),那么同年他也有以左光禄大夫一职为不满,并通过徐勉的介绍而想得到开府仪同三司一职这样的运作。在这个时候,大概就不要问他的道德品性了吧。可是,作为"劳蒙司而获谢,犹奉职于春坊"的朝廷官僚的情形和可能成为独往者的情形,在他那里是怎样做到无矛盾地整合的呢? 这个问题大概还是很值得提出来的。因此,成为问题的,就是沈约的隐者观。 ²²⁵

　　在《宋书·隐逸传序》中,"贤人之隐"与荷蓧老人、巢父、披裘公等所谓的"隐者之隐"被严格地区别开,所强调的就是,前者才是真隐——迹不见于外,道不可知的"隐"。就是说,隐者之隐,只是故意地"与人不同"的"身隐",也就是盘算私利时候的隐。与之不同,贤人之隐——真隐——必须是"晦道"或者"道隐"。"若夫千载寂寥,圣人不出,则大贤自晦,降夷凡品。止于全身远害,非必穴处岩栖。虽藏往得二,邻亚宗极,而举世莫窥,万物不睹。"也就是说,真隐与否,是由把心放在何处来决定的,第三者是不能识别的。在沈约那里的隐,就是这种特别心境的问题。这种隐者观,不只限于《宋书·隐逸传序》,对沈约而言是一贯的。例如,在《谢齐竟陵王教撰高士传启》(《艺文类聚》卷三七《人部·隐逸下》)中,

他将竟陵王叙述为"迹屈岩廊之下,神游江海之上";在《和谢宣城诗》
(《文选》卷三〇)中,他还将王乔和东方朔歌颂为"从宦非宦侣,避世不避
喧"。沈约曾经推荐隐栖在吴兴的余不夫差山的沈麟士做官。沈麟士拒
绝了,并在当时给沈约的书简中说道:"名者实之宾,本所不庶。"(《南史》
卷七六)尽管这就可能成为针对名实不相符的沈约之"隐"的激烈批判,
但是其在享受着朝廷之禄的同时又能做独往者的逻辑,在如上所述的隐
者观上被证实,并保证像他那样无破绽地整合。

226 暂且的结语

可以认为,际会了齐末东昏侯时期之政治不安的沈约,其以萧
衍——梁王朝为媒介而所要实现的,就是依靠士大夫的秩序的恢复。可
是,一旦新王朝被树立起来一看,其当初对于政治的热情,就是只有时而
处在草泽底下的人们才具有的强迫性的东西,此时这种热情也已经如同
褪色了一样。对他而言,朝廷或可以说是化作了保证其作为文人的生
活和"保福禄"的手段。说起萧衍和沈约,确实都是在西邸时期的文
人集团里的人物。接着还有,尽管萧衍有适合被称作文人皇帝的方
面,但是在成了天子的萧衍那里,大概最重要的依然首先是政治的事
情优先。在萧衍和沈约之间时而产生的龃龉,我想在这里也可以找
到一种理由了。

不过,寒门出身的沈约,无论如何也还是崭露了头角,就是因为其所
具有的出色的文学才能,而且应该承认,门阀贵族社会也开始变质为甚
至将这样的个人能力当做人物评价的标准而提出来了。作为沈约个人
的问题就是,文学上的才能,使他从寒门的制约中得以有了自由。可是,
他是否真的创造了只是区别于贵族文化的什么东西呢?要考察这一点,
大概就必须在他讲到期待萧衍恢复依靠士大夫的社会秩序的时候,在他
的脑海里所描绘的士大夫像如何这一关联之下来进行。再有,如果认为

沈约与其说是官僚,而更重要的首先是文人的话,那么有关使他作为文人的思想基调——这在他的社会思想上理应是一贯的,以及与在形成这一基调上被认为成为有力源泉的道、佛思想的交流等问题,则必须重新 *227* 设一章才能搞清楚。

第八章　沈约的思想

前　言

　　唐代韩愈的《原道》，常常被说成是这样一篇文章，即在成为宋学源流之先驱性业绩的同时，又在很早的时期就预告性地明确提出了作为宋代以后中国近世社会之承担者的士大夫所以成为士大夫的根本理念的东西。其中，道佛二教被否定，而极力主张以仁义道德为基础的儒家之道的复兴。"古之教者处其一，今之教者处其三"中所讲的今的时代，也就是儒佛道三教和平共处的时代。这主要是六朝，如果认为作为其余习而包含了直到韩愈的唐代，那么韩愈是否定的，而正是作为要克服的东西，大概无非就是可以当成六朝式的东西的内容。再有，在《上宰相第三书》中，韩愈也这样说道："故士之行道者不得于朝，则山林而已矣。山林者，士之所独善自养，而不忧天下者之所能安也。如有忧天下之心，则不能矣。"在这里，也还是展示出了与六朝人的存在方式不同的、新的士大夫像之很好的素描。六朝人自己主动进入山林的

²³¹事情屡屡出现。至少，在以至如此程度而郑重地来说的情况下，他们大概是觉得有些犹豫和不好意思之感的。往好了说的话是孤高，往坏

了说的话就是连带感的缺失,这就是在六朝人那里的支配性的精神基调。

当了解了这些预备知识之后,那么就生活于宋、齐、梁三代,并担当着梁王朝创业之际的主角,而且最主要的是六朝思想家群当中的一个顶点的沈约(441—513年)而言,本章的目的就是试着剔除沈约的思想上附着的六朝式的东西。尽管都是可以搞清楚的,然而会使人感到,对于被韩愈否定的道佛二教,沈约是以专家的态度来看待,并将它们作为自己思想的养分而多加吸收的。再有,如我在前一章指出的那样,隐逸志向在沈约那里也是很显著的。

一 沈约的社会思想——之一

据记载,齐武帝永明五年(487年)春,作为太子家令兼著作郎的沈约,接受敕命而着手执笔撰写《宋书》,并于翌年的二月汇集完成了《宋书》一百卷。也就是说,今天被算作正史之一的这一著作,在永明时代的末期就已经流行于世了(《梁书》卷三〇《裴子野传》)。如果根据《上宋书表》(《宋书》卷一〇〇《自序》)中所说的,尽管南朝宋王朝史从南朝宋开始就已经由何承天、山谦之、苏宝生、徐爰等各位先行学者不断地撰写着了,但是那些全都首尾不够完备,"且事属当时,多非实录,又立传之方,取舍乖衷,进由时旨,退傍世情,垂之方来,难以取信"。也就是说,得出如此认识的沈约是决心要重新写《宋书》的。虽然说南朝宋王朝已经灭亡了,但是在南朝宋王朝的运转圆周完全闭合之后尚未满十年的时期就打算执笔写《宋书》的话,那么沈约作为执笔的基本态度而表明的中立立场,到底被贯彻到什么地步呢?有关于此,大概还是不能不当做疑问的。因为就是写自己经历了近三十年,并且呼吸着当时的空气而走过来的那个王朝的通史,所以在记录与他有关的人们的父祖的事情,或是与他直接有关系的人们的事情上,其难度,沈约当然是深有感触的。大概既要

232

有所避讳,又要有所曲笔。结果唐代刘知几的《史通》说到"隐侯①(沈约)《宋书》多妄"(《曲笔篇》),说到"沈约之多诈"(《疑古篇》),或者还说到"沈氏著书,好诬先代,……在宋则多出谤言,前史所载,已讥其谬矣"(《采撰篇》)而予以批评。在前一章我们已经论述过的,他写了对裴氏的诽谤的这一话柄,大概可以作为其之所以受到如此评论的一个证据。虽然说对裴氏的诽谤的部分是由沈约亲手删削的,但是如果稍微仔细地阅读一下《宋书》,就《史通》中的意见来说,我们当然还能发现很多可以认同的地方。比如作为其中的一二处,还可以举出诸如把宋孝武帝的政治比拟为桀纣暴政(卷六《孝武纪论》),或者是对为了孝武帝而写下讨伐元凶刘劭檄文的颜竣谩骂不止(卷七三《颜延之传论》)等。然而在这里不能不使人想起来的是,因为沈约的父亲沈璞支持的不是孝武帝,而是刘劭,所以才被颜竣残酷地杀害了(参考前一章)。特别是关于颜竣,因为他作为孝武帝的心腹而很活跃,所以就其父颜延之被刘劭严厉叱责的事实,沈约这样评论到,在对主君的忠和对父母的孝不能两全的时候,当顺应其情势而决定选择哪一方为宜。然而如颜竣那样的,则断不能说是忠。"夫自忍其亲,必将忍人之亲"(《颜延之传论》),我们应该看到,在这一句话当中包含着沈约对其很深的怨恨。

再有,沈约在是否为作为宋明帝的顾命大臣之一,在宋齐革命时抵抗到最后的袁粲立传的问题上很迷惑,因此向齐武帝询问时,所得到的赐言说:"袁粲自是宋家忠臣。"这样,在我们今天看到的《宋书》中才有了《袁粲传》。然而,在其《史臣论》中如下所记则很值得注意。"朝野之望虽隆,然未以大节许也。"(卷八九)在这句话当中,还是可以看到其对现王朝,也就是南齐王朝的媚态。进而还有,因为他写到了很多有关宋孝武帝、宋明帝的丑闻,反而受到齐武帝的责怪而申斥他说:"孝武事迹不容顿尔。我昔经事宋明帝,卿可思讳恶之义(《左传·僖公元年》)。"(《南

---

① 译者注:此处本书原文作"隐公",据《史通》原文改。

齐书》卷五二《文学·王智深传》)不能不认为,尽管《宋书》是像这样地表明了沈约的态度,且只是有程度上的差别,但是仍然难免担负着等于写同时代史的宿命。这大概就是尤其在作为科学而确立以前的历史编纂者很容易掉进的陷阱。

如以上那样有关《宋书》的形成而带有秘闻意味的事情就是如此,然而作为笔者,我想从《宋书》对于沈约来说是活生生的同时代史的方面看到其首要价值。尽管《宋书》的确是断代史,但是并不是伴随着宋王朝的灭亡甚至连社会的体制也完全改变了,毋宁说还是同样的体制仍然持续着,这样的感觉才正是沈约自己的东西。而且我想,沈约认为,宋王朝59年间的历史,按照他的话更准确地来说,也就是由刘裕打倒桓玄的政变成功,并伴随着东晋的安帝回到建康的"始自义熙之肇号(405年)",而"终乎昇明三年(479年)"(《上宋书表》)的74年间的历史,是在直到《宋书》执笔的时间点之前而连续着的更大的历史流变中的一部分,这种意识也仍然是他自己的东西。[234]对于这样地来考虑的他来说,问题大概就是认为与宋王朝同样性质的社会在何时产生,还有区分它与它以前的社会的指标在何处可以找到。

着眼于儒教的兴废和与之伴随着的选举法——即官吏选用法——的不同而区分为汉和魏以后(卷五五《臧焘等传论》),或者是区分为布衣的意见被反映在政治上的汉魏和已经变得不是如此的晋以后(卷八二《周朗等传论》),或者还有区分为对士来说以忠孝为俗——即社会性思潮——的汉代和到了这一思潮被膏腴——即贵族——所轻视的晋宋以后(卷九一《孝义传论》)等等,尽管使人看到有些相互交错,但是作为结论,认为汉代是属于与自己时代不同性质的社会,沈约的这一认识似乎是不可动摇的。而且,更加尖锐地抓住两者的异质性的认识,大概就是在卷九四《恩幸传序》(又见于《文选》卷五〇)中的话语:"周汉之道,以智役愚,台隶(职分)参差,用成等级;魏晋以来,以贵役贱,士庶之科,较然有辨。"这也就是说,从汉向魏晋的转变,不外乎是从智愚的社会向贵贱的社会的转变。而且可以看到,这种看法也是同样地贯穿在我刚才举出的史论中的。汉代的选举法与魏晋以后的选举法的不同,归根到底就在于这样的不同,是作为乡举里选之精神的"选贤于野"呢?还是由于选举权归属于台阁一人,所以不能判定多数的有志愿当官僚者的资格,于是而"求士于朝"呢?再有,正因为汉代是根据智愚来区分人之不同的社会,所以即使是一介布衣的意见,只要是出色的就可以被采用;而且,正是因为判定人的标准被放在智愚这一各个人之不同的属性上,所以才是"汉世士务治身,故忠孝成俗"①的。

那么,在把从汉向魏晋的转变当做是从智愚的社会向贵贱的社会转变来把握的《恩幸传序》当中,更展开着如下的议论。贵贱的社会原来是渊源于九品官人(中正)法的实施。这是因为,由于中正被尊重世族的当时潮流所推动来品定人物,所以随着时代的变迁,衣冠之族全都变成了门第二品(可以荣升到二品官的门第),而其以下的人们都变成了卑庶。可是,到了宋孝武帝的孝建时期以及宋明帝的泰始时期,开始试图进行相应的君主权的强化,由衣冠之族所构成的官僚机构就被架空,卑庶出身的所谓恩幸作为天子的耳目而开始被起用。因此,变得在假借天子虎威的恩幸那里集中了巨大的权力,这也成为宋王朝崩溃的一个主要的因素。"且(汉代)任子居朝,咸有职业。(像金日磾和张安世那样地)虽七叶珥貂(带着侍中之冠),见崇西汉,而侍中身奉奏事,又分掌御服。东方朔为黄门侍郎,执戟殿下。郡县掾史,并出豪家,负戈宿卫,皆由势族,非若晚代,分为二途者也。"像这样所讲的,就是针对后世的贵族忽视了自己作为官僚的任务的情况而提出教训的;尽管如此,取代他们而担当职务的恩幸们,被一并归入到"违道小人"的范畴而没有给予一点好的评价。也并不只是《恩幸传

① 译者注:此句见于《宋书》卷九一《孝义》的"史臣曰"。

序》如此体现的。

　　再让我们来看一下有关宋王朝接近结束的元徽二年（474 年）在寻阳举兵攻打首都的桂阳王刘休范的史臣论。"语有之，投鼠而忌器，信矣。阮佃夫、王道隆专用主命，臣行君道，识义之徒，咸思戮以马剑。休范驰兵象魏，矢及君屋，忠臣义士，莫不衔胆争先。夫以邪附君（但不只是说以邪附君者），犹或自免……"（卷七九）。阮佃夫和王道隆，都是《恩幸传》中的人物。还有在卷五七《蔡兴宗传》中，除了记载了这个王道隆访问蔡兴宗的时候因忌惮落座而悻悻离开的故事，进而还附记了受到宋文帝厚爱的秋当和王弘，在他们与身为贵人的王昙首和王球之间，也有同样类似的事情，而且讲到："五十年中有此三事"。蔡兴宗是沈约曾经在其门下作过门客的人物（参考前一章），然而把原来的主人当做是对恩幸者以严肃的态度来接待的人物而加以描述，更在其传记中特意附加上同类的事实，在这方面，大概应该能够看到沈约的史家笔法了。

　　那么，关于作为恩幸者的供给层的卑庶乃至寒人，又是怎样认识的呢？我们先就有关卷七七《颜师伯传》的"史臣论"，来看一下沈约的认识之一端。"师伯藉宠代臣，势震朝野，倾意厮台（贱人），情以货结，自选部至于局曹，莫不从风而靡。曲徇私请，因停诏敕，天震赫怒，仆者相望，师伯任用无改，而王（昙生）、谢（庄）免职。君子谓是举也，岂徒失政刑而已哉！"这是根据如下事实而做的评论。也就是，孝武帝时期的尚书右仆射颜师伯，采用寒人张奇为公车令，天子认定张奇资格不适合而决定让其兼任市卖丞，代之以蔡道惠任公车令。可是由于体会到颜师伯之意的令史们搁置了这一敕命，结果吏部尚书王昙生和谢庄被追问责任而被解任。[①] 所以被说成是"游其门者，爵位莫不逾分。多纳货贿，家产丰积"。而且从其所评论的"倾意厮台，情以货

――――――――――――
① 当时，作为特例而并列设置了两名吏部尚书。

237 结"的话来判断,沈约大概是断罪在颜师伯与像张奇这样富裕的寒人相勾结这一点的。

出现在《宋书》中的恩幸或是寒人,大体就是被当做并非有什么价值,而始终是反价值的存在来对待的。在确认了这一情况的基础上,我想再转到考察在《宋书》的写作持续进行的时期与上述事情有关的问题上来。

二 沈约的社会思想——之二

首先,作为值得注意的文章,就有沈约写于永明八年(490 年)的《奏弹王源》(《文选》卷四〇)。这篇文章是针对东海的王源将女儿嫁给吴郡满璋之的儿子、吴郡正阁主簿满鸾,并以其聘礼五万钱的大部分来纳妾的事情,并从御史中丞的职掌上来加以弹劾。如果说为什么要弹劾,因为这就是所谓的卖婚。也就是说,依照弹劾文,与王源是自曾祖父以来官历就很清楚的名门不同,满璋之方面在媒人刘嗣之的陈述中所说的"高平旧族",完全是假的,实际是"士庶难辨"的族姓。这样,"穷尽"的贵族王家,将女儿卖给"家计温足"的满家的这一情况,就是由御史中丞沈约弄清了的事情真相,因而他主张不仅要将王源免官,还应该处以禁锢(剥夺任官权)终身。然而,士庶之间的卖婚好像不只是这一例。沈约即说道:"自宋氏失御,礼教凋衰,衣冠之族,日失其

238 序。姻娅沦杂,罔计厮庶,贩鬻祖曾,以为贾道,明目腆颜,曾无愧畏。"在这里值得注意,他也还是极力主张辨别士庶,而且专门从衣冠之族的立场发言的。

最为鲜明地体现出像沈约这样辨别士庶的意识的,大概就是他在梁王朝之下要求户籍再检查的上奏文(《通典》卷三《食货典》三《乡党》、《南史》卷五九《王僧孺传》)。因为其职名为尚书令,所以应该是他在天监六年(507 年)到九年(510 年)之间写成的。按照沈约所言,自宋元嘉二十

七年(450年)出于针对北魏的军事防卫而实施的所谓"七条征发"①以来,为了逃避征发的户籍伪滥之事持续发生,其余波一直延及到了南齐。在南齐朝廷,尽管将尚书郎和尚书令史安排在东堂"校籍",也就是使其担任户籍的核对,可是富裕的庶民通过行使至多一万余钱的贿赂,似乎就能将记录在户籍上的父祖的官位适当地作假,以获得士的身份。②　于是在上级官厅那里就将发现有伪滥的户籍退回到下级官厅(却籍),但是由于调查的不彻底和不公平而遭到民众的激烈抵抗,所以连可能是伪滥的记录也容许恢复其原样(复籍)了。这样就别说是达到原本所期望的目的了,反而是"宋齐二代,士庶不分,杂役减阙,职由于此"。沈约说,现在,在尚书上省的籍库当中,虽然只是备有宋元嘉时期以后的户籍,但是由于上述的理由,那是不太可信的。然而在尚书下省左民曹那里,晋咸和三年(328年)以后的晋籍和宋武帝、少帝时期的永初、景平籍就被原样地放置着。随着其中的永初、景平籍很快地移管到上省,晋籍也就必须认真保管。把先祖作假成为衣冠之族的人,如果对照晋籍乃至永初、景平籍而加以调查的话,其虚假大概也就会立刻暴露。再有,在籍库当中令史是自由地检籍的,但是不应该如同令史而委"群细"以这样的重任。③今后必须强化由当职的尚书郎和都令史的监视。还有任用在流品上清楚的史传学士为左民郎,在与左民尚书协作的基础上,使之将"卑姓之杂谱"校对成晋籍以及永初、景平籍,发现谱牒的虚假之后就进行处罚。沈

----

① 有关"七条征发",参见增村宏《黄白籍的新研究》(《东洋史研究》2卷4号)。

② 在原文中有"凡粗有衣食者,莫不互相因依,竞行奸货,落除卑注,更书新籍,通官荣爵,随意高下,以新换故,不过用一万许钱。"一万钱在当时有着怎样程度的价值呢? 如果知道谷价的话则最好了,但是由于记录在史书上的谷价,往往是饥馑丧乱等非常时期的价格,以至于我想参考永明六年(488年)左右进行的有关山阴县的资产评价报告来列举如下:"山阴一县,课户二万,其民赀不满三千者,殆将居半,刻又刻之,犹且三分余一。凡有赀者,多是士人复除。其贫极者,悉皆露户役民。"(《南齐书》卷四六《顾宪之传》)由此来推算的话,大概就容易判明,对一般的庶民来说,一万钱不是轻而易举的金额。

③ 令史是庶民就任的代表性官职。参见宫崎市定《九品官人法的研究》(东洋研究会,1956年)第261页以下。

约的上奏文之梗概,就是这样的。①

以徭役负担者减少为结果的户籍伪滥,是南朝各王朝为政者们很头痛的问题。尽管反复实行严厉的揭发,但是户籍伪滥并没有绝迹。甚至在永明四年(486年)发生了唐寓之组织对"却籍"不满的民众三万人在浙江地方举兵的事件。虽然此叛乱经过数月被镇压了,但是意志昂扬的民众高呼着要获得士的身份的要求并没有就此停止。在永明八年(490年),官府突然决定让户籍伪滥者到淮水地带谪戍,可是遍地都是民众的怨嗟之声,官方因此不得不将态度软化为在把谪戍者传呼回来的同时,有关宋升明以前的户籍记录一概附之不问(《南齐书》卷三四《虞玩之传》)。沈约游于竟陵王萧子良的西邸沙龙,正好就是这一时期。而且在之后他作为太守而赴任的东阳(浙江省金华县),唐寓之叛乱军过后的痕迹,还依然乱糟糟地残留着。②

伴随着庶民阶级抬头的士庶混乱,也照样地被从南齐带到了梁王朝。在502年2月的梁公——即位之前的梁武帝——的上表中,也曾指出"谱牒之讹误"(《梁书》卷一《武帝纪上》)。沈约的上表,就是在这样的历史流变中,在庶始终封闭于庶的阶级这一基础上,而以士身份的再确认为意图,这是很明确的。沈约寄希望于萧衍——梁王朝的,或者还有寄希望于先前的齐竟陵王萧子良的,就是前一章所论述的恢复依靠士大夫的政治、社会秩序,可以说,这在上面所见的上表中,是以更尖锐的形式表示出来的。就是必须通过辨别士庶而由被认定

---

① 杜牧的《樊川文集》卷八《唐故处州刺史李君墓志铭并序》中有的"……出为池州刺史,始至,创造籍簿,民被徭役者,科品高下,鳞次比比,一在我手,至当役之,其未及者,吏不得弄,景业(李方玄)尝叹曰:'沈约身年八十,手写簿书,盖为此也'",其大概就是从这个上奏而导出的后世对沈约的印象。可是,实际的沈约,即如我们前一章所考察的那样,未必是那种能吏型的人物。或者也许在李方玄那里是与宋的傅隆有所混同,因为在南齐虞玩之的上表中就有如下的说法:"宋元嘉二十七年,八条取人,孝建元年书籍,众巧之所始也。元嘉中,故光禄大夫傅隆,年出七十,犹手自书籍,躬加隐校。"(《南齐书》卷三四)
② 《南齐书》卷四四《沈文季传》中记载唐寓之的活动说道:"分遣其党高道度,徐寇东阳,东阳太守萧崇之、长山令刘国重拒战见害。……贼遂据郡。"

为士的人来担当政治,因此也就必须主张把庶民出身的恩幸从政治的世 *240*
界排斥出去。

　　如果是这样的话,那么在沈约的头脑中所描绘的士的印象,大概就
是在以出身为存在原则的门阀贵族那里,其性质立即被原封不动地置换
了。的确,他说道:"不识胄胤,非谓衣冠。"(《通典》中前引的上表)而且
他主张,在对沉积了百年之垢的晋籍乃至宋初籍做校对工作的基础上,
还应该进行身份调查。同时,也还应该想到要严厉地纠弹贩卖血统的衣
冠之族。由此可知,他认为衣冠之族不能再只是夸耀其门第了。那么,
作为衣冠之族而为衣冠之族的要件,除了门第之外,还必须具有的东西
又是什么呢? 如果说那就是衣冠之族所具有的传统性的文化上的威望,
大概也是可以的。在后辈者当中沈约最为赏识其才能的王筠①,就属于
名门中的名门琅玡王氏。其在《与诸儿书》(《梁书》卷三三)中这样写到:
"史传称安平崔氏及汝南应氏,并累世有文才,所以范蔚宗(范晔)《后汉
书》云崔氏'世擅雕龙'——世代为文学之王者。然不过父子两三世耳,
非有七叶之中,名德重光,爵位相继,人人有集,如吾门世者也。沈少傅
约语人云:'吾少好百家之言,身为四代之史②,自开辟已来,未有爵位蝉
联,文才相继,如王氏之盛者也。'汝等仰观堂构,思各努力。"为沈约所承
认的贵族的要件,就是在"爵位蝉联"的同时,或者还要加上"文才相继",
亦即存在于作为文化传统的保持者这一点上。这并不是仅为沈约一个
人所承认的贵族的要件。在并非别人,而正是相当于王筠之祖父的王僧 *241*
虔的《诫子书》(《南齐书》卷三三)当中,就曾详详细细说到:应该从专门
以"荫"为依靠而活着的门阀贵族的存在方式中脱离出来,各自努力读

---

① 在《梁书》卷三三《王筠传》中,记有"尚书令沈约,当世辞宗,每见筠文,咨嗟吟咏,以为不逮
　也。尝谓筠:'昔蔡伯喈(蔡邕)见王仲宣(王粲)称曰:"王公之孙也,吾家书籍,悉当相与。"仆
　虽不敏,请附斯言。自谢朓诸贤零落已后,平生意好,殆将都绝,不谓疲暮,复逢于君。'"即使
　对梁武帝,也是称赞说:"晚来名家,唯见王筠独步。"在沈约的郊居宅的阁斋壁上写有王筠的
　《草木十咏》诗,还有《郊居赋》的草稿也是首先出示给王筠看的。
② 所谓四代的历史,是指《晋书》、《宋书》、《齐纪》、《梁高祖纪》。

书,靠自己的双脚来走路。在从门阀贵族的口中明确地提出一个自我变革的方向这一点上,应该说这是一篇划时代性的文章。①

总之,可以认为,沈约所抱有的所谓贵族像,就是在基于门第的同时并拥有出色的文化传统的阶层。在卑庶当中,如今也存在着拥有了凌驾于衣冠之族以上程度之财力的人,这一情况,沈约也是认识到了的。比如有用一万钱行使贿赂的人,还有赚五万钱于聘财的人。可是,财力和文化是无关系的。而且在沈约看来,卑庶的财力为了不正义而使用的事情是屡见不鲜。如恩幸"挟朋树党,政以贿成,……南金北毳,来悉方艚,素缣丹魄,至皆兼两"(《宋书·恩幸传序》)而且还有,恩幸正是"恩以幸生",所以才被叫做恩幸的(同上),不过就是天子的"近习"而已。也就是说,不走正途的他们,却获得了在原初意义上的士——官僚——的资格。再有,无论是否已经上升到了沈约的意识当中,作为事实而必须指出来的大概就是,理应是庶民之代表者的恩幸,一旦掌握了权力,就已经不是作为庶民之同伙而行动的了。例如,原本作为梁武帝政权之打倒对象的南齐东昏侯时期的"亲幸小人",不仅他们对庶民的横暴被活生生地记录在《南史·东昏侯纪》当中,而且还有在评论唐寓之叛乱时所说的"其源始于虞玩之,而成于(吕)文度"(《南史》卷七七《恩幸·茹法亮传》),即因为恩幸吕文度进言主张把却籍者谪戍边远地方,而唐寓之就纠集起了对此不满的庶民。重视吏事的齐武帝,曾经评论作为《恩幸传》中的人物刘系宗说:"学士辈不堪经国,唯大读书耳。经国,一刘系宗足矣。沈约、王融数百人,于事何用?"(《南史》卷七七)②"学士辈唯大读书耳",即使认为这一评语是沈约特别甘愿接受的,但是他们在南齐的政局当中,是由于恩幸的侵入而被排挤了,这大概应该是确凿的事实。而且,这种政治性排挤的情况在东昏侯时代是以更大的规模、更加粗暴的形式

242

---

① 参见安田二郎《关于晋安王子勋的叛乱——南朝门阀贵族体制与豪族土豪》(《东洋史研究》
25 卷 4 号),同氏《王僧虔〈诫子书〉考》(《东北大学日本文化研究所研究报告》17 辑)。
② 在《南齐书》卷五六《幸臣传》中,不是作为武帝而是作为明帝的话语。

表现出来的。大概正因为是以这种受排挤的体验为动力，从而把从排挤中解放出来和恢复依靠士大夫的政治都寄希望于梁王朝，才会有那样尖锐的辨别士庶的意识表露出来。然而在这里，我想再次强调的一点就是，对沈约来说，所谓的士，已经不是仅以门第为夸耀的贵族了，而必须是在拥有门第的同时又是文化的保持者。他这样考虑，大概是与这样一种意识微妙地交错着的，也就是想为如同我们在前一章所确认的，原来作为吴姓而且是将门，亦即属于寒门的吴兴沈氏出身的自己的立场进行辩护。

三 沈约的精神生活诸相——特别是其宗教生活

沈约所抱有的贵族像，如果认为是在具有门第的同时又作为文化的保持者而被描绘出来的话，那么他所看作文化的东西的内容和性质，大概是应该重新弄清楚的。

文人沈约的本领就在于文学，我认为这是不用赘言的了。在注意看一下仅限于《隋书·经籍志》所著录的他的大量著述的时候，就可知那些不只是横跨经史子集的全部范围，而且极尽包括了被认为是说明六朝人的教养之全部内容的玄儒文史等各种学问。[1] 他还是当时有数的藏书家之一，确实拥有不愧于"少好百家之言"这一自负的藏书量。

243

沈约这种精神上的大同主义，在一看或是不可理解的事情上，亦即在有关他的宗教生活方面也是可以指出来的。如果根据其本传(《梁书》卷一三)的记载，在临终的床上，沈约梦见了齐和帝站在枕边要割取他的

---

[1] 在《隋志》著录的冠以沈约之名的著作即如下：《谥法十卷》(经部《论语》类)、《四声一卷》(同上小学类)、《晋书一百一十一卷》(史部正史类)、《宋书一百卷》(同上)、《齐纪二十卷》(同上)、《新定官品二十卷》(同上职官类)、《宋世文章志二卷》(同上簿录类)、《俗说三卷》(子部杂家类)、《杂说二卷》(同上)、《袖中记二卷》(同上)、《袖中略集二卷》(同上)、《珠丛一卷》(同上)、《子钞十五卷》(同上)、《文集一百一卷》(集部别集类)、《集钞十卷》(同上总集类)、《梁武连珠一卷注》(同上)。

259

舌头。由于巫师对他所说的话也与其所梦一样,所以他就请来道士对天奏赤章,忏悔齐梁的禅让革命并不是自己发议论所招致的。然而,杀掉齐和帝的提起人,其实被认为就是沈约(参考前一章)。不过,在收于《广弘明集》卷三〇的其临终的《遗表》当中,他期待着梁武帝成为佛教更有力的外在保护者。[①] 在眼前面临严酷的死亡,而与道佛两教同等相关着的这一精神存在的状态是令人印象极其深刻的。其实沈约曾与道佛两教都有着很深的交往,在宗教生活上的这种二元性态度,不管多么不可理解地映现在我们的眼里,而这在沈约本人那里是被接受而丝毫没有被当做矛盾的。我认为,正是在需要弄清楚这一点的地方,隐藏着解释沈约或者说是广泛的六朝人普遍的精神生活之存在样式的关键,因此首先就是沈约与道佛两教有着怎样的交往。让我们从其具体事实来开始追踪吧。

沈约的高祖父沈警和曾祖父沈穆夫是天师道道教的信奉者,因此以至于支持东晋末的孙恩叛乱,其经过即如拙著《刘裕》第 235 页以下所讲述的那样。所以可以推测,沈氏一家原来就是道教徒。沈僧昭别名法朗,与沈约的亲族关系稍远,也是在年少时就信事于天师道的道士(《南史》卷三七)。之后就是沈约了,他在齐永明十年(492 年),与会稽的孔稚珪、吴郡的陆澄、会稽的虞惊、吴郡的张融等,一同向朝廷推举了隐居于浙江太平山的居士杜京产(《南齐书》卷五四《高逸传》)。杜京产是沈约的高曾祖们所师事的杜子恭的玄孙,"世传五斗米道"。而且据《真诰》卷一九《叙录》记载说,紫虚元君上真司命南岳魏夫人,也就是魏华存,在下降到杨羲跟前的时候口授笔录《上清真经》,因为承传此书的许黄民在杜京产的父亲杜道鞠那里死了,所以在杜家保留了"经传及杂书十数卷"。这样一来,在道士杜京产和沈约之间,一定是平常就有所往来的。沈约对道教倾倒的样子,即如前一章我们指出过的那样,显著地体现在南齐末他前往天台桐柏山的金庭馆而作为道士们的教头一同起居的事情上,

①"仰惟深入法门,厉兹苦节,内矜外恕,寔本人情,伏愿圣心,重加推广。"(T52,356a～b)

乃至我所推测的其在那里过着自己作为道士的生活的事情上。然而他所仰慕的道教之师，首先就是南齐的兴世馆主孙游岳。① 而且，最给他以决定性影响的，就是作为孙游岳的入室弟子，并成为茅山派道教之集大成者的陶弘景。沈约在赴任东阳太守之际，就通过书信想邀请陶弘景到当地去(《梁书》卷五一《处士传》)。尽管这一邀请被拒绝了，然而历经再三的书简和诗的赠答，则使人想到他们二人之间交情的深厚程度。之后，如果认为齐梁革命表面上的中心人物是沈约的话，那么就可以认为，通过图谶来祝福梁朝兴起的陶弘景是暗地里的核心人物。能够得到梁武帝的深厚信赖，也在于二人共同的立场。②

接着来看，其有关佛教又是怎样的呢？尽管早在宋元徽三年(475年)沈约就已经有了为追思蔡兴宗的遗德而写的《栖禅精舍铭》(《广弘明集》卷一六，参考前一章)，但是使得沈约与众多沙门有所交往，并就有关佛理而积累了很深钻研的情况，大概可以认为开始于其出入于齐朝的文惠太子以及竟陵王的沙龙的时代。此二人是热心的崇佛家，这是有名的事实。在那里被邀请来的佛僧当中，可数的有，玄畅、僧柔、慧次、慧基、法安、法度、宝志、法献、僧祐、智称、道禅、法护、法宠、僧旻、智藏等。据说有这样的事情，一日，文惠太子将道士孟景翼召至玄圃园。当时恰好众僧正在参会，竟陵王命孟景翼应该对佛做礼拜而孟景翼没有同意，接着在竟陵王送了《十地经》的时候，孟景翼则作《正一论》来作答(《南齐书》卷五四《高逸·顾欢传》)。还有更著名的事情就是，作为竟陵王的谈客之一的范缜发表《神灭论》也是这个时候的事。在这样的环境当中，究竟所谓佛教是什么，所谓道教是什么，或者还有儒教，而且这三者又是怎样的相互关系，大概沈约是被给予了面对这样的省察的刺激吧。至少有

245

---

① 《茅山志》卷一〇(《道藏》第154册)中说道："八代宗师紫薇仙卿兴世明德先生，姓孙，讳游岳，字颖达，东阳人，……未几简寂(陆修静)化，诏先生主兴世馆为嗣宗师，一时名士沈约、陆景真、陈宝识等咸学焉。"
② 参见宫川尚志《六朝史研究——宗教篇》(平乐寺书店，1964年)，第144页；以及麦谷邦夫《陶弘景年谱考略(上)(下)》(《东方宗教》47、48号)。

着与被文惠太子和竟陵王所邀请来的沙门们交往的情况,这大概是无疑的。玄畅是在建武初年,还有玄畅的道友法献是在建武末年,二人去世之后,就被决定一起葬于钟山的南侧,法献的弟子僧祐在墓侧立了碑,其碑文由沈约执笔写成(《高僧传》卷一三《法献传》,T50,411c)。还有,受到文惠太子和竟陵王仰慕风德的僧敬尼的碑文,也是沈约执笔撰写的(《比丘尼传》卷三,T50,942b)。而且他与慧约(《续高僧传》卷六,T50,468b~470a)也是相知。尽管没有慧约出入于文惠太子和竟陵王之沙龙的明证,但是其与竟陵王之间,则是竟陵王在宋末为会稽太守时期以来的知己关系。当时住在剡县(浙江省嵊县)梵居寺的慧约,与那里的剡县令周颙也是相知,后来周颙在钟山雷次宗的旧馆建了草堂寺,一名山茨精舍,他就被请去作了那里的寺主。沈约则是在被一生过素食生活的周颙邀请时照样也招待以各种素食那种程度的亲密朋友(《广弘明集》卷二八《与约法师书》,T52,326b)。大概是通过周颙介绍,沈约与慧约的交往更为加深了。周颙死后①,慧约依然留在草堂寺,隆昌元年(494 年)沈约一出任东阳太守二人就一同到了当地的情况在前一章我们已经讲述了。之后,在沈约回到国都的同时,慧约也回到了草堂寺,甚至直到沈约去世,二人之间始终保持着温馨的友情。沈约在设千僧会的时候,据说每百僧分为十次,"草堂约法师于所住山寺为营,八集其一,仰凭上定林寺祐法主"(《广弘明集》卷二八《千僧会愿文》,T52,324b)。所谓祐法主,大概就是指僧祐吧。我还想指出的是,慧约在沈约去世的前一年,也就是天监十一年(512 年)以后,屡屡被引见到宫中,梁武帝从他那里接受菩萨戒,在这里他就是通于涅槃学的慧静的弟子,之后"留心方等(大乘),研精九部",而且进行"却粒",也就是辟谷,从而成为三十余年间靠只吃松术过活的具有了道士般风貌的沙门。而且其与陶弘景有所交往,从陶弘

① 中岛隆藏《周颙的思想——特别对其佛教的理解》(《加贺博士退官纪念中国文史哲学论集》,讲谈社,1979 年),在其第 187 页注释②中,把周颙之死推定为永明八年(490 年)正月二十三日以后的事情。

景存有对慧约应和的诗的情况就可以知道(《全梁诗》卷一一《和约法师临友人》)。

梁武帝即位后,就把范缜的《神灭论》当做新问题而提了出来。当时体会到皇帝的意思而针对《神灭论》写反驳文章的,就是光宅寺的法云。光宅寺在原来的丹阳郡秣陵县,就是建康南部的梁武帝的故宅①,说来法云也是梁室的家僧。法云写出反驳文章之后,广泛征询朝贵们的意见,对此,沈约无疑是明确地站在神不灭的立场的(《弘明集》卷一〇,T52,60c)。此时,已经成为居士的沈约的名声绝对是很大的。当梁武帝命虞阐、到溉、周舍等编纂了有关佛教的百科全书《佛记》三十篇,但是对虞阐的序不满意时,就特意让沈约作了改写(《广弘明集》卷一五《佛记序》,T52,200c~201b)。天监三年(504年)四月八日,梁武帝发布了诏书,发誓放弃自己以前的道教信仰而专念于佛教,同时又向门下省下了一道敕令,也对公卿百官侯王宗族加以劝奖(同上书卷四,T52,111c~112c)。使人感到,在梁代的沈约,比起道教来其心思似乎还是更倾向于佛教方面的,这或许就是因为上面皇帝推戴的缘故。在天监八年(509年)沈约的《舍身愿疏》中,我们所看到的"开以八支,导彼清信"(T52,323c)中的"清信"一词,如果认为是他意识到在上面提到的敕文中梁武帝的定义即"若事佛心强,老子心弱者,乃是清信",那么这也就更不用赘言了。可是,梁武帝并非特别地全面排除道教。② 在沈约那里也是这样,虽说道教作为其生活背景多少正在后退,尽管如此他也并不是变成了从道教完全转向佛教的,这个情况,我想读者从上面的叙述中就能够理解了。其在临终前把道士请到自己的枕边一事,本质上并非是他在天子面前假装专一于佛教,而到了自己临终之际便露出了马脚。毋宁说,向着道佛两教的志向是贯穿于沈约一生的东西,大概这才是准确的认识。正因为如此,再有的情

①参见沈约《光宅寺刹下铭并序》(《广弘明集》卷一六,T52,212c)。
②参见陈国符《道藏源流考》(中华书局,1963年)附录二《道藏札记》的《梁武帝奉道》。

况就只是其关于人的灵魂的宗教性问题了。对沈约来说,所谓佛教是什么？ 所谓道教是什么？ 这些问题也就变得使人更加想要追问了。

　　清楚地记录有关道佛关系的文章,在沈约那里是没有的。还有他想从道教中发挥出什么的情况,也不像其关于佛教方面那样的明确。不过,在《神不灭论》(《广弘明集》卷二二)中,他在论述了可以通过摄生而养形(肉体的磨炼)的情况之后,又说道:"养形可至不朽,养神安得有穷。"(T52,253c)这一文章的重点,当然是放在论述佛教中的神不灭不穷上面的,然而在以可以养形作为自明的前提来推进议论这一点上,大概是我们应该注意的。极其脆弱的人的生命,最能够作为佐证的就是死。对于这个问题,沈约的心是敏感的。正如我们所看到的,在他注释阮籍《咏怀诗》被原诗触发而问题涉及于此时,他的感情热度特别高涨。例如对那一句"丘墓蔽山冈,万代同一时",他在注释的时候说道:"自我以前,祖谢者非一,虽或税驾参差,同为今日之一丘,夫岂异哉！ 故云万代同一时也。……"(《文选》卷二三)人死之后归于土,这是谁都难免的命运。但是在对这一问题的觉醒深度上来比较的话,反倒是依靠道教的养形之永生被他认真考虑了。"三清未可觊,一气且空存,所愿迴光景,拯难拔危魂,若蒙丸丹赠,岂惧六龙奔。"(《酬华阳陶先生诗》)他当然并不愿意稀里糊涂地拖延生命。应该"一举凌倒景,无事适华嵩"(《游沈道士馆诗》),或是"渴就华池饮,饥向朝霞食"(《赤松涧诗》)[①],即必须谋求肉体的改造。[②] 总之,对沈约来说,形——肉体——的不朽,应该是和神——精神——的不穷同时来希求的。而且,不朽的形,与他的佛教信仰也不是相抵触的。"得忘已于兹日,岂期心于来报。"(《郊居赋》)真正可以依靠的,就只是在这个世上所享有的生命。

　　在考察了沈约的道佛论之后,进一步给我们一个启示的,大概就是

---

① 译者注:以上三首诗均见于四库全书本《汉魏六朝百三家集》卷八八《沈约集》。
② 但是仅根据现存的文献,除去采药,要指出沈约的具体的道术是很困难的。

他受齐竟陵王之命而写的《内典序》(《广弘明集》卷一九)。"虽篆籀异文,胡华殊则,至于叶畅心灵,抑扬训义,固亦内外同规,人神一揆。(三)坟、(五)典、(九)丘、(八)索域中之史策,本起、下生方外之纪传。统而为言未始或异也。……且中外群圣(把自己的语言)咸载训典。虽教有殊门,而理无异趣。故真俗两书递相扶奖,孔发其端,释穷其致。"(T52,232a)尽管在这里所说的是儒佛的一致,但是如果说到"协畅心灵,抑扬 *249*训义",或是"中外群圣咸载训典",那么其中也包含道家的书,这大概是没有什么问题的。所以根据沈约的话,大概在大部分以博览综合为主义的六朝人当中,正是普遍地探究"递相扶奖"的真俗两书而被当做达到理的捷径的,如果能够成为与自己的生存方式有关的东西,他们就会贪婪地去吸收。无论汉代人的一经专门的褊狭也好,还是韩愈所代表的唐代古文家排斥佛道的洁癖也好,都不是他们所采取的部分。那么,沈约在基于博览综合儒佛道或者九流百家的同时,又建构了怎样的理和怎样的世界观呢?

四　沈约的世界观

对沈约来说,佛教不仅是极为当然的事情,而且最重要的首先是其作为慈悲的教诲而被他所接受着。在他写出的《究竟慈悲论》(《广弘明集》卷二六)亦即以有关彻底的慈悲为题的论文中说道:"释氏之教义本慈悲。慈悲之要全生为重。恕己因心,以身观物,欲使抱识怀知之类,爱生忌死之群,各遂厥宜得无遗天。"(T52,292c)那么,如果承认佛教的根本意义在于慈悲的话,大概它就应该能够成为向着实践性道德的起动力。确实,他在《究竟慈悲论》中通篇所主张的是,仅仅把肉食改为素食是不够的,如果将佛的教诲简约一下的话,就应该是达到将蚕衣换成麻衣的地步。还有,在我们读到他与陶弘景之间论争而写的《均圣论》(《广弘明集》卷五)中,也还是展开着同样的慈悲观。也就是说,在肉食皮衣 *250*的野蛮状态中,燧人氏出现了,他教给人们用火将生肉加工成熟肉食用,这应该说就是在中国的佛教之萌芽。说到原因,"何者,变腥为熟其事渐难,积此渐难可以成著。"(T52,121c)而且,"迄乎神农复垂汲引,嘉谷肇播,民用粒食,嗛腹充虚,非肉可饱,则全(兽)命减杀于事弥多。自此以降,矜护日广。春蒐免其怀孕,夏苗取其害谷。秋狝冬狩,所害诚多,顿去(屠杀)之难,已备前说。周孔二圣,宗条稍广。见其生不忍其死,闻其声不食其肉(《孟子·梁惠王上篇》)。草木斩伐有时,麛卵不得妄犯(《礼记·王制篇》)。渔不竭泽,佃不燎原。钓而不网,弋不射宿(《论语·述而篇》)。肉食蚕衣皆须耆齿,牛羊犬豕无故不杀(《礼记·王制篇》)。此则戒有五支,又开其一也(不杀生戒)。……内圣外圣,义均理一。"①
(121c~122a)

像这样外圣所说的慈悲,是基于先于作为历史性存在的佛——释尊——的前佛与中国的民众之间的感应的,这就是沈约的主张。尽管在这一点上他特别受到陶弘景的批判,这暂且不说。不过我想应该注意的地方是,慈悲已经不限于内圣——佛——了,在外圣——周孔——那里也是当做共同的教诲来把握,并对其高声加以主张的。这样一来,沈约的日常生活,也应该是按照慈悲的精神来自律的了。在其收于《广弘明集》卷二八的《忏悔文》当中,对于其过去所犯的各种罪障当中首先要在诸佛众圣面前忏悔的,就是曾经损伤了不可计数的生物之生命的事情。这样,如果认为使生物全都能够"全生"、"各遂厥宜得无遗夭"就是沈约的理想,那么对于人,还有对于作为人的经营之积累的社会,他又是采取怎样的立场呢?在可以弄清楚这个方面的一个线索上,就有《舍身愿疏》(《广弘明集》卷二八)。其内容是,"大梁天监之八年,岁次玄枵,日殷鸟度,夹钟纪月十八日",说来就是天监八年(509年)二月十八日;"在于新所创蒋陵皇宅",所指的就是构建于东田的邸宅。当在那里"请佛及僧仿

---

① 在从禁止杀生这一立场说到儒佛一致的先行思想当中,有孙绰的《喻道论》(《弘明集》卷三)、慧远的《答何镇南》(同上卷五)、针对何承天的《达性论》颜延之的一系列驳文(同上卷四)等。

佛祇树,息心上士凡一百人"而设八关斋的时候,其站在诸佛众圣和道俗等诸大贤德们前面发誓。

"夫形非定质,众缘所聚。四微(色香味触)不同,风火①(地水的四大)亦异。析而离之,本非一物。(将其不同当做)燕肝楚胆,未足为譬。静念求我(自己),无时可得(我)。而积此沦昏,生生不已。一念悦值(于我)曾未移时,障习相荡旋迷厥路。横指空呼(这个肉体),名之为有。"成为沈约的宗教感情之底线的,在这里也有体现,还是如刚才我所讲的那样,就是关于人类存在的无尽的不安的意识。"丰己伤物,日夜靡休。蓄身外之财,以充其欲,攘非己②之分,用成其侈。岂直温肌燠腹,若此而已哉。至于积箧盈藏未尝登体,溢俎充庖既饫斯弃。曾不知粟帛所从,事非因己,悠悠黔首,同有其分。离多共寡,犹或未均。我若有余,物何由足。仁者之怀,不应若此。侵他之财,世称为盗,盗之甚者,孰过于斯。幽显推求,无一或可。君仰藉时来,久乘休运,玉粒晨炊,华烛夜炳,自此迄今,历年三十,遂乃服冕荣国,裂土承家。润盈身已,庆流仆妾,室非悬磬,俸有兼金。救寒止于重裘,而笥委余袭,冬夜既蒙累茧,而椟有赢衾。自斯已上,侈长非一。虽等彼豪,其陋已甚。方诸窭室,所迈寔多。"(T52,323b～c)

在这里表示的对于自己的富贵豪奢甚至到了谦虚的反省,正是给读者以一种清新之气性质的东西。特别是在"曾不知粟帛所从,事非因己,悠悠黔首,同有其分"这一句当中,大概仿佛可以体现沈约已经达到相当程度的社会觉醒的姿态。但是,应该当做问题的,则是下面接着的文章。

"悟此非常事由诸佛,有怀舍散宜光道场。饥寒困苦,为患乃切,布满州县,难悉经缘。其当称力因事,一旦随年。头目髓脑(甚至舍弃)诚难轻慕,亏已赡物未易顿行。誓欲广念深恩,积微成著,施路檀门,冀或

---

① 译者注:《大正新修大藏经》此处作"大",并加注作"大＝火"。
② 译者注:《大正新修大藏经》此处作"已"。

能践。……"就这样,在当日,他给邀请来的人们提供了野果山菜的饭食,并且喜舍身资、服用117种。

可以当做问题的,我想就是沈约这样的心理构成。虽然其视线甚至一时地广泛关注到了弥漫于州县的民众的患难痛苦上,但是在那里他的思考就停止了,急转直下地收缩到了对佛的参入上。并不是说将财货施舍给民众就什么问题都解决了。而且如果说作为《舍身愿疏》这一文章的性质就是如此的话,那么也就只是到此为止了。尽管他接着说"藉此轻因,庶证来果",但是其所以敢于放弃与民众或者社会的关系(经缘),最终性急地寻求自我的救济和从不安的意识中解脱,而且是仅此而已,我想,就不能不追问其心理构成。"厚我之情深,济物之意浅",就像这样地在《神灭论》中,范缜对世间的佛者们放出了批判之箭,然而不用说沈约大概也是应该受到这种批判的。

那么,沈约认为"难悉经缘"的民众——悠悠黔首——到底能够成为依靠佛来救济的对象吗?在《佛知不异众生知义》(《广弘明集》卷二二)中他说到,凡夫与佛地(佛陀)的"知"本身没有不同。不同的只是"所知",也就是说只是知的内容不同。如果是凡夫,也是"积此求善之心,会得归善之路,或得路则至于佛也"(T52,252c)。凡夫和佛被认为同样拥有的"知",不外乎就是"受知之分"乃至"受知之具",这一情况,根据《六道相续作佛义》(同上)就清楚了,即所谓"受知之具随缘受知,知之美恶不关此受知之具也"(253a)。知的善恶,是一念一念的善恶变成的,因而众缘产生,并作为这个众缘之果而被决定的(同上,《因缘义》)。所以最后,佛与凡夫的不同,就在于一念一念是否全都与善联系着,"一念而暂忘(我)则是凡品。万念而都忘则是大圣(佛)"(同上,《论形神》,253b)。

这样来说,沈约论证了佛知与众生知不同的情况以及众生萌芽性地具有佛性的情况。可是从这些方面立即就断定其认为众生包括人类全体,还有人类全体拥有"知",拥有佛性,这大概还是稍嫌过早的。这是因为,如果将他的主张反过来讲的话,就变成了如果不拥有"知",也就不能

254

达到佛。而且还因为,他明确地说道:"含生之类识鉴相悬,等级参差,千累万沓。昆虫则不逮飞禽,飞禽则不逮犬马,昺明昭著,不得谓之不然。又人品以上,贤愚殊性,不相窥涉,不相晓解。……何者贤之与愚,盖由知与不知也。愚者所知则少,贤者所知则多,而(认识的对象)万物交加,群方缅旷。情性晓昧,理趣深玄,由其涂求其理(趣),既有(情性)晓昧之异,遂成高下之差……"(同上《神不灭论》,253b)。

如果将这一文章与前面的一系列文章结合起来考察的话,大概不能不达成这样的结论:无知,乃至缺少知的方面的愚者,最终是不可能达到佛的。能够达到佛的仅仅只是贤者,而愚者则是被留在无可救药的冥蒙之中就那样地存在着的。而且,根据知的多少而被设定的人的等级,大概又与我们在本章第二节所显示的沈约的贵贱观在根本上有着自然的联系。尽管贵贱和智愚是被相当程度并列地来考虑的,但是与其说是智的所以贵,愚的所以贱,不如说是认为作为贵的衣冠本来就属于智,作为贱的卑庶本来就属于愚的。这才是沈约的贵贱观的本质。

这样一来,沈约所抱有的世界观,大体可以简约成为如下的内容。包括人类的一切生物,应该全其生,得其宜。在其晚年的作品《郊居赋》当中,万物都各自分别地处于自得,而作为在这些自得的万物当中的一个他自己也自得的同时,全体都处在调和之中的世界也被描绘出来了(参考前一章)。并不只是其《郊居赋》。他在赞扬萧缅的治绩时所说的"草木不夭,昆虫得其性"(《文选》卷五九《齐故安陆昭王碑》),还有他歌颂说梁武帝的北伐是因为"愍兹区宇内,鱼鸟失飞沉"(同上,卷二○《应诏乐游苑饯吕僧珍诗》)而进行的。像这样地,在强调有生命的东西就应该各得其性的沈约眼里,当面对着人类或者社会的省察时,与贤愚分别相应的品级,往往与贵贱的等级一致,就是应该安心于此,这样做就可以保证自适的生活。毋宁可以说,这样认为是过于当然的结论。而且还使人感到,由于人类又被认为是万物当中的一物,所以并不是没有有关人类本身的考察在暧昧中就结束了这样的问题。总之,即使调和的思想被

255

201

说到了,而变革的思想,根据沈约的情况是,最终没有被说到,其思考就结束了。

²⁵⁶ 结　语

在贵贱的概念中导入智愚的概念,这是沈约思想的一个新的功绩。但是,在他的情形下,依然容易认为贵本来地属于智——文化,贱属于愚——非文化。六朝式思考之破产的到来,大概就是在这个关系上的逆转,即在智而所以贵、愚而所以贱的关系被确定的时候。应该认为,尽管沈约自身是寒门出身,然而他只是尽最大努力寻求赶上贵族的文化,而想要超越贵族文化的意欲则是很淡薄的。他所追求的贵族文化,尤其支持贵族文化的思想之轮廓,即如上述所体现的那样,在其敢于放弃社会性的连带,急切地追求拯救自己而已的方面,是能够看出其最重要的特质的。只是独善其身而已,而并不是兼济天下。

那么,晚于沈约而过了数十年之后,颜之推在其《颜氏家训》中,极力主张学问应该成为"济世成俗之要",并且主张"士君子之处世,贵能有益于物耳,不徒高谈虚论,左琴右书,以费人君禄位也"(《涉物篇》),还有²⁵⁷ "入帷幄之中,参庙堂之上,不能为主画规以谋社稷,君子所耻也"(《诫兵篇》)等等。这些话语中特征性地体现出的放眼于广大社会的同时,又想要在其中追求自己的完成方面的士大夫像,在沈约的著作当中似乎是很难发现的。① 进而随时代的下移,借着向古代复归的同时,以超越六朝式的思考为标志的韩愈和他的同志们,开口必说"仁义"之道,比如主张文章必须是载录仁义的东西,李翱就这样说道:"勿信人号文章为一艺。夫所谓一艺者,乃时世所好之文,或有盛名于近代者是也。其能到古人者,则仁义之辞也。恶得以一艺而名之哉?"(《李文定公集》卷八《寄从弟正

---

① 参见下一章《颜之推论》。

辞书》)应该说,忘记了作为人类乃至社会之道理的仁义而写出的文章,大概就是六朝式思考的余习,以沈约为有力者之一的六朝人的思考,必须由后世来否定的最大方面也就是在这一点上。因为沈约被看成是尽管有对生物的慈悲,但是缺乏对人类的仁义。而且,如果认为由于作为进士考试而被考以经义、诗赋、策论等,所以为中国近世的士大夫所追求的是哲学、文学、政治的三位一体的人格,那么在六朝的士大夫那里,大概正是由于应该救济社会的政治这一项的缺失,因而分配给另外两项最重要的指标,也就是他们所追求的了。

第四部分
颜氏研究

第九章　颜之推论

前　言

　　6 世纪的中国,南北确实全都经历了困难的时期。那是一个由于在此之前北魏和梁两个王朝的势力均衡被打破而导致极度分裂的状态和不久即走向由北周、隋来结束分裂的时代。由东魏的降将侯景占据梁的首都建康是在 549 年。之后,隋的统一天下是在 589 年。《颜氏家训》20 篇的著者颜之推(531—590 年?),就处在这个多事多难的四十年之间,宛如转蓬一样地,梁、北齐、北周、隋,他在所出仕的王朝一个接一个地变化的同时而生存着。其所说的"予一生而三化,备荼苦而蓼辛"(《观我生赋》)正是他自己的述怀。

　　颜之推在其《序致篇》中讲到他述作《家训》的目的说:"吾今所以复为此者,非敢轨物范世也;业以整齐门内,提撕子孙。"(1a)接着,又从他 9 岁就失去父亲的经历,到亲身痛感家庭教育的重要性的过程而细致地说明的基础上,他这样讲到:"……自怜无教,以至于斯。追思平昔(父亲) *264* 之指,铭肌镂骨;非徒古书之诫,经目过耳也。故留此二十篇,以为汝曹后车耳。"(2a)

的确,在这本书当中,训诫子孙的语调很是明显,起名为《家训》也当然是可以使人认同的。同时,颜之推还是一个百科事典式的博识者和涉及多方面对象之兴趣的拥有者,这只要瞥一下《颜氏家训》的《序致》、《教子》、《兄弟》、《后娶》、《治家》、《风操》、《慕贤》、《勉学》、《文章》、《名实》、《涉务》、《省事》、《止足》、《诫兵》、《养生》、《归心》、《书证》、《音辞》、《杂艺》、《终制》等并列的 20 篇之篇目,大概就会想象到了。《家训》就是片断性纪事的累积,大概并不是一时写成的东西。在根本上支撑着《家训》的,就是颜之推自己的体验。艰难地渡过了乱世的他,在触及其富于波澜的生涯的时候,肯定是感到了想要把耳闻目睹到的情形——当做活生生的见证而写下来的一种冲动。《家训》即使作为告诉我们有关南北朝时代的南北两地社会的文化、风俗和学艺方面很多情况的材料,的确也是很珍贵的。但是它采取一种集中起来的形式而提示给我们的,就是一个流亡贵族的精神的记录。而且,由于他的生活是与当时政治的、社会的各种条件密切结合着的,所以离开了对这些各种条件的考察,对《家训》的理解大概就不可能说是全面周到的。本章就确定探究颜之推在这样的历史环境中的行动和内心的变化过程。① 作为颜之推的著作,除了

---

① 颜之推在《北齐书》卷四五、《北史》卷八三都是在《文苑传》中列有其传记。为了有助于对本章的理解,也为了补充其不完备,我就在以下作出一个《颜之推略年谱》。

531 年　生于梁的江陵。

539 年　父颜协死。

549 年　三月,建康台城被侯景陷落。五月,梁武帝死。此时作为湘东王国右常侍而在江陵起家。

550 年　作为中抚军外兵参军赴郢州。

551 年　四月,作为侯景的俘虏被挟持到建康。

552 年　十一月,湘东王萧绎在江陵即位(元帝)。由建康回到江陵,任散骑侍郎奏舍人事。

554 年　十一月,江陵被西魏军冲陷。被挟持到长安。

556 年　元旦,决定逃亡到北齐。作为李远的秘书由长安赴弘农。

557 年　逃往北齐成功。任奉朝请。

565 年　此时迁赵州功曹参军。

573 年　二月,文林馆创设。任判文林馆事。五月,祖珽失势。十月,崔季舒等被杀。任黄门侍郎。（转下页）

《颜氏家训》之外,现存还有汇集了佛教应报故事的《还冤记》,收于其本传的《观我生赋》,以及诗数百首。[1]其中《观我生赋》是他咏叹自己一生的长篇赋文,并且因为他自己添加了注释,大概也能成为我们理解《家训》很好的帮助。

一 江南贵族社会的悲惨结局

颜之推决定把生活之地从江南迁移到华北,是在他 24 岁的时候,就是其所仕任的江陵梁元帝政权因西魏军的攻击而覆灭的承圣三年(554年)的事情。在先前于此的数年间,还就是以国家规模而征战的"侯景之乱"的时代。颜之推自己也从大宝二年(551 年)到三年(552 年),在建康度过了一段作为俘囚的生活。

侯景的战乱和江陵的陷落,大概可以说确实是意味着江南贵族社会没落的历史性事件。颜之推在其《观我生赋》中,把"侯景之乱"留下的痕迹,不仅咏叹为"畴百家之或在,覆五宗而翦焉",并且自加注说:"中原冠带,随晋渡江者百家。故江东有《百谱》。至是在都者覆灭略尽。"晋室南迁以来,没有经历什么了不起的挫折,以首都建康为中心而持续顺利地

(接上页) 575 年 上奏新税目的设置。

577 年 二月,北齐灭亡。迁于北周的长安。

580 年 任御史上士。《观我生赋》写成于此时。

581 年 二月,周隋鼎革。任太子杨勇的学士。此时加入陆法言的《切韵》撰注(《重修广韵序》),又与魏澹等新撰《魏书》(《史通·古今正史篇》)。

582 年 上奏太常雅乐的改革(《隋书》卷一四《音乐志》)。

583 年 应接陈的使节王话、阮卓等(《陈书》卷三四《文学·阮卓传》)。

589 年 一月,隋统一天下。这之后过了数年死。(在作为遗书所写的《终制篇》中,"我已六十余"则传达了有关颜之推最后的消息。)

[1] 在《颜氏家训》的文本上,我采用的是周法高《颜氏家训汇注》("中央研究院"历史语言研究所专刊之四十一,1960 年),并显示其页数及正、反面(略号 a,b)。而且一部分试做了(日语)现代语译,其中参考了宇都宫清吉的译注(《中国古典文学大系》九,平凡社,1968 年)。还有,有关《还冤记》(一名《冤魂志》),参见周法高《颜之推〈还冤记〉考证》(《大陆杂志》22卷 9—11 期)、胜村哲也《关于〈颜氏家训·归心篇〉与〈冤魂志〉》(《东洋史研究》26 卷 3号)、小南一郎《关于颜之推〈冤魂志〉——六朝志怪小说的性格》(《东方学》65 辑)。

发展起来的江南贵族社会,因"侯景之乱"而遭受了毁灭性的打击,以前贪图安逸的"衣冠士族"们则从建康"四出奔散"(《陈书》卷二一《萧允传》)。他们当中,在江南拥有本籍的人就到其乡里避难的,其例子也可以在史书中找到几个,比如吴郡吴县的陆襄(《梁书》卷二七)、张种(《陈书》卷二一)、陆琼(同上卷三〇)、会稽余姚的虞荔、虞寄兄弟(同上卷一九)、吴兴武康的姚察(同上卷二七)等。不过,其多数是在荆州,亦即江陵找到了和平之地,这个情况即如所云:"侯景之乱,梁元帝为荆州刺史,朝士多往归之。"(《陈书》卷二一《萧引传》)对于在这样的混乱当中设法逃到江陵的贵族们来说,刚安下身来不久数年后江陵的陷落大概确实是致命性的。那即是在江南贵族社会没落的同时,又象征着南朝文化没落的事件。要说为什么的话,不外乎因为南朝文化的担负者就是这些贵族们。据说梁元帝在江陵被西魏军一包围,就闷居在东阁竹殿,命令舍人中一个叫高善宝的,在古今图书 14 万卷上放火,自己也打算投身于火焰之中。之后西魏的使者问其缘由,他回答道:"读书万卷,犹有今日,故焚之!"(《资治通鉴》卷一六五《梁纪·承圣三年》)14 万卷的图书,使人感到了南朝文化本身的分量。我想,拒绝将其委与北族人之手,而要与之一同殉身的梁元帝的这一佚事,似乎象征性地说明了南朝文化是以梁元帝而封闭了其圆周①的。②

江陵陷落之后还照样留在江南的贵族,当然并不是没有。而且,接着有作为南朝最后的王朝陈王朝被建立起来。不过,在梁和陈两个社会之间,即如很明显不可掩埋的断层一样。在陈的社会,被称为郡豪族、郡著姓、县大姓,乃至豪杰、酋豪、豪帅等地方土著豪族的势力显著抬头,而贵族出身者的力量终究变得不如前一代了。例如《陈书》卷三三《儒林传

① 译者注:即一个"周而复始"之循环的结束。
② 即使认为元帝想要投身于火中是被附加的逸话,但是他自己把图书烧了则是事实,见《隋书·经籍志总序》以及牛弘《请开献书之路表》(《隋书》卷四九)。还有《历代名画记》卷一《叙画之兴废》中也有夹杂了与《通鉴》同样的逸话的记述。

序》中讲到："高祖(陈武帝)创业开基,承前代离乱,衣冠殄尽,寇贼未宁。"还有在《北史》卷二四《崔赡传》中,记载了在北齐贵族崔赡作为朝廷的使节而赴南朝陈的时候,据说能够做他的共事者的人在江南已经不存在了,其事如下："赡经热病,面多瘢痕,然雍容可观,辞韵温雅。南人大相钦服。陈舍人刘师知见而心醉,乃言:'常侍(崔赡)前朝通好之日,何意不来?今日谁相对扬者!'"正像这样,贵族力量的失落,不能不说是 *267*"侯景之乱"和江陵的陷落留给江南社会的深刻创伤。

　　由于江陵的陷落,梁朝的百官以及士民们多数被挟持到西魏的首都长安,十余万人被降为奴婢身份(《周书》卷二《文帝纪》)。作为江陵政府的散骑侍郎的颜之推,也只可能免于变成奴婢的命运,但是在被强制移住北方的事情上没有不同。他把江陵的陷落咏叹为:"民百万而囚虏,书千两而烟炀。溥天之下,斯文尽丧";还有咏叹道:"若乃玄牛之旌,九龙之路,土圭测影,璿玑审度,或先圣之规模,乍前王之典故,与神鼎而偕没,切仙宫之永慕。"(《观我生赋》)这大概是作为江南文人对深深扎根于他胸中的拥有传统的秩序的崩坏和随后袭来的文化断绝所表示的强烈的绝望感。尽管使人察觉到当时被挟持到西魏的颜之推正是处于这样的精神状态,但是他不久就决定从西魏逃脱。江陵政府被西魏颠覆的翌年,即555年的正月,北齐的文宣帝把在北齐过着捕囚生活的梁宗室萧渊明送回建康,企图在江南建立一个傀儡政权。与此同时,又决定把北齐在留的南朝梁的人民也送还江南①(《北齐书》卷四《文宣帝纪》)。这个消息也传到了在西魏滞留的颜之推的耳朵里,受到似箭一般的南归之情驱使的他,不久就计划混进夜幕,浮舟于黄河而逃离北齐。可是,在其到达邺城的时候,与北齐王朝的意图相反,在江南陈王朝已经建立,他的南归之志就被残酷地打破了。在添加在《观我生赋》中的"至邺,便值陈兴

① 从梁大量的人员流入北齐的情况在《魏书》卷九八《岛夷萧衍传》中可以看到记载:"始(侯)景 *300* 渡江,至陷城之后,江南之民及(萧)衍王侯妃主、世胄子弟,为景军人所掠,或自相卖鬻,漂流入国者,盖以数十万口。"又,参见拙著《侯景之乱始末记》(中公新书,1974年)。

而梁灭,故不得还南"这一漫不经心的自注当中,大概就充满着他万分感慨的追忆。

这样一来,颜之推以后二十年就是在北齐度过的。北齐的风气和西魏风格颇为不同,北齐的贵族们对江南的文化抱有热忱的憧憬。事情要追溯到东魏,奠定了北齐王朝基础的高欢曾慨叹地说道:"江东复有一吴儿老翁萧衍者,专事衣冠礼乐,中原士大夫望之以为正朔所在。"(《北齐书》卷二四《杜弼传》)其所说的萧衍就是梁武帝。在颜之推进入北齐的当时,这种风气也是根深蒂固地存在的,其状况从《家训·文章篇》中的一段大概就清楚了:"邢子才(劭)、魏收俱有重名,时俗准的,以为师匠。邢赏服沈约而轻任昉,魏爱慕任昉而毁沈约。每于谈谑,辞色以之。邺下纷纭,各有朋党。祖孝征(珽)尝谓吾曰:'任沈之是非,乃邢魏之优劣也。'"(60a)就是说尽管邢劭和魏收,此二人与温子升一同都是代表东魏、北齐时代的文人,但是他们的价值标准也是追求江南的沈约和任昉的。这样,由于颜之推也是呼吸着梁武帝治下的空气而成长起来的江南文化人,所以大概是受到了来自北齐贵族社会的欢迎。而且也可以看到,确实作为江南人的矜持,似乎是勉强地支撑着作为流亡者的他的。同样在《文章篇》中,他又说道:"王籍《入若耶溪》诗云:'蝉噪林逾静,鸟鸣山更幽。'江南以为文外断绝(《梁书》卷五○《王籍传》作"文外独绝"),物无异议。(梁)简文吟咏,不能忘之;孝元讽味,以为不可复得,至《怀旧志》①载于籍传。范阳卢询祖,邺下才俊,乃言此不成语,何事于能? 魏收亦然其论。"(64b)在《文章篇》其他的地方,也是这样地一边悲叹北人的文学鉴赏眼光让人受不了的程度,一边又带嘲弄倾向地介绍着那些对于在颜之推看来完全是荒唐可笑的诗赋却十分喜悦地加以谈论的士人们的故事。

但是,如果认为颜之推只是以江南文化人的矜持,以及其内在方面的对于江南社会的追慕和咏叹为其生涯的,这大概是错误的。而且何况不能忘记

---

① 在《隋志》"史部·杂传类"著录有"《怀旧志》九卷,梁元帝撰"。

在《家训》中随处可见的对于江南社会的尖锐批判。

二 颜之推的江南社会批判

梁朝五十年的治世,相当于北方中国开始于六镇之乱的动荡和因此而发生的东西两魏分裂的时代。也由这个原因江南的社会不仅讴歌太平,而且在太平之下的文化也迎来了纯熟的时代。大概当时的人们意识到了,这一文化时代最高的领导者就是梁武帝本人。梁武帝是少见的文化人和对自己或他人都很宽容的皇帝。不过,在因梁武帝统治时代的太平而兴盛了的社会,其内部也正在逐渐地孕育着矛盾。梁末的江南社会,如同由于太平的缘故而倦怠、颓废的空气积累并流行着那样。所谓"于时江左承平,政宽人慢"(《北齐书》卷三三《萧祗传》),大概就是指这样的空气而言的。在《梁书》卷三《武帝纪论》中,武帝治世末期的政治情况被说明如下:"及乎耄年,委事群幸。然朱异之徒,作威作福,挟朋树党,政以贿成,服冕乘轩,由其掌握。是以朝经混乱,赏罚无章。'小人道长'(《周易·否卦·象传》),抑此之谓也。" ²⁷⁰

在这里被指责的"群幸"或"小人",具体大概是指哪种人呢?在江南社会的所谓贵族们,在把高位显职独占在自己手中的同时,又把对职务忠实地恪守当做鄙俗而加以拒绝,并以尽可能不玷污自己的手的生活为理想。梁朝的何敬容则是在这样的情形当中极为少见的例外,在他的传记中就讲到:"敬容久处台阁,详悉旧事。且聪明识治,勤于簿领,诘朝理事,日旰不休。自晋宋以来,宰相皆文义自逸,敬容独勤庶务,为世所嗤鄙。"(《梁书》卷三七)在其论赞中则更加详细地说道:"陈吏部尚书姚察曰:魏正始及晋之中朝(西晋时代),时俗尚于玄虚,贵为放诞。尚书丞郎以上,簿领文案,不复经怀,皆成于令史。逮乎江左,此道弥扇。惟(东晋)卞壶以台阁之务,颇欲综理,阮孚谓之曰:'卿常无闲暇,不乃劳乎?'宋世王敬弘身居端右,未尝省牒。风流相尚,其流遂远。望白署空,是称清贵,恪勤匪懈,终滞鄙俗。

是使朝经废于上,职事隳于下。小人道长,抑此之由。呜呼! 伤风败俗,曾莫之悟。永嘉不竞,戎马生郊,宜其然矣。何国礼(敬容)之识治,见讥薄俗,惜哉。"正因为姚察是生活在梁、陈二代的人物,所以这就成为很好地触及江南贵族社会的阿基里斯之踵的评语。江南贵族尽管位于社会的最上层,并且的确是文化的担负者,但是他们只热心于文义——文学、哲学——和风流的追求,从而变成了大体上与实务的角色关系不大的存在。这样一来,就有了产生替代贵族而以实务官僚性的手腕受到天子重视的寒士乃至庶人出身的寒官——比如在上面文章中所看到的尚书省的令史——的机缘。不过,他们是被贵族以其家格低的程度和作为天子的私人宠臣的情况为理由,而以"恩幸","幸臣",有时还有"小人"等蔑视性称呼来称呼的。

那么,在《家训·涉务篇》中也有言及关于贵族与寒官的地方,如果依照颜之推的认识,两者的关系可以做如下的定位。首先是关于在江南贵族社会的士族偏重的情况,"晋朝南渡,优借士族。故江南冠带(贵族)有才干者,擢为(尚书)令、仆(射)已下,尚书郎、中书舍人已上,典掌机要"。在这样地记述之后,他又言及在一般贵族那里对作为统治政治不予关心的风潮而说道:"其余文义之士,多迂诞浮华,不涉世务;纤微过失,又惜行捶楚,所以处于清高。盖护其短也。"接着,颜之推所看到的也就是,与这些贵族处在两极位置的是以下所讲到的寒官。"至于台阁令史,主书、监帅,诸王签省,并晓习吏用,济办时须(必要案件)。纵有小人之态,皆可鞭杖肃督,故多见委使。盖用其长也。"这里颜之推也还是使用着"小人"一词。而且,在他们是被加以鞭杖的对象的问题上也没有什么可置疑的。不过,在其确实把握了寒官进出的必然性,并且很高地评价他们作为实务官僚的能力这一点上,大概是不应该忽略的。最终上面一连串的话是以如下一句来结束的:"人每不自量,举世怨梁武帝父子爱小人而疏士大夫,此亦眼不能见其睫耳。"(70b~71a)

这样,颜之推对江南贵族的态度应该说是极为辛辣的。他从他们对政治的不关心乃至无知、实务能力的缺乏、迂诞浮华的生活态度等等这些情形当中看到了江南社会的危机,同时,另一方面,他又想积极地承认寒官存在的意义。大概正因为在当时有对寒官进行批判的人,所以采取像他这样的立场则是另外的一种存在。例如也收于《文选》的《宋书·恩幸传论》,就是生活在宋、齐、梁三代的沈约,基于他的时代认识而写出来的,其中人被分成君子和小人两大类,小人亦即"恩幸",是一直被非难为恶人的。还有刚刚我们引用过的姚察所做的议论,尽管在贵族和寒人的分析上与颜之推同一步调,但是其在结论上则是把寒人的扩张称为"小人道长",即确实是看成令人厌恶的现象。而这与在贵族的政治担当能力缺失当中看到了江南社会的危机的颜之推之间,不能不说有着很大的差距。

　　接着上面所引文章的一段文字,也是以梁朝贵族浮薄而文弱的风气为主题的,似乎颜之推认识到,在这一点上有着招致侯景蹂躏江南这一不幸事态的原因。"梁世士大夫,皆尚褒衣博带,大冠高履,出则车舆,入则扶侍。郊郭之内,无乘马者。周弘正为宣城王所爱,给一果下马(即在果树下也能骑的小型马),常服御之,举朝以为放达。至乃尚书郎乘马, ^273 则纠劾之。及侯景之乱,肤脆骨柔,不堪行步;体羸气弱,不耐寒暑。坐死仓猝者,往往而然。建康令王复,性既儒雅,未尝乘骑;见马嘶喷陆梁,莫不震慑。乃谓人曰:'正是虎,何故名为马乎?'其风俗至此。"(71a~b)从富于幽默的笔调之间,颜之推批判性的语气尖锐地迸发出来。王复之名不见于史书。但是面临"侯景之乱"时的江南的情况,则被概括为"是时,梁兴四十七年,境内无事,公卿在位,及闾里士大夫莫见兵甲。贼至卒迫,公私骇震。"(《南史》卷六三《羊侃传》)而且因为更具体的情况是,据说守备建康城南朱雀航的建康令庾信,亦或是著名诗人的庾信,他一看到侯景的军队都戴着铁面具自己就弃军而逃了(《南史》卷八〇《侯景传》),所以王复的故事好像不一定是虚构的。

　　再有,在《勉学篇》中有大致如下的记述。梁朝全盛的时候,贵族子弟们只顾忙于仪表风采方面的事情,如果说到关键性的教养方面,确实是根底很浅的。所以当时的谣谚说道:"上车不落则著作,体中何如则秘书。"——如果能不从车上落下来的话那么就是著作佐郎,如果能写下贵体如何的话那么就是秘书郎。① 这也就是在明经考试上雇用他人来给自己做答案,在三公九卿列席的宴席上委托他人来给自己念诗的状况。可是,面临丧乱的时代,一旦成为无依无靠的人,他们的没有教养的情况就一下子暴露出来,曾经的快士也就变为驽材了(33a~34a)。著作佐郎、秘书郎是作为贵族子弟的起家之官而最受欢迎的,这一情况在宫崎市定的《九品官人法研究》(东洋史研究会,1956)中有所详述。《勉学篇》的这一记述,应该是针对与其说是根据个人的能力不如说是家格而决定官位的贵族社会矛盾本身所提出的疑问。

不过,尽管颜之推自己作为江南贵族社会的一员而生存着,可是如以上所看到的那样严厉的口吻又是出自什么缘故呢? 在考察这个问题时,大概有必要先来研究一下有关颜之推的家系。也就是要知道在江南贵族社会颜氏占据着怎样的位置。

颜氏的本籍是琅玡郡临沂县,颜之推总是当做自己的颜氏祖先而提起的人物,就是从他数起九代之先的颜含(《晋书》卷八八《孝友传》)。颜含陪同成为东晋初代天子的元帝司马睿来到江南,而后晋升至光禄勋。颜含有颜髦、颜谦、颜约三个儿子,从其中颜约的系统到南朝宋的颜延之,及其子颜竣,颜竣的族兄颜师伯等,在史书上留名的人物辈出。不过,如果依据相当于颜之推五世孙的颜真卿留下的《颜氏家庙碑》(《金石萃编》卷一〇一),颜之推的直系祖先是颜髦,从颜髦到颜之推的祖父颜见远的数代人,在史书上完全隐去了踪影。然而颜见远(《梁书》卷五〇《文学·颜协传》附),在南齐末年仕任于齐和帝,齐和帝是由萧衍亦即后来的梁武帝只是在形式上拥立于天子之位的,不久萧衍篡夺王朝成功,

---

① 此谚也为《隋志》"史部后序"所引述。

颜见远绝食数日,气愤而亡。南北朝时代,在王朝更替之际而殉节者,据说是极其少有的。然而其少有的例子,据说反倒被认为是在寒人当中。[①]那样的话,颜见远的行为确实让人感到很奇特。梁武帝萧衍一听到传报其死,就感叹道:"我自应天从人,何预天下士大夫事,而颜见远乃至于此。"颜之推的父亲颜协,起家于湘东王萧绎亦即后来的梁元帝的王国常侍,兼府记室。普通七年(526 年)萧绎从丹阳尹迁荆州刺史,颜协则又转为其正记室。大同五年(539 年),颜协以 42 岁而死于江陵。他如同被记载的那样,"感家门事义,不求显达,恒辞征辟,游于蕃府而已",接连拒绝了在中央政府的仕官。而所谓"家门事义",不用说就是指颜见远的处事行为,这件事作为永远也除不去的思想羁绊而郁结在颜协的心中。

　　从这样的与颜之推直接相关联的颜氏系统中,并没有在江南的政界产生出引人注目的显赫人物。再有,使人知道的是,颜之推的祖先们,从其在《观我生赋》的自注中所记"长干,旧颜家巷"之处来判断,是在建康的长干营建了他们的住居。又如在《建康实录》卷二的注所引《丹阳记》中有的"……其长干是里巷名,江东谓山陇之间曰干,建康南五里,有山陇,其间平地,民庶杂居"那样,也就是在秦淮河南岸的丘陵台地上开辟的"民庶杂居"的町镇当中。那里以秦淮河北岸的台城为中心被叫做潮沟,或清溪,或鸡笼山,或东田的一带,与被一流贵族的邸宅或别墅占满着的地方风格不同。而且,颜氏一家承传着颜含的教诲,亦即所谓:"汝家书生门户,世无富贵。自今仕宦不可过二千石,婚姻勿贪势家。"(《止足篇》,77a)这些话,确实是作为颜氏的家训被接续不断地继承下来的。[②]

---

① 参见赵翼《陔余丛考》卷一七《六朝忠臣无殉节者》,同卷《六朝重士族》。
② 颜含在相当于其外弟的琅玡王舒为了当做儿子王允的结婚对象而来求其女的时候,还有相当于其妻子的从甥的桓温来求其末女的时候,全都是拒绝了,这一情况,见于《右光禄大夫西平靖侯颜府君碑铭》(《景定建康志》卷四三《风土志·诸墓》)。而且,在其中也可见到与《颜氏家训·止足篇》几乎相同的文句。据说在上述碑铭中,铭刻着:"晋江夏李阐字宏模传,曾孙宋金紫光禄大夫赠特进延之字延年铭,大历七年岁次壬子夏四月甲寅,十四代孙唐金紫光禄大夫前行抚州刺史上柱国鲁郡开国公真卿书,重建于旧龟趺上。"

像这样敢于与权门势家断绝婚姻的情况,在婚姻关系原本预设了其家格之上下的时代,对颜氏一家的历史大概也是不能不给予某些影响的。

那么,说起与颜之推直接相关联的颜氏的人们,就是江南贵族社会的局外人。这样的颜氏的历史,大概不会不带给颜之推以委屈的心理。然而,即使认为这成为他批判江南贵族社会的一个理由,也不能认为这就是其全部了。为什么呢,正如他自己说的:"虽读礼传,微爱属文,颇为凡人之所陶染。肆欲轻言,不修边幅。年十八九,少知砥砺,习若自然,卒难洗荡。"(《序致篇》,2a)其如此恰当地反省,就是因为在梁代处于青春时代的颜之推的生活可以说是出入于湘东王萧绎的沙龙、过于幼稚浮薄的白面贵公子那样①,是一个与一般贵族子弟们一样没什么出息的人。如果说到其年龄十八九岁的时候,正赶上侯景之乱的时期,可以认为在那时颜之推好像有所回心转意了。而且在之后持续动荡的时代里,贵族社会的弱点则如其没想到那样地暴露出来,于是他直面现实,以至进而又接触到了华北的生活,我想,他对贵族的批判似乎也就变得更加尖锐了。可以说,尽管最初他是打算回到江南而计划从西魏向北齐逃脱的,然而终究是在华北的生活给了他以觉醒,也带给了他对过去的世界亦即对江南贵族社会的批判和悔恨。

三 颜之推与华北社会

从江南迁移到华北的颜之推,尽管没有能充分地适应新的土地和环境而感到困惑,但是同时又似乎感觉到对未知世界的兴趣和惊叹。其中使他惊叹的情况之一,就是矫健而自立的女性们的活跃。"江东妇女,略无交游。其婚姻之家,或十数年间未相识者,惟以信命赠遗,致殷勤焉。邺下风俗,专以妇持门户。争讼曲直,造请逢迎,车乘填街衢,绮罗盈府

---

① 在颜之推的本传中,也记有他在 19 岁仕官以前,在西府亦即江陵湘东王萧绎的幕府,就以"词情典丽"及文才而被称颂的情况。

寺。代子求官，为夫诉屈。此乃恒、代之遗风乎！"(《治家篇》，12b)初为《颜氏家训》写了注释的清代赵曦明(1705—1787年)引述阎若璩的《潜邱札记》卷三之说，讲到所谓"恒、代之遗风"就是"魏氏旧俗"。如果进一步换言之，其大概就是指鲜卑的旧俗。比如，元孝友也曾将东魏时代的风俗描写为："将相多尚公主，王侯娶后族，故无妾媵，习以为常。妇人不幸，生逢今世，举朝既是无妾，天下殆皆一妻。……凡今之人，通无准节。父母嫁女，则教以妒，姑姊逢迎，必相劝以忌。以制夫为妇德，以能妒为女工。自云不受人欺，畏他笑我。王公犹自一心，已下何敢二意。"(《北齐书》卷二八)华北这样的女性居上位的风俗，在江南大概是绝对没有经历过的。颜之推还在与刚才的《治家篇》的一系列的叙述中讲到："南间贫素，皆事外饰，车乘衣服，必贵齐整；家人妻子，不免饥寒。河北人事，多由内政，绮罗金翠，不可废阙，赢马顇奴，仅充而已。倡和之礼，或尔汝之。"(12b)

通过这些话语，所浮现出来的颜之推的姿态是，既对女性掌握家庭实权的北人的生活样式感觉没有充分适应，而另一方面，又不喜欢江南人充满虚饰的生活。直到19岁时经历"侯景之乱"以前，包围着他的都是"皆事外饰"、"必贵齐整"那种形式上极度完备的生活样式和文化。可是担负这一文化的贵族们，在增加了优雅程度的另一面，就是加速度地丧失了蛮野性。颜之推在这一点上看到了招致江南贵族社会悲惨结局之原因的情形，则如前一节我们已经接触到的那样。

颜之推所采取的是比起悠闲而更尊重勤勉，比起奢侈而更尊重节俭的所谓反文化主义的立场。这样的立场在他有关农业的言论当中明确地显示出来，好像是在北人的生活形态当中看到了接近于他的这种理想的东西。所以，同样在《治家篇》中有一段文字："生民之本，要当稼穑而食，桑麻以衣。蔬果之蓄，园场之所产；鸡豚之善，埘圈之所生。爰及栋宇器械，樵苏脂烛，莫非种殖之物也。至能守其业者，闭门而为生之具以足，但家无盐井耳。今北土风俗，率能躬俭节用，以赡衣食。

279 江南奢侈,多不逮焉。"(11a)在与南人的奢侈生活对比之下而胜出的北人俭约节用的生活,就像在他这里明确的那样,是以与农业紧密结合的生活形态为基础的。在《涉务篇》他也说道:"古人欲知(农业之苦)稼穑之艰难(《尚书·无逸篇》),斯盖贵谷务本之道也。夫食为民天,民非食不生矣。三日不粒,父子不能相存。耕种之,莽鉏之,刈获之,载积之,打拂之,簸扬之,凡几涉手而入仓廪,安可轻农事而贵末业哉?"(71b)

前面引述的《治家篇》所描述的地方,池鱼畜牧等一切都是在一家之内供给,这令人想起东汉樊重所说到的,在要制作什么器物的时候,先要种植梓漆,数年后就可供使用了(《后汉书》卷22)。而这种极度自给自足性的庄园的样子,可以想象,或是基于颜之推作为赵州功曹参军在河北平原腹地度过了其地方官生活的数年间所目睹的事实,同时更将其抽象化而得出来的。无论如何,他对与农业紧密结合的生活抱有很强的认同感,这肯定是建立在他对江南贵族生活深刻反省的基础上的。《涉务篇》是这样结束的:"江南朝士,因晋中兴,南渡江,卒为羁旅。至今八九世,未有力田,悉资俸禄而食耳。假令有者,皆信僮仆为之,未尝目观起一垄土,耘一株苗,不知几月当下,几月当收,安识世间余务乎? 故治官则不了,营家则不办,皆优闲之过也。"

280 (71b~72a)

对游离于农业,只依靠俸禄的生活的反省,也表明了他是批判世间一般的"文学之士"的"保俸禄之资,不知有耕稼之苦"(《涉务篇》,70b)。然而,颜之推所指出的在东晋王朝成立时南渡的所谓侨姓贵族除了极少一部分之外不拥有田土的情况也是值得注意的。"侯景战乱"之际,在江南拥有本籍的贵族们到乡里避难的一些例子,我们在第一节有所显示,那大概是因为他们在乡里拥有某些生活的基础。可是,在侨姓贵族们大多没有田土的情况下,则或者是立刻去流浪,不然就是无奈地过贫穷的生活。颜氏本身就是这样的侨姓贵族之一,记载中也没有颜氏在江南拥有田土的迹象。而且,在颜之推 9 岁时父亲颜协一去世,就陷入了"家涂离散,百口索然"的状态(《序致篇》,2a)。即使是拥有田土的人,其经营也依然是一切都委托给童仆,自己完全缺少对农事的关心,对于只在悠闲的生活中度日的江南贵族的存在方式,颜之推是深感疑问的。

不过,正因为在我刚才列举的《治家篇》和《涉务篇》的话语即如其中在《涉务篇》的文句中附加了"江南朝士们云云"这一限定,所以引导人们去想象,北朝贵族的生活与之相反,是把基础放在稼穑和力田而不是俸禄上的。下面,我想离开《家训》,根据一般的史书记载来做些考察。

在北朝,直到北魏孝文帝太和八年(484 年)为止,官僚的俸禄完全不予支给是周知的事实。虽然其做法在孝庄帝时期(528—529 年)被废除了,但是到北齐文宣帝即位之年(550 年)又再次没有支给了(《北史》卷七《齐本纪》天保元年)。之后,由于北齐国库不足,早在文宣帝时期,接着又在武成帝、后主时期,朝廷不得不再三实行官僚减俸(《通典》卷五《食货典》五《赋税中》,以及《资治通鉴》卷一六七《陈纪》永定二年)。因此,北朝的官僚只靠俸禄维持生计大概是极为困难的。[1] 必须考虑到他们通过从人民那里获取,或者通过与商贾的勾结来补给其不足的情况,终究最稳定的生活基础还不就是土地所有吗? 在《通典》卷二《食货典》二《田制下》所引的《关东风俗传》,是北齐宋孝王的著作,其中有关北齐时期的情况所说"其时强弱相凌,恃势侵夺,富有连畛亘陌,贫无立锥之地",即记录了作为权势者侵夺土地的结果而导致贫富悬殊显著的情况;接着又讲到由于在北齐均田法运行不备而导致有名无实化。宋孝王的这一记

281

[1] 即使在南朝,从宋的元嘉二十七年(450 年)到大明六年(462 年),因为与北魏的交战而曾经将百官的俸禄减了 1/3(《宋书》卷五《文帝纪》,卷六《孝武帝纪》)。还有在《南史》卷三《宋明帝纪》中,记有"军旅不息,府藏空虚,内外百官,并断禄奉";而在《宋书》卷八《明帝纪》与之相照应的记述中,则为"时经略淮泗,军旅不息,荒弊积久,府藏空竭,内外百官,并日料禄俸"。也就是临时地进行按日计算。我认为,尽管两书的是非难以当即断定,但是并没有像北朝那样历经长期间的停止俸禄支给的情况。

述,作为霸朝而治的高欢时代的事情,根据史书记载的"时初给民田,贵势皆占良美,贫弱咸受瘠薄。隆之启高祖(高欢),悉更反易,乃得均平"(《北齐书》卷一八《高隆之传》),这是可以确认的。我们再来引述一下《关东风俗传》:"文宣之代,政令严猛,羊、毕诸豪,颇被徙逐。至若瀛、冀诸刘,清河张、宋,并州王氏,濮阳侯族,诸如此辈,一宗近将万室,烟火连接,比屋而居。献武(高欢)初在冀郡,大族猬起应之。"(《通典》卷三《食货典》三《乡党》)就像这样,在华北各地存在着强有力的土著豪族。而且这些豪族和中央的官界紧密地结合着,作为被认为是上述诸豪族出身的人,还可以从《北齐书》中找到羊烈、毕义云、刘轨思、刘昼、张宴之、宋世良、宋世轨、宋孝王、宋游道、王松年等人的名字。

282 　　如此拥有豪族背景的北朝士人的存在方式,或者还可以从其家族形态方面来看。一般在江南进行家族的分家,父母在世时就分配不同财产是作为极其当然的事而实行的。这在南朝宋周朗的上书的一节中讲到:"今士大夫以下,父母在而兄弟异计,十家而七矣。庶人父子殊产,亦八家而五矣。凡甚者,乃危亡不相知,饥寒不相恤。又嫉谤谗害,其间不可称数。"(《宋书》卷八二)然而华北的社会则不是这样。例如东晋末南渡的王懿是并州太原的王氏出身,其传中说道:"北土重同姓,谓之骨肉。有远来相投者,莫不竭力营赡。若不至者,以为不义,不为乡里所容。"(《宋书》卷四六)这样,好容易来到了江南的王懿,尽管想依靠同是太原的王愉而寄身,但是却被在江南生活已经很长时间而早已不适应北土风习的王愉冷冰冰地慢待了。如同由此事也可以知道的那样,使人所意识到的是,在华北,至少士人们的宗族性结合是极为强有力的,根基于此的相互扶助精神是彻底的;而像家族分配不同财产那样的事,则是江南的恶习。在《魏书》卷七一《裴植传》中,裴植任州刺史时候的事情被记载为:"植虽自州送禄奉母,及赡诸弟,而各别资财,同居异爨,一门数灶。盖亦染江南之俗也。"像这样的华北士人强有力的宗族性结合,在各地域每每是"一宗将近万室,烟火连接,比屋而居",大概可以理解为就是由这样的豪族存在方式所决定的一个属性。① 如果说到有关北齐王朝,其原来是由高欢所率领的鲜卑系军团与河北豪族联合之下而确立的。② 在前面引过的《关东风俗传》中所说的"献武初在冀郡,大族猬起应之",就是 *283* 指这个情况。在高欢进入河北的时候,在与其拥有密切关系的豪族当中则有,渤海的高氏和封氏、赵郡的李氏、巨鹿的魏氏、清河的崔氏、博陵的崔氏、范阳的卢氏等。这些各豪族出身者不久就在北齐政界变得重要起来可以说是当然的结果。

总之,以豪族势力为背景的华北士人的存在方式,与颜之推所讲的江南侨姓贵族的存在方式明显地不同。大多不拥有田土,即使作为拥有者也把其经营委托给童仆,专靠俸禄维持生计的江南贵族的存在方式,在对此感到疑问的颜之推眼里,华北士人的存在方式是作为极有魅力的东西而映现出来的。对把自给自足式的庄园当做理想的生活场所来描述的颜之推的态度做保守且不容反驳的指责那是很容易的,但是他体验性地感受到了从土地和农业中游离出来的生活的脆弱,他甚至认为江南贵族浮薄的生活态度,就是根植于从农业中游离出来并对农业劳动(耕稼之苦)缺少理解上的。而且他是在以"侯景之乱"为首的江南动乱的过程中,痛心地知道了从土地和农业中游离出来的生活的最终性悲剧。

四 颜之推与学问

颜之推是历经数次重叠似的亡国,甚至几度置身于生命危险之中的

---

① 在《家训·风操篇》中有云:"凡宗亲世数,有从父,有从祖,有族祖。江南风俗,自兹已往,高秩者通呼为尊,同昭穆者,虽百世犹称兄弟,若对他人称之,皆云族人。河北士人,虽三二十世,犹呼为从伯从叔。梁武帝尝问一中土人曰:'卿北人,何故不知有族?'答云:'骨肉易疏,不忍言族耳。'当时虽为敏对,于礼未通。"(20b)这一记述大概成为体现比起南朝而北朝士人的宗族意识牢固的一个佐证。再有,上文中的"一中土人"好像是夏侯亶。参见《梁书》卷二八。
② 参见滨口重国《高齐出自考——高欢的制霸与河北的豪族高乾兄弟的活跃》(收于《秦汉隋唐 *301* 史的研究》下,东京大学出版会,1966年)。

乱世之人。由于他生活在绝对价值常常被颠倒的乱世,因而其思想也就
被赋予了确定的方向性。在乱世里,无论财产也好,家庭生活也好,甚至
还有国家也好,都不能成为依靠。成为依靠的最终不外乎自己。他是达
到了抱有这种很强的自觉的。而且作为承担着支撑这个自己的最高价
值的东西而被高扬的,就是勉学——读书。在《勉学篇》中,他就有如下
的话语:"夫明《六经》之指,涉百家之书,纵不能增益德行,敦厉风俗,犹
为一艺,得以自资。父兄不可常依,乡国不可常保。一旦流离,无人庇
荫,当自求诸身耳。谚曰:'积财千万,不如薄伎在身。'①伎(技艺)之易习
而可贵者,无过读书也。"(34b)他说读书就是"伎",就是"一艺"。尽管他
把与农业紧密结合的庄园生活形态作为理想来描述,但是那始终只限于
羡望。处在华北社会的他,只是一个"家无积财"(45b),又没有强有力的
血缘关系的流亡贵族。首先作为迫切的现实问题,当然是必须寻求生活
的手段,这样一来,大概读书也就被他当做"伎""艺"来认识了。

如我们已经看到的那样,梁朝全盛时期的快士在离乱之后也变为了
驽材,他的这一述怀,大概也是因为目击了不少江南贵族子弟由于江陵
的陷落而被挟持到北土,并且由于没有教养而沉沦于悲惨命运的人们的
现实。接着以上的述怀,他又这样讲到:"有学艺(学问)者,触地而安。
自荒乱已来,诸见俘虏。虽百世小人,知读《论语》、《孝经》者,尚为人师;
虽千载冠冕(贵族),不晓书记者,莫不耕田养马。以此观之,安可不自勉
耶?若能常保数百卷书,千载终不为小人也。"(34a)即使是"千载冠冕",
如果没有教养也会零落于"耕田养马"的身份;即使是"百世小人",只要
有学问也能成为"人师"。这一尖锐的观察,就是以亡国流离这种颜之推
的异常体验为媒介而得到的。而且大概是与甚至说"至于士庶之际,实
自天隔"(《宋书》卷四二《王弘传》)所体现的贵族社会通有的理念正相对

---

① 在《大公家教》中也有如下的记述:"积财千万,不如明解经书;良田一顷,不如薄艺随躯。"参
见入矢义高《〈太公家教〉校释》(《福井博士颂寿纪念东洋思想论集》,1960 年)。

立的。区分开士和庶的并不是天——自然,而是学问。即使认为把学问看作是"伎",是"艺",但是与颜之推在《杂艺篇》中所列举的以书画为首的诸艺之间则明确地画着一条线。尽管后者是"消愁释愦,时可为之"(132a),然而是"可以兼明,不可以专业"(130b)的。甚至他说到,对于凡根据读书以外的诸艺而被评价的情况都应该警惕。比如一边举出王羲之、萧子云、王褒等就是由于能写书法的缘故反而其本来的才学往往容易被忘记的事实,一边则告诫说"慎勿以书自命"(127a),即是如此。颜之推就是这样把依靠学问武装起来的人当做有无限的价值的人物来论定的,那么其学问的内容又是什么东西呢?

他首先最重视学问的严密性。其《书证》、《音辞》两篇就是这种精神的产物。他还告诫"耳学之过",主张依据面对书籍的"眼学"的实证主义(《勉学篇》,47b～48b)。清代赵翼就指出在梁代"口耳之学"的流行(《廿二史札记》卷八《六朝清谈之习》)。颜之推所主张的地方大概也就是对这种风潮的反省。不过仅此还不能说是达到了学问的本质,颜之推的学问观可以在其对玄学的态度中如实地看到。

286

在梁代,《庄子》、《老子》、《周易》一并称作"三玄",梁武帝还有简文帝都是自己进行讲义,在建康其学徒满千余人。接着,也爱好玄学的元帝又招收学生自己来教授,还曾经自设讲筵。但是颜之推称自己既性顽鲁又不觉其有兴趣。这就是《勉学篇》中所讲到的(43a～b)。就像有学者所说到的那样,如果江南贵族是把综合地修得了玄儒文史四科的人当做理想的①,那么应该认为颜之推是已经失去了这一资格的。但是,他排斥玄学,并不只是以不合于其性格为理由的,而是植根于更根本的地方。他在对以何晏、王弼为首的玄学之徒加以驳诘的基础上,规定了玄学的本质:"直取其清谈雅论,剖玄析微,宾主往复,娱心悦耳,非济世成俗之要也。"(《勉学篇》,43a)也就是他认为玄学只不过是观念性的游戏而加

———————————

① 参见森三树三郎《六朝士大夫的精神》(《大阪大学文学部纪要》3卷)。

以指责和排斥,并认为学问最重要的就应该是"济世成俗之要"。颜之推对于玄学的理解正确与否姑且不论,而他这样思考是很重要的,就是在梁朝的太平时期也已经留下了一部分针对玄学盛行的批判,这一批判,又是从由于玄学以逃避现实为目的因而使得社会的功能麻痹这一认识出发的。例如,作为皇太子时期的简文帝萧纲讲《老》、《庄》二书时候的事情,恪勤庶务的那个何敬容慨叹说:"昔晋代丧乱,颇由祖尚玄虚,胡贼殄覆中夏。今东宫复袭此,殆非人事。其将为戎乎?"(《梁书》卷三七)还有,得到"山中宰相"别名的陶弘景,从很早就预见了梁的灭亡,他曾作出这样的诗说:"夷甫(王衍)任散诞,平叔(何晏)坐空谈,不意昭阳殿,化作单于宫。"而且,史书接着记载说:"大同(535—546年)末,人士竞谈玄理,不习武事。至是,(侯)景果居昭阳殿。"(《梁书》卷五六《侯景传》,《南史》卷七六《隐逸传》)颜之推大概也是持这样的认识的。或许在他的脑海中,当西魏军袭来时尚在江陵龙光殿讲《老子义》的梁元帝的印象与非常不痛快的亡国印象形成了双重的映现。

总之,他认为学问必须是志向在于"济世成俗"的。虽然他也讲到"夫所以读书学问,本欲开心明目,利于行耳"(《勉学篇》,36b),但是这个"行"应该是具有社会性效用的。他还这样讲到:"世人读书者,但能言之(其知识),不能行之。忠孝无闻,仁义不足。加以断一条讼,不必得其理;宰千户县,不必理其民。问其造屋,不必知楣横而棁竖也;问其为田,不必知稷早而黍迟也。吟啸谈谑,讽咏辞赋。事既优闲,材增迂诞。军国经纶,略无施用。故为武人俗吏所共嗤诋,良由是乎!"(《勉学篇》,37b～38a)颜之推尖锐地批判江南贵族在社会性还有政治性方面无所关心的态度,我们前面已经论述了。那无非是因为,作为在当时占有学问的唯一阶层的贵族们已经变成这样的存在,即距离颜之推所认为的学问之应有的样子还差得很远。

对于这样把玄学当做观念游戏而加以排斥,志向在于"济世成俗之要"的学问的颜之推,就其基本立场是担负着很多儒家思想的情况来说,大概是谁都会确信的。颜氏一家以《周礼》和《左传》的学问作为家业而相承传,他也从很早就接受了这些教育(见其本传)。还有,在《家训》中随处可以看到对儒家古典的引用,而且还告诫家人将记有五经文句或贤达姓名的旧纸作不净之用是没有道理的等等(《治家篇》,14a)。虽然这么说,但是他并不是要盲目地、无批判地固守古之圣贤的教诲[1],而是强调对于广泛的史学、文学之关心的必要性。不仅如此,面对世间一般的儒者们,他又呈上苦口之言说:"空守章句,但诵师言,施之世务,殆无一可。"(《勉学篇》,39a)其所质疑的,对于《孝经》开始卷头的"仲尼曰"仅三个字也做了达两页纸的长篇疏义到底想要起什么作用的情况(同上,40b),就是因为这与他所非难的玄学的爱好没什么两样。他所讲的"光阴可惜,譬诸逝水。当博览机要,以济功业"(同上,40b),就是在其想到"汉时贤俊,皆以一经弘圣人之道,上明天时,下该人事,用此致卿相者多矣"的基础上,而主张作为经世之学、"济世成俗之要"之学的儒学的复兴。尽管始终重视对现实世界的关心的立场,与他在日常生活中是热心的佛教信者的情况,似乎令人一看是相矛盾的,但其实并非如此。他对自己的孩子们就讲到:"汝曹若观俗计,树立门户,不得悉弃妻子,一皆出家。但当兼修戒行,留心诵读,以为来世津梁(架桥)。人身难得,无虚过也。"[2](《归心篇》,89b)

289

　　对中国士大夫来说的所谓现实世界,最重要的,当然就是政治的世

---

[1] 未必采用经书的颜之推的立场,我们通过考察在《风操篇》中他的态度大概就更清楚了。《风操篇》是在举出南北朝的贵族间所实行的礼制具体且丰富的事例的同时加以记述的篇章。在南北朝时代的贵族那里,被要求实行作为其资格之一并与贵族身份相适合的礼仪,因此礼就成为与贵族的生活密切相关的问题。正因为密切地贴近生活,所以不能按照礼经的记载那样实行的部分,就是离开礼经原来的样子,各自家族在自由的形式上发展着的。在《风操篇》的开头就讲到:"吾观礼经,圣人之教:……但既残缺,非复全书,其有所不载,及世事变改者,学达君子,自为节度,相承行之,故世号士大夫风操,而家门颇有不同,所见互称长短。"(14b)

[2] 宇都宫清吉所说的"在他那里,信仰的世界就是伦理的世界原样地扩延了的,处在同一平面上的世界",这确实是妥当而且值得玩味的话。见《〈颜氏家训·归心篇〉觉书》(收于《中国古代中世史研究》,创文社,1977年)。(译者注:"觉书"即摘要或笔记。)

227

界。那么,强调对现实世界的关心和学问的社会化的颜之推,在实际政治的情况下又是怎样行动的呢? 我想,就专门以他作为官僚的生涯即或许可以认为是他最为高扬的在北齐滞留 20 年间的行动为焦点来加以考察。

五 作为政治人的颜之推

在北齐的汉人贵族社会中,想要追随江南文化的文雅风潮是很显著的。然而,由于北齐社会是汉人和鲜卑人的复合社会这一特殊情况,在汉人贵族之间不安和动摇也逐渐越发严重。北齐王室高氏原本是鲜卑出身①,高欢似乎是费心于汉和鲜卑两民族之融合的,但是在颜之推实现逃到北齐时的天子文宣帝(550—559 年在位)那里,明显地看到他与鲜卑同族的意识,以及与之相表里的嫉视汉人的感情。这种情况,我们看一下在《北齐书》卷四《文宣帝纪》中认为是以不实之罪被杀而列举出的高隆之、高德政、杜弼、王昕、李蒨之等汉人官僚的事情,大概就可想而知了。

据说高隆之本姓为徐氏,也不一定是名门出身,不过,其"虽不涉学,而钦尚文雅,缙绅名流,必存礼接"(《北齐书》卷一八)。高德政是渤海蓚的名族。其死后,文宣帝对群臣这样说道:"高德政常言,宜用汉人,除鲜卑。此即合死。"(同上,卷三〇)这样,他的种族性偏见就触及文宣帝的逆鳞了。杜弼是通于玄学的士人,他的情况也与高德政相似。当被文宣帝问到"治国当用何人"时,他回答说:"鲜卑车马客,会须用中国人。"文宣帝认为他这是在讥讽自己(同上,卷二四)。王昕是北海剧的名族,是持极其贵族式的、清高的生活态度的人物,文宣帝恨恨地认为他缺少济世之才,而骂他道:"好门户,恶人身。"我想应该注意的是,在王昕被从七

---

① 参见本章注 12 的滨口的论文(译者注:即本译文第 223 页注②)。

兵尚书贬为庶民身份时的诏文中所说的："伪赏宾郎之味,好咏轻薄之篇。自谓模拟伧楚,曲尽风制。"(《北史》卷二四)这大概是讥讽王昕热心于追逐江南贵族人物式的生活的。还有李蒨之,也是"清通,好文学"(同上,卷一〇〇序传)这一类型的人物。

　　像这样,文宣帝对在汉人官僚中特别持贵族式生活态度的一群人怀有很强的反感和不满。在上述诸人当中,尤其是对王昕的处置好像越发加重了汉人贵族中间的不安。《北齐书》卷四二《卢昌衡传》中说道:"沉靖有才识,风仪蕴籍,容止可观。天保中,尚书王昕以雅谈获罪,诸弟尚守而不坠,自兹以后,此道顿微。昌衡与顿丘李若、彭城刘泰珉、河南陆彦师、陇西辛德源、太原王修并为后进风流之士。"那么要看到,这些风流之士的系谱并不是因王昕事件而一下子就被切断了,不能否认,对汉人贵族们来说则是面临着逐渐难以住居下去的时期。天保以后,以至到所谓"重吏事,谓容止酝籍者为潦倒"(《北史》卷二四《崔赡传》)。天保是文宣帝时代的年号,从那个时候就开始使人意识到,"容止酝籍"这一表述所象征的那种贵族人物风格的生活情调逐渐地与时代不相称,与此相表里的就是开始重视"吏事"了。

291

　　那么,在文宣帝天保八年(557 年)进入北齐的颜之推,起初任奉朝请、赵州功曹参军,在不鸣不飞当中经过了数年。然而,到后主武平四年(573 年)文林馆设立的时候,他的名字忽然变得引人注目了。据《北齐书》卷四五《文苑传序》说,文林馆原本起源于后主的私人性沙龙,萧放、晋陵王考式(文襄帝高澄的第四子长恭,或一名孝瓘之误?)、萧悫,还有颜之推四人就是最初的成员。这其中除了晋陵王之外的三人都是江南出身者的事实大概是值得注意的。因为在北齐社会,为人所知的是,江南人被看作是不能缺少诗文书画之沙龙中的文人。萧放和颜之推二人鼓动能将沙龙的规模扩大的宦官邓长颙,通过宰相祖珽的奏言,文林馆就开始设立了。在文林馆中,多数的文学之士聚集,他们就被称名为待诏文林馆。文林馆本来的性质,当然就是文人集团。在《隋志·集部·

229

总集类》中作为"《文林馆诗府》八卷,后齐文林馆作"而被著录的,大概就是聚集于文林馆的人们的作品选集。而且从颜之推《观我生赋》的自注中可知,在那里是进行着《修文殿御览》和《续文章流别》等书的编纂工作。并且作为判文林馆事而主持文林馆的人,正是颜之推和另一个人李德林(《隋书》卷四二《李德林传》)。

开始时,颜之推似乎是强有力地推进作为文人集团的文林馆本来的功能,努力想把它放在政治的圈子之外。然而,他最初的计划很快就不得不招致破产了。"及邓长颙、颜之推奏立文林馆,之推本意不欲令耆旧贵人居之,休之便相附会,与少年朝请、参军之徒同入待诏。"(《北齐书》卷四二《阳休之传》)而且,有关作为待诏文林馆的人物,则被说道:"凡此诸人,亦有文学肤浅,附会亲识,妄相推荐者十三四焉。"(同上,卷四五《文苑传序》)招致这样的结果到底是为什么呢?如果单纯地来说,就是在北齐的官界存在着汉人文官与鲜卑武人的根深蒂固的对立关系。尽管可以看到在文宣帝时代开始的前者的退潮,然而其势力也并非一举就致于瓦解程度的弱势群体。奏言创设文林馆的宰相祖珽,也是颜之推所称颂的"款一相之故人"(《观我生赋》)那样的后援人,无非正是这个祖珽成为占据了后主时期汉人文官领袖位置的人物。祖珽,字孝征(《北齐书》卷三九),他是范阳遒的名族,而且不是一般的人物。尽管他一时遭受了投狱和失明的悲痛命运,但是不久后主的时期一到来,因接近作为后主乳母而在宫廷内专权的陆令萱,他在武平三年(572 年)二月晋升到了尚书仆射。之后,他谋杀了作为出色的鲜卑人武将而令北周不断吃到苦头的斛律光,同时又使执掌朝政的鲜卑人宰相高元海失势,以至达到了"专主机衡,总知骑兵外兵事"。如同被封孝琰献以"衣冠宰相"的别名那样(《北齐书》卷二一),他被目为汉人文官的领袖。在其本传中所记载的"自和士开执事以来,政体臲坏,珽推崇高望,官人称职,内外称美",无非是传达了汉人官僚们对他的称赞。如果认为文林馆创设一事也是依照祖珽的奏言,那么可以认为,其不仅仅意味着文学沙

龙的诞生,而且是政治性地利用它而企图结成以祖珽为带头人的汉
人文官集团的。

　　这样,如果认为在文林馆的创设上寄托了针对鲜卑系武人的对抗意
识的话,那么不久对手方面做出的报复就是当然可以预想到的。事实
上,祖珽与鲜卑系武人,特别是与站在其顶点的韩凤的冲突极为激烈。
韩凤和祖珽的冲突,还有韩凤对汉人的恶感是何等程度的异常,这可以 ²⁹³
看看其本传(《北齐书》卷五〇《恩幸传》、《北史》卷九二《恩幸传》)。果然
是祖珽也的确中了其奸计而被毁掉了政治生涯。接着,作为祖珽一派汉
人官僚集团的崔季舒等六人也被韩凤置于死地,这是距祖珽失势不久的
武平四年(573 年)十月的事情。对认为应该避开出动于淮水的陈军锋芒
的后主想要到晋阳避难而加以进谏和阻止的事情,就是给予崔季舒等人
的罪状。颜之推也差一点要连坐于崔季舒事件,然而正在这个时候,他
表示了彻底的变身。"崔季舒等将谏也,之推取急还宅,故不连署。及召
集谏人,之推亦被唤入,勘无其名,方得免祸。"(本传)这样一来他不仅巧
妙地突破了危机,而且不久晋升到在其官僚生活中最高的黄门侍郎之
位。黄门侍郎是侍于天子侧近的职官。武平六年(575 年),由于军国的
资用不足而决定课税于关市、舟车、山泽、盐铁、店肆(《北齐书》卷八《后
主纪》),其事好像因为颜之推的上奏被采纳了,与《通典》卷一一《食货
典》一一《杂税》之条中的内容正相符合:"北齐黄门侍郎颜之推奏请立关
市邸店之税,开府邓长颙赞成之。后主大悦。于是以其所入以供御府声
色之费,军国之用不在此焉。"邓长颙是在后主时期的宫廷中掌握巨大权
势的宦官之一,他与颜之推的关系,如前面看到的那样在文林馆创设的
时候就已经开始了。颜之推在与这样的宦官有着联系的同时而接近了
政治的中枢的情况则值得注意。

　　之后的承光元年(577 年),北周军一路杀到北齐的领地内,颜之推又
经邓长颙介绍而与薛道衡、陈德信一起对后主建议向陈逃亡,然而无奈 ²⁹⁴
这一献策也落空了,后主在青州被抓住,北齐终于面临灭亡的时候了。

294   像他这样表示最终抵抗北周军的姿态,在当时的情况下是很异常的。因为如"周武帝平齐,山东衣冠多来迎"(《北齐书》卷一五《厍狄士文传》)所说到的那样,北齐的贵族们反倒是欢迎北周的征服。说到这里,其缘故大概也就是因为,以崔季舒事件为界限,北齐的政治专门归于宦官的手中,在贵族们那里失意的时期是接连不断的。例如,乐安王高劢,在北周军侵入之际,想要杀掉宦官苟子溢,而吼道:"今者西寇日侵,朝贵多叛。正由此辈弄权,致使衣冠解体。若得今日杀之,明日受诛,无所恨也。"(《隋书》卷五五)颜之推也在其《观我生赋》的自注中说:"祖孝征(珽)用事,则朝野翕然,政刑有纲纪矣。骆提婆等苦孝征以法绳己,潜而出之。于是教令昏僻,至于灭亡。"就这样谴责了宦官骆提婆。可是我们已经知道的情况是,在崔季舒事件的时候,颜之推背叛了朋友,在与宦官邓长颙保持密切联系的同时又接近政治的中枢。如果是这样的话,这个自注也不能成为辩解,由贵族们来看的话,颜之推也是同罪。在与他一起向后主进言向陈逃命的薛道衡的传记中所说的"后主之时,渐见亲用。于时颇有附会之讥"(《隋书》卷五七),就传达了在贵族不遇的时代因为被天子宠用而得到不很好的评价的情况,那么有关颜之推不是也存在着差不多同样的情况吗?

    但是,如果在这里为颜之推辩护的话,由于他老早就体验了江南贵族社会的破产,亲身感到贵族们无能的样子。即使认为由于他是江南文化人而有时候受到北齐汉人贵族们的欢迎,然而在进一步投入其中的事
295   情上他则是踌躇的,也就是在与他们不断保持一定距离的同时而行动着。能够突破祖珽的失势和紧接其后的崔季舒事件之危机的秘密,也就在于这一点。尽管他依靠祖珽做后援者,但是当然并不一定寄予了全部信赖,这是可以看到的。对于被祖珽除掉的斛律光而不惜赞词地说到"斛律明月(光),齐朝折冲之臣,无罪被诛,将士解体,周人始有吞齐之志"(《慕贤篇》,31b),大概就应该当做是对祖珽批判的话语来读的。

    北周武帝一平定完北齐,就带领着北齐知名的朝士18人凯旋长安。

这 18 人当中,也可以看到颜之推的名字(《北齐书》卷二四《杜台卿传》,同书卷四二《阳休之传》)。在北周,这些北齐系官僚的人事被一概委任于其中的一个人即李德林(《隋书》卷四二),而他们大多在北周还有隋朝的官界实现了荣达。然而颜之推在整个北周和隋朝的官界没有过任何明显的活跃,只是如同作为一介文化人而存在那样。如果据周法高氏的说法,《观我生赋》就是其在北周时期的作品。① 此赋是以咏叹而结束的:"……委明珠而乐贱,辞白璧以安贫。尧舜不能荣其素朴,桀纣无以污其清尘。此穷何由而至,兹辱安所自臻。而今而后,不敢怨天而泣麟也。"他就是如此地孤独且生活困苦。② 这里所讲的情形,也不是与他在北齐末年的行动曾经成为朋友们非难对象的情况无关的。

不过,为了在复杂的北齐官界当中安身,大概只有两个途径,一个是要从政治的世界一步就退出来,享受自己自在地生活的生存方式。③ 可是这样的生存方式,即如我前面讲过的那样,正在逐渐地变成不被允许的了。使人感到其中还是如同隐藏着宣告新时代到来的什么东西似的。对于颜之推在《终制篇》中所说的"北方政教严切,全无隐退者"(133a)的情况是应该注意的。④ 如果是这样,作为剩下的另一条道路,大概就只有在政治的世界积极地出人头地下去。尤其像颜之推那样在华北社会什么传统也没有的流亡贵族大概就更是如此。对于他在北齐末期的行动受到贵族伙伴的非难,确实也有合乎道理的一面,然而对政治的积极参

296

---

① 《颜之推〈观我生赋〉与庾信〈哀江南赋〉之比较》(《大陆杂志》20 卷 4 期)。

② 在《家训·勉学篇》中,有着使人想象到在北周时代颜氏一家经济上贫穷的记述。"邺平之后,见徙入关。(长子)思鲁尝谓吾曰:'朝无禄位,家无积财,当肆筋力,以申供养。每被课笃,勤劳经史,未知为子可得安乎?'"(45b)

③ 在北齐的孝昭帝时期虽然给予予侍中之官但是却拒绝了的王晞讲道:"我少年以来,阅要人多矣,充诎少时,鲜不败绩。且性实疏缓,不堪时务,人主恩私,何由可保,万一披猖,求退无地。非不爱作热官,但思之烂熟耳。"(《北齐书》卷三一)

④ 在《旧唐书》卷六五《高士廉传》中说:"近代以来,多轻隐逸,士廉独加褒礼,蜀中以为美谈。"这是把唐朝贞观之初任益州大都督府长史的高士廉尊崇隐逸之士朱桃椎的事情当做极其特异的事例记述之后所加的说明。   *302*

与,则正是他的主张的主要部分。例如他所说的:"入帷幄之中,参庙堂之上,不能为主画规,以谋社稷,君子所耻也。"(《诫兵篇》,79b~80a)还有:"士君子之处世,贵能有益于物耳,不徒高谈虚论,左琴右书,以费人君禄位也。"(《涉务篇》,70a)他讲到因为是官僚就应该把自己的生命燃烧在经世济民上,这些主张无非就是批判虽然是官僚但却安度消遣的日子这种贵族人物式的生活态度。他更把在北齐灭亡时贯彻了"忠"道的蛮人出身的宦者田鹏鸾,与向北周军门投降了的北齐将相们做对比之后而予以称赞并无所顾忌(《勉学篇》,45a~b)。对于这样的主张,贴上是为了拥护专制君主权的政治论、道德论的标签是容易的。但是,当其作为对旧有的贵族社会的批判而被提出的时候,就是具有构成其本身和构成那个时代之新鲜程度的东西了。而且,他已经不是停留在对正在成为过去之遗物的贵族社会的批判上。例如,在他讲到"多见士大夫耻涉农商,羞务工伎,射则不能穿札,笔则才记姓名。饱食醉酒,忽忽无事,以此销日,以此终年。或因家世余绪,得一阶半级,便自为足,全忘修学"(《勉学篇》,32b~33a)的时候,大概可以说,在对于不是以个人的能力而是家格的高下来决定一切的贵族社会予以批判的同时,也作为理念而开启了向着专门依靠学问就能够获得官职的科举官僚社会的一种展望。即他在学问中看到了绝对的价值,而且他承认学问是"伎"也与此不是没有关系的。所谓科举官僚社会,不言而喻就是开始于隋唐时代的新体制。而且,他还否定缺少实务能力,缺乏对社会、政治的关心的贵族的存在。在学问上,如前面我们所看到的他对玄学的批判那样,排斥不具有社会性效用的观念游戏,又因为他最终主张积极地参加政治,这也就描绘出了生活在南北朝时期乃至政治力优越的隋唐时代之官僚的新的姿态。

结　语

尽管颜之推是作为贵族社会的一员而生,但他确实完成了痛快淋漓的贵族批判。他的批判尖锐地刺激到了贵族社会内部包含的弱点本身，是不能仅仅当做一个流亡贵族的牢骚性质的东西来对待的。可以认为这是由于他亲身体验了江南贵族社会的没落，又在新踏进的华北社会中敏锐地洞察到了新时代的动向。只是在本章，在说到颜之推的贵族批判 298 的问题上都是很急促的，而把在丰饶的贵族文化传统中培育出来的其本人作为文化继承者的侧面给忽视了。这样的侧面，大体通过对《家训》的《书证篇》和《音辞篇》的考察就能看清楚。而且还有，考察他那样的学问如何被子孙们所继承，如何被发展等等，大概也是使人深感兴趣的问题。唐代的颜氏，尽管就是与颜之推有直接联系的子孙们，然而这一系颜氏作为比六朝时代更辉煌的家族而存在，就是颜师古和颜真卿等名人辈出。之所以这样说，就是因为，颜氏的人们也意识到把自己当做"书生门户"，懂得把学问当做"素业——本来的家业"，从而变成了一种力量，使其用来对应新的时代而成为可能。本章只是暂且提出这一问题，在新的一章，我想就转移到考察颜之推的孙子的颜师古的学问上面。

第十章　颜师古的《汉书注》

在本章采用的版本及其表示法

（1）《汉书》采用王先谦《汉书补注》（简略符号 HP.），显示其通卷数及页码正反面（简略符号 a,b）。例如，HP.65,23a，就是表示卷65,《东方朔传》，第 23 页正面。如卷一《高祖纪》那样的分为上、下的情况，就以 HP.1A,HP.1B 表示。如卷二七《五行志》那样的分为上、中之上、中之下、下之上、下之下的情况，就以 HP.27A,HP.27Ba,HP.27Bb,HP.27Ca,HP.27Cb 表示。再如卷二八《地理志》，王先谦本将上卷、下卷又分为上一、上二、上三、下一、下二的情况，就以 HP.28A1,HP.28A2,HP.28A3,HP.28B1,HP.28B2 表示。还有，也有按照《补注》的意见而将文字改动的时候，因其繁琐就不一一注记了。而且根据〈　〉而清楚其是注的情况。

（2）《史记》采用泷川龟太郎《史记会注考证》（简略符号 SH.），显示其通卷数及页码。

（3）《颜氏家训》采用周法高《颜氏家训汇注》，显示其页码正反面。

（4）《文选》采用胡刻《文选》，显示其通卷数及页码正反面。

前　言

如果根据赵翼所指出的,唐初的显学就是"三礼"、《汉书》、《文选》之学这三者。①"三礼"之学和《文选》之学的情况暂且不论,《汉书》之学则的确是唐初的显学之一,颜师古的《汉书注》产生在唐代的情况应该看作其最重要的佐证。但是,因为唐初的《汉书》之学不言而喻是站在继承前代遗产基础上的,所以《汉书》之学是从六朝直到隋朝和唐初的显学之一,这样说大概是更准确的。师古注也还是渊源于六朝末的《汉书》之学的。

六朝末的情况我打算在后面再列举。在隋朝和唐初《汉书》之学的兴盛,从赵翼的有关文章大概就可以知道其梗概了。而且还有,通过当时存在着"《汉书》学"乃至"《汉书》学者"这样的词语的事实,大概也是可以窥见的。例如包恺,"又从王仲通受《史记》、《汉书》,尤称精究。大业中,为国子助教。于时《汉书》学者,以萧、包二人为宗匠。聚徒教授,著录者数千人。"(《隋书》卷七五《儒林·包恺传》)有关王仲通的情况,没有其他可知的线索。还有秦景通,"与弟㬎,尤精《汉书》。当时,习《汉书》者皆宗师之,常称景通为大秦君,㬎为小秦君。若不经其兄弟指授,则谓之'不经师匠,无足采也'。……为《汉书》学者,又有刘纳言,亦为当时宗匠。纳言,乾封中历都水监主簿,以《汉书》授沛王贤。"②(《旧唐书》卷一八九上《儒学·秦景通传》)而且,颜师古在解释《汉书·东方朔传赞》的 *305*"后世好事者,因取奇言怪语,附著之朔,故详录焉"当中,也使用了"《汉书》学"一词。"师古曰:言此传所以详录朔之辞语者,为俗人多以奇异妄附于朔故耳。欲明传所不记,皆非其实也。而今之为《汉书》学者,犹更取他书杂说,假合东方朔之事,以博异闻,良可叹矣。"(HP.65,23a)颜师

---

① 《廿二史札记》卷二〇《唐初三礼汉书文选之学》。 *406*
② 刘纳言也是协助章怀太子李贤撰述《后汉书》注的人之一。"贤又招集当时学者太子左庶子张大安、洗马刘讷(纳)言、洛州司户格希元、学士许叔牙成玄一史藏诸周宝宁等,注范晔《后汉书》,表上之。"(《旧唐书》卷八六《高宗诸子章怀太子贤传》)

古的这一慨叹希望读者能保留在记忆当中。因为我认为,总之,就像我们还有机会详论的那样,"取他书杂说""以博异闻"的情况,不止是在《东方朔传》,而是整个师古注所完全排斥的态度。说起师古注的基本态度,也就在这里表明了。

我刚才讲过了,师古注有着在六朝末《汉书》之学上的起源。更详细地来说,是有着在南朝末期江南的《汉书》之学上的起源。不过另一方面,在其中可以显著地看到其对南学拒绝的态度。可以认为,恢复汉、魏、晋的旧注才是师古注的立场,因此就产生了这样的主张,认为以完整的形式将旧注保存下来的华北的学问即所谓北学反倒比南学要好。这样,对于尽管直接起源于南朝末江南的汉书之学,然而又以恢复旧注为主张的师古注,应该在《汉书》成书以后的《汉书》之学传统当中确定其正确的位置。那么本章在涉及师古注本身之前想要考察的问题就是,在颜师古以前《汉书》是怎样地被接续着阅读下来的,又是怎样地被接续着来注释的。在颜师古以前,《汉书》的注释就已经大量存在了。司马贞在其与《史记》比较的基础上说道:"夫太史公纪事,上始轩辕,下讫天汉。虽博采古文及传记、诸子,其间残阙盖多,或旁搜异闻以成其说,然其人好奇而词省,故事核而文微。是以后之学者多所未究。其班氏之书,成于后汉。彪既后迁而述,所以条流更明,且又①兼采众贤,群理毕备。故其旨富,其词文。是以近代诸儒共所②钻仰,其训诂盖亦多门。蔡谟集解之时,已有二十四家之说。所以于文无所滞,于理无所遗。而太史公之书,即上序轩黄,中述战国,或得之于名山坏宅③,或取之以旧俗风谣,故其残文断句难究详矣。然古今为注解者绝省,音义亦希。"(《史记索隐后序》)《史记》与《汉书》被并称,是很普遍的。事实上,或"《史》《汉》"、或"三史"的词语,很早从三

①译者注:中华书局本"且又"作"是"。
②译者注:中华书局本"所"作"行"。
③译者注:中华书局本"宅"作"壁"。

国时代就被使用了。[1] 尽管如此，《史记》之学的贫乏，《汉书》之学的兴盛，就这样地成为当初整个时代的现象。

一　颜师古以前的《汉书》学

1　《汉书》的成书及其被接受

　　记载了西汉 12 代、230 年事迹的《汉书》，是班固自东汉明帝永平（公元 58—75 年）中奉诏开始，历经二十余年而在建初（公元 76—83 年）中完成的。尽管历史上以其被冠上班固一人之名为通例，但是众所周知，称作是班氏一家人及其周围的人们共同述作则更为合适。其原本是以班固之父班彪作为《史记》的续篇而写出的《后传》乃至《后篇》数十篇为基础的。[2] 不过，《汉书》作为西汉一代的断代史而被完成，班彪始终以接续《史记》为目的，尽管这成为很大的问题，但是即使在今天我们也能够弄清楚的经过班彪执笔情况的部分，是存在于《汉书》中的。[3] 而且，《八表》和《天文志》，还保留了班固之妹

---

[1] 例如从《三国志》中可以找出如下诸例："……余是以少诵诗、论，及长而备历五经、四部，《史》《汉》、诸子百家之言，靡不毕览。"（卷二《魏志·文帝纪》注引《典论自序》）"治《公羊春秋》，博涉《史》《汉》。"（卷四一《蜀志·张裔传》）"博物识古，无书不览，尤锐意三史，长于汉家旧典。"（卷四二《蜀志·孟光传》）这时候的"三史"不用说就是《史记》、《汉书》、《东观汉纪》。

[2] 《后汉书》传三〇上《班彪传》"彪既才高而好述作，遂专心史籍之间。武帝时，司马迁著《史记》，自太初以后，阙而不录，后好事者颇或缀集时事，然多鄙俗，不足以踵继其书。彪乃继采前史遗事，傍贯异闻，作后传数十篇，因斟酌前史而讥正得失。其略论曰……"。而且在其传略中自己称"此后篇"。续写《史记》的所谓"好事者"们的情况，参见《史通·古今正史篇》。

[3] 《元帝纪》："赞曰臣外祖兄弟为元帝侍中〈应劭曰：《元》、《成帝纪》，皆班固父彪所作，臣则彪自说也。外祖，金敞也。如淳曰：班固外祖樊叔皮也。师古曰：应说是〉，语臣曰：元帝多材艺，善史书……"（HP.9，13b）。《成帝纪》："赞曰臣之姑充后宫为婕妤〈晋灼曰：班彪之姑也〉，父子昆弟侍帷幄……"（HP.10，16a）。《韦贤传赞》"司徒掾班彪曰：汉承亡秦绝学之后……"（HP.73，21a）。《翟方进传赞》"司徒掾班彪曰：丞相方进以孤童携老母，羁旅入京师……"（HP.84，20b）。《元后传赞》"司徒掾班彪曰：三代以来，《春秋》所记……"（HP.98，15b）。据徐松所说，《西域传赞》也是班彪所作。参见《西域传赞》末尾的补注（HP.95B，39b）。

班昭亦即曹大家的执笔。但是由于其中还有欠缺的部分,所以据说是又命马融之兄马续所续纂的。① 这样一来,《汉书》当中只有哪些部分是本来由班固执笔的呢?对此有疑问的人也不少。对司马迁宽而对班固严的郑樵严厉地评论道,作为由班固自己执笔的就是《古今人表》一篇而已,也就是脱离了表之本义的《古今人表》一篇而已。② 或者还有说班固剽窃了父亲班彪的文章这样的非难,在颜师古的时代似乎也已经存在了。在以"司徒之掾班彪曰"开始的《韦贤传赞》的注中即说道:"师古曰:《汉书》诸赞,皆固所为。其有叔皮(班彪)先论述者,固亦具

显以示后人,而或者谓固窃盗父名,观此可以免矣。"(HP.73,21a)

那么无论如何,尽管《汉书》在成书的同时就广泛地流传于世了③,但是由此开始,难解的词语、难解的句子也已经有不少了。据说为此朝廷命马融亲自从班昭那里学习读法。④ 这样一来,有关《汉书》的传授而有些特异的方法,大概早就产生了。《史通·古今正史篇》在关于《汉书》的地方有云:"始自汉末,迄乎陈世,为其注解者凡二十五家,至于专门受业,遂与《五经》相亚。"也就是说,《汉书》是拟于经书而通过"专门受业"的方法被传授的。在《隋志》"史部·正史类"将这一情况

---

① 《后汉书》传七四《列女·曹世叔妻传》记云:"兄固著《汉书》,其八表及《天文志》未及竟而卒,和帝诏昭就东观藏书阁,踵而成之……时《汉书》始出,多未能通者,同郡马融伏于阁下,从昭受读,后又诏融兄续继昭成之。"可是在司马彪的《续汉书·天文志序》中有云:"孝明帝使班固叙《汉书》,而马续述《天文志》。"还有,在《史通·古今正史篇》有云:"固后坐窦氏事,卒于洛阳狱,

书颇散乱,莫能综理。其妹曹大家,博学能属文,奉诏校叙。……其八表及《天文志》等,犹未克成,多是待诏东观马续所作。而《古今人表》尤不类本书。"这些内容有着相当大的出入。

② 郑樵贬低班固的最大理由,就在于作为断代史而失去了历史的连续性(相因之义,会通之旨)这一点上,他稍有乱发脾气之倾向地说道:"自《春秋》之后,惟《史记》擅制作之规模,不幸班固非其人,遂失会通之旨,司马氏之门户,自此衰矣。班固者浮华之士也,全无学术,专事剽窃,……自高祖至武帝凡六世之前,尽窃迁事*,不以为惭。自昭帝至平帝凡六世,资于贾逵、刘歆,复不以为耻。况又有曹大家终篇,则固之自为书也几希。往往出固之胸中者,《古今人表》耳。他人无此谬也。后世众手修书,道傍筑室,掠人之文,窃钟掩耳,皆固之作俑也。"(《通志·总序》)不过,《文史通义·内篇三·黠陋》从"家学"的观点反驳了郑樵。(译者注:*此处的"事"《四库全书》本作"书"。)

③ 《后汉书》传三〇上《班固传》"当世甚重其书,学者莫不讽诵焉"。

④ 参见本章注6(译者注:即本译文本页注①)。

表述为"师法相传"。亦即:"……唯《史记》、《汉书》,师法相传,并有解释。《三国志》及范晔《后汉》,虽有音注,既近世之作,并读之可知。梁时,明《汉书》有刘显、韦稜,陈时有姚察,隋代有包恺、萧该,并为名家。《史记》传者甚微。"如在这里的引用所能看到的那样,隋朝的萧该和包恺,或是唐朝的刘纳言,被称为"宗匠",还有唐朝的秦景通兄弟被称作"师匠",也就是与《汉书》特有的传授方式有关的。"宗匠"乃至"师匠"的词语在被用于有关《汉书》学者以外的例子,在所谓的外典当中的确是很少有的。①

作为可以使人窥见《汉书》之师法的简单但是很珍贵的纪事,可以在《三国志》卷五九《吴志·孙登传》中看到。黄初二年(221 年),孙权的长子孙登一被立为太子,诸葛恪、张休、顾谭、陈表就被特别地选为宾友而入侍。于是,"权欲登读《汉书》,习知近代之事。以(张秀之父)张昭有师法,重烦劳之,乃令休从昭受读,还以授登。"还有,在同上书卷五二《张休传》裴注所引《吴书》中所说的"休进授,指摘文义,分别事物,并有章条",大概正是传达了作为《汉书》之师法本身的内容。划分章句,指摘文义,大概是以解释出现于其中的事物为主的。但是有关孙登的这一纪事,在传达了《汉书》之师法的同时,在有关《汉书》的接受方式上也提示出了令人兴趣很深的问题。这就是:

(一)孙权让孙登读《汉书》,目的就是让其学习"近代之事"。对三国人来说,汉代当然还是属于近代领域的。这一点不管怎样使人想象到的情况就是,《汉书》有时候是作为在一些实际的刑政上起作用的书籍,说起来是作为实用的书籍而被阅读的。事实上,其常常成为为政者或权力

---

① "宗匠"一语,在内典中,例如《高僧传》卷五《释道安传》所云"于时学者,多守闻见,安乃叹曰:宗匠虽邈,玄旨可寻。应穷究幽远,探微奥。令无生之理,宣扬季末。使流遁之徒,归向有本"(T50,351c),就这样地多有使用。另外在外典中,只知下面二例。《晋书》卷七五《范宁传》有云"轩冕之龙门,濠梁之宗匠",这是说王弼和何晏的。《宋书》卷一一四《礼志一》有云"路经阙里,过觐孔庙,庭宇倾顿,轨式颓弛,万世宗匠,忽焉沦废;仰瞻俯慨,不觉涕流",这是说孔子的。

者喜欢读的书,也成了帝王学之书。可以认为,《汉书》被制作成抄录本,或有时候被改编的情况,都是与此有关的。

(二)师法本来是经书传授的方法,其也被用于《汉书》的情况说明《汉书》在三国的时候已经获得了与经书并列的位置。还有,三国吴人华覈上疏中的一段也说:"汉时司马迁、班固,咸命世大才,所撰精妙,与《六经》俱传。"(《三国志》卷五三①《吴志·薛综传》)说起来,大概《汉书》成为知识人共通的古典以及大量的注释被写出来,也就是与其被人们接受相呼应的。

310 在《汉书》的被接受上所能看到的这两种方式,当然不是从根本上截然区别开的,而且应该认为是相互有着紧密关联的。那么现在我想暂且分别就(一)、(二)做进一步的考察。

2 作为刑政之书的《汉书》

永元四年(公元 92 年)的时候,东汉和帝,想要除掉其父章帝的皇后亦即当时作为皇太后临朝的窦太后,及其弟大将军窦宪;于是在让清河王刘庆秘密地从千乘王刘伉那里得到《汉书·外戚传》的同时,进而由刘庆向中常侍郑众传话,让其寻查有关故事。根据李贤的注,据说就是让其寻查汉文帝诛其母薄姬之弟薄昭的故事,还有汉武帝诛文帝窦皇后之弟窦婴的故事(《后汉书》卷四五《清河孝王庆传》)。《汉书》的《外戚传》,如其赞中所说的"序自汉兴,终于孝平,外戚后庭色宠著闻二十有余人。然其保位全家者,唯文、景、武帝太后及邛成后四人而已"(HP. 97B,24a),其中充满着围绕后宫的阴暗惨烈的政治斗争的记录,然而现在就可以用来查找除掉外戚窦宪的故事了。不久,汉和帝胜利,窦宪被迫自杀,这时候作为窦宪派人物之一的班固也归于狱死。② 应该说这也就像

---

① 译者注:此处本书原文作"卷五八",据《三国志》改。

② 班固也曾经历过为了大将军窦宪而作为中护军、行中郎将军赴匈奴的使者。再有,《后汉书》传四二《崔骃传》中讲到:"元和中,肃宗始修古礼,巡狩方岳。骃上《四巡颂》以称汉德,辞甚典美,文多故不载。帝雅好文章,自见骃颂后,常嗟叹之,谓侍中窦宪曰:'卿宁知崔骃乎?'对曰:'班固数为臣说之,然未见也。'帝曰:'公爱班固而忽崔骃,此叶公之好龙也。试请见之。'……"

陷入自己设立的苛酷法网的商鞅那样的历史讽刺。

这就是在成书后不久的时期《汉书》便提供了现实之用的一个极其生动的事例。① 然而同样是在东汉时代，由应奉著《汉书后序》，根据李贤注所引的袁山松《后汉书》，据说他还删削《史记》、《汉书》、《东观汉纪》，把 *311* 从汉的创业到应奉时为止 360 余年的事情汇集为 17 卷，取名为《汉事》（《后汉书》传三八《应奉传》）。应奉之子就是应劭，有关他的《汉书注》则留在下节论述。现在这里可以举出的大概就是应劭的《驳议》。也就是，根据建安元年（196 年）献上其删定律令而成的《汉仪》时应劭的上奏文，则说他除了编集《律本章句》、《尚书旧事》、《廷尉板令》、《决事比例》、《司徒都目》、《五曹诏书》、《春秋断狱》之外，还汇集《驳议》三十篇，以类相从，凡八十二事，其明细就是"其见《汉书》二十五，《汉记》（《东观汉记》）四，……其二十六，博采古今瑰玮之士，文章焕炳，德义可观。其二十七，臣所创造"（同上《应劭传》）。② 内容大概好像是驳论判决例之不当的，在《后汉书》中引用了其中的一事。遗憾的是，并不是见于《汉书》的，好像是对见于《汉记》的内容的驳议。不过其中引用了班固的话的地方还是值得注意的。事件是安帝时期的，河间的尹次和颍川的史玉被官府问以杀人罪而决定当于死罪。然而，尹次之兄尹初和史玉之母军请求官府让他们分别当替身，结果都被缢死了。尚书陈忠，从"疑罪从轻"的立场出发免除了尹次和史玉的罪。关于这个判决，将无罪的初和军杀死了，却让当死的尹次和史玉活着，驳论此事为不当的应劭在其中一节说道："初、军愚狷，妄自投毙。昔（齐之）召忽亲死子纠之难，而孔子曰：'经于

---

① 在《汉书·张骞传》"大宛诸国发使，随汉使来观汉广大，以大鸟卵及黎轩眩人献于汉，天子大说。……是时上方数巡狩海上，乃悉从外国客"一节的应劭注中，如下地记载了东汉邓太后时代的情况，大概也是引人注目的。"邓太后时，西夷檀国来朝贺，诏令为之。而谏大夫陈禅以为夷狄伪道，不可施行。后数日，尚书陈忠案汉旧书，乃知世宗时黎轩献见幻人，天子大悦， *408* 与俱巡狩，乃知古有此事"（HP.61,7b～8a）。
② 在《晋书·刑法志》中也有重复，其中将"驳议"作"议驳"。参见内田智雄编《译注中国历代刑法志》（创文社，1964 年）。

沟渎,人莫之知。'朝氏(晁错)之父非错刻峻,遂能自陨其命,班固亦云:
'不知赵母(赵括之母)指括以全其宗。'传曰:'仆妾感慨而致死者,非能
义勇,顾无虑耳。'"其中孔子的话见于《论语·宪问篇》,班固的话见于
《汉书·晁错传赞》,传曰中的话见于《史记·栾布列传赞》。这样,到了
距其成书的时候大约一个世纪,和《论语》、《史记》一起,《汉书》的话也被
当做一种规范而引用的情况,作为对于它的评价是很早就确立了的事实
而值得注意。

　　作为应劭同时代人的荀悦的《汉纪》,尽管采用的是编年体的体裁,
但是其原本始终是以《汉书》为蓝本的,由于《汉书》部头过大翻读不便,
所以受成帝之命改编而成。在其卷一的开头有曰:"谨约撰旧书,通而叙
之,总为帝纪。列其年月,比其时事,撮要举凡,存其大体。旨少所缺,务
从省约,以副本书,以为要纪。"其所说的"旧书"、"本书"就是指《汉书》,
这是不言自明的。可以认为,这样荀悦在作《汉书》之要纪的同时,在就
事情的评论上倾注精力,就因为还是着眼于把《汉书》当做供实际之用而
改编。除此之外,桓范的《世要论》,据说是摘录《汉书》的各种杂事,然后
以已意相斟酌的书。大概由其书名就已经很好地说明了《汉书》有时候
是被当做在刑政上实际起作用的书籍来阅读的情况。[①]

　　那么,前面所讲到的《汉书》成为为政者和权力者喜欢阅读的书,或
者又成为帝王学之书的情况,也是根据以下的事实。例如,据说司马懿
之父司马防爱好《汉书》的《名臣列传》,能够默记数十万言。[②] 孙权向太
子孙登推荐读《汉书》的情况则如前面所述,同样地,孙权还有时候对将
军吕蒙和蒋钦极力主张学问的必要。当吕蒙回答没有那个时间时,孙权

[①]《三国志》卷九《魏志·曹爽传》注引《魏略》。马国翰主要根据类书,严可均进而加上《群书治
要》而作成辑本。马国翰的解题中说:"《北堂书钞》、《初学记》、《文选注》、《太平御览》等书引
之,或作《新论》,或作《要集》,或作《世论》,皆此一书,而引题者异。……书中多论行兵,盖三
国割据,日寻干戈,故论世者详究之。虽列法家,而略无残苛之语。"(《玉函山房辑佚书》)不
过仅就这些辑本来看,当然是汉事占多数,但是未必只限于汉事。
[②]《三国志》卷一五《魏志·司马朗传》注引《司马彪序传》。

则告诫说："孤岂欲卿治经为博士邪？但当令涉猎见往事耳。卿言多务，³¹³
孰若孤。孤少时历《诗》、《书》、《礼记》、《左传》、《国语》，惟不读《易》。至
统事以来，省三史、诸家兵书，自以为大有所益。如卿二人，意性朗悟，
学必得之，宁当不为乎？宜急读《孙子》、《六韬》、《左传》、《国语》及
三史……"（《三国志》卷五四《吴志·吕蒙传》注引《江表传》）据说于是吕
蒙非常发奋，成了旧儒不胜的学者。然而在这里我想提起注意的是"三
史"被与兵书并提的情况。其所说的兵书，具体的大概就是《孙子》、《太
公六韬》。这样，"三史"，进而是《汉书》，有时候又是被当做能够教给人
们军事智略的书籍来阅读的。蜀国之先主刘备在其遗诏中向后主推荐
要读的书单中，也举出了《汉书》和《六韬》。"可读《汉书》、《礼记》，闲暇
历观诸子及《六韬》、《商君书》，益人意智。"（《三国志》卷三二《蜀志·先
主传》注引《诸葛亮集》）那么，《汉书》有时候被与兵书并列作为能够教给
人们军事智略的书籍来阅读的这一推测，我认为在本章注 14①所列举的
马国翰关于桓范《世要论》的解题中所讲的"书中多论行兵，盖三国割据，
日寻干戈，故论世者详究之"，似乎可以作为一个参考。而且，更加支持
这一推测的记录，在《三国志》中也是不少的。也就是，关于夏侯渊的第
三子夏侯称，其从孙夏侯湛所作的传序中说："称，字叔权。自孺子而好
合聚童儿，为之渠帅。戏必为军旅战陈之事，有违者辄严以鞭捶，众莫敢
逆。（父）渊阴奇之，使读《项羽传》及兵书，不肯，曰：'能则自为耳，安能 ³¹⁴
学人？'"（卷九《魏志·夏侯渊传》注）因为不说《项羽本纪》而说《项羽
传》，夏侯渊肯定是想用《汉书》作为课本的。还有蜀国的王平，所谓"平
生长戎旅，手不能书。其所识不过十字，而口授作书，皆有意理。使人读
《史》《汉》诸纪传，听之，备知其大义，往往论说不失其指。"（卷四三《蜀
志·王平传》）再有，在吴国的留赞的情况尤其显著。"然性烈，好读兵书
及三史。每览古良将战攻之势，辄对书独叹，因呼诸近亲谓曰：'今天下

---

① 译者注：即本译文第 244 页注①。

扰乱,英豪并起,历观前世,富贵非有常人。……'"(卷六四《吴志·孙峻传》注引《吴书》)

　　随着时代下移而在五胡诸政权的君主们当中,《汉书》的爱好者也是不少的。刘元海是这样①,石勒也是这样。特别是石勒的情况被记载于《世说新语·识鉴篇》而著名。"石勒不知书,使人读《汉书》。闻郦食其劝立六国后,刻印将授之,大惊曰:'此法当失,云何得遂有天下。'至留侯谏,乃曰:'赖有此耳。'"②在这里他也是想从《汉书》中引出政治智慧的态度可以清楚地看到,这与北魏太祖道武帝对于《汉书》的接受方式又有相似之处。也就是说,道武帝招崔渊(字玄伯)让其讲《汉书》,一到了娄敬劝鲁元公主下嫁于匈奴的部分③,就嗟叹良久;这样一来,他就让公主们全都下嫁给宾附之国,即使朝臣的子弟们是什么名族美彦,也都一律不能尚于公主(《魏书》卷二四《崔玄伯传》)。

3　旧注家们的时代

　　这样,东汉、三国,进而五胡十六国,在专门是为政者们之间,尽管《汉书》有作为可以引出刑政的实际智慧的书籍,或者是作为能够教给人

---

① 《晋书》卷一〇一《刘元海载记》记云:"幼好学,师事上党崔游,习《毛诗》、《京氏易》、《马氏尚书》,尤好《春秋左氏传》、《孙吴兵法》,略皆诵之,《史》、《汉》、诸子,无不综览。"关于相当于刘元海从祖的刘宣,也可以看到如下记载:"每读《汉书》,至萧何、邓禹传,未尝不反覆咏之,曰:'大丈夫若遭二祖,终不令二公独擅美于前矣。'"

② 《汉书·张良传》中说:"汉三年,项羽急围汉王于荥阳,汉王忧恐,与郦食其谋桡楚权。郦生曰:'昔汤伐桀,封其后杞;武王诛纣,封其后宋。今秦无道,伐灭六国,无立锥之地。陛下诚复立六国后,此皆争戴陛下德义,愿为臣妾。德义已行,南面称伯,楚必敛衽而朝。'汉王曰:'善。趣刻印,先生因行佩之。'郦生未行,良从外来谒汉王。汉王方食,曰:'客有为我计桡楚权者。'具以郦生计告曰:'于子房如何*?'良曰:'谁为陛下画此计者? 陛下事去矣。'汉王曰:'何哉?'良曰:'臣请借前箸以筹之,……诚用此谋,陛下事去矣。'汉王辍食吐哺骂曰:'竖儒几败乃公事!'令趣销印。"(HP. 40, 5b~7a)(译者注:* 中华书局本"如何"作"何如"。)

③ 《汉书·娄敬传》中说:"高帝罢平城归,韩王信亡入胡。当是时冒顿单于兵强,控弦四十万骑,数苦北边。上患之,问敬。敬曰:'天下初定,士卒罢于兵革,未可以武服也。冒顿杀父代立,妻群母,以力为威,未可以仁义说也。独可以计久远子孙为臣耳,然陛下恐不能为。'上曰:'诚可,何为不能! 顾为奈何?'敬曰:'陛下诚能以適长公主妻单于,厚奉遗之,彼知汉女送厚,蛮夷必慕,以为阏氏,生子必为太子,代单于……。"(HP. 43, 12b)

们军事谋略的书籍而被阅读的时候,但是在另一方面,从很早的东汉时代起《汉书》的注释就被开始撰写了。有关汉、魏、晋的《汉书》注的大概,在颜师古的《前汉书叙例》中被分为凡十条,其中的第二条很详细。而且在其末尾的第十条中,又详列了以汉、魏、晋为中心的《汉书》注家合计 23人的名氏和爵里的名单。那无非是师古注提出名字而引用的地方,属于所谓旧注的人们的名单。现在我想顺着《叙例》的第二条,略述一下有关汉、魏、晋的《汉书》注。

"《汉书》旧无注解,唯服虔、应劭者,各为音义,自别施行。"

服虔的传,当然是列于《后汉书·儒林传》中的,说是其只有《春秋左氏传解》,而没有说《汉书》注的事情。《隋志》中著录有"《汉书音训》一卷,服虔撰"。有关应劭的《驳议》,前面我们已经接触过了。在《后汉书》[316]的本传中作为应劭的著书之一而列出了《集解汉书》。但是《隋志》是作为"《汉书》一百一十五卷,汉护军班固撰,太山太守应劭集解"、"《汉书集解音义》二十四卷,应劭撰"而著录的,如《叙例》在后文中指出的,还有如姚振宗指出的那样,大概应该改为前者是蔡谟撰,后者是臣瓒撰。可是,在服虔、应劭以前也并不是完全没有存在过《汉书》注。在应劭的《集解汉书》中,如同从其书名就可以想象到的那样,可以认为是将前人的注释汇集起来的东西。同样在应劭的《风俗通义》卷六《声音篇》中,除了有云"谨按:《汉书》旧注:'籈,吹鞭也。籈者,忧也。言其节,忧威仪'","谨按;《汉书》注云:'获,箫[①]也,言其声音获获,名自定也'"之外,在《史记·高祖本纪》"其以沛为朕汤沐邑"的《集解》中也引《风俗通义》,而有云:"《风俗通义》曰:'《汉书》注,沛人语初发声皆言"其"(ch'i)。其者,楚言也。高祖始登帝位,教令言"其",后以为常耳。'"(SH.8,81)这里就讲到了《汉书》注。进而还有,在《汉书·文帝纪》后六年夏四月,遇大旱,"发仓庾以振民",其师古注引应劭说有云:"应劭曰:'水漕仓曰庾。胡公曰:

---

① 译者注:或作"箾"。如王利器《风俗通义校注》中华书局 1981 年版,第 313 页。

在邑曰仓,在野曰庾。'"(HP.4,18b)从师古注的体例来推断,胡公的"胡公曰"肯定是被应劭注中所引述的。① 胡公是《汉官解诂》的著者,可以推测大概就是胡广。

总之,作为东汉人的注释服虔和应劭等人很早就各自单独进行着了②,将这些汇集成一体的是西晋的晋灼,还有臣瓒。在《叙例》中接着说:

> 至典午中朝,爰有晋灼,集为一部,凡十四卷。又颇以意增益,时辩前人当否,号曰《汉书集注》。属永嘉丧乱,金行播迁,此书虽存,不至江左。是以爰自东晋,迄于梁、陈,南方学者,皆弗之见。

晋灼是河南人,晋代的尚书郎(参考《叙例》第十条的名单)。《隋志》中著录有"《汉书集注》十三卷,晋灼撰"。虽然晋灼注没有传到江南,但

---

① 师古注伴随着固有名词而引述的先人所著《汉书》注,仅限于《叙例》第十条的名单中所见的23人的著述。胡公之名不见于这个名单。对《汉书》注以外之说,有时候明记其书名或人名,在这个时候,如果是颜师古新引述的,就以写作"应劭曰……","师古曰……","胡公云……"为体例。

② 在这里应该提一句的就是《十七史商榷》卷七《许慎注汉书》之说。王鸣盛认为在许慎那里也有《汉书》注而主张:"许慎尝注《汉书》,今不传,引见颜注中者尚多,不知五种中是何种中所采。《叙例》不列其名,不知何故。慎所著全部,惟《说文》存,余《五经异义》、《淮南子注》皆不存,但引见他书。"所谓五种,是说服虔、应劭、晋灼、臣瓒、蔡谟的注。当然在师古注中,除了作为"许慎《说文解字》云……"、"许氏《说文解字》云……"、"《说文解字》云……"、"《说文》云……"而被引述的之外,只是单作为"许慎云……"而被引述的合计可以发现17条。但是把这些看成是《汉书》注则是不能赞成的。在17条当中有13条清楚地与《说文》一致,剩下的四条中有两条好像是《淮南子》注。也就是,(1)《艺文志》"《堪舆金匮》十四卷〈师古曰:许慎云:堪,天道;舆,地道也〉"(HP.30,70a)→《文选》扬雄《甘泉赋》"属堪舆以壁垒兮,捎夔魖而抶獝狂〈善曰:……《淮南子》曰:'堪舆行雄以知雌。'许慎曰:'堪,天道也。舆,地道也'〉"(7,2b)。《淮南子·天文训》中有"堪舆徐行雄以音知雌"。(2)《张良传》"发钜桥之粟〈服虔曰:钜桥,仓名也。师古曰:许慎云:'钜鹿之大桥有漕粟也'〉"(HP.40,6b)→《主术训》"发钜桥之粟〈钜桥,纣仓名也。一说钜鹿漕运之桥〉"。剩下的两条,也就是《司马相如传》"右以汤谷为界〈师古曰:汤谷,日所出也。许慎云:'热如汤也'〉"(HP.57A,18b);《王贡两龚鲍传序》"伯夷叔齐薄之,饿于首阳,不食其禄〈师古曰:马融云……,高诱则云……,而曹大家注《幽通赋》云……,许慎又云:'首阳山在辽西……'〉"(HP.72,1a~b);这本来不就是《淮南子》注吗?以上的情况大概从本章前面的注*中所讲的师古注的体例也能证明。如果认为"许慎云……"就是《汉书》注,那么不仅理应是在"师古曰"之前而作为"许慎曰"被引述的,而且最重要的是许慎之名没有在《叙例》的名单中。"师古曰:许慎云……"的形式自然而然地说明那并不是《汉书》注。(*译者注:即本译文本页注①。)

是照理是历经五胡十六国而在华北流传的。在这一段文字当中,使人感到好像充满着这样一种自负似的,即我师古注可以利用南朝学者不能看到的旧的注释①。即可以认为,这是想表明与南学对立的一种立场。有关这一点,在后面我还会再提到的。②

> 有臣瓒者,莫知氏族。考其时代,亦在晋初。又总集诸家音义,稍以已之所见,续厕其末,举驳前说,喜引竹书,自谓甄明,非无差爽。凡二十四卷,分为两帙。今之集解、音义,则是其书。而后人见者,不知臣瓒所作,乃谓之应劭等集解。王氏《七志》、阮氏《七录》,并题云然,斯不审耳。学者又斟酌瓒姓,附著安施,或云傅族。既无明文,未足取信。

318

汲冢竹书的发现是在西晋武帝咸宁五年(279 年)至翌年太康元年(280 年),或是进而到其后年的太康二年(281 年)的事情③,从这个事情也可以说以臣瓒为西晋人大概是合适的见解。利用新出的汲冢竹书的史书研究有成为当时流行的趋向。④ 总之,臣瓒充分利用竹书的情况即如以下所列的资料那样。特别是关于其中的(2)、(6)、(8),希望读者同时也能体会到颜师古所讲的"喜引《竹书》,自谓甄明,非无差爽"的意思。

---

① 这样的话,在作为"南方学者"之一的南朝宋裴骃的《史记集解》中屡屡引述晋灼说是为什么呢? 裴骃大概是采用了下面我们将言及的臣瓒的《集解音义》,亦即《汉书音义》所引述的晋灼说。裴骃在《史记集解序》中明确提到很多地利用《汉书音义》的情况。因为这些情况在拙稿《裴骃的〈史记集解〉》(《加贺博士退官纪念中国文史哲学论集》,讲谈社,1979 年)中已经论述,在此就不重复了。 410

② 《叙例》的名单,如果根据在"臣瓒,不详姓氏及郡县"的补注中所引宋祁的按语,那么有关臣瓒的姓,裴骃《史记集解》、韦稜《汉书续训》作"未详",刘孝标《类苑》、郦道元《水经注》作"薛瓒",而宋祁赞成作"傅瓒"之说。如果依据在同样的补注中所引洪颐煊的话,那么作"干瓒"的则进而有刘昭《续汉志注补》、杜佑《通典》,还有当作"傅瓒"的则是司马贞《史记索隐》、李善《文选注》。

③ 简便地就参见标点本《晋书》(中华书局,1974 年)卷三《武帝纪》的"校勘记"〔二三〕。

④ 例如司马彪专门根据《竹书纪年》而纠正了谯周《古史考》的错误。"初谯周以司马迁《史记》书周秦以上,或采俗语百家之言,不专据正经,周于是作《古史考》二十五篇,皆凭旧典,以纠迁之谬误。彪复以周为未尽善也,条《古史考》中凡百二十二事为不当,多据《汲冢纪年》之义,亦行于世。"(《晋书》卷八二《司马彪传》)

249

资料Ⅰ　臣瓒注所引的竹书

(1)《高帝纪》"魏人周市略地丰沛,使人谓雍齿曰:丰,故梁徙也〈文颖曰:晋大夫毕万封魏,今河东河北县是也。其后为秦所逼徙都,今魏郡魏县是也。至文侯孙惠王,畏秦,复徙都大梁,今浚仪县大梁亭是也。故世或言魏惠王,或言梁惠王,至孙假为秦所灭,转东徙于丰,故曰丰故梁徙也。臣瓒曰:《史记》及《世本》,毕万居魏,昭子徙安邑,文侯亦居之。《汲郡古文》云:惠王之六年,自安邑迁于大梁。师古曰:魏不常都于魏郡魏县,瓒说是也。其他则如文氏之释。〉"(HP.1A,11a)。

(2)《武帝纪》元鼎四年"诏曰:祭地翼州,瞻望河洛,巡省豫州,观于周室,邈而无祀。询问耆老,乃得孽子嘉。其封嘉为周子南君〈臣瓒曰:《汲冢古文》谓卫将军文子为子南弥牟,其后有子南固、子南劲。《纪年》,劲朝于魏,后惠成王如卫,命子南为侯。秦并六国,卫最后亡,疑嘉是卫后,故氏子南而称君也。初元五年为周承休侯,元始四年为郑公,建武十三年封于观为卫公。师古曰:子南,其封邑之号,以为周后,故总言周子南君。瓒说非也。例不先言姓而后称君,且自嘉已下,皆姓姬氏,著在史传。〉,以奉周祀"(HP.6,19a~b)。

(3)《地理志》"右扶风……枸邑　有豳乡,《诗》豳国,公刘所都〈应劭曰:《左氏传》曰,毕原酆郇,文之昭也。郇侯贾伯伐晋,是也。臣瓒曰:《汲郡古文》,晋武公灭荀以赐大夫原氏黯,是为荀叔。又云文公城荀。然则荀当在晋之境内,不得在扶风界也。今河东有荀城,古荀国。师古曰:瓒说是也。此枸读与荀同,自别邑耳。非伐晋者。〉"(HP.28A1,35a)。

(4)同上"河东郡……北屈　《禹贡》壶口山在东南。莽曰朕北〈应劭曰:有南故称北。臣瓒曰:《汲郡古文》,翟章救郑,至[①]于南屈。师古曰:屈音居勿反。即晋公子夷吾所居。〉"(HP.28A1,51b)。

319

---

① 译者注:中华书局本"至"作"次"。

（5）同上"河南郡……开封　逢池在东北,或曰,宋之逢泽也〈臣瓒曰:《汲郡古文》,梁惠王发逢忌之薮以赐民,今浚仪有逢陂忌泽,是也。〉"（HP.28A1,73a～b）。

（6）同上"颍川郡……阳翟　夏禹国。周末,韩景侯自新郑徙此。户四万一千六百五十,口十万九千。莽曰颍川〈应劭曰:夏禹都也。臣瓒曰:《世本》,禹都阳城。《汲郡古文》亦云居之。不居阳翟也。师古曰:阳翟,本禹所受封也①。应、瓒之说皆非。〉"（HP.28A1,86a～b）。

（7）同上"颍川郡……父城　应乡,故国,周武王弟所封〈应劭曰:《韩诗外传》,周成王与弟戏以桐叶为圭,吾以此封汝。周公曰:天子无戏言。王应时而封,故曰应侯乡,是也。臣瓒曰:《吕氏春秋》曰:成王以戏授桐叶为圭,以封叔虞,非应侯也。《汲郡古文》,殷时已自有国,非成王之所造也。师古曰:武王之弟,自封应国,非桐圭之事也。应氏之说,盖失之焉。又据《左氏传》曰:邘晋应韩,武之穆也。是则应侯武王之子。又与志说不同。〉"（HP.28A1,90a）。

（8）同上"北海郡……平寿〈应劭曰:古斟寻,禹后,今斟城是也。臣瓒曰:斟寻在河南,不在此也。《汲郡古文》云:大康居斟寻,羿亦居之,桀亦居之。《尚书序》云:大康失邦,昆弟五人须于洛汭。此即大康所居为近洛也。又吴起对魏武侯曰:昔夏桀之居,左河济,右太华,伊阙在其南,羊肠在其北,河南城为值之。又《周书·度邑篇》曰:武王问太公曰:吾将因有夏之居,南望过于三涂,北瞻望于有河。有夏之居,即河南是也。师古曰:应说止云斟寻本是禹后耳,何豫夏国之都乎？瓒说非也。斟音斟。〉"（HP.28A2,83a）。

再回到《叙例》的记述上来看:

　　蔡谟全取臣瓒一部,散入《汉书》。自此以来,始有注本。但意浮功浅,不加隐括,属辑乖舛,错乱实多。或乃离析本文,隔其辞句。

---

① 译者注:中华书局本"也"作"耳"。

穿凿妄起,职此之由,与未注之前,大不同矣。谟亦有两三处错意,
然于学者,竟无弘益。

蔡谟(281—358 年),字道明,东晋初的重臣之一。《晋书》卷七七列
有其传,说他是"总应劭以来注班固《汉书》者,为之集解"。所谓"谟亦有
两三处错意",大概就是指如下的诸条。希望读者特别地注意其中
的(3)。

资料Ⅱ　师古注中所见的蔡谟说

(1)《贾谊传》"高皇帝以明圣威武即天子位,割膏腴之地以王诸
公,多者百余城,少者乃三四十县,德至渥也,然其后十年之间,反者
九起。陛下之与诸公,非亲角材而臣之也,又非身封王之也,自高皇
帝不能以是一岁为安,故臣知陛下之不能也。然尚有可诿者,曰疏
〈孟康曰:诿,累也。以疏为累,言不以国也。蔡谟曰:诿者托也。尚可
托言信、越等以疏故反,故其下句曰:臣请试言其亲者。亲者亦恃强为
乱,明信等不以疏也。师古曰:蔡说是矣。诿音女瑞反。〉,臣请试言其亲
者"(HP.48,12a~b)。

(2)《韦贤传》"邹鲁谚曰:遗子黄金满盈籯,不如一经〈如淳曰:籯,竹
器,受三四斗。今陈留俗有此器。蔡谟曰:满籯者,言其多耳,非器名也。
若论陈留之俗,则我陈〔留〕人也,不闻有此器。师古曰:许慎《说文解字》
云:籯,笭也。扬①雄《方言》云:陈楚宋魏之间,谓笭为籯。然则筐笼之属
是也。今书本籯字或作盈,又是盈满之义。盖两通也。〉"(HP.73,4b~
5a)。

(3)《货殖传》"昔粤王句践困于会稽之上,乃用范蠡计然〈孟康曰:姓
计名然,越臣也。蔡谟曰:计然者,范蠡所著书篇名耳,非人也。谓之计
然者,所计而然也。群书所称句践之贤佐,种、蠡为首,岂闻复有姓计名
然者乎。若有此人,越但用半策,便以致霸,是功重于范蠡,蠡之师也,焉

---

① 译者注:中华书局本作"杨"。

有如此而越国不记其事,书籍不见其名,史迁不述其传乎。师古曰:蔡说谬矣。据《古今人表》,计然列在第四等,岂是范蠡书篇乎?计然一号计研,故宾戏曰:研、桑心计于无垠。即谓此耳。计然者,濮上人也,博学无所不通,尤善计算,尝南游越,范蠡卑身事之。其书则有《万物录》,著五方所出,皆直述之。事见《皇览》及《晋中经簿》。又《吴越春秋》及《越绝书》并作计倪。此则倪、研及然,声皆相近,实一人耳。何云书籍不见哉?〉"(HP.91,3b~4a)。

蔡谟以前的《汉书》注,全都是以单注本的形式进行的,在这里注本才开始出现。蔡谟注是在几乎全面承继了臣瓒注的同时,又将其散入于本文当中的。不过,颜师古非难说,由于其本文被割裂,而且是经常出现不适当的割裂,因此开启了在时人当中产生各种各样穿凿之说的端绪。如果认为与晋灼注在华北的流传相对应,而蔡谟注本正是流传于江南的《汉书》注的祖本,那么可以说颜师古对其持极其严格的态度,大概还是应该姑且留作记忆的事项之一。

《叙例》的第二条在以上就结束了。但是如果将其中所讲述的承袭关系简单加以图示的话,大体就是如下的样子:

服虔
　　　晋灼→臣瓒→蔡谟
应劭

不过所谓旧注并不止这五家。在《叙例》第十条的名单中,除了这五家之外还举出了 18 家的名字。那么我就不嫌其烦地照录在这里,并根据需要略加解说。

(1)"荀悦,字仲豫,颍川人。后汉秘书监。"如前所述,其是《汉纪》的著者。师古注专门作为《本纪》的注,即如"高祖〈荀悦曰,讳邦,字季。邦之字曰国。〉"(《高帝纪》,HP.1A,1b)、"孝武皇帝〈荀悦曰,讳彻。之字曰通。〉"(《武帝纪》,HP.6,1a)那样地,就是为了表示天子之讳而引用荀悦之说的。在荀悦那里并没有对《汉书》的注。可以想

322

象到,颜师古是从原本在《汉纪》撰写中有关于天子之讳和其他避讳的例子而引用的。

(2)"伏俨,字景宏。琅玡人。"

(3)"刘德。北海人。"

(4)"郑氏。晋灼《音义》序云:不知其名。而臣瓒《集解》辄云郑德。既无所据,今依晋灼,但称郑氏耳。"这里,尊重晋灼的意见,而排除了蔡谟注本所根据的臣瓒集解的意见的情况,还是值得我们注意的。

(5)"李斐。不详所出郡县。"

(6)"李奇。南阳人。"

(7)"邓展。南阳人。魏(确切地应改作汉。下同)建安中,为奋威将军,封高乐乡侯。"在《三国志》卷二《魏志·文帝纪》注引曹丕的《典论·自叙》中,可以看到曹丕曾经借着酒劲取食膳中的芋蔗与邓展比剑的故事。

(8)"文颖,字叔良。南阳人。后汉末荆州从事。魏(汉)建安中,为甘陵府丞。"

(9)"张揖,字稚让。清河人。魏太和中,为博士。"余靖注《叙例》说:"一云河间人。"又注云:"止解《司马相如传》一卷。"为《广雅》的著者。

(10)"苏林,字孝友。陈留外黄人。魏给事中,领秘书监,散骑常侍,永安卫尉,太中大夫。黄初中,迁博士,封安成亭侯。"其事迹见于《三国志》卷二五《魏志·高堂隆传》、卷二一《魏志·刘劭传》注引《魏略》,是一个通晓古今之字指的经学家。如果据卷一三《王肃传》注,《魏略》将苏林等七人列于《儒宗传》。

(11)"张晏,字子博。中山人。"

(12)"如淳。冯翊人。魏陈郡丞。"

(13)"孟康,字公休。安平广宗人。魏散骑常侍,弘农太守,领典农校尉,勃海太守,给事中,散骑侍郎,中书令。后转为监,封广陵亭侯。"

《隋志》中说："梁有《汉书孟康音》九卷。"

（14）"项昭。不详何郡县人。"姚振宗怀疑或是《隋志》中有的"《汉书叙传》五卷，项岱撰"的这个人，或许是避晋讳而将"昭"改作"岱"了。而且注意到项昭之说只是在叙传的注中被引用的情况。

（15）"韦昭，字弘嗣。吴郡云阳人。吴朝尚书郎，太史令，中书郎，博士祭酒，中书仆射。封高陵亭侯。"也就是在《三国志》卷六五《吴志》中列有传的韦曜，《隋志》中著录有"《汉书音义》七卷，韦昭撰"。

（16）"刘宝，字道真。高平人。晋中书郎，河内太守，御史中丞，太子中庶子，吏部郎，安北将军。"余靖注云："侍皇太子讲《汉书》，别有《驳议①》。"《隋志》中著录有"《汉书驳议》二卷，晋安北将军刘宝撰"。

（17）"郭璞，字景纯。河东人。晋赠弘农太守。"余靖注云："止注《相如传序》及游猎诗赋。"郭璞当然在《晋书》中列有其传。

（18）"崔浩……。"只有此人例外的是北魏人。具体的留在后面考察。

那么，这18家与前面举出的五家是怎样的关系呢？如果依照王鸣盛的说法，在晋灼注中，除了服虔、应劭之外，伏俨、刘德、郑氏、李斐、李奇、邓展、文颖、张揖、苏林、张晏、如淳、孟康、项昭、韦昭总计14家之说被采用了，而且在臣瓒注中更采用了刘宝之说。蔡谟注本是全面地袭用臣瓒注的情况已如前述。剩下的三家，也就是师古注新增加了荀悦、郭璞、崔浩之说。②

总之，通览上述名单，魏晋时代成为《汉书》注释的一个最高潮时期的情况大概就清楚了。作为所谓旧注的时代，这样多的《汉书》注家的出现，是与当时《汉书》被广泛地阅读以及当时人们教育形成方面有关的情况相照应的现象。"史汉"也是清谈家们阅读的书之一。有一日，当谈论

---

① 译者注：中华书局本作"义"。
② 《十七史商榷》卷七《汉书叙例》。

到名士们洛水游玩时的乐趣,王衍对乐光这样说:"裴仆射(裴頠)善谈名理,混混有雅致。张茂先(张华)论《史》《汉》,靡靡可听。我与王安丰(王戎)说延陵、子房,亦超超玄著。"(《世说新语·言语篇》)而且在此刘孝标注所引《晋阳秋》中说道:"世祖尝问汉事,及建章千门万户,(张)华画地成图,应对如流,张安世不能过也。"再有,郑默在皇后之父杨骏硬要将女儿嫁给郑默的儿子时说道:"吾每读《隽不疑传》,常想其人。畏远权贵,奕世所守。"(《晋书》卷四四)就这样地辞退了。还有,华谭在对晋武帝的对策文中主张说:"虽西北有未羁之寇,殊漠有不朝之虏,征之则劳师,得之则无益,故班固云:'有其地不可耕而食,得其人不可臣而畜。来则惩而御之,去则备而守之。'(《匈奴传赞》)盖安边之术也。"(同上卷五二)还有,左思请贾谧讲《汉书》(同上卷九二),在葛洪那里有《汉书钞》三十卷①(《隋志》)等等。有关《汉书》的纪事是目不暇接的。还有,在《名士优劣论》的一章中列举了司马迁和班固之优劣的张辅,在这篇文章中所写的"世人论司马迁、班固,多以固为胜,余以为失",大致就体现了当时对《史记》和《汉书》评价的归结点。在《名士优劣论》的其他二章中,也就是对曹操和刘备、乐毅和诸葛亮的比较论,都是张辅在推翻世人常识的地方有着自己的着眼点。"世人论司马迁、班固,多以固为胜,余以为失。迁叙三千年事,五十万言,固叙二百年事,八十万言,固烦省不敌。不如一也。良史述事,善足以奖劝,恶足以鉴诫。人道之常,中流小事,无取皆书。不如二也。毁败晁错,伤忠臣之道。不如三也。迁既造创,固又因循,难易益不同矣。又迁为苏秦、张仪、范睢、蔡泽作传,逞词流离,亦足以明其大才。此真所以为良史也。"(《艺文类聚》卷二二《人部·品藻》)以上所举出的,除了葛洪是生活到东晋初期的人以外,全都是活跃于西晋时代的人们。

---

① 大概就是在《抱朴子外篇·自叙篇》中所云"又抄五经、七史、百家之言、兵事、方伎、短杂、奇要三百一十卷,别有《目录》"的一部分。

4　江南的《汉书》研究

使人看到那般高潮的对《汉书》的注释,在晋室南迁以后历经大约150 年则暂时地绝迹了。大概是因为东晋的蔡谟注本提供了大体上标准的版本和注释。尽管《旧唐书·经籍志》著录了"《汉书决疑》十二卷,颜延年撰"这个人物,但是不能认为就是南朝宋的颜延年,亦即在颜延之那里有《汉书》注。大概应该确切地依照《新唐书·艺文志》而作颜游秦撰。相当于颜师古叔父的颜游秦,其《汉书决疑》的情况后面还会再提到的。还有在注释缺失了大约 150 年间而稍微值得注意的,就是马上面临死刑的南朝宋的范晔从狱中给其甥侄们的书简,有关其详细情况请参考本书 ³²⁷ 第五章《范晔和刘知几》。

那么,暂时绝迹了的《汉书》的注释,直到南齐终于出现了陆澄这个人。在《隋志》中著录有"《汉书注》一卷,齐金紫光禄大夫陆澄撰",还有"梁有……陆澄注《汉书》一百二卷"。尽管连其残缺部分在今天都不传了,然而又幸运地通过《史通·补注篇》而可以知道其体裁的大要。"……次有好事之子,思广异闻,而才短力微,不能自达,庶凭骥尾,千里绝群。遂乃掇众史之异辞,补前书之所阙。若裴松之《三国志》(注),陆澄、刘昭两《汉书》(注),刘彤《晋纪》(注),刘孝标《世说》(注)之类是也。""陆澄所注班史,多引司马迁之书,若此缺一言,彼增半句,皆采摘成注,标为异说,有昏耳目,难为披览。"由此可知,也就是并非就《汉书》本身所作的注释,而是专门挑出与《史记》的不同,将其作为异闻而汇集起来的注释。

此外在南齐时代,尽管没有达到就是注释才著述的程度,但是作为精通《汉书》的人物则有崔慰祖。其事迹为,"好学,聚书至万卷,……建武中,诏举士,从兄慧景举慰祖及平原刘孝标,并硕学。帝欲试以百里(县令),慰祖辞不就。国子祭酒沈约、吏部郎谢朓,尝于吏部省中宾友俱集,各问慰祖地理中所不悉十余事。慰祖口吃,无华辞,而酬据精悉,一座称服之。朓叹 ³²⁸ 曰:'假使班、马复生,无以过此。'……临卒,与从弟纬书云:'常欲更注迁、固二史,采《史》、《汉》所漏二百余事,在厨簏,可检写之,以存大意。'……"
(《南齐书》卷五二《文学传》)因为崔慰祖的意图所在,也就是"采《史》、《汉》
所漏二百余事",所以很清楚,也还是以汇集异闻为目的的注释。如随后我
们将说到的,一到了梁朝忽然出现了大量的《汉书》注,有关这些而可以窥
见的一个特色就是由陆澄和崔慰祖开启先声时的倾向,也就是说就在于汇
集异闻这一点上。在颜师古《叙例》的第九条中讲到:"近代注史,竞为该
博,多引杂说,攻击本文。"这是清楚地意识到江南的《汉书》注的情况而吐
露的话语,然而大概正是认识到江南的《汉书》注是以汇集异闻为一个特色
而这才成为容易理解的。而且,颜师古一语道破的"竞为该博"的近代史注
的性质,其原样地映现就可以看作是江南、尤其是齐梁时代的精神风貌。
如果这样,江南的《汉书》注就仍不免成为这种精神风貌所产生的东西。现
在我们就暂且离开本题,来试谈一下有关这个方面的概况。

　　齐、梁的士大夫们,使人感到其如同是在标新立异和出人所料以及
炫耀知识上看到了生存意义似的。这样做的情况保证了他们知性上的
自尊,而使其自己得到满足。这种精神的显露,大概可以在这个时期类
书盛行的现象上看到。类书既是撰著者自身知识的炫耀,同时也是适应
了以知识的炫耀为必需的士大夫普遍所需要的东西。在类书当中,尤其
是梁朝刘孝标的《类苑》和梁武帝敕撰的《华林遍略》,关于两书的成书而
伴随着出入的各种记录散见于《梁书》和《南史》当中①,而唐代杜宝的《大

329

---

① 《梁书》卷五〇《文学·刘峻(孝标)传》"安成王秀好峻学,及迁荆州,引为户曹参军,给其书
籍,使抄录事类,名曰《类苑》。未及成,复以疾去"。同书卷二二《太祖五王安成康王秀传》
"精意术学,搜集经记,招学士平原刘孝标,使撰《类苑》,书未及毕,而已行于世"。还有在《艺
文类聚》卷五八《杂文部书》中引述有希望借览《类苑》的刘之璘和刘孝标的往复书简。《华林
遍略》的情况见下面所记。《南史》卷四九《刘峻传》"及峻《类苑》成,凡一百二十卷,(梁武)帝
即命诸学士撰《华林遍略》以高之,竟不见用。"同书卷七二《文学·何思澄传》"天监十五年,
敕太子詹事徐勉举学士入华林撰《遍略》,勉举思澄、顾协、刘杳、王子云、钟屿等五人以应选。
八年乃书成,合七百卷。"在《隋志》"子部·杂家类"中著录有"《类苑》一百二十卷,梁征虏刑
狱参军刘孝标撰,《梁七录》,八十卷",接着还有"《华林遍略》六百二十卷,梁绥安令徐僧权等
撰"。再有,参见胜村哲也《修文殿御览天部的复原》(《中国的科学和科学家》,京都大学人文
科学研究所,1978 年)。

业杂记》讲到两书的关系确实使人兴趣深厚。"秘书监柳顾言曰:梁主以隐士刘孝标撰《类苑》一百二十卷,自言天下之事毕尽此书,无一物遗漏。梁武心不伏,即敕华林园学士七百余人,人撰一卷,其事类——项目分别的事例——数倍多于《类苑》。"①就像这样,甚至连一个隐士和天子都竞赛博识而必须互相竞争。而且,即使有关诗文也是以人所不知而少见的典故的频用为显著表现。"故(宋孝武帝)大明、(废帝)泰始中,文章殆同书抄。近任昉、王元长(融)等,词不贵奇,竞须新事,尔来作者,浸以成俗。"(《诗品·总论》)原本类书最重要的就是适应诗文写作的需要,这是不用说明的。② 再有,为广泛搜集新材料而聚集书籍的活动也很兴盛,在此之际,夸耀聚书部数之多也是当然的,而且还有以爱好而尽力于异本搜集的倾向。"(王)僧孺好坟籍,聚书至万余卷。率多异本,与沈约、任昉家书相埒。少笃志精力,于书无所不睹。其文丽逸,多用新事,人所未见者,世重其富。"(《梁书》卷三三)"任昉……以文才见知,时人云'任笔沈诗'——任昉的散文、沈约的诗。昉闻甚以为病,晚节转好著诗。欲以倾沈,用事过多,属辞不得流便。自尔都下士子慕之,转为穿凿,于是有才尽之谈矣。博学,于书无所不见,家虽贫,聚书至万余卷,率多异本。及卒后,武帝使学士贺纵共沈约勘其书目,官无者就其家取之。"(《南史》卷五九)而且,竭尽全力地夸耀知识最终甚至化为一种游戏了。据传是从南齐的王俭开始的隶事就是这样。③ 所谓隶事,转换成日语就是就眼

_330_

_411_

259

前的东西而"列举事物"。如同被定义为"类物隶之"那样,当某一种物名被当做出题的话,就以能够列举出多少与之关联的古人诗文来竞赛胜负。而且值得注意的是,出题和回答是与在类书中的项目和项目之下所列举的事例原样地对应的。《类苑》的撰著者刘孝标也好,让人敕撰《华林遍略》的梁武帝也好,当然全都是不能次于谁的隶事迷。① 进而还有著述了《汉书》注的南齐的陆澄也是隶事名手的情况,这时候是必须特别地附带提一下的。"(王)俭在尚书省,出巾箱几案杂服饰,令学士隶事,事多者与之。人人各得一两物,(陆)澄后来,更出诸人所不知事复各数条,并夺物将去。"(《南齐书》卷三九)

再回到本题上来继续说南齐的陆澄。在梁、齐时代实际上越来越甚的就是《汉书》注的出现。如果认为在东汉末、魏、晋的时代有了《汉书》注的第一次高潮,那么可以说梁、齐这个时代正是其第二次高潮。在这些各种注释除去极少的一部分外多数是连一些残缺断文都没能留下的今天,虽然确切地把握其内容或性质的情况已是很困难,但是夹在传统式训诂的注释当中,汇集珍奇资料而作为注释的内容还是不少的。以下我就想摘出若干著录于《隋志》的内容并加一些解说。

"《汉书音》二卷,梁浔(寻)阳太守刘显撰"。有关刘显(《梁书》卷四〇、《南史》卷五〇。481—543 年)的《汉书》的纪事,是在《颜氏家训·书证篇》中所看到的:"《汉书》:'田肎贺上。'(《高帝纪》,HP.1B,8a)江南本皆作宵字。沛国刘显,博览经籍,偏精班《汉》,梁代谓之《汉》圣。显子臻,不坠家业。读班史呼为田肎。梁元帝尝问之,答曰:'此无义可求,但

---

① 《南史》卷四九《刘峻传》记载说:"初梁武帝招文学之士,有高才者多被引见*,擢以不次。峻率性而动,不能随众沉浮。武帝每集文士策经史事,时范云、沈约之徒,皆引短推长,帝乃悦,加其赏赉。会策锦被事,咸言已罄,帝试呼问峻,峻时贫悴冗散,忽请纸笔,疏十余事,坐客皆惊,帝不觉失色。自是恶之,不复引见。"而且接着就是本章注 27(译者注:即本译文第 258 页注释①)所引述《类苑》的纪事。还有《梁书》卷一三《沈约传》"约尝侍谯,值豫州献栗,径寸半,帝奇之,问曰:'栗事多少?'与约各疏所忆,少帝三事。出谓人曰:'此公护前,不让即羞死。'帝以其言不逊,欲抵其罪,徐勉固谏乃止。"(译者注:* 中华书局本"引见"作"引进"。)

臣家旧本,以雌黄改宵为冐。'元帝无以难之。吾(颜之推)至江北,见本为'冐'。"(100a)《汉书》之学,其实就是沛国刘氏的家学,不久之后刘臻(《隋书》卷七六《文学传》、《北史》卷八三《文苑传》。527—598 年)也得到"《汉》圣"的别号。而且,从说到"为什么是这样的不知道——此无义可求"的刘臻的语气来看,大概就是刘氏的确没有让作为所谓师法的传承者的情况衰弱。我在想象着,颜氏的《汉书》之学,在颜之推以来不是与这个刘氏有着很深的联系吗?①

　　"《汉书音》二卷,夏侯咏撰。"夏侯咏的名字也与《周易》蜀才注有关联,见于《家训·书证篇》。②

　　"《汉书续训》三卷,梁平北谘议参军韦稜撰。"京兆的韦氏仕于江南王朝是时代相当晚的。相当于韦稜曾祖父的韦玄隐栖于终南山,连成功征服了后秦王朝的刘裕的辟召他也没有答应。之后韦稜的伯祖父韦祖征、祖父韦祖归终于在宋末出仕。韦稜的父亲韦叡是仰慕万石君及陆贾的为人而把二人的像画在墙壁上来欣赏的汉代主义者。在其本传中接着说道:"时虽老,暇日犹课诸儿以学。第三子稜,尤明经史,世称其洽闻。叡每坐稜使说书,其所发摘,稜犹弗之逮也。……稜,字威直。……著《汉书续③训》三卷。"(《梁书》卷一二)还有,在韦稜的侄子韦载的传中,有由叔父韦稜领着他访问刘显的纪事。"年十二,随叔父稜见沛国刘显。显问《汉书》十事,载随问应答,曾无疑滞。"(《陈书》卷一八)韦氏大概也是以《汉书》为家学的家族。在很晚才仕于南朝的韦

---

① 在《律历志》所谓"经曰:冬十月朔,日有食之。《传》曰:不书日,官失之也。天子有日官,诸侯有日御,日官居卿以厎日,礼也。日御不失日以授百官于朝。言告朔也"之后,注有"师古曰:刘家本有此语"(HP.21A,34a)。伴随着"言告朔也"一语的所谓"刘家本",大概就是传于刘显、刘臻父子家的文本。

② 《颜氏家训·书证篇》记载说:"《易》有蜀才注,江南学士遂不知是何人。王俭《四部目录》,不言姓名,题云王弼后人。谢炅、夏侯咏并读数千卷书,皆疑是谯周。而李蜀书一名汉之书,云'姓范,名长生,自称蜀才。'南方以晋家渡江后北间传记,皆名为伪书,不贵省读,故不见也。"(98b~99a)

③ 译者注:此处本书原文作"读",根据前面引文改作"续"。

氏那里,当然是传承着华北系统的《汉书》版本乃至注释的。那对于
江南人来说一定就是异本,大概是大受欢迎的。如果大胆地想象一
下,沛国刘氏的文本将"田宵"改为"田胄"的情况,或许就是根据从韦
氏得到的知识。

"梁有……刘孝标注《汉书》一百四十卷,亡。"既是尽力于事实的博
搜的《世说》注和《类苑》的撰者,又是隶事名手的刘孝标的《汉书》注,在
想象上大概是采集了很多异闻的注释吧。

"梁有……梁元帝注《汉书》一百一十五卷,亡。"《梁书》卷五《元帝
纪》或《金楼子·著书篇》都有同样的记载,还有由其兄简文帝寄来的书
简的一节中说道:"注《汉》功夫转有次第,思见此书有甚饥怒。"(《广弘明
集》卷二七,T52,304c)

"《汉书训纂》三十卷,陈吏部尚书姚察撰"、"《汉书集解》一卷,姚察
撰"、"《定汉书疑》二卷,姚察撰"。姚察,字伯审(《陈书》卷二七、《南史》
卷六九。533—606 年)。他是代表了有陈一代的学者,陈灭亡之后仕于
隋。陈太建(569—582 年)之初,作为陈王朝的使节访问北周国都长安的
姚察,在当地与刘显的儿子刘臻见了面。接着被对方问到《汉书》中的疑
事。刘臻是 554 年梁元帝政权崩溃以后,暂且仕于后梁王朝,进而变成
仕于北周王朝的身份。"江左耆旧先在关右者,咸相倾慕。沛国刘臻窃
于公馆访《汉书》疑事十余条,并为剖析,皆有经据。"《定汉书疑》,从其书
名来推断,或许就是这个时候问答的记录。姚氏也是以《汉书》为家业,
一直传承到姚察之子姚思廉,及更往后的其曾孙姚班。有关这些情况,
以及姚察的《汉书》注的内容和性质,因为与师古注的因缘不浅,所以我
打算新设一节来说明。现在在这里,就仅限于指出在陈灭亡以前江南的
《汉书》之学已经由刘臻传到华北的情况,还有迁到华北的刘臻又热心于
吸收此后在江南的《汉书》注释成果的情况。

在梁、陈时代所撰述的《汉书》注的概况即如以上。然而,证明《汉
书》研究的兴盛和同出于一辙,以及在这个时代《汉书》被广为阅读这一

情况的记录,仍比哪个时代,更何况是那个魏晋时代而都要显著和众多的。也就是,"所读一遍,必诵于口。尝借人《汉书》,失《五行志》四卷。乃暗写还之,略无遗脱。"(《梁书》卷二七《陆倕传》)"是时西北徼外有白题及滑国,遣使由岷山道入贡。此二国历代弗宾,莫知所出。子野曰:'汉颍阴侯斩胡白题将一人。服虔《注》云:"白题,胡名也。"又(后)汉定远侯击虏,八滑从之①,此其后乎。'时人服其博识。"(同上卷三〇《裴子野传》)"子范少与弟子显、子云才名略相比,而风采容止不逮,故宦途有优劣。每读《汉书》,杜缓兄弟'五人至大官,唯中弟钦官不至而最知名'②,常吟讽之,以况己也。"(同上卷三五《萧子范传》)"……周舍又问杳:'尚书官著紫荷橐,相传云"契囊",竟何所出?'杳答曰:'《(汉书·)张安世传》曰:"持橐簪笔,事孝武皇帝数十年。"韦昭、张晏注并云:"橐,囊也。近臣簪笔,以待顾问。"'"③(同上卷五〇《文学·刘杳传》)还有谢侨一家,一日伙食费不足,孩子们提议把《汉书》拿去典当换钱的时候,谢侨拒绝道:"宁饿死,岂可以此充食乎?"(《南史》卷二〇《谢弘微传》)梁武帝也是读过《汉书》的。在虽然出阵于南郑而勇于胜利,但因遭谗言而没能晋升位阶的刘之亨的传中就记载说:"久之,帝读《(汉书·)陈汤传》,恨其立

334

---

① 《汉书·灌婴传》中有云:"从击韩王信于代,至马邑,别降楼烦以北六县,斩代左相＊,破胡骑将于武泉北。复从击信胡骑晋阳下,所将卒斩胡白题将一人。"在这里师古注说:"师古曰:胡名也。"(HP.41,14b)即把本来是服虔注的内容就如同自己之说而讲述。还有,《后汉书》传七八《西域·车师后王国传》中说:"顺帝永建元年,(班)勇率后王农奇子加特奴及八滑等,发精兵击北虏呼衍王,破之。勇于是上立加特奴为后王,八滑为后部亲汉侯。"(译者注:＊中华书局本"相"作"将"。)

② 《汉书·杜周传》中说:"缓六弟,五人至大官,少弟熊历五郡二千石三州牧刺史,有能名,唯中弟钦官不至,而最知名。钦字子夏,少好经书,家富而目偏盲,故不好为吏……"(HP.60,6b)。

③ 在《张安世》传中只云"侍中大将军(霍)光薨后数月,御史大夫魏相上封事曰,……车骑将军安世,事孝武皇帝三十余年,忠信谨厚,勤劳政事,夙夜不怠"(HP.59,8a)。刘杳的回答如以下在《赵充国传》中有的内容,则是误记。"初破羌将军(辛)武贤在军中时,与中郎将(赵)卬宴语,卬道车骑将军张安世始尝不快上,上欲诛之,卬家将军以为安世本持橐簪笔,事孝武帝数十年,见谓忠谨,宜全度之。安世用是得免"(HP.69,15b～16a)。这里的师古注把张晏说引作"张晏曰:橐,契囊也。近臣负橐簪笔,从备顾问。或有所纪也",但是没有看到韦昭之说。接着附加上了颜师古自己的说法"师古曰:橐所以盛书也。有底曰囊,无底曰橐。簪笔者插笔于首。橐音丁各反。又音托。"

412

功绝域而为文吏所抵。宦者张僧胤曰：'外闻论者，窃谓刘之亨似之。'帝感悟，乃封为临江子。"(同上卷五〇)还有作为陈朝的事情，"时陈宝应据有闽中，得(虞)寄甚喜。……及宝应结婚留异，潜有逆谋，寄微知其意，言说之际，每陈逆顺之理，微以讽谏，宝应辄引说他事以拒之。又尝令左右诵《汉书》，卧而听之，至蒯通说韩信曰：'相君之背，贵不可言'，宝应蹶然起曰：'可谓智士'。寄正色曰：'覆郦(食其)骄韩(信)，未足称智；岂若班彪《王命》，识所归乎？'①……"(《陈书》卷一九《虞寄传》)此外，梁朝的臧严和陆云公等被记载为几乎能背诵《汉书》(《梁书》卷五〇)，江子一续纂"《黄图》及班固之《九品》"也就是《三辅黄图》和《汉书·古今人表》(同上卷四三)，袁峻则作《史记》和《汉书》之《抄录》各二十卷(同上卷四九)。

最后使人不能忘记的是，由北来僧人带到江南的班固《汉书》真本本身的情况。那也是发生在梁朝的事，事情的原委见于《梁书》卷二六《萧琛传》和卷四〇《刘之遴传》。起初，萧琛为宣城太守的时候，一位携带着葫芦而来的北来僧人，在葫芦中暗藏着《汉书·叙传》，按僧人的吹嘘说是"三辅旧老相传，以为班固真本"的东西，萧琛马上将其求购过来。"其书多有异今者，而纸墨亦古，文字多如龙举之例，非隶非篆"，萧琛就将其秘藏起来。然而，天监九年(510 年)，在赴任江夏太守的时候，萧琛将此

---

① 《汉书·蒯通传》中说："后汉将韩信虏魏王，破赵代，降燕，定三国，引兵将东击齐。未度平原，闻汉王使郦食其说下齐，信欲止。通说信曰：'将军受诏击齐，而汉独发间使下齐，宁有诏止将军乎？何以得无行！且郦生一士伏轼，掉三寸舌，下齐七十余城，将军将数万之众，乃下赵五十余城。为将数岁，反不如一竖儒之功乎！'于是信然之，从其计，遂渡河。齐已听郦生，即留之，纵酒，罢备汉守御。信因袭历下军，遂至临菑。齐王以郦生为欺己而亨之，因败走。信遂定齐地，自立为齐假王。汉方困于荥阳，遣张良即立信为齐王，以安固之。项王亦遣武涉说信，欲与连和。蒯通知天下权在信，欲说信令背汉，乃先微感信曰：'仆尝受相人之术，相君之面，不过封侯，又危而不安；相君之背，贵而不可言。'信曰：'何谓也？'通因请间曰……。"(HP. 45, 2a～b)班彪的《王命论》(《文选》卷五二)是憎恶对抗汉王朝而想在陇右独立割据的隗嚣而写作的。"彪既疾嚣言，又伤时方艰，乃著《王命论》，以为汉德承尧，有灵命之符，王者兴祚，非诈力所致，欲以感之，而嚣终不寤，遂避地河西。"(《后汉书》传三〇上《班彪传》)

书转让给了鄱阳王萧范,萧范又进而献给了东宫。当时的东宫就是昭明太子。太子命刘之遴,之外还有张缵、到溉、陆襄等校勘"班固所上《汉书》真本"与今本的异同。其结果报告说,有"异状十事",而被留在记录上的是八事。(一)在古本《汉书》中称"永平十六年五月二十一日己酉,郎班固上",而在今本中缺少上《汉书》的年月日。(二)在古本中把《叙传》号为中篇,而今本称为《叙传》。(三)在今本《叙传》上记载着班彪的事迹,而在古本中有云"稚生彪,自有传"。(四)在今本中纪、表、志、列传没有合为一体而排出顺序,而古本是合为一体而排出顺序的,即总计合成三十八卷。(五)在今本中《外戚传》是放在《西域传》之后,而在古本中《外戚传》是列于《帝纪》之后。(六)在今本中《高五子传》、《文三王传》、《景十三王传》、《武五子传》、《宣元六王传》是分开地被置于诸传的帙中,而在古本中诸王传全都在《外戚》之后的位置,被放在《陈胜项籍传》之前。① (七)在今本(叙传)中《韩彭英卢吴》述云"信惟饿隶,布实黥徒,越亦狗盗,芮尹江湖,云起龙骧,化为侯王",而古本述云"淮阴毅毅,杖剑周章,邦之杰子,实惟彭英,化为侯王,云起龙骧"。(八)古本的第三十七卷是解音释义,以助训诂;而今本无此卷。

被称作古本的是所谓《汉书》真本,被称作今本的是梁代通行的文本。所谓今本除了上述(四)的内容,就与我们今天所看到的本子几乎没有不同②,而有关所谓《汉书》真本本身的由来,可怀疑的地方实在太多了。奇怪的是,原本在《萧琛传》中所记始终应当只不过是《汉书》的《叙传》部分,然而在《刘之遴传》中所记则不知不觉地就变成包含整个一部《汉书》了。大概是利用江南人的《汉书》爱好热,尤其是其

---

① 如果将(五)和(六)合起来,也就是说在古本中,《帝纪》、《外戚传》、以《高五子传》为首的诸王子传、《陈胜项籍传》的顺序是被连着的。

② 《十七史商榷》卷七《刘之璘所校汉书》中说:"考其所云今本者,则梁世所行之本,与今刻不异。"

异本爱好癖而出于好事之徒之手的赝品。能看到这一点，不是很妥当的见解吗？①尽管昭明太子根据刘之遴等人的报告而做出怎样的判断现在无法知道，然而至少是其没有成为昭明太子编纂的《文选》所采用的部分。在其卷五〇作为"史述赞三首，班孟坚"而从《汉书·叙传》中采用的三首当中的一首，不外乎就是《述韩彭英卢吴传第四》，其文章与所谓今本的此篇完全一致。而且，其当然也没有成为

337 颜师古采用的部分，今天的《汉书·叙传》与《文选》的部分两者也相一致。但是，顺便而言，颜师古与昭明太子不同，对于称作《史述》也好，《汉书述》也好，他都是反对的。我认为，在这当中也可以看到其对南学所表明的一种态度。在《叙传下》"其叙曰"所作注中，颜师古说道："师古曰，自皇矣汉祖——盛大辉煌的汉祖——以下诸叙，皆班固自论撰《汉书》意，此亦依放《史记》（《太史公自序》）之叙目耳。史迁则云为某事作某本纪、某列传。班固谦不言作，而改言述。盖避作者之谓圣，而取述者之谓明也（《礼记·乐记》）。但后之学者不晓此，为《汉书》叙目见有述字，因谓此文追述《汉书》之事，乃呼为《汉书述》，失之

① 朱鹤龄《愚庵小集》卷一三《读汉书》中说："梁《萧琛传》云，得古本《汉书》，《叙传》自列《项籍传》前(?)，不知班书规模多依仿《史记》，其混入各传者，正沿迁《史》楚元王诸世家体尔。又云古本《外戚传》在《帝纪》下，不知叙四夷而后及外戚者斥之也。汉燀于外戚，故斥之，次及元后。著汉之所以亡也，终于王莽而汉室之兴亡具焉。若以《外戚》次《本纪》后，则全失作史微旨。至于述《韩彭英卢吴传》，今本云，信惟饿隶，布实黥徒，越亦狗盗，芮尹江湖，云起龙

413 骧，化为侯王。而古本云，淮阴毅毅，伏剑周章，邦之杰兮，实惟彭英，化为侯王，云起龙腾。此是传本各有异同，非必古本是而今本非也。琛传云，有北僧南度，惟赍一葫芦，中有《汉书·叙传》，三辅耆老相传为《汉书》真本，其书非篆非隶，纸墨亦古。琛得之甚秘，以饷鄱阳王。此恐出好事者之言，未足为据。"还有，齐召南在武英殿官本卷一〇〇上《叙传》的考证*中说："臣按此说可疑，后书固传，固自永平中始受诏，潜精积思二十余年，至建初中始成。然则永平十六年乃初受诏，岂容即表上于朝乎？又其父彪以建武中为徐令司徒掾望都长，自不合列传于前书。所谓真本，必非实也。意者好事之徒所为耶？永平中何由有纸，即此足破其妄。《汉书》自初出即已盛行，《八表》、《天文志》阙，曹大家且受诏以完其业，然则今本《汉书》，确足据矣。称《叙传》为中篇，有何义乎？"（译者注：*见于《四库全书·前汉书》卷一〇〇上所附）

远矣。挚虞尚有此惑,其余曷足怪乎!"①(HP.100B,1d)

5　华北的《汉书》研究

从五胡十六国到北朝时代,华北的《汉书》研究,没有经历如同在江南那样的盛况就结束了。所以最终是连一篇《汉书》注都没有被撰写出来。颜师古在《叙例》的名单中举出北魏崔浩之名,师古注则引用了崔浩之说。但是,崔浩所著的并不是《汉书》注,而是荀悦《汉纪》的音义。尽管在江南《汉书》注家辈出,可是将他们完全地默杀②,相反地优待并非《汉书》注家的北魏的崔浩,颜师古的这种态度大概还是不应该轻易忽视的。

崔浩,字伯渊(《魏书》卷三五,《北史》卷二一。?—450年),清河人。他是仕任于道武帝、明元帝、太武帝三代北魏王朝草创期的大官。为道武帝讲《汉书》的,我们前述过的崔玄伯就是其父。由于崔玄伯相当于从曹魏的司空崔林数起的第六世孙,所以在旧族崔氏那里或许传承了有汉、魏、晋之传统的《汉书》的师法。总之,与江南的追求新奇之说或者是追求文本,又大概因此往往容易新注驱逐了旧注的情况不同,在无奈地生活于胡族政权下的华北汉人士大夫们之间,对中国的斯文的态度也就自然而然地有所不同了。正是与其说产生新注而毋宁说是重视保存传

---

① 颜师古在其《匡谬正俗》卷五中又说道:"司马子长撰《史记》,其《自叙》一卷,总历自道作书本意,篇别皆有引辞,云为此事作某本纪,为此事作某年表,为此事作某书,为此事作某世家,为此事作某列传。子长此意,盖欲比拟《尚书叙》耳。即孔安国所云《书序》序所以为作者之意也。扬子云著《法言》,其本传亦传《法言》之目,篇篇皆引辞云,撰某篇,亦其义也。及班孟坚为《汉书》,亦放其意,于《序传》内又历道之,而谦不敢自谓作者,避于拟圣,故改作为述,然叙致之体,与马、扬不殊,后人不详,乃谓班书本赞之外,别更为覆述,重申褒贬,有所叹咏。挚虞撰《流别集》,全取孟坚《书序》为一卷,谓《汉述》,已失其意。而范蔚宗、沈休文之徒撰史者,详论之外,别为一首,华文丽句,标举得失,谓之为赞,自以取则班、马,不其惑欤。刘轨思《文心雕龙》,虽略晓其意,而言之未尽。"
② 译者注:即不予置评或理会。

统的旧注,尽力于将其传于后世。① 六朝经学史上,在江南,《周易》是王弼注,《尚书》是孔安国注,《左传》是杜预注流行,相对于此,在华北,《周易》和《尚书》是郑玄注,《左传》是服虔注,都是汉人的更旧的注流行,这个情况是为人所熟知的事实。② 然而,与此并行的现象,就是在有关《汉书》注上也能看到的。在颜师古特别重视崔浩的背景上就不能不考虑这些情况。而且还有,我认为,在华北,与《汉书》容易被当做知识性兴趣的对象来对待的江南不同,而好像是被当做应该从中引出在实际的刑政上有用的东西的书籍来阅读的。也就是说,可以认为,三国以来的那个传统依然活着。北魏道武帝决定让公主们下嫁于宾服的属国的事情,崔玄伯进讲的《汉书·娄敬传》即成为其启示的情况前面已述。而且在崔浩看待《汉书》的方式上似乎也可以看到同样的态度。

³³⁹　　泰常三年(418年),彗星出现时的事情,崔浩告诫害怕是人事异变之前兆的明元帝说:"古人(申𦈡)有言,夫灾异之生,由人而起。人无衅焉,妖不自作(《左传》庄公十四年)。故人失于下,则变见于上,天事恒象,百代不易。《汉书》载王莽篡位之前,彗星出入,正与今同。国家主尊臣卑,上下有序,民无异望。唯僭晋卑削,主弱臣强,累世陵迟。故桓玄逼夺,刘裕秉权。彗孛者,恶气之所生,是为僭晋将灭,刘裕篡之之应也。"再有,太武帝神麚二年(429年),接着前一年征服大夏而又计划对蠕蠕进行征服战的时候,大夏出身的太史张渊、徐辩等,一齐提出异议说:"蠕蠕,荒外无用之物。得其地不可耕而食,得其民不可臣而使。轻疾无常,难得而制。有何汲汲而苦劳士马也?"然而崔浩则痛训他们说,那是"汉世旧说常谈",已经不适合今日之事

---

① 最初仕于西晋,因永嘉之乱而卒于刘聪政权的刘殷给自己七个孩子分别授以五经及《史记》、《汉书》的事情,大概也是有着深远考虑的。"有七子,五子各授一经。一子授太史公,一子授《汉书》,一门之内,七业俱兴,北州之学,殷门为盛。"(《晋书》卷八八《孝友·刘殷传》)

② 《北史》卷八一《儒林传序》有云:"大抵南北所为章句,好尚互有不同。江左,《周易》则王辅嗣,《尚书》则孔安国,《左传》则杜元凯。河洛,《左传》则服子慎,《尚书》、《周易》则郑康成。《诗》则并主于毛公,《礼》则同遵于郑氏。南人约简,得其英华;北学深芜,穷其枝叶。"

宜。所谓"汉世旧说常谈",大概就是指《汉书》所记录的韩安国、主父偃、严尤等对匈奴的消极政策而言的。在太延五年(439年),又因为征服称霸于河西的北凉沮渠牧犍的计划,北魏国内赞同和否定两种议论沸腾。弘农王奚斤等反对派的主张说,归根到底,河西是斥卤之地,水草缺乏,在经营上没有价值。这时候也是崔浩引述《汉书》而展开自己的主张。"《汉书·地理志》称:'凉州之畜,为天下饶。'①若无水草,何以畜牧?又汉人为居,终不于水草之地筑城郭,立郡县也。……"据说不久凉州一被征服,果然是水草丰富,即如崔浩所言。这样,《汉书》就被崔浩纵横地利用着时而能驳倒议论的对手,时而能说明自己的主张。说起来,就是有着在不断地与现实相照应的前提下而被利用和被理解的趋向。②

那么这样的态度,是怎样地反映在他的《汉纪音义》中的呢?师古注中明记其名而引用崔浩说,限于笔者管见所及不过仅仅三条,从中不能引出什么值得特别一提而能称为特点的东西。不过,我认为,如果通观《史记索隐》中比较多地被引用的崔浩说来看,好像使我们隐约地可见一些以上所讲的崔浩的态度似的。也就是说,可以推测,他的兴趣就是面对着特别是汉制或汉律,或者还有与匈奴有关的纪事。如果这一推测正确的话,那么大概可以认为,在其中,还是时代的要求,即在与诸民族激烈争夺的同时而推进建国的北魏王朝草创期的时代要求在发挥着作用。

资料Ⅲ 师古注及《史记索隐》中所见的崔浩说

(1)《地理志》"平原郡……龙额 侯国,莽曰清乡〈师古曰:今书本额

---

①《汉书·地理志》中说:"自武威以西,本匈奴昆邪王、休屠王地,武帝时攘之,初置四郡,以通西域,鬲绝南羌、匈奴。其民或以关东下贫,或以报怨过当,或以悖逆亡道家属徙焉。习俗颇殊,地广民稀,水中宜畜牧,故凉州之畜,为天下饶。"(HP.28B2,52a~b)
②《魏书》卷四八《高允传》也有如下的纪事:"后诏允与司徒崔浩述成《国记》,以本官领著作郎。时浩集诸术士,考校汉元以来日月薄蚀、五星行度,并识前史(《汉书》)之失,别为魏历,以示允……。"

字或作额,而崔浩云:有龙额村,作额者非。〉"(HP.28A2,69b～70a)→
《建元以来侯者年表》"龙额〈《地理志》,县名,属平原,刘氏音额,崔浩音
洛。又云:今河间有龙额村,与弓高相近。〉"(SH.20,12)。

341

(2)《冯唐传》"帝辇过,问唐曰:父老何自为郎,家安在〈师古曰:言年
已老矣,何乃自为郎也。崔浩以为自从也,从何为郎。此说非也。〉"
(HP.50,5b)→《冯唐列传》"……〈案崔浩云:自,从也。帝询唐,何从为
郎。又小颜云:年老矣,乃自为郎,怪之也。〉"(SH.102,12)。

(3)《陈汤传》"于是(甘)延寿、(陈)汤上疏曰:……陷陈克敌,斩郅支
首,及名王以下。宜县头槀街蛮夷邸间〈晋灼曰:《黄图》,在长安城门内。
师古曰:槀街,街名。蛮夷邸在此街也。邸若今鸿胪客馆也。崔浩以为
槀当为橐,橐街即铜驼街也。此说失之。铜驼街在雒阳,西京无也。〉"
(HP.70,10a～b)。

(4)《秦始皇本纪》"良将劲弩,守要害之处,信臣精卒,陈利兵而谁何
〈崔浩云:何或为呵。《汉旧仪》:宿卫郎官分五夜谁呵,呵夜行者谁也。
何呵字同。〉"(SH.6,97)。

(5)《孝文本纪》"乃下诏曰……今法有肉刑三,而奸不止〈韦昭云:断
趾、黥、劓之属。崔浩《汉律序》云:文帝除肉刑,而宫不易。张斐注云:以
淫乱人族序,故不易之也。〉"[1](SH.10,29)。

(6)《外戚世家》"姪何秩比中二千石〈按崔浩云:中犹满也。汉制九
卿已上,秩一岁满二千斛。又《汉官仪》云:中二千石,俸月百八十斛。〉"
(SH.49,27)。

(7)《留侯世家》"留侯曰,……夫关中左殽函,右陇蜀,沃野千里,南
有巴蜀之饶,北有胡苑之利〈崔浩云:苑,马牧,外接胡地。马生于胡,故
云胡苑之利。〉"(SH.55,20～21)。

---

414 [1] 在《隋志》"史部·刑法类"著录有"《汉晋律序注》一卷,晋僮长张斐撰"。"崔浩《汉律序》云",
大概正确的应该写作"崔浩云:《汉律序》云"。

(8)《廉颇蔺相如列传》"李牧者,赵之北边良将也。常居代雁门备匈奴。以便宜置吏,市租皆输入莫府,为士卒费〈按注如淳解莫大也云云(集解:如淳曰:将军征行无常处,所在为治,故言莫府。莫,大也)。又崔浩云:古者出征为将帅,军还则罢,理无常处,以幕帟为府署,故曰莫府。则莫当做幕,字之讹耳。〉"(SH.18,20~21)。还有《冯唐列传》"终日力战,斩首捕虏,上功莫府〈按莫训大也。又崔浩云:古者出征无常处,以幕为府舍,故云莫府。莫当为幕,古字少耳。〉"(SH.102,16)。

(9)《张释之列传》"上行出中渭桥,有一人从桥下走出,乘舆马惊。于是使骑捕,属之廷尉。释之治问。曰:县人来,闻跸,匿桥下。久之以为行已过,即出。见乘舆车骑,即走耳。廷尉奏当,一人犯跸,当罚金〈案崔浩云:当谓处其罪也。案《百官志》云:廷尉平刑罚,奏当,所应郡国谳疑罪,皆处当以报之也。〉"(SH.102,8)。

(10)《冯唐列传》"……是以北逐单于,破东胡〈案崔浩云:乌丸之先也。国在匈奴之东,故云东胡也。〉"(SH.102,15)。

(11)《匈奴列传》"岁正月,诸长小会单于庭祠。五月,大会茏城,祭其先天地鬼神〈《汉书》,茏城①作龙城,亦作茏字。崔浩云:西方胡皆事龙神,故名大会处为龙城。《后汉书》云:匈奴俗,岁有三龙祠,祭天神。〉"(SH.110,23)。

(12)同上"汉孝文皇帝十四年,匈奴单于十四万骑入朝那萧关,……候骑至雍甘泉〈崔浩云:候,逻骑。〉"(SH.110,37)。

(13)同上"其明年春,汉使骠骑将军去病,将万骑出陇西,过焉支山千余里,击匈奴,得胡首虏万八千余级,破得休屠王祭天金人〈韦昭云:作金人以为祭天主。崔浩云:胡祭以金人为主,今浮图金人是也。又《汉书音义》称:金人祭天,本在云阳甘泉山下,秦夺其地,徙之于休屠王右地,故休屠有祭天金人,象祭天人也。事恐不然。案得休屠金人,后置之于

---

① 译者注:中华书局本无"茏城"二字。

甘泉也。〉"(SH.110,49)。

　　(14)《卫将军骠骑列传》"……绝梓领,梁北河,讨蒲泥,破符离〈晋灼曰:二王号。崔浩云:漠北塞名。〉"(SH.111,7～8)。

　　(15) 同上"天子曰:骠骑将军率戎士,逾乌盭,讨遫濮,涉狐奴〈遫濮①音速卜二音。崔浩云:匈奴部落名。案下有遫濮王,是国名也。〉"(SH.111,17)。

　　(16) 同上"封狼居胥山,禅于姑衍,登临翰海〈按崔浩云:北海名,群鸟之所解羽,故云翰海。《广异志》云:在沙漠北。〉"(SH.111,28)。

　　(17) 同上"骠骑将军自四年军后三年,元狩六年而卒。天子悼之,发属国玄甲军,陈自长安至茂陵,为冢,象祁连山〈案崔浩云:去病破昆邪于此山,故令为冢象之以旌功也。姚氏案:冢在茂陵东北,与卫青冢并。西者是青,东者是去病,冢上有竖石,前有石马相对,又有石人也。〉"(SH.111,32)。

　　(18)《淮南衡山列传》"公卿治者曰:淮南王安拥阏奋击匈奴者雷被等,废格明诏,当弃市〈崔浩云:诏书募击匈奴,而雍遏应募者,汉律所谓废格。案如淳注《梁孝王传》云:竛阁不行也。音各也。〉"(SH.118,18～19)。

　　在从五胡十六国到北朝的华北,一部《汉书》注也没有被撰写出来。② 可是到了其最末期,情况突然为之一变。江南的《汉书》研究流入到华北,终于达到呈现出能够产生"《汉书》学"乃至"《汉书》学者"这些词语程度的活跃景况。把江南的《汉书》研究成果带到华北的,就是刘臻和萧该

____

① 译者注:中华书局本无"遫濮"二字。
② 有关《汉书》的纪事也很缺乏。如果除去我们先前所述有关刘宣、刘元海、石勒、北魏道武帝和崔玄伯、崔浩、刘殷等人的情况之外,只不过能附加上仕于沮渠牧犍的刘昞因为"三史"过于浩瀚而撰《略记》百三十篇、八十四卷的情况(《魏书》卷五二),还有北齐的孝昭帝和邢邵喜欢读《汉书》的情况(《北齐书》卷六及卷三六)等。在这些纪事当中,北齐的魏收在进行有关宗庙的议论之际,以《汉书·韦玄成传》为论据而抢先于博士们的故事是值得注意的(《颜氏家训·勉学篇》,41a～b)。

等,还有颜师古的祖父颜之推大概也是其中之一人。颜之推的情况我们留在后述。以《汉书》为家学的梁朝的刘臻,不久仕于北周,与在长安的姚察就有关《汉书》进行质疑的情况等已如我们先前所述。弘农的杨汪还是由江南出身的沈重来教授礼学,而且由这个刘臻教授《汉书》的(《隋书》卷五六)。这就是北周时代的情况。还有兰陵的萧该是梁鄱阳王萧恢之孙,说起来与和所谓《汉书》真本稍微有关系的鄱阳王萧范是伯侄的关系。梁元帝政权崩溃后,迁于长安,在《诗》、《书》、《春秋》、《礼记》之外,尤其精通于《汉书》而受到贵游的尊敬(同上卷七五《儒林传》)。榆林的阎毗,亦即阎立德、阎立本兄弟之父由萧该教授《汉书》,也还是北周时代的事情(同上卷六八)。在《隋志》中作为"《汉书音义》十二卷,国子博士萧该撰"而著录的著作佚文,被清代的臧镛辑成三卷。[①] 再有,隋的开皇年间,在陆法言的《切韵》的编纂上,除了和颜之推、刘臻等一起参谋计划之外,在《颜氏家训·书证篇》中可见其名[②],使人看到他们形成了从江南迁到华北的学者集团的情况。就是有关《汉书》的解释,在他们之间大概也有着相互启发的地方。东海的包恺也照旧是江南出身者(《北史》卷八二《儒林下》)。在隋朝,包恺和萧该并列被尊为"汉书学"之"宗匠"的情况在本章最开始我们已经触及了。据说被著录的其门人弟子数千人

344

---

① 再有,参见平中苓次《关于米泽的宋版前后汉书》(现在依据的是收于 1977 年朋友书店的影印庆元本《汉书》卷首的内容)。不过,尽管令人奇怪颜师古古"何故"没有引萧该《音义》的情况,但是正如我们反复说到的那样,师古注并没有将所谓旧注以外者全都显示其名地加以采用。

② 《广韵序》中说:"昔开皇初,有仪同刘臻等八人,同诣法言门宿,夜永酒阑,论及音韵,……因论南北是非,古今通塞,欲更捃选精切,除削疏缓,萧(该)颜(之推)多所决定,……遂取诸家音韵古今字书以前所记者,定之为《切韵》五卷。"所谓八人,就是刘臻、颜之推、魏渊、卢思道、李若、萧该、辛德源、薛道衡。《颜氏家训·书证篇》的纪事如下:"《礼·王制》云:'赢股肱。'郑注云:'谓捋衣出其臂胫。'今书皆作擐甲之擐。国子博士萧该云:'擐当做捋,音宣,擐是穿著之名,非出臂之义。'案《字林》,萧读是,徐爱音患,非也。"(99b)再有,在萧该那里还有《文选音义》的著作(《隋书》卷七五)。

中的逸足,就是作为隋末的群雄之一而出名的李密。① 包恺之说时常为《史记索隐》所引用。此外在隋朝,分别有由于仲文撰述的《汉书刊繁》三十卷(《隋书》卷六〇),还有由张冲撰述的《前汉音义》十二卷(同上卷七五《儒林传》)。于仲文好像是以万忸于氏为本来的姓的北魏以来鲜卑系勋臣②,张冲是吴郡出身,是原来仕于陈朝的人物。

二 颜师古的《汉书》之学

1 师古注的完成

《汉书》颜师古注是前一节刚刚讲过的颜师古以前的《汉书》注的集成,是体现了从六朝末期到隋、唐的"《汉书》学"的总体水准及其归结点的著述,据说时人将"班孟坚之忠臣"的别号送给了颜师古。③

师古注是在唐太宗贞观十五年(641 年),受当时的皇太子李承乾之命而撰述的。其间的事情固然在两《唐书》的本传(《旧唐书》卷七三、《新唐书》卷一九八《儒学传》)中也能看到,但是《叙例》的第一条中所讲述情况则更为详细。

> 储君体上哲之姿,膺守器之重,俯降三善(《礼记·文王世子》),博综九流。观炎汉之余风,究其终始,懿孟坚之述作,嘉其宏赡,以为服、应曩说,疏紊尚多,苏、晋众家,剖断盖尠,蔡氏纂集,尤为牴牾,自兹以降,蔑足有云。怅前代之未周,愍将来之多惑,顾召幽厌,

① 《隋书》卷七〇《李密传》记载说:"……后更折节,下帷耽学,尤好兵书,诵皆在口。师事国子助教包恺,受《史记》、《汉书》,励精忘倦,恺门徒皆出其下。"还有在《旧唐书》卷五三《李密传》可以看到稍带小说意味的纪事。"尝欲寻包恺,乘一黄牛,被以蒲鞯,仍将《汉书》一帙挂于角上,一手提牛鞚,一手翻书读之。尚书令越国公杨素见于道,从后按辔蹑之,既及,问曰:'何处书生耽学若此?'密识越公,乃下牛再拜,自言姓名。又问所读书,答曰:《项羽传》。越公奇之,与语大悦,谓其子玄感等曰:'吾观李密识度,汝等不及。'于是玄感倾心结托。"
② 参见姚薇元《北朝胡姓考》(科学出版社,1958 年)第 54 页以下。
③ 《新唐书》卷一九八本传记载说:"时人谓杜征南、颜秘书为左丘明、班孟坚忠臣"。

俾竭刍荛，匡正暌违，激扬郁滞，将以博喻胄齿，远覃邦国，弘敷锦
带，启导青衿。曲禀宏规，备蒙嘉惠，增荣改观，重价流声。斗筲之
材，徒思罄力，驽蹇之足，终惭远致。岁在重光，律中大吕，是谓涂
月，其书始就。不耻狂简，辄用上闻。

これ前后的时间为相当于辛年的贞观辛丑，亦即贞观十五年(641 年)。
当时是李承乾被废皇太子位的两年前，颜师古官处秘书少监之位。而
且，师古注一出现，似乎很快就达到了人们依靠它来读《汉书》的情形。
房玄龄因为"颜师古所注《汉书》"太过于大部头了，就让敬播取其机要而
为四十卷(《旧唐书》卷一八九上《儒学传》)；还有在杨炯的《王勃集序》
中，称赞王勃之夙慧而说："君，讳勃，字子安，……九岁读颜氏《汉书》，撰
《指瑕》十卷"(《杨盈川集》卷三)。如果说王勃(648—675 年)9 岁，那么
距离师古注的完成仅有 15 年时间。这样，在成书于高宗显庆三年(658
年)的《文选》李善注中很多地方引用师古注也是很自然的。而师古注作
为《汉书》注的最高权威地位，很快就被确立起来了。

2 作为家学的师古注

颜师古名籀，专以其字师古而著名。或许在其名和字都显得很拘谨
上也使人想到古代主义者的这个人物，恰好是在隋王朝创业的开皇元年
(581 年)，以颜之推为祖父，以之推的长子颜思鲁为父亲而出生于世。其
卒年是在唐的贞观十九年(645 年)，时为 65 岁。《汉书》注是在其已经属
于晚年的 61 岁的事业。① 以琅玡临沂为本籍的颜氏的家风，用一句话来
表现，或可以说是以学门为家业之家。在颜氏那里，流传着从颜之推数
起相当于九世祖的东晋颜含告诫其一家的年轻人的话："汝家书生门户，
世无富贵。自今仕宦不可过二千石，婚姻勿贪势家。"后来颜之推以其为

---

① 作为颜师古的年谱，有罗香林《颜师古年谱》(商务印书馆，中国史学丛书，1941 年)。是由绪
论、世系、年谱、遗徽部分所组成。

终身服膺之宗旨而将这句话写在了《颜氏家训·止足篇》(77a)当中。梁、西魏、北周,进而是隋,所仕的王朝宛如转蓬似的不断地改变,对于度过了或称作是东西南北之人才非常合适的如此一生的颜之推来说,他可以依靠的除了作为"书生门户"的这个自觉之外,大概就什么都没有了。在他那里,既没有故乡,也没有田产。而且,这个化为自觉的颜氏的传统,又从颜之推进而传给了其子孙。在《颜氏家训·勉学篇》中,还有一条记载了从北齐刚迁徙到北周之后颜氏的生活旨趣。"邺平之后(577年),见徙入关。思鲁尝谓吾曰:'朝无禄位,家无积财。当肆筋力,以申供养。每被课笃,勤劳经史。未知为子,可得安乎?'吾命之曰:'子当以养为心,父当以学为教。使汝弃学徇财,丰吾衣食,食之安得甘? 衣之安得暖? 若务先王之道,绍家世之业,藜羹缊褐,我自欲之。'"(45b)几乎谁都知道的那个颜真卿,即相当于师古的第三弟颜勤礼的曾孙,他在其《颜氏家庙碑》中回忆颜氏先祖的同时,把思鲁、愍楚、游秦颜氏三兄弟,也就是颜师古的父亲和二位叔父,与温氏的大雅、彦博、彦将三兄弟做比较而讲到:"《国史》称,温大雅在隋,与思鲁同事东宫,彦博与愍楚同直内史省,彦将时与游秦同典校秘阁。二家兄弟,各为一时人物之选。少时学业,颜氏为优,其后职位,温氏为盛。《温氏谱》亦载焉。"[①](《金石萃编》卷一〇一)

颜氏世系略表

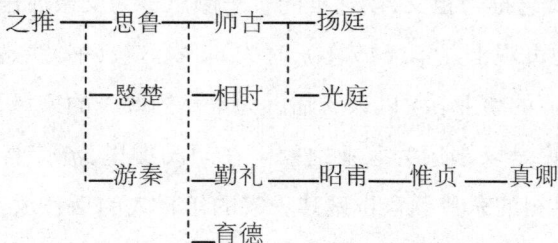

```
之推 ──┬─ 思鲁 ──┬─ 师古 ──┬─ 扬庭
       ┆          ┆          ┆
       ├─ 愍楚    ├─ 相时    ├─ 光庭
       ┆          ┆
       └─ 游秦    ├─ 勤礼 ── 昭甫 ── 惟贞 ── 真卿
                  ┆
                  └─ 育德
```

---

① 《新唐书》卷九一《温大雅传》中也说:"初颜氏、温氏在隋最盛,思鲁与大雅俱事东宫,愍楚、彦博同直内史省,游秦、大有典校秘阁,颜以学业优,而温以职位显于唐云。"(译者注:大有字彦将。)

降生在这样一个家庭的颜师古,如同是被规定了而能够"少传家业,博览群书,尤精诂训,善属文"(《旧唐书》本传)那样。据说其兄弟们也都是很好学的,以其次弟颜相时联名为所谓秦府十八学士之一的情形为首①,其第三弟颜勤礼"工于篆籀,尤精诂训,解褐校书郎,与两兄弟师古、相时同时为宏文、崇贤学士";其末弟颜育德"于司经(局)校定经史",当代的荣誉即归于他们兄弟(《颜氏家庙碑》)。其中的颜师古在唐太宗的贞观时期,也可以说是以各种形式与由朝廷立案而被一项一项地付诸实行的文化事业的多个方面有关系。包括经籍的收集和校定,尤其是《五经》本文的校定,也就是制作《五经正义》的定本②,五礼的修定,作为五史之一的《隋书》的撰述,有关明堂制度的考论,等等。这些情况我们暂且搁置一下,现在这里我想务必先要指出的问题是,《汉书》学乃是颜氏所传的"家业"之一。在《北齐书》卷四五《文苑·颜之推传》中记载说颜氏的"家业"是《周礼》和《左传》,那么我想,现在即使加上一个《汉书》也是无妨的。至少在颜之推以后是这样的情况。《颜氏家训》,尤其是在《勉学篇》和《书证篇》中,颜之推讲到有关《汉书》的言论还是可以看到一些的。如果将这些逐条地与相应的师古注加以比较,可以看出两者之间存在着紧密联系的情况。从颜师古的幼儿期到少年期,颜之推还健在。③即使我们想象颜师古从祖父那里亲身得到学问的方法也没什么奇怪的。以下我就将《颜氏家训》和与之有关的颜师古注这两者,既不作训读也不做现代语翻译,特别按照原文记述如下。因为我想就按照原文那样的形式,反倒便于我们看到甚至是文章的结构和措辞上其

349

①《旧唐书》卷七二《褚亮传》。
② 参见福岛吉彦《唐五经正义撰定考——毛诗正义研究之一》(《山口大学文学会志》24 号)。文中指出颜师古的任务始终就停留在《五经》本文的校定上,所以《贞观政要》所认为的甚至诏其撰定《五经正义》的纪事是错误的。
③ 尽管颜之推的卒年我们并不准确地知道,但是《颜氏家训·终制篇》中有一句:"吾已六十余,故心坦然,不以残年为念"(132b)。颜之推 60 岁之年是开皇十年(590 年),颜师古正好是 10 岁。

两者之间的关系。

资料Ⅳ 《颜氏家训》与师古注

(1)《勉学篇》"江南有一权贵,读误本《蜀都赋》注,解'蹲鸱,芋也',乃为羊字。人馈羊肉,答书云:'损惠蹲鸱。'举朝惊骇,不解事义,久后寻迹,方知如此"(46b)。

《货殖传》"秦破赵,迁卓氏之蜀,夫妻推辇行。诸迁虏少有余财,争与吏求近处,处葭萌。唯卓氏曰:此地陿薄。吾闻岷山之下沃埜,下有蹲鸱,至死不饥〈孟康曰:蹲音蹲,水乡多鸱,其山下有沃野灌溉。师古曰:孟说非也。蹲鸱谓芋也,其根可食以充粮,故无饥年。《华阳国志》曰:汶山郡都安县有大芋,如蹲鸱也。〉"(HP.91,8b)。

(2)同上"《汉书·王莽赞》云:'紫色䵷声,余分闰位。'谓以伪乱真耳。昔吾尝共人谈书,言及王莽形状,有一俊士,自许史学,名价甚高。乃云:'王莽非直鸱目虎吻,亦紫色蛙声。'"(47a)又《书证篇》"《汉书·王莽赞》云:'紫色䵷声,余分闰位。'盖谓非玄黄之色,不中律吕之音也。近有学士,名问甚高,遂云:'王莽非直鸢髆虎视,而复紫色䵷声。'亦为误矣"(100a)。

《王莽传》"赞曰:……紫色䵷声,余分闰位〈应劭曰:紫,间色。䵷,邪音也。服虔曰:言莽不得正王之命,如岁月之余分为闰也。师古曰:䵷者乐之淫声,非正曲也。近之学者,便谓䵷之鸣,已失其义。又欲改此赞䵷声为蝇声,引《诗》匪鸡则鸣,苍蝇之声,尤穿凿矣。〉"(HP.99C,29b~30a)。又《叙传》(《答宾戏》)"夫啾发投曲,感耳之声,合之律度,淫䵷而不可听者,非《韶》、《夏》之乐也〈李奇曰:䵷,不正之音也。师古曰:啾发,啾啾小声而发也。投曲,趣合屈曲也。感耳,动应众庶之耳也。然而不合律度,君子所不听也。淫䵷,非正之声也。不谓䵷黽之鸣也。啾音子由反。〉"(HP.100A,21a~b)。

(3)《勉学篇》"又《礼乐志》云:'给太官挏马酒。'李奇注:'以马乳为酒也,挏挏乃成。'二字并从手。挏挏,此谓撞捣挏之,今为酪酒亦然。向学士又以为种桐时,太官酿马酒乃熟,其孤陋遂至于此"(47a)。

《礼乐志》"师学百四十二人,其七十二人给大官捅马酒〈李奇曰:以马乳为酒,撞捅乃成也。师古曰:捅音动,马酪味如酒,而饮之亦可醉,故呼马酒也。〉"(HP.22,36b)。

(4)同上"夫文字者,坟籍根本。世之学徒,多不晓字,读《五经》者,是徐邈而非许慎;习赋诵者,信褚诠而忽吕忱……"(48b)。

《司马相如传卷首》"〈师古曰:近代之读相如赋者多矣,皆改易文字,竞为音说,致失本真。徐广、邹诞生、诸诠之、陈武之属①是也。今依班书旧文为正,于彼数家,並无取焉……〉"(HP.57A,1a)。

(5)同上"愍楚友婿窦如同从河州来,得一青鸟,驯养爱玩,举俗呼之为鹖。吾曰:鹖出上党,数曾见之,色并黄黑,无驳杂也。故陈思王《鹖赋》云:扬玄黄之劲羽。试检《说文》:鸧雀似鹖而青,出羌中。《韵集》音介。此疑顿释"(51a～b)。

《循吏·黄霸传》"五凤三年,代邴吉为丞相,……时京兆尹张敞舍鹖雀飞集丞相府〈苏林曰:今虎贲所著鹖也。师古曰:苏说非也。此鹖音介,字或作鸧。此通用耳。鸧雀大而色青,出羌中,非武贲所著也。武贲鹖色黑,出上党,以其斗死不止,故用其尾饰武臣首云。今时俗人所谓鹖鸡者也。音曷,非此鸧雀也。〉,霸以为神雀"(HP.89,6a～7a)②。

(6)《书证篇》"《礼》云:'定犹豫,决嫌疑。'《离骚》曰:'心犹豫而狐疑。'先儒未有释者。案《尸子》曰:'五尺犬为犹。'《说文》云:'陇西谓犬

351

----

① 在《隋志》"史部·正史类"分别著录有"《史记音义》二十卷,宋中散大夫徐野民(广)撰","《史记音》三卷,梁轻车录事参军邹诞生撰",还有在"集部·总集类"著录有"《百赋音》十卷,宋御史褚诠之撰"。陈武未详。陈之武帝就是陈霸先。

② 译者注:本书原文所引此段《汉书·循吏·黄霸传》颜师古注与王先谦补注本、中华书局本《汉书》颜师古注的"介"作"芬"、"鸧"作"鸧"不同。按照著者所依据的周法高《颜氏家训汇注》在前面所引一段《勉学篇》文字中加注说:"诸本'鸧'皆误'鸧',音作分。段云:'《汉书·黄霸传》鹖雀,师古以为鸧雀。今本《汉书》注亦误鸧,宋祁据徐锴本曾辩之。'案段说是也,今从改正。"(51b)现列于此以备参考。

子为犹。'吾以为人将犬行,犬好豫在人前,待人不得,又来迎候;如此往还,至于终日。斯乃豫之所以为未定也。故称犹豫。或以《尔雅》曰:'犹如麖,善登木。'犹,兽名也;既闻人声,乃豫缘木。如此上下,故称犹豫。狐之为兽,又多猜疑,故听河冰无流水声,然后敢渡。今俗云狐疑虎卜,则其义也"(95b～96a)。

《高后纪》"太尉勃与丞相平谋,以曲周侯郦商子寄与(吕)禄善,使人劫商,令寄给说禄曰……,禄然其计,使人报(吕)产及诸吕老人。或以为不便,计犹豫〈师古曰:犹,兽名也。《尔雅》曰:犹如麖①,善登木,此兽性多疑虑,常居山中,忽闻有声,即恐有人且来害之,每豫上树,久之无人,然后敢下,须臾又上。如此非一,故不决者,称犹豫焉。一曰,陇西俗谓犬子为犹,犬随人行,每豫在前,待人不得,又来迎候,故云犹豫也。麖音几。〉,未有所决②"(HP.3,5b～6a)。

(7) 同上"《汉书》云:'中外禔福。'字当从示。禔,安也,音匙匕之匙,义见《苍》、《雅》、《方言》。河北学士皆云如此,而江南书本多误从手。属文者对耦,并为提挈之意,恐为误也"(103a～b)。

《司马相如传》(《难蜀父老》)"遐迩一体,中外禔福,不亦康乎〈师古曰:禔,安也,康,乐也。禔音止支反。〉"(HP.57B,9a)。

(8) 同上"或问,'《汉书》注,为元后父名禁,改禁中为省中。何故以省代禁?'答曰:'案《周礼》;宫正掌王宫之戒令纠禁。郑注云:纠犹割也,察也。李登云:省,察也。张揖云:省,今省督也。然则小井所领二反,并得训察。其处既常有禁卫省察,故以省代禁。督,古察字也。'"(103b)

《昭帝纪》"戊辰,太子即皇帝位,谒高庙。帝姊③鄂邑公主,益汤沐邑为长公主,共养省中〈伏俨曰:蔡邕云:本为禁中,门阁有禁,非侍御之臣

---

① 译者注:中华书局本"麖"作"麛",下同。
② 因为原本"犹豫 yu-yü"是双声词语,所以王念孙反对这一解释是当然的:"夫双声之字,本因声以见义,不求诸声而求诸字,固宜其说之多凿也"(《广雅疏证》卷六上)。
③ 译者注:此处及以下多处出现的"姊",在王先谦补注本、中华书局本中均作"姊"。

不得妄入,行道豹尾中亦为禁中。孝元皇后父名禁,避之,故曰省中。师古曰:省,察也。言入此中皆当察视,不可妄也。共读曰供,音居用反。养音弋亮反。他皆类此。〉"(HP.7,1a～b)。³⁵²

(9) 同上"又相如《封禅书》曰:'导一茎六穗于庖,牺双觡共抵之兽。'此导训择,光武诏云'非徒有豫养导择之劳',是也。……"(114a)。

《司马相如传》"……〈郑氏曰:导,择也。一茎六穗,谓嘉禾之米。于庖厨以供祭祀也。〉"(HP.57B,22a)。

(10) 同上"河间邢芳语吾云:'《贾谊传》云:日中必熭。注熭暴也。曾见人解云:此是暴疾之意,正言日中不须臾,卒然便戾耳。此释为当乎?'吾谓邢曰:'此语本出太公《六韬》,案字书,古者暴晒字,与暴疾字相似,唯下少异,后人专辄加傍日耳。言日中时必须暴晒,不尔者,失其时也。晋灼已有详释。'芳笑服而退"(117a～b)。

《贾谊传》"黄帝曰:日中必熭①,操刀必割〈孟康曰:熭音卫,日中盛者必暴熭也。臣瓒曰:太公曰:日中不熭,是谓失时。操刀不割,失利之期。言当及时也。师古曰:此语见《六韬》,熭谓暴晒之也。晒音所智反,又音所懈反。〉"(HP.48,11b)。

颜之推之说在师古注中的投影,大概即如以上。如果从师古注的整体来看,这些当然不过是九牛一毛。或许在师古注中另外也包含着颜之推之说,我想倒不如说应该这样考虑,但是今天已经失去验证手段了。不过,即使透过以上不多的事例,从祖到孙的传承关系还是很显著的。在(2)、(5)、(6)、(10)等几处尤其显著。如果师古与《汉书》有着即便很少的关系,那么不就是他想努力以某种形式来吸收仅限于《家训》中所见的东西吗?应该说颜师古在继承"家业"的事情上的确是很忠实的。

然而在颜师古的周围,其实就有写了《汉书》专门的注的人物。那就

---

① 译者注:中华书局本"熭"作"曓"。下同。

353 是作为颜之推的第三子、即相当于颜师古叔父的颜游秦。他先于师古注
而著《汉书决疑》12卷,因此相对于称颜师古为"小颜"而被称作"大颜"。
《汉书》颜师古注与《汉书决疑》的紧密关系似乎很早就被人注意到了,例
如《旧唐书·颜师古传》在其末尾附了颜游秦的传记就指出"撰《汉书决
疑》十二卷,为学者所称。后师古注《汉书》,亦多取其义耳。"这样,在后
世非难师古注不过是隐去其叔父之名而窃取了《汉书决疑》的论者甚至
有不少。① 虽然《汉书决疑》已经失传了,但是幸运的是在《史记索隐》中
一共引述有18条颜游秦之说。现在如果将这些择录出来与相关联的师
古注比较来看,大约有15条可以看出某些相符合,我想,颜师古多取其
叔父之义的情况似乎是的的确确的。

资料Ⅴ 《史记索隐》所见的颜游秦说与师古注

(1)《孝文本纪》"后六年冬,匈奴三万人入上郡,三万人入云中。以
中大夫令勉〈裴骃按表,景帝改卫尉为中大夫令(集解:徐广曰:卫尉改名
也。骃案《汉书百官表》,景帝初改卫尉为中大夫令,非此年也。),则中大
夫令是官号,勉其名。后此官改为光禄勋。虞世南以此称中大夫令,是
史家追书耳。颜游秦以令是姓,勉是名,为中大夫。据《风俗通》,令姓,
令尹子文之后也。〉为车骑将军,军飞狐"(SH.10,36)。

《文帝纪》"……以中大夫令免为车骑将军,屯飞狐〈如淳曰:在代郡。
师古曰:中大夫,官名。其人姓令名免耳。此诸将军下至徐厉,皆书姓。
而徐广以为中大夫令是官名,此说非也。据《百官表》,景帝初,改卫尉为
中大夫令,文帝时无此官,而中大夫是郎中令属官,秩比二千石。〉"(HP.
4,17b~18a)。

(2)《封禅书》"后四十八年,周太史儋见秦献公曰:秦始与周合,合而

---

① 例如《十七史商榷》卷七《汉书叙例》中王鸣盛的议论就是其代表性的说法,他甚至怀疑颜师
古的品性而说道:"……但本传又言,师古叔父游秦撰《汉书决疑》十二卷,为学者所称,师古
注《汉书》,多取其义。今《叙例》竟不及游秦,全书中亦从未一见,本传载师古典刊正,引后
进,为雠校,抑素流,先贵势,富商大贾,亦引进之,物论称其纳贿,太宗谓曰:卿学识可观,但
事亲居官,未为清论所许。师古之为人如此,攘叔父之善而没其名,殆亦其一蔽乎。"

离,五百岁当复合〈案大颜历评诸家而云,周平王封襄公为诸侯,至昭王 *354*
五十二年西周君献邑凡五百一十六年为合,亦举全数。〉,合十七年而霸
王出焉"(SH.28,17)。

《郊祀志》"……曰:周始与秦国合而别,别五百载当复合〈应劭曰:
秦,伯翳之后也,始周孝王封非子为附庸,邑诸秦。平王东迁洛邑,襄公
以兵卫之,嘉其勋力,列为侯伯,与周别五百载矣。昭王时,西周君自
归受罪,尽献其邑三十六城,此复合也。孟康曰:谓周封秦为别,秦并
周为合。此襄王为霸,始皇为王也。韦昭曰:周封秦为始别,谓秦仲
也。五百岁,谓从秦仲至孝公强大,显王致伯,与之亲合也。师古曰:
诸家之说皆非也。自非子至西周献邑,凡六百五十三岁,自仲至显王
二十六年孝公称伯,止有四百二十六岁,皆不合五百之数也。案《史
记·秦本纪》及年表并云,周平王封襄公,始列为诸侯,于是始与诸侯
通。又《周本纪》及吴齐晋楚诸系家,皆言幽王为犬戎所杀,秦始列为
诸侯,正与此志符会,是乃为别。至昭襄王五十二年西周君自归献
邑,凡五百一十六年,是为合也。言五百者,举其成数也。〉,合七十年
而伯王出焉"(HP.25A,8b)。

(3)《平准书》"爵得至乐卿〈按此言武功置爵,惟得至于乐卿也。臣
瓒所引《茂陵书》①,盖后人记其爵失次耳。今注称十爵至十八庶长为乐
卿,十九至二十为乐公(集解:徐广曰:乐卿②,爵名也。骃案《汉书音义》
曰:十爵左庶长以上至十八爵为大庶长也,名乐卿。乐卿者,朝位从九卿,
加乐者,别正卿。又十九爵为乐公,食公卿禄而无职也。),乃以旧二十爵释
武功爵,盖亦臆说,非也。大颜亦以为然。〉,以显军功"(SH.30,13)。

《食货志》"……〈师古曰:乐卿者,武功爵第八等也。言买爵唯得至

① 此是指在这段文章之前的"请置赏官,命曰武功爵"的集解中引臣瓒说而讲到的内容:"瓒曰:
'茂陵中书有武功爵:一级曰造士,二级曰闲舆卫,三级曰良士,四级曰元戎士,五级曰官首,
六级曰秉铎,七级曰千夫,八级曰乐卿,九级曰执戎,十级曰左庶长,十一级曰军卫。此武帝
所制以宠军功。'"(SH.30,12)
② 译者注:中华书局本无此"乐卿"二字。

第八也。此文止论武功爵级,而作注者乃以旧二十等爵解之,失其本意,故删而不取。〉"(HP.24B,9a)。

(4)《陈涉世家》"腊月〈臣瓒云:建丑之月也。颜游秦云:按《史记》表:二世二年十月,诛葛婴,十一月,周文死,十二月,陈涉死,是也。宗懔《荆楚记》云:腊节在十二月,故因是谓之腊月也。〉,陈王之汝阴,还至下城父,其御庄贾杀以降秦。陈胜葬砀,谥曰隐王"(SH.48,15~16)。

355

《陈胜传》"……〈张晏曰:秦之腊月,夏之九月。臣瓒曰:建丑之月也。师古曰:《史记》云:胡亥二年十月,诛葛婴;十一月,周文死;十二月,陈涉死。瓒说是也。〉"(HP.31,6b~7a)。

(5)《绛侯周勃世家》"勃不好文学,每召诸生说士,东乡坐而责之:趣为我语。其椎少文如此〈大颜云:俗谓愚为钝椎,音直追反。今按椎如字读之。谓勃召说士,东向而坐责之云,趣为我语。其质朴之性,以斯推之,其少文皆如此。〉"(SH.57,10~11)。

《周勃传》"……〈服虔曰:谓讷钝也。应劭曰:今俗名拙语为椎储。师古曰:椎谓朴钝如椎也。音直推反。〉"(HP.40,23a)。

(6)同上"条侯(周亚夫)子为父买工官尚方甲楯五百被可以葬者。取庸苦之,不予钱。庸知其盗买县官器,怒而上变告子,事连汙条侯。书既闻上,上下吏。吏簿责条侯,条侯不对。景帝骂之曰:吾不用也〈孟康、如淳已备两解(集解:孟康曰:不用汝对,欲杀之也。如淳曰:恐狱吏畏其复用事,不敢折辱。),大颜以孟说为得。而姚察又别一解云:帝责此吏不得亚夫直辞,以为不足任用,故召亚夫,别诣廷尉使责问。〉,召诣廷尉"(SH.57,22~23)。

同前"……〈孟康曰:言不用汝对,欲杀之也。如淳曰:恐狱吏畏其复用事,不敢折辱也。师古曰:孟说是也。一云:帝责此吏云,不胜其任,吾不用汝。故召亚夫,令诣廷尉也。〉"(HP.40,28b)。

(7)《邹阳列传》"……何则众口铄金,积毁销骨也〈大颜云:谗人积久谮毁,则父兄伯叔自相诛戮,骨肉为之消灭也。〉"(SH.83,25)。

《邹阳传》"……〈师古曰：美金见毁，众共疑之，数被烧炼，以至销铄，谗佞之人，肆其诈巧，离散骨肉，而不觉知。〉"（HP.51,16a）。

（8）《李将军列传》"莫府省约文书籍事〈案大颜云：凡将军谓之莫府者，盖兵行舍于帷帐，故称莫府。古字通用，遂作莫耳。《小尔雅》训莫为 *356* 大，非也。〉"（SH.109,7）。

《李广传》"莫府省文书〈晋灼曰：将军职在征行，无常处，所在为治，故言莫府也。莫，大也。或曰：卫青征匈奴，绝大莫，大克获。帝就拜大将军于莫中府，故曰莫府。莫府之名，始于此也。师古曰：二说皆非也。莫府者，以军幕为义，古字通单（？）用耳，军旅无常居止，故以帐幕言之。廉颇、李牧，市租皆入幕府，此则非因卫青始有其号。又莫训大，于义乖矣。省，少也，音所领反①。〉"（HP.54,3a）。

（9）同上"居无何，（李）敢从上雍，至甘泉宫猎〈刘氏音尚。大颜云：雍地形高，故云上。〉"（SH.109,18）。

同前"……〈师古曰：无何，谓未多时也。雍之所在，地形积高，故云上也。上音时掌反，他皆类此。〉"（HP.54,9a）。

（10）《匈奴列传》"其后百有余岁，周西伯昌伐畎夷氏〈韦昭云：《春秋》以为犬戎。按畎音犬。大颜云：即昆夷也。《山海经》云：黄帝生苗龙，苗龙生融吾，融吾生并明，并明生白犬。白犬有二牡，是为犬戎。《说文》云：赤狄本犬种，字从犬。又《山海经》云：有人面兽身，名曰犬夷。贾逵云：犬夷，戎之别种也。〉"（SH.110,5）。

《匈奴传》"……〈师古曰：西伯昌即文王也。畎音工犬反。畎夷即畎戎也。又曰昆夷。昆字或作混，又作绲。二字并音工本反。昆绲畎声相近耳。亦曰犬戎也。《山海经》云：黄帝生苗龙，苗龙生融吾，融吾生弄明，弄明生白犬，白犬有二牝牡，是为犬戎。许氏《说文解字》曰：赤狄本犬种也，故字从犬。〉"（HP.94A,2a）。

---

① 但是，颜游秦、颜师古的"莫府"之解就是根据崔浩之说的。请见资料Ⅲ（8）。

(11)《卫将军骠骑列传》"是岁也,大将军姊子霍去病,年十八,幸为天子侍中。善骑射,再从大将军,受诏,与壮士为剽姚校尉〈上音匹遥反,下音遥。大颜案荀悦《汉纪》作票鹞。票鹞,劲疾之貌也。上音频妙反,下音弋召反。〉"(SH.111,14)。

《霍去病传》"去病以皇后姊子,年十八为侍中。善骑射,再从大将军,大将军受诏,予壮士为票姚校尉〈服虔曰:音飘摇。师古曰:票音频妙反。姚音羊召反。票姚,劲疾之貌也。荀悦《汉纪》作票鹞字。去病后为票骑将军,尚取票姚之字耳。今读者音飘遥,则不当其义也。〉"(HP.55,7a)。

(12)《司马相如列传》"赋奏,天子以为郎。无是公言天子上林广大,山谷水泉万物,乃子虚言楚云梦所有甚众,侈靡过其实,且非义理所尚,故删取其要,归正道而论之〈大颜云:不取其夸奢靡丽之论,唯取终篇归于正道耳。小颜云:删要,非谓削除其词,而说者谓此赋已经史家刊剟,失之也。〉"(SH.117,59)。

《司马相如传》"……〈师古曰:言不尚其侈靡之论,但取终篇归于正道耳。非谓削除其辞也,而说者便谓此赋已经史家刊剟,失其意矣。〉"(HP.57A,51)。

(13)同上(封禅文)"意者泰山、梁父,设坛场望幸,盖号以况荣〈案文颖曰:盖,合也。言考合前代之君,揆其荣而相比况而为号也。大颜云:盖,语辞也。言盖欲纪功立号,受天之况赐荣名也。于义为惬。然其文云盖,词义典质,又上与幸字连文,致令有华盖之谬也。〉"(SH.117,97)。

同前"……〈孟康曰:意者言太山、梁父设坛场,望圣帝往封禅记号以表荣名也。师古曰:幸,临幸也。盖,发语辞也。〉"(HP.57B,23b)。

(14)《货殖列传》"范蠡……变名易姓,适齐为鸱夷子皮〈大颜曰:若盛酒者鸱夷也,用之则多所容纳,不用则可卷而怀之,不忤于物也。案韩子云:鸱夷子皮事田成子,成子去齐之燕,子皮乃从之也。盖范蠡也。〉"(SH.129,10)。

《货殖传》"……〈师古曰:自号鸱夷者,言若盛酒之鸱夷,多所容受,而可卷怀,与时张弛也。鸱夷,皮之所为,故曰子皮。〉"(HP.91,4a)。

(15)同上"榻布皮革千石〈荅布,注音吐合反(集解:徐广曰:榻音吐合反。骃案《汉书音义》曰:榻布,白叠也)。大颜音吐盍反。案以为粗厚之布,与皮革同以石而秤,非白叠布也。《吴录》云:有九真郡布,名曰白叠。《广志》云:叠,毛织也。〉"(SH.129,34~35)。

同前"荅布皮革千石〈孟康曰:荅布,白叠也。师古曰:粗厚之布也。其价贱,故与皮革同其量耳,非白叠也。荅者重厚之貌,而读者妄为榻音,非也。〉"(HP.91,7b)。 *358*

　　如同这样,颜师古沉默地借用了颜游秦之说的情况在谁的眼里都是看得很清楚的。大概近代人的洁癖也就把这称为剽窃了,但是古人在使用先人之说的事情上是如此程度的神经质吗? 约束我们的伦理感,也同样地约束他们吗? 赵翼在一并论述班彪和班固、颜游秦和颜师古的关系时说道:"按古人著述,往往有先创者不得名,而集之者反出其上,遂因以擅名者,固不特此二书(《汉书》和师古注)也。"(《陔余丛考》卷五《班书颜注皆有所本》)而且,原本《汉书》学就是颜氏的家学。有关在颜之推和颜师古之间可寻的紧密关系我们已经指出了,而颜游秦肯定也是继承了其父颜之推之说,进而又流传到师古注中,大概如此认为才是正确的。如果大胆地想象一下,或许颜师古也是协助过《汉书决疑》的撰述的。所谓家学,大概应该说,也就是经过长时间而被积累起来的一家之共同研究的成果。其中大概也包含不少不能归于某一个人的个人之名的部分。师古注是家学之集成的情况,通过有关颜师古的侄子颜昭甫协助了师古注撰作的推测则更可以确认了。①

―――――――――――――

① 《颜氏家庙碑》中说:"昭甫字周卿,君(惟贞)之父也。幼而颖悟,尤明训诂,工篆籀草隶书,与 *416*
内弟殷仲容齐名,而劲利过之,特为伯父师古所赏重,每有注述,必令参定。"还有《颜鲁公集》
卷三《谢赠官表》中说:"窃以臣亡祖(昭甫)伏膺文儒,克笃前烈,能读三坟、五典、八索、九丘,
特为伯父故秘书监先臣师古之所赏爱。师古每有注释,未尝不参预焉。"

3 文本的确定

在书籍注释的工作上,可以依据的文本的确定,亦即本文的校定工作是必须先行的。作为贞观时代的中书侍郎,并且作为秘书少监继而是秘书监,还有作为公人的颜师古,其主要的工作就是以经籍的搜集以及《五经》的校定为首的校定工作,而他就可以如鱼得水地充分发挥其实力了。① 也就是在《汉书》的注释及其先行的校定工作上,他大概不仅得惠于能够披览被搜集于秘府的古今图书的便利,而且还可以有效地利用平素的经验。那么,《汉书》文本的确定是在怎样的原则之下进行的呢? 在《叙例》的第三条中说:

"《汉书》旧文,多有古字,解说之后,屡经迁易,后人习读,以意刊改。传写既多,弥更浅俗。今则曲核古本,归其真正,一往难识者,皆从而释之。"

也就是说,颜师古的基本态度,就在于在涉猎古本的基础上恢复《汉书》本来的面目。失去了本来面目的新的文本,即"今书本",也屡屡被其稍含轻蔑之意地称作"流俗书本"。② 因此,比如根据《史记》的《汉书》本文的改写也是绝对不容许的。下面就来显示一些实例。

(1)《陈胜项籍传赞》(贾谊《过秦论》)"常以十倍之地,百万之军,仰关而攻秦〈师古曰:秦之地形高,而诸侯之兵欲攻关中者,皆仰向,故云仰

---

① 《旧唐书》本传:"太宗以经籍去圣久远,文字讹谬,令师古于秘书省考定五经,师古多所厘正,既成奏之。太宗复遣诸儒重加详议,于时诸儒传习已久,皆共非之。师古辄引晋、宋已来古今本,随言晓答,援据详明,皆出其意表,诸儒莫不叹服。……贞观七年,拜秘书少监,专典刊正。所有奇书难字,众所共惑者,随疑剖析,曲尽其源。"《新唐书》卷五七《艺文志序》:"贞观中,魏征、虞世南、颜师古继为秘书监,请购天下书,选五品以上子孙工书者为书手,缮写藏于内库,以宫人掌之。"

② 例如,《惠帝纪》"令郡诸侯王立高庙〈师古曰:诸郡及诸侯王国皆立庙也。今书本郡下或有国字者,流俗不晓妄之。〉"(HP.2,3b)。《宣帝纪》地节二年"夏四月,凤凰集鲁郡,群鸟从之〈师古曰:今流俗书本,此下云戊申立皇太子,而后年又有立皇太子事,此盖以元纪云元帝二岁宣帝即位,八岁为皇太子,故后人妄于此申加之,旧本无也。据《疏广》及《丙吉传》,并云地节三年立皇太子。此即明验,而或者妄为臆说,乖于实矣。〉"(HP.8,7b)。

关也。今流俗书本,仰字作叩,非也。〉"(HP.31,26a)。《史记·秦始皇本纪赞》所引的《过秦论》作叩关(SH.6,95)。

(2) 接着以上,"秦人开关延敌,九国之师,遁巡而不敢进〈师古曰:遁巡谓疑惧而却退也。遁音千旬反。流俗书本,巡字误作逃。读者因之而为遁逃之义。潘岳《西征赋》云:逃遁以奔窜。斯亦误矣。〉"(HP.31,26a~b)。《史记》作"逡巡遁逃而不敢进"(SH.6,95)。

(3)《季布乐布田叔传赞》"以项羽之气,而季布以勇显名楚,身履军搴旗者数矣〈邓展曰:履军,战胜蹈履之。李奇曰:搴,拔也。孟康曰:搴,斩取也。师古曰:谓胜敌拔取旗也。邓李二说皆是。搴音骞。今流俗书本改履谓屡,而加典字,云身屡典军。非也。〉"(HP.37,6a~b)。《史记·季布乐布列传赞》则的确就是作为这样的(SH.100,11)。

(4)《萧何传》"上曰:夫猎追杀兽者狗也,而发纵指示兽处者人也〈师古曰:发纵,谓解绁而放之也。指示者,以手指示之。今俗言放狗。纵音子用反。而读者乃为踪迹之踪,非也。书本皆不为踪字,自有逐踪之狗,不待人发也。〉"(HP.39,3b)。在《汉书》的文本当中没有将纵作踪的。然而有解作踪迹之踪的意思的,大概是硬拉来《史记·萧相国世家》的作"发踪"的内容吧(SH.53,6)。

(5)《伍被传》"汉将一日过成皋者四十余人,今我令缓先要成皋之口〈韦昭曰:淮南臣名也。师古曰:缓者名也,不言其姓。今流俗书本,于缓上妄加楼字,非也。〉"(HP.45,7b)。《史记·淮南衡山列传》作楼缓(SH.118,30)。可是裴骃的《史记集解》已经注意到这个错误,指出:"《汉书》直云缓,无楼字。楼缓乃六国时人。疑此后人所益也。"如果这样的话,附加了楼字的《汉书》文本,就是刘宋以后的东西了。

(6)《司马相如传》(《子虚赋》)"其东则有蕙圃,衡兰芷若……〈……师古曰:兰即今泽兰也。今流俗书本,芷若下有射干字,妄增之也。〉"(HP.57A,6a)。在《史记》中有射干二字(SH.117,12)。

(7) 同上"相如以为列仙之儒,居山泽间〈师古曰:儒,柔也。术士之称也。凡有道术,皆为儒。今流俗书本作传字,非也。后人所改耳。〉"(HP.57B,12a～b)。《史记》的确就是作"列仙之传"①(SH.117,80)。

那么,颜师古认为,注释越来越增加,而且传写越来越重叠,就可能失去古本的本来面目,这大概应该说是正确的认识。而且这一认识在其做文本选择的时候大概就自然而然地给予了一定的方向性。正如从我们已经讲述过的可以预想的那样,比起兴盛地进行了《汉书》研究的江南的文本,反倒是连一篇注释都没有著述的华北的文本更使人予以尊重。也可以说是江南文本之祖本的蔡谟注本,在《叙例》中被严厉地批判的情况即如前面我们所看到的那样。与之相反,没有在江南流传而只在北朝流传的晋灼注,即使在本文批判的时候也有被参照的时候。对北朝系文本的尊重,这一情况似乎已经脱胎于其祖父颜之推,通过有关《颜氏家训·书证篇》的"田胄贺上"和"中外褆福"[资料Ⅳ-(7)]这二条就大体可想而知。当认为颜师古是在贬低江南的文本的时候,不能不说,也就是在暗示着作为"流俗书本"而被排斥的内容屡屡与《文选》的文本一致的情况。在我刚才举出的诸例当中,(1)、(2)、(6)的所谓"流俗书本"不仅与《史记》一致,而且与《文选》也一致,除此之外还可以摘出以下的诸例。

(8)《扬雄传》(《甘泉赋》)"风似似而扶辖兮,鸾凤纷其御蕤〈师古曰:似似,前进之意也。御犹乘也。蕤,车之垂饰缨蕤也。似音竦。今书御字或作街者,俗妄改也。〉"(HP.87A,17a)。

(9)同上传(《解嘲》)"今大汉左东海,右渠搜,前番禺,后陶涂〈如淳曰:小国也。师古曰:駒騎马出北海上,今此云后陶涂,则是北方国名也。本国出此②马,因以为名。今书本陶字有作椒者,流俗所改。〉"(HP.87B,9a～b)。

---

① 可是《史记索隐》与颜师古说不同而说道:"列仙之传居山泽。案传者谓相传以列仙居山泽间,音持全反。小颜及刘氏并作儒。儒,柔也,术士之称,非。"这里的刘氏是颜师古的同时代人,大概就是撰写了《史记音义》和《汉书音义》的刘伯庄(《旧唐书》卷一八九上《儒学传》、《新唐书》卷一九八上《儒学传》)。参见《史记索隐序》。
② 译者注:中华书局本无"此"字。

以上二例,《文选》分别作街(7,6b)、椒(45,7b)。

那么,在《汉书》本文的校定上,作为使人想到可能是参考了晋灼注的事例,可以举出的则如以下。

(10)《陈胜传》"陈守令皆不在,独守丞与战谯门中〈晋灼曰:谯门,义阙。师古曰:守丞谓郡丞之居守者。一曰,郡守之丞,故曰守丞。谯门谓门上为高楼以望者耳。楼一名谯。故谓美丽之楼为丽谯。谯亦呼为巢,所谓巢车者,亦于兵车之上为楼以望敌也。谯巢声相近,本一物也。今流俗书本,谯下有城字,非也。此自陈耳,非谯之城。谯城前已下矣。〉"(HP.31,3b~4a)。在单注本的晋灼注本中,大概是先暂且将"谯门"作为标题而举出来,然后在其下面记上"义阙",或者就空白那样地留着的。可是不管怎样,并不是以"谯城门"而是以"谯门"为标题,这大概就成为引出颜师古卓越而可以确信之注释的契机。 *364*

(11)《江充传》"初充召见犬台宫〈晋灼曰:《黄图》,上林有犬台宫,外有走狗观也。师古曰:今书本犬台有作太壹字者,误也。汉无太壹宫也。〉"(HP.45,11b)。

(12)《息夫躬传》"躬因是而上奏,……乌孙两昆弥弱,卑爰疐强盛〈苏林曰:疐音欬嚏之嚏。晋灼曰:音《诗》(《豳风·狼跋》)载疐其尾之疐。师古曰:以字言之,晋音是。音竹二反。而《匈奴传》服虔乃音献捷之捷。既已失之,末俗学者又改疐字为廑,以应服氏之音,尤离真矣。〉"(HP.45,15a~16b)。

(13)《路温舒传》"又受《春秋》,通大义,举孝廉为山邑丞〈苏林曰:县名,在常山。晋灼曰:《地理志》,常山有石邑,无山邑。师古曰:山邑不知其处。今流俗书本云,常山石邑丞,后人妄加石字耳。〉"[①](HP.51,30b)。

---

① 尽管这样说,在做本文批判的时候,颜师古并不是无批判地利用晋灼注。举一个例子来看,《成帝纪》"其后幸酒,乐燕乐〈晋灼曰:幸酒,好酒也。乐燕,沉谜也。师古曰:幸酒,晋说是也。乐燕乐者,《论语》称孔子云:损者三乐,乐骄乐,乐逸游,乐燕乐,损矣。燕乐,燕私之乐也。上乐读如本字,又音五孝反。下乐音来各反。今流俗本无下乐字,后人不晓,辄去之。〉"(HP.10,1b)。从晋灼注的笔调来判断,大概晋灼依据的文本也已经脱漏了后一个"乐"字。

在颜师古当做"流俗书本"而加以排斥的内容上,除了可以判断根据《史记》或《文选》而被改动的内容之外,还可以进一步附加如下的例证。

365 　(14)《张耳陈余传》"赵王间出,为燕军所得。燕囚之,欲与分地。使者往燕,辄杀之,以固求地。耳、余患之,有厮养卒,谢其舍曰〈苏林曰:厮,取薪者也。养,养人者也。舍谓所舍宿主人也。晋灼曰:以辞相告曰谢。师古曰:谢其舍,谓告其舍中人也。故下言舍中人皆笑。今流俗书本于此舍下辄加人字,非也。厮音斯。〉,吾为二公说燕,与赵王载归。舍中人皆笑曰……"(HP.32,4a)。虽然《史记·张耳陈余列传》作"谢其舍中曰",但是因为在其《索隐》中指出"《汉书》作舍人"(SH.89,12),所以司马贞所见的《汉书》就是颜师古讲的所谓流俗书本。如后面将要述及的那样,我认为由于《史记索隐》屡屡采用南朝陈的姚察注,所以这仍是江南系统的文本的盖然性很高。

　(15)《扬雄传》"京师为之语曰:惟寂寞,自投阁,爱清静,作符命〈师古曰:以雄《解嘲》之言讥之也。① 今流俗本云:惟寂惟寞,自投于阁,爱清爱静作符命。妄增之。〉"(HP.87B,22b)。所谓流俗本的最初二句,在《文选》所载的谢灵运《斋中读书诗》的李善注中就是这样被引用的(30,8a)。李善是扬州江都人。这样的话,这或许也是江南系统的文本。在李善那里还有《汉书辩惑》30卷的情况也值得注意(《旧唐书》卷一八九上《儒学传》)。

366 ## 4　姚察注与师古注——颜师古与南学

颜师古把由祖父颜之推及叔父颜游秦等培育起来的作为家学的《汉书》学的传统,丰富地添加到了《汉书》注当中。尽管有关《颜氏家训》中所能看到的颜之推之说如果从师古注的整体来看还是很零碎

---

① 《解嘲》中有曰:"爱清爱静,游神之廷;惟寂惟莫,守德之宅。"(HP.87B,12b)

的,但是颜游秦的《汉书决疑》不仅是《汉书》专门的注,而且是在卷数上达到十二卷的大部头著作,连师古注也被评论为"多取其义耳"。然而这一表述本身,大概正说明了在师古注中保留了颜师古发明和独创部分的情况。举一个最容易见到的例子:《武帝纪》元狩二年(公元前 121 年)"南越献驯象、能言鸟〈师古曰:即鹦鹉也。今陇西及南海并有之。万震《南州异物志》云:有三种,一种白,一种青,一种五色。交州以南诸国尽有之。白及五色者,其性尤慧解,盖谓此也。隋开皇十八年(598 年),林邑国献白鹦鹉。时以为异,是岁贡士咸试赋之。[①] 圣皇驭历,屡有兹献,上以幽遐劳费,抚慰弗受。〉"(HP.6,14a~b)。在这里称"圣皇"、称"上",大概就是指唐太宗。[②] 当时颜之推自不用说,颜游秦也已经不在世了。[③] 而且最重要的,大概可以认为,正是《史记索隐》中相对于大颜之说而称作小颜之说的部分,才是在颜游秦以后由颜师古发展了的地方。例如,以有关资料Ⅴ-(12)来说,"言不尚其侈靡之论,但取终篇归于正道耳",到此是依据颜游秦之说,而"非谓削除其辞也,而说者便谓此赋已经史家刊刻,失其意矣"的数语,则的确是由颜师古新添加上的。[④]

　　再有不能忘记的就是,颜师古还有一部著作,大概就是《匡谬正俗》。在他死后,高宗永徽二年(651 年),由其长子符玺郎颜扬庭献给朝廷的上表文中说道:"臣亡父先臣师古,尝撰《匡谬正俗》。稿草才半,部帙未终,以臣釁犯幽灵,奄垂捐弃,攀风罔及,陟岵增哀。臣敬奉遗文,谨遵先范,分为八卷,勒成一部。百氏纰缪,虽未可穷,六典迁讹,于斯矫革。"也就

---

① 见于《隋书》卷七六《文学·杜正玄传》的如下内容,大概就是这个时候的事情。"开皇末,举秀才,尚书试方略,正玄应对如响,下笔成章。仆射杨素负才倨傲,正玄抗辞酬对,无所屈挠,素甚不悦。久之会林邑献白鹦鹉,素促召正玄,使者相望。及至,即令作赋。正玄仓卒之际,援笔立成。素见文不加点,始异之。"

② 《唐会要》卷九八《林邑国》条有云:"(贞观)五年,又献白鹦鹉,精识辨慧,善于应答,太宗悯之,并付其使,令放归林薮。"

③ 颜游秦是在唐高祖的武德年间卒于郓州刺史任上。

④ 《史记索隐》作为颜师古乃至小颜之说而引述的内容有接近 120 条。

是说,尽管那是作为草稿而被留下的,但是八卷的构成已经作为"先范"而似乎为颜师古所熟悉了。其内容"前四卷,凡五十五条皆论诸经训诂音释;后四卷,凡一百二十七条,皆论诸书字义、字音及俗语相承之异"(《四库提要·经部·小学类》)。尽管与《汉书》注的时间前后当下难以确定,但是乍一读,就可知是偶尔的读书札记这种趣味的书。最初形成的八卷,就是在适当的地方一条一条地加写的。如果这一推测正确,那么以未完的草稿原样地被留下来的情况大概也就是这部书最初的命运。其中积累的内容,被收在卷五《汉书》一项的诸条自不必说,其以外的诸条也有不少与《汉书》注一致的地方。这样即如从《匡谬正俗》确实能够看到的那样,师古注是把平素的读书札记之类的累积作为又一种依据的情况大概不用多说了。

如果这样的话,根据家学的传统,涉猎先人的注释,然后加上自己新的知识和见解而成的师古注,作为整体具有怎样的特色?在《汉书》注释的很长历史当中是被怎样定位的呢?在考虑这些问题之前,还留着一个暂且应该先做考察的问题。这就是说,师古注和南朝陈的姚察的《汉书》注的关系,还有颜师古对姚察注的看待方式等大概也就自然而然地将师古注的性质呈现给我们了。讲到师古注和姚察《汉书》注的关系,无非就是因为有着与姚察的曾孙姚班(641—714年)有关的记录:"班尝以其曾祖察所撰《汉书训纂》,多为后之注《汉书》者隐没名氏,将为己说。班乃撰《汉书绍训》四十卷,以发明旧义,行于代。"(《旧唐书》卷八九)尽管并不是指明为颜师古,但是如果说是姚察以后的《汉书》注释家,颜师古首先就是最显著的存在。不仅颜游秦的《汉书决疑》大概几乎全部为师古注所吸收,而且据记载,还有比颜师古稍晚的顾胤的《汉书古今集》二十卷(《旧唐书》卷七三)和李善的《汉书辩惑》三十卷。不过师古注的完成及同时广泛地流行于世的情况则如我前面所讲述的那样。那么,究竟姚察的《汉书训纂》是被颜师古怎样利用的,或者是没有利用?姚察之说依然原样地散

见于《史记索隐》,作为"姚察云"、"姚氏云"被司马贞引用的部分大约
可以找出 50 条。① 由于将这些全部在这里显示出来太过繁杂了,我就
摘录使人想到与师古注相契合的 11 条,而且还加上出自《后汉书》李贤
注的一条。

资料Ⅵ　姚察说与师古注　　　　　　　　　　　　　　369

(1)《天官书》"参为白虎,……小三星隅置曰觜觿,为虎首,主葆旅事
〈姚氏案宋均云:葆,守也。旅犹军旅也,言佐参伐以斩艾除凶也。〉"(SH.
27,24～25)。

《天文志》"……〈如淳曰:关中俗谓桑榆薁生为葆。晋灼曰:禾野生
曰旅,今之饥民采旅也。宋均曰:葆,守也。旅,军旅也。言佐参伐斩艾
除凶也。②〉"(HP.26,15a～b)。

(2)《楚元王世家》"王戊立二十年冬,坐为薄太后服私奸,削东海郡
〈《汉书》云:私奸服舍中。姚察云:奸于服舍,非必宫中。又按《集注》:服
虔云:私奸中人。盖以罪重故至削郡也。〉"(SH.50,3～4)。

《吴王濞传》"三年冬,楚王来朝,(朝)错因言,楚王戊往年为薄太后
服,私奸服舍〈服虔曰:服在丧次,而私奸宫中也。师古曰:言于服舍为
奸,非宫中也。服舍,居丧之次,堊室之属也。〉,请诛之,诏赦削东海郡"
(HP.35,6b)。

(3)《齐悼惠王世家》"及魏勃少时,欲求见齐相曹参,家贫无以自通,

---

① 仅单作为"姚氏云"而被引述的内容也可以归为姚察之说的情况,是通过结合阅读《叔孙通列
传》"至礼毕,复置法酒"(SH.99,17)的《索隐》和《正义》来判明的。也就是,因为把在《索隐》
中说的"按文颖云:作酒法令也。姚氏云:进酒有礼也。古人饮酒不过三爵,君臣百拜,终日
宴,不为之乱也"的地方,《正义》中换成说了如下的这样*:"姚察云:诸侯群臣,于奏贺礼毕,
皆复置法酒,及侍坐殿上者,皆伏而抑首也。谓之法酒者,异于私燕之酒,言遵止有礼法也。
古人饮不过三爵,君臣百拜,终日宴而不为之乱也。"(*译者注:即如著者在本章开始所说明
的那样,此段《正义》引"姚察云"的文字,引自泷川龟太郎《史记会注考证》,见于卷九九,第17
页。但是不见于中华书局本《史记》。)
② 在《天文志》中几乎看不到颜师古自己的注释。请参见本章末尾所引郑樵的议论。在这里大
概也是原样地依照姚察注引宋均说的。

乃常独早夜扫齐相舍人门外。相舍人怪之,以为物而伺之,得勃〈姚氏云:物,怪物。〉"(SH.52,11)。

《高五王传》"……以为物而司之,得勃〈师古曰:物谓鬼神,司者察视之。〉"(HP.38,6b)。

(4)《张丞相列传》"张丞相苍者,阳武人也,好书律历。秦时为御史,主柱下方书。有罪亡归〈周秦皆有柱下史,谓御史也。所掌及侍立,恒在殿柱之下,故老子为周柱下史。今苍在秦代,亦居斯职。方书者,如淳以为方板,谓小事书之于方也。或曰:主四方文书也。姚氏以为下云明习天下图书计籍,主郡上计,则方为四方文书是也。〉"(SH.96,2)。

《张苍传》"……〈如淳曰:方,板也。谓事在板上者也。秦置柱下史,苍为御史,主其事,或曰:主四方文书也。师古曰:下云苍自秦时为柱下御史,明习天下图书计籍,则主四方文书是也。柱下居殿柱之下,若今侍立御史矣。〉"(HP.42,1a)。

370

(5)《叔孙通列传》"至礼毕,复置法酒〈按文颖云:作酒法令也。姚氏云:进酒有礼也。古人饮酒不过三爵,君臣百拜,终日宴,不为之乱也。〉"(SH.99,17)。

《叔孙通传》"至礼毕,尽伏,置法酒〈师古曰:法酒者犹言礼酌,谓不饮之至醉。〉"(HP.43,16a)。

(6)《李将军列传》"太史公曰:……谚曰:桃李不言,下自成蹊〈案姚氏云:桃李本不能言,但以华实感物,故人不期而往其下,自成蹊径也。以喻(李)广虽不能出辞,能有所感,而忠心信物故也"(SH.109,21)。

《李广苏建传》"赞曰,……〈师古曰:蹊谓径道也。言桃李以其华实之故,非有所召呼,而人争归趣,来往不绝,其下自然成径。以喻人怀诚信之心,故能潜有所感也。蹊音奚。〉"(HP.54,23b)。

(7)资料Ⅲ-(17)(SH.111,32)

《卫青霍去病传》"去病自四年军后三岁,元狩六年薨。上悼之,发属国玄甲军,陈自长安至茂陵,为冢,象祁连山〈师古曰:在茂陵旁,冢上有竖石,冢前有石人马者是也。〉,……上乃诏青尚平阳主,与主合葬,起冢象卢山云〈师古曰:在茂陵东,次去病冢之西相并者是也。〉"(HP.55,16a~17b)。

(8)《司马相如列传》(《上林赋》)"独不闻天子之上林乎,左苍梧,右西极,丹水更其南,紫渊径其北,终始霸浐,出入泾渭,酆鄗潦潏,纡余委蛇,经营乎其内〈张揖云:丰水出鄠县南山丰谷北入渭,镐在昆明池北。郭璞云:镐水,丰水下流也。应劭云:潦,流也;潏,涌出声也。张揖云:又有潏水出南山。姚氏云:潦或作涝也,涝水出鄠县北注渭。潏水出杜陵,今名沇水,自南山皇子陂西北流,注昆明池入渭。案此下文八川分流,则从泾渭灞浐丰镐潦潏为八。晋灼曰:从丹水下则有九,从灞以下则七。案今潏既是水名,除丹紫二川,自泾渭以下,适足八川,是经营乎其内也。又潘岳《关中记》曰:泾渭灞浐丰镐涝潏,《上林赋》所谓八川分流〉,荡荡兮八川分流,相背而异态"(SH.117,26~27)。

《司马相如传》"……〈应劭曰:潦,流也。潏,涌出声也。张揖曰:丰水出鄠南山沣谷北入渭,镐在昆明池北。潦,行潦也。又有潏水出南山。晋灼曰:下言八川,计从丹水以下至潏,除潦为行潦,凡九川。从霸产以下为数,凡七川。潏音决。潏,水涌出声也。除潦潏下为水,余适八,下言经营其内,于数则计其外者矣。师古曰:应、晋二说皆非也。张言潦为行潦,又失之。潦音牢,亦水名也,出鄠县西南山潦谷,而北流入于渭。上言左苍梧,右西极,丹水更其南,紫泉径其北,皆谓(上林)苑外耳。丹水紫泉,非八川数也。霸产泾渭丰镐潦潏,是为八川。言经营其内,信则然矣。潏,晋音是也。《地理志》鄠县有潏水,北过上林苑入渭。而今之鄠县则无此水。许慎云:潏水在京兆杜陵。此即今所谓沈水,从皇子陂西北流经昆明池入渭者也。盖为字或作水旁穴,与沈字相似。俗人因名

371

沈水乎。将鄠县潏水,今则改名,人不识也。但八川之义,实在于斯耳。〉"(HP.57A,19b～20b)。

(9) 同上"苴姜蘘荷,葴橙若荪〈张揖云:葴持阙。郭璞云:橙,柚也。姚氏以为此前后皆草,非橙也。小颜云:葴,寒浆也。持当为符,符,鬼目也。案今读者亦呼为登,谓金登草也。张揖云:荪,香草。姚氏云:荪草,似菖蒲而无脊也,生溪涧中。荪音孙。〉"(SH.117,34)。

同前"苴姜蘘荷,葴持若荪〈如淳曰:葴音针。张揖曰:葴持阙。若,杜若也。荪,香草也。师古曰:葴,寒浆也。持当为符,字之误耳。符,鬼目也。杜若苗颇类姜而为椶叶之状。今流俗书本,持字或作橙,非也。后人妄改耳。其下乃言黄甘橙榛,此无橙也。葴音之林反。荪音孙。〉"(HP.57A,28)。

(10) 同上(《喻巴蜀檄》)"移师东指,闽越相诛。右吊番禺,太子入朝〈文颖曰:番禺,南海郡理也。吊,至也。东伐闽越,后至番禺,故言右至也。案姚氏吊读如字。小颜云:两国相伐,汉发兵救之,令吊番禺,故遣太子入朝,吊非至也。〉"(SH.117,60～61)。

同前"……〈文颖曰:吊,至也。番禺,南海郡治也。东伐越,后至番禺,故言右也。师古曰:南越为东越所伐,汉发兵救之。南越蒙天子德惠,故遣太子入朝,所以云吊耳,非训至也。〉"(HP.57B,1b)。

372

(11) 《匈奴列传》"诸左方王将居东方,直上谷以往者东,接秽貉朝鲜〈案姚氏云:古字例以直为值。值者当也。〉"(SH.110,21)。

《匈奴传》"……〈师古曰:直,当也。其下亦同也。〉"(HP.94A,7a)。

(12) 《后汉书》纪三《章帝纪》元和二年(公元85年)"五月戊申,诏曰:……加赐河南女子百户牛酒〈《前书音义》:苏林曰:男赐爵,女子赐牛酒。姚察云:女子谓赐爵者之妻。《史记·封禅书》:百户牛一头,酒十石。臣贤案:此女子百户,若是户头之妻,不得更称为户。此谓女户头,即今之女户也。天下称庆,恩当普洽,所以男户赐爵,女子赐牛酒。〉"。

《文帝纪》"下诏曰:……朕初即位,其赦天下,赐民爵一级,女子百户牛酒〈苏林曰:男赐爵,女子赐牛酒。师古曰:赐爵者谓一家之长得之也。
女子谓赐爵者之妻也。率百户共得牛若干头、酒若干石,无定数也。〉"
(HP.4,4b)。

　　如果读起来比较两者的话,师古注用姚察说以资参考的痕迹也
是不能掩盖的。可是,这与师古注想要尽其所能地努力吸收颜之推
说、颜游秦说的情况相比又是如何呢?现在所能判明的姚察说,如果
从《汉书训纂》整体来看,不过是取而不足的 50 条,即使仅限于这些
而被颜师古舍弃的也还不少。例如《史记·魏其武安侯列传》"孝景
三年,吴楚反,上察宗室诸窦,毋如窦婴贤,乃召婴"的《索隐》,作为
"宗室诸窦"的一解而引姚察说称:"姚氏案《酷吏传》:周阳由其父赵
兼以淮南王舅侯周阳,故国①改氏,由以宗室任为郎。则似是与国有亲
戚属籍者,亦得呼为宗室也。"(SH.107,3)也就是说因姚察读作"宗室的
诸窦"的缘故,可是在与这里对应的《汉书·窦婴传》的师古注中,则有云
"宗室,帝之同姓亲也。诸窦,总谓帝外家也。以吴楚之难,故欲用内外
之亲为将也"(HP.52,1b),亦即读作"宗室和诸窦"。这不就是在的确意 *373*
识到了姚察说之后而改变了姚察说的笔迹吗?或者还有,在其说被认为
难以完全赞成但是舍弃又觉可惜的时候,就采取作为一说而保留这种周
到的方法。在颜游秦说和师古注的对比举例中所显示的资料 V-(6)的
"一云"就是这样。

　　针对颜师古把姚察说"隐没名氏,将为己说"的情况,姚珽的愤慨确
实有合理的地方。可是,颜师古在取舍姚察说的时候是有慎重考察的,
这一情况也是事实。而且,原本在师古注中,有着应该恢复汉、魏、晋的
旧注这一大原则。在这个大原则之下,连其祖父和叔父之名都被他
大胆地"隐没"了。所以,即使是"隐没名氏",一些姚察说被采用的情

---

① 译者注:中华书局本"国"作"因"。

况,作为颜师古的意识,毋宁说或许是应该考虑到名誉的事情。那么,为什么恢复旧注才合适? 为什么新注不适宜呢? 在《叙例》的第九条有曰:"近代注史,竞为该博,多引杂说,攻击本文。至有诋诃言辞,掎摭利病,显前修之纰僻,骋己识之优长,……"而且,如在本章开头我们所接触过的,在《东方朔传赞》的注中也慨叹到,当时的《汉书》学者们取"他书"亦即《汉书》以外书籍的"杂说"而在东方朔的事迹上牵强附会,"以博异闻"。这也就是讲当时无视《汉书》本文本身的注释而强行解释的理由。那么,所谓多引杂说、竞为该博、以博异闻的史注,具体又是指什么而言的? 颜师古认为不应该用于史注的所谓杂说又是什么呢? 其中之一就有皇甫谧的《帝王世纪》。颜师古对皇甫谧的攻击是非常显著的。

(1)《高帝纪》"姓刘氏,母媪〈文颖曰:幽州及汉中,皆谓老妪为媪。孟康曰:媪,母别名,音乌老反。师古曰:媪,女老称也。孟音是矣。史家不详著高祖母之姓氏,无得记之,故取当时相呼称号而言也。其下王媪之属,意义皆同。至如皇甫谧等,妄引谶记,好奇骋博,强为高祖父母名字①,皆非正史所说,盖无取焉。宁有刘媪本姓实存,史迁肯不详载。即理而言,断可知矣。〉"(HP.1A,2a)。

(2)《惠帝纪》"四年冬十月壬寅,立皇后张氏〈师古曰:张敖之女也。《史记》及《汉书》无名字。皇甫谧《帝王世纪》,皆为惠帝张后及孝文薄后以②下,别制名焉。至于薄父(薄皇后之父)之徒,亦立名字,何从而得之乎。虽欲示博闻,不知陷于穿凿。〉"(HP.2,5a)。

(3)《地理志》"河南郡……偃师 尸乡,殷汤所都,莽曰师成〈臣瓒曰:汤居亳,今济阴县是也。今亳有汤冢,己氏有伊尹冢,皆相近也。师

---

① 例如在《史记索隐》中说道:"韦昭云:媪,妇人长老之称。皇甫谧云:媪盖姓王氏。又据《春秋握成图》以为执嘉(太公)妻含始游洛池,生刘季。《诗含神雾》亦云……。"(SH.8,3)详细则参见徐宗元辑《帝王世纪辑存》(中华书局,1964年)。
② 译者注:中华书局本"以"作"已"。

古曰：瓒说非也。又如皇甫谧所云汤都在穀孰，事并不经。刘向云：汤无葬处。安得汤冢乎？〉"（HP.28A1，68b）。

（4）《王贡两龚鲍传序》"汉兴，有园公、绮里、季夏、黄公、甪里先生〈师古曰：四皓称号，本起于此，更无姓名可称。知此盖隐居之人，匿迹远害，不自标显，秘其氏族，故史传无得而详。至于后代皇甫谧、圈称①之徒及诸地理书说，竟为四人施安姓字。自相错互，语又不经。班氏不载于书，诸家皆臆说。今并弃略，一无取焉。〉"（HP.72，1b）。

颜师古对皇甫谧的攻击大概就如以上。然而说到杂说，《高帝纪》高祖七年，汉高祖在平城被匈奴包围七日，因陈平的秘计而终于能够脱离包围。这一节的师古注也是值得注意的。其中先是介绍应劭之说，又引用郑玄的话，之后则附加上颜师古的评论。

376

（5）"……遂至平城，为匈奴所围七日，用陈平秘计得出〈应劭曰：陈平使画工图美女，间遣人遗阏氏云：汉有美女如此。今皇帝困厄，欲献之。阏氏畏其夺己宠，因谓单于曰：汉天子亦有神灵，得其土地，非能有也。于是匈奴开其一角，得突出。郑氏曰：以计鄙陋，故秘不传。师古曰：应氏之说出桓谭《新论》。② 盖谭以意测之，事当然耳，非纪传所说也。〉"（HP.1B，12a）。应劭无疑是旧注家之一，而且对桓谭的《新论》师

---

① 作为圈称的著作，《隋志》著录有"《陈留耆旧传》二卷，汉议郎圈称撰"（史部·杂传类）、"《陈留风俗传》二卷，圈称撰"（史部·地理类）。再有，颜师古在《匡谬正俗》卷八中说道："《陈留风俗传自序》云：圈公之后，圈公为秦博士，避地南山，汉祖聘之不就。惠太子即位，以圈公为司徒，自圈公至称，传世十一。按班书述四皓，但有园公，非圈公也。公当秦之时，避地而入商洛深山，则不为博士明矣。又汉初不置司徒，安得以圈公为之乎？且呼惠帝为惠太子，无意义。孟举（圈称之字）之说，实为鄙野。近代草莱末学之人，多喜自撰家谱，处置昭穆，妄称爵位，至有云黄帝时为御史大夫，周宣王时为丞相，汉光武时为相州刺史，不知本末，转相诳耀，皆此类也。又云，吕伯，成哀之时，兄弟三人并为丞相。案班书纪传及百官表，成哀之时，无丞相姓吕者，而云兄弟三人为之，何所取哉？斯谬甚多，难以具举。"

② 《史记·陈丞相世家》的《集解》在作为《桓谭新论》的内容而引述这些话之后，附加了如下的按语："按《汉书音义》应劭说此事，大旨与桓论略同，不知是应全取桓论，或别有所闻乎？今观桓论，似本无说。"（SH.56，14）

418

301

古注有时候也不是不利用的①,但是在这里大概是警惕其作为"非纪传所说"而太过于接近小说家之说。史注家颜师古对小说家的嫌恶是相当彻底的。例如:

(6)《匡衡传》"诸儒为之语曰:无说《诗》,匡鼎来〈服虔曰:鼎犹言当也。若言匡且来也。应劭曰:鼎,方也。张晏曰:匡衡少时字鼎,长乃易字稚圭。世所传衡与贡禹书,上言衡敬报,下言匡鼎白,知是字也。师古曰:服、应二说是也。贾谊曰:天子春秋鼎盛,其义亦同。而张氏之说,盖穿凿矣。假有其书,乃是后人见此传云匡鼎来,不晓其意,妄作衡书,云鼎白耳。字以表德,岂人所自称乎?今有《西京杂记》者,其书浅俗,出于里巷,多有妄说,乃云匡衡小名鼎。② 盖绝知者之听③。〉,匡说诗,解人颐"(HP.81,1a~b)。《西京杂记》是写作于六朝时期,取材于汉代的小说。④ 在尽管装作是葛洪所撰其实只不过是想假托的其跋文当中所讲之处,说在葛洪家传有刘歆未完成的《汉书》百卷。那么将其与班固的《汉书》作对校一看就清楚了,班固是几乎全都袭用了刘歆的,而没采用的部分不过只有二万言。将那些不被采用的部分抄录出来做成二卷,想要"以神《汉书》之阙"的就是《西京杂记》。这样一来,在史注家中,试图以《西京杂记》补《汉书》之阙的人大概也不是没有。可是,如果让颜师古来说,那不过就是杂说。

通过以上来看,大概可以窥见颜师古是把什么称作杂说的了。那么,姚察的《汉书》注使人感到,依然难免有所谓多引杂说以竟该博的"近代注史"之弊的地方。这里我想作为线索,首先把见于保留在《史记索

---

① 特别是在《艺文志》的注当中。
② 在《四部丛刊》本中的卷二。
③ 这些话,在讲火浣布的故事的《搜神记》卷一三(二○卷本)中可以看到:"(魏)文帝以火性酷烈,无含生之气,著之《典论》,明其不然之事,绝智者之听。"还有在《三国志》卷四《魏志·三少帝纪·齐王芳纪》注中也有引述。
④ 参见小南一郎《〈西京杂记〉的传承者们》(《日本中国学会会报》24集)。其推测到,从葛玄传到葛洪的道教,也就是葛氏道,即"考虑到与其后裔有关系的同时于六朝期在江南而被编纂的情况,就是现在最有可能性的结论。"

隐》中的约 50 条姚察说的书名乃至人名抄录出来看一下（《史记》和《汉书》的内容就省略了）。

虞喜《志林》（SH.8,72;12,15）、桓谭《新论》（12,15）、何承天（12,22）、扬雄（12,42）、《楚汉春秋》（18,8;57,14）、《孔子家语》（18,31）、《益部耆旧传》（26,10）、《春秋元命包》（27,3）、《文耀钩》（27,3）、《春秋合诚图》（27,3）、杨泉《物理论》（27,3;27,32）、宋均（27,8;27,25）、《天官占》（27,32）、兵书（27,74）、《隐士遗章邯书》（48,4）、《释名》（59,13）、《汉律》（59,13）、《说文》（59,13;117,44）、《北疆记》（93,6）、《三辅故事》（95,24）、《博物志》（95,24）、《后汉纪》（95,26）、《广州记》（113,5;113,16）、《永嘉记》（114,3）、潘岳《关中记》（117,27）、《上林赋》（117,27）、《林邑记》（117,41）、《山海经》（117,44）

尽管把这些称作是姚察《汉书训纂》的引用书目和人名表也太过于单薄了，但是作为特别由此引出的一个倾向，即其对地理书的利用度不是很高吗？可是颜师古与姚察相反，他并没有对地理书那种程度的信任。尽管作为通过臆说来设定商山四皓的姓字，与皇甫谧和圈称并列而地理书说被提了出来，但是在《地理志序》末尾的注中，颜师古说道："师古曰：中古以来，说地理者多矣。或解释经典，或撰述方志，竞为新异，妄有穿凿，安处附①会②，颇失其真。后之学者，因而祖述，曾不考其谬论，莫能寻其根本。今并不录，盖无尤焉。"（HP.28A1,18b）再有，虽然由于颜师古称其"竞为新异，妄有穿凿"的立场，地理书是被排斥的，但是姚察对于使用这种地理书，尤其是地方志，似乎并不是那么神经质的。举出 *379* 一两个例子来看吧。

（1）《韩信列传》"上遂至平城。上出白登〈姚氏案《北疆记》，桑乾河北有白登山，冒顿围汉高之所，今犹有垒壁。〉，匈奴骑围上"（SH.93,6）。

---

① 译者注：此处王先谦补注本、中华书局本"附"均作"互"。参见著者附注。
② 尽管诸本作"互会"，但是这里根据庆元本《汉书》（1977 年，朋友书店影印）而改为"附会"。

（2）《南越列传》"元鼎六年冬，楼船将军将精卒，先陷寻陕，破石门〈姚氏云：寻陕在始兴西三百里，近连口也。按《广州记》：石门①在番禺县北三十里。昔吕嘉拒汉，积石镇江，名曰石门。又俗云，石门水名曰贪泉，饮之则令人变。故吴隐之至石门，酌水饮，乃为之歌云也②。〉"（SH. 113,16）。

除了以上这些地理书之外，进而如以下所显示的内容，也是以近于委巷之小说家言的杂说作为注释的。

（1）《陈涉世家》"陈胜曰：天下苦秦久矣，吾闻二世少子也〈姚氏按《隐士遗章邯书》云：李斯为二世废十七兄而立今王，则二世是始皇第十八子也③。〉，不当立，当立者乃公子扶苏"（SH.48,4）。

（2）《夏侯婴列传》"复为太仆。八岁卒，谥为文侯〈案姚氏云：《三辅故事》曰：滕文公墓在饮马桥东，大道南，俗谓之马冢。《博物志》曰：公卿送婴葬至东都门外，马不行，踣地悲鸣，得石椁，有铭曰：佳城郁郁，三千年见白日，吁嗟滕公居此室。乃葬之。〉"（SH.95,24）。

这样，姚察的《汉书》注，让颜师古来说，大概就是拘泥于为了竞该博而多引杂说的"近代注史"之通弊的东西。因此可以想象，颜师古是在用《汉书训纂》以资参考的同时又以不断地批判的态度来对待姚察的《汉书》注的。而可以补充这一想象的一个材料，就是在《萧望之传》写出的"萧望之，字长倩，东海兰陵人也"的注中发现的。其所讲的是："师古曰：

---

① 译者注：中华书局本无"石门"二字。
② 《世说新语·德行篇》注引《晋安帝纪》说："隐之既有至性，加以廉洁，俸禄颁九族，冬月无被。桓玄欲革岭南之敝，以为广州刺史。去州二十里有贪水*，世传饮之者其心无厌。隐之乃至水上，酌而饮之，因赋诗曰：'石门有贪泉，一歃重千金。试使夷齐饮，终当不易心。'"（*译者注："贪水"或作"贪泉"。见徐震堮《世说新语校笺》，第 29 页，中华书局，1984 年。）
③ 但是，这在姚察之前也被《史记集解》引述了。《李斯列传》"始皇有二十余子，长子扶苏以数直谏上，上使监兵上郡，蒙恬为将。少子胡亥爱，请从，上许之。余子莫从〈集解：辩士隐姓名遗秦将军*章邯书曰：李斯为秦王死，废十七兄而立今王也。然则二世是秦始皇第十八子。此书在《善文》中。〉"（SH.87,15）。所谓《善文》，大概就是被著录于《隋志》"集部·总集类"的"《善文》五十卷，杜预撰"的。（译者注：* 此处中华书局本无"军"字。）

近代谱谍,妄相托附,乃云望之萧何之后,追次昭穆。流俗学者,共祖述焉。但酂侯汉室宗臣,功高位重,子孙胤续,具详表传。长倩钜儒达学,名节并隆,博览古今,能言其祖。市朝未变,年载非遥,长老所传,耳目相接。若其实承何后,史传宁得弗详。《汉书》既不叙论,后人焉所取信。不然之事,断可识矣。"(HP.78,1a)那么,现在如果翻开《南齐书·高帝纪》乃至《梁书·武帝纪》来看一下,在其开头就提出了有关南齐高帝萧道成、梁武帝萧衍各自似乎合理的系谱,而把兰陵萧氏的远祖追溯到了萧何以下,至于萧延、彪、章、皓、仰、望之……。自不待言,《南齐书》是萧子显的著作,《梁书》是姚察、姚思廉父子的著作。也就是说,姚察至少在这一限度内应该是被计数为"流俗学者"之一的。[①] 谱学,亦即系谱之学,尽管在南朝成为盛行的学问之一[②],然而颜师古对谱学似乎也是非常怀疑的。其理由依然是说,在系谱上记述到某一时代而超过真实范围的假托都是附加的,就是证据上贫乏的杂说。在《眭弘传》"眭弘,字孟,鲁国蕃人也"的注中有云:"师古曰:眭音息随反。今河朔尚有此姓,音字皆然。而韦昭、应劭并云音桂,非也。今有夎姓,乃音桂耳。汉之炔钦,又不作眭字。宁可混糅将为一族。又近代学者,旁引夎氏谱,以相附著。私谱之文,出于闾巷,家自为说,事非经典。苟引先贤,妄相假托,无所取信,宁足据乎[③]。"(HP.75,1a)

那么,以上我们就叙述了姚察的《汉书》注难免于颜师古的批评,亦即他所批评的"近代注史,竟为该博,多引杂说,攻击本文"的情况。颜师古在称"近代注史"的时候,上升到他的念头当中的大概就专门是江南之史注的情况。在江南的《汉书》注当中,与其说是针对《汉书》本身的注释,不如说有不少热心于收集异闻的东西存在,以及其与包围着江南的

---

① 李延寿支持颜师古,在《南史》卷四《齐本纪上》的论中说道:"据齐、梁纪录,并云出自萧何,又编御史大夫望之以为先祖之次。案何及望之于汉,俱为勋德,而望之本传不有此陈,齐典所书,便乖实录。近秘书监颜师古博考经籍,注解《汉书》,已正其非,今随而改削云。"
② 参见《南齐书》卷五二《文学·贾渊传》、《南史》卷五九《王僧孺传》等。
③ 亦参见本章注75(译者注:即本译文第301页注释①)所引的《匡谬正俗》。

知识人的精神风貌相照应的情况等等,即如我在前一节4"江南的《汉书》研究"中所讲到的那样。不只是有关姚察说,颜师古对江南学者们的批判在师古注中到处都可以看到,有时候具名,有时候不具名地指出他们的疏漏。例如:

(1)《郊祀志》"自华以西,名山七,名川四。曰华山、薄山。薄山者,襄山也。岳山、岐山、吴山、鸿冢、渎山。渎山,蜀之岷山也〈师古曰:《周礼·职方氏》:雍州,其山曰岳。《尔雅》亦云:河西(之名山)曰岳。说者咸云,岳即吴岳也。今《(郊祀)志》有岳,又有吴山,则吴岳非一山之名。但未详岳之所在耳。徐广云:岳山在武功。据《地理志》,武功但有垂山,无岳山也。〉"(HP.25A,14a~b)。徐广,东晋末、宋初人,《史记音义》的著者;裴骃的《史记集解》则全面地蹈袭了这一著述。

(2)《司马迁传》"太史公曰:余闻之董生,……《春秋》文成数万,其指数千〈张晏曰:《春秋》万八千字,当言减而云成,字误也。师古曰:张说非也。一万之外,即以万言之,故云数万。何乃忽言减乎?学者又为曲解云,《公羊》经传,凡四万四千余字,尤疏谬矣。史迁岂谓《公羊》之传为《春秋》乎?〉"(HP.62,10a~b)。被颜师古指责为曲解之说的,其实就是裴骃之说,这个情况通过《史记·太史公自序》的集解就可以清楚了。也就是,裴骃在首先介绍了张晏说之后说道:"骃谓太史公此辞,是述董生之言。董仲舒自治《公羊春秋》。《公羊》经传凡有四万四千余字。故云文成数万也。不得如张议,但论经万八千字,便谓之误。"(SH.130,23)

颜师古对南学的批评,进而大概在《匡谬正俗》当中可以更集中地看到。其中除了指出沈约、萧子显、顾野王(卷五),陶弘景(卷八)等人的谬误之外,在"今文学之士",或者是有时稍含轻侮之意的"末代之士"和"江南近俗"的用语之下,江南的学者或学问是被他所拒绝的。不过,颜师古这样对南学的嫌恶,如果转念来想,应该说是难以想象的事情。因为颜氏也不外乎是出自江南,其学问理应是扎根于南学之传统上的。而且,原来隋、唐初的华北《汉书》学的兴盛,如我先前所述的那样,完全是由于江南的《汉书》学刺激的产物。因此,颜师古过于批评江南的学问,大概就很容易变成用自己的手掐自己脖子的结果。怎样理解这中间的事情为好呢? 我认为其中最重要的理由应该在这方面来寻找,即颜氏的学问的本质是训诂之学,而且因此,也就与与其说是沉潜于《汉书》本文当中不如说是引用他书之杂说而容易显示博识的南学风气合不来。那么在这里,首先为了得到使颜师古在心理上对南学的拒绝增强的某种线索,为了探寻可以说是外在的要因,我想对在唐初社会颜氏占据着怎样的位置的问题进行一些粗线条的描述。

5　若干的社会史考察

在距离隋的统一天下尚且不远的唐初的士大夫社会,明确地存在着可以追溯到六朝的分裂国家时代而出身的地域乃至出身的王朝所不同的集团,这样的集团自然很容易分别形成社会集团或政治集团,作为唐中期人的柳芳就以所谓山东人质,所以重婚娅;江左人文,所以重人物;关中人雄,所以重冠冕;代北人武,所以重贵戚云云,简约地指出了这四个地域人物的性格及其志向性(《新唐书》卷一九九《儒学·柳冲传》)。现在如果依据于此的话,代北人暂且不论,在唐初,如果说山东人,就是指北齐系的人物;如果说江左(南)人,就是指南朝系的人物;如果说关中人,就是指北周系的人物。我想这样认为大概是不会错的。

那么,颜师古属于这三个集团中的哪一个呢? 大概是江南集团吧。由于梁元帝政权的崩溃而颜之推一家离开江南的事情要上溯到 554 年。因为所谓江南集团,是由一部分因 587 年后梁灭亡,另外大部分因 589 年陈灭亡而归于隋朝的人们形成的,所以颜氏的人们大概没有能以紧密的一体感而与他们结合起来。在江南集团之间,有着唯我才是中国文化正统继承者的那种不寻常的自负。在这一点上,即使到了唐王朝颜氏的人也不能不是逊人一等的存在。在隋和唐初,这一江南集团的领袖似乎被认为就是虞世南(《旧唐书》卷七二、《新唐书》卷一○二。558—638年)。他的博识受到唐太宗的赞赏,而且被称赞为拥有"五绝"。所谓五绝就是,一德行、二忠直、三博学、四文辞、五书翰。作为越州余姚人的虞世南,年少时就和其兄虞世基一同随顾野王学习学问,而且以文章祖述徐陵,令其称叹说"世南得吾意"。进而他又师事于传王羲之书法的沙门智永而妙得其体。虞世南的德性和忠直姑且不论,或许也可以说,他的博学继承了顾野王,文辞继承了徐陵,书翰继承了智永。首先他是有着把江南文化的精髓兼具于一身的感觉,所以是非常符合被称作文人的人物。据说在围绕着他的那些江南出身的"辞人"们之间,即使在归于隋朝以后,也还能结成登临山水的"文会"(《旧唐书》卷七二《褚亮传》附《刘孝孙传》)。与此相反,我们所谈的颜师古给人的印象,则是如同其名和其字那样的古板而一本正经的学者的印象。即使在这一点上,也有着不适应于江南集团的方面。① 进而,还有一个暗示着颜师古与江南集团之关系的话题。据说在唐高祖武德时期,凡诏诰以及关于军国大事的公文书,全都是由中书侍郎颜师古所起草的。然而在太宗贞观时期,颜师古则变成了以谴免职,中书舍人岑文本成为其替代者。岑文本在众务辐辏中命书童六七人口述笔记,文章须臾而成的同时极尽其妙。尽管温彦博进言请再起用颜师古,但是太宗没有听进去,不仅改任命岑文本为中书侍郎,而且让其掌管机密(《旧唐书》卷七○《岑文本传》)。岑文本是后梁系的士人,大概可以算作江南集团的一员。那么以虞世南为领袖的江南集团的人们,对于迎接早已归于北朝的颜之推的孙子进入自己的集团不

---

① 《全唐诗》所收的颜师古诗只是《奉和正日临朝》(卷二)这仅有的一首而已,大概也不是没有理由的。

是很冷淡吗？颜师古对南学的不予接受,在此不是使人又找到了一个原 386
因吗？有关他对姚察的反驳我们已经详述过了,而《匡谬正俗》卷五《锡
跌》,就是针对作为虞世南的老师,同时又是姚察信友的顾野王的《符瑞
图》做严厉的批评。①

　　颜师古的这种对江南集团和南学予以拒绝的感情,又有着相反地让
他倾向于尊重北学的地方。他不仅尊重只在华北传播的晋灼注,而且敢
于彰显不是《汉书》而是《汉纪》注者的崔浩,这一情况就像我们已经再三
叙述过的那样。但是,以这些情况而认为他能够安于北朝的传统当中大
概还为时尚早。尽管其祖父颜之推在北齐王朝的政治上还有文化上显
示出了某种程度的活跃,但是还不能把他定位于所谓的山东人当中。所
谓山东人,就像被称作"山东之崔卢李郑"那样,是指原本具有山东本籍
的人。北齐灭亡之后,在北周,进而在隋的官界担任山东集团领袖角色
的是李德林。而当时颜之推已经变成了不显眼的存在的情况②,原因之
一不就是受到作为被征服之民而不能不一心一意保护自己利益的山东
集团的排挤吗？如果让山东集团的人们来说,大概颜之推和颜氏依然还
是江南人。生于隋王朝创业的开皇元年(581年)的颜师古,能够在仁寿
中(601—604年)起家于安养县尉,也就是由于非山东人而乃关中人的尚
书左丞李纲的推荐。③　当然,颜师古也并非关中人。

---

① 《匡谬正俗》卷五曰:"萧子显《齐书》云:太祖在淮修理城,得一锡跌,大数尺,跌下有篆文,莫
能识者,纪僧真曰:何须辨此文字,此自久远之物,九锡之征。太祖曰:卿勿妄言。而顾野王
撰《符瑞图》据子显《齐书》录此一条。锡跌谓锡玦,亦具写子显书语。但易跌字为玦字,乃书
作玦形。案此跌者,谓若簨簴之跌。今之钟鼓格下并有之耳,故其大数尺而有篆文,安有论玦
大小,直云数尺。为道广狭,为举粗细乎。又玦之体状若半环,以何为上,以何为下,而云下
有篆字。此之疏谬,不近人情。野王之于子显,年载近接,非为辽敻。且又跌之与玦,形用不
同,若别据他书,容有异说,萧氏乖戾,则失不在顾矣。岂书本乎。"
② 参见本书前一章《颜之推论》。
③ 《旧唐书》本传说道:"隋仁寿中,为尚书左丞李纲所荐,授安养尉。尚书左仆射杨素见师古年
弱貌羸,因谓曰:'安养剧县,何以克当？'师古曰:'割鸡焉用牛刀。'素奇其对。到官果以干理
闻。"李纲的传记在《旧唐书》卷六二、《新唐书》卷九九。观州蓚人。其祖父为北魏的清河太
守,其父为北周的车骑大将军。李纲也是起家于北周齐王宪的幕府参军的。

这样说来,颜师古就是在现实的社会到处都没有其所属地的存在。他是在官界发生轧轹的情况下从而仕途蹉跌,且再三而不止。对于颜师古在作为秘书少监而参与校雠工作的时候也是"抑素流,先贵势,虽富商大贾亦引进之"的做法,引起了他人嚣张地认为其收受了贿赂的非难,他就一下子被左迁为地方的刺史。尽管由于太宗惜其学识渊博而定夺撤销了对其左迁的命令,但是颜师古比起由来很正的"素流"来,反倒不得不倾向于也包含"富商大贾"的"贵势"的势力,而且变得置身于恐怕就是出自"素流"的非难当中,这种情况大概也是由于他在士大夫社会中没有可以依靠的坚固地盘的缘故。这样,他既不属于江南集团,又不能进入山东集团,即使认为对于南学的拒绝使其倾斜于北学,可是如果问题仅限于《汉书》而言的话,即使是晋灼注还有特别再加上崔浩之说,也等于没有能够称作北学传统的东西。颜师古所能依据的,大概无非就在于扬弃了南学和北学的中国的斯文传统本身。他一心沉潜在了古典——《汉书》——当中,而且就是通过这样做,试图确认自己到底是什么人,并且努力想找到能够安处的地方。《汉书》颜师古注就是这样的精神活动所产生的东西。据说经历了秘书少监时期痛苦失败的颜师古情绪非常沮丧,而且在这以后他就专心于"阖门守静,杜绝宾客,放志园亭,葛巾野服。然搜求古迹及古器,耽好不已",从而过着每一天。他对于古迹和古器的兴趣在《汉书》注中也不断地活跃着。可以认为,这不只是给师古注以生动印象,而且特别而言,这对于颜师古的生存本身都是具有重要意义的。

6 师古注的基本性质

颜师古是专心沉潜于《汉书》当中了。亦即排除了引用他书之杂说以攻击本文的方法,而沉潜于《汉书》本文当中。他拒绝"正史之说所无"、"纪传之说所无"、"班氏不载于书"等,以及皇甫谧和圈称、桓谭等人

之说。颜师古也有作为注释而不能不引用他书之杂说一类的内容①，但是始终是以《汉书》来注释《汉书》为原则的。例如，

(1)《郊祀志》"又以卫长公主妻之(栾大)〈孟康曰：卫太子妹。如淳曰：卫太子姊也。师古曰：《外戚传》云：子夫，生三女。元朔三年生男据，是则太子之姊也。孟说非也。〉"(HP.25A，28b)。

(2)《张骞传》"时匈奴降者言，匈奴破月氏王，以其头为饮器〈韦昭曰：饮器，椑榼也。晋灼曰：饮器，虎子属也。或曰：饮酒之器也。师古曰：《匈奴传》云：以所破月氏王头，共饮血盟。然则饮酒之器是也。韦云椑榼，晋云兽(虎)子，皆非也。椑榼即今之偏榼，所以盛酒耳，非用饮者也。兽子，亵器，所以溲便者也。椑音鼙。〉"(HP.61，1a)。

这就是根据《外戚传》、《匈奴传》先人之说当中的哪一种正确而得出 389 判断的。不过，仅以《汉书》来解释《汉书》的全部是不可能的，所以还要参考不是新注的旧注，因为旧注晚于《汉书》的成书而不远，并且最重要的是以训诂为本领的注释。"凡旧注是者，则无间然，具而存之，以示不隐。其有指趣略举，结约未伸，衍而通之，使皆备悉。至于诡文僻见，越理乱真，匡而矫之，以祛惑蔽。若泛说非当，芜辞竞逐，苟出异端，徒为烦冗，祇②秽篇籍，盖无取焉。"(《叙例》第七条)这样，不仅指出了在采用旧注时的大纲，进而又说明其宗旨，针对旧注所欠缺的部分，则在注释中援用以"典谟"亦即经书为中心的古典，"苍雅"亦即小学之书。这大概可以说完全就是经书注释家的方法了。"旧所阙漏，未尝解说，普更详释，无不洽通。上考典谟，旁究《苍》、《雅》，非苟臆说，皆有援据。"(同上)

---

① 例如《外戚·孝武钩弋赵婕好传》"拳夫人进为婕好，居钩弋宫〈师古曰：《黄图》，钩弋宫在城外。《汉武故事》曰：在直门南也。〉"(HP.97A，16b)。《汉武故事》被当做班固撰的大概是假托，晁公武等引唐张柬之《洞冥记书后》而认为是南齐的王俭撰；然而无论如何，如果《西京杂记》被排除的话，这也是应该被排除的小说。在小南氏的前引论文中，推测《西京杂记》和《汉武故事》原本也许就是一本书。还有《地理志》"南海郡……龙川〈师古曰：裴氏《广州记》云：本博罗县之东乡也。有龙穿地而出，即穴流泉，因以为号。〉"(HP.28B2，2b)。这些大概也都与《地理志序》注的颜师古的话相矛盾。

② 译者注：中华书局本所附《叙例》中作"祇"。

想要尽可能地恢复其本来的面目而来读《汉书》，就是颜师古的基本态度，因而根据《史记》或《文选》改写的文本就作为"流俗书本"

390 被予以拒绝，这些情况我们已经讲述过了。古老的文字原样保留的宗旨尽管也在《叙例》的第三条中宣布了①，然而在《司马相如传》卷首的注中，他又重复地说道："师古曰：近代之读相如赋者多矣。皆改易文字，竞为音说，致失本真。徐广、邹诞生、诸诠之、陈武之属是也。今依班书旧文为正，于彼数家，并无取焉。"［HP.57A，1a。参考资料- Ⅳ(4)］在引用的经书与经书本文不同的时候，也就以不同的原样保留。"六艺残缺，莫睹全文。② 各自名家，扬镳分路。是以(刘)向、(刘)歆、班(固)、马(迁)、(董)仲舒、(扬)子云所引诸经，或有殊异，与近代儒者，训义弗同。不可追驳前贤，妄指瑕颣，曲从后说，苟会卮涂。今则各依本文，敷畅厥指。非不考练，理固宜然。……"(《叙例》第七条)这一情况在《礼乐志》"……故《书序》：殷纣断弃先祖之乐，乃作淫声，用变乱正声，以说妇人。乐官师瞽，抱其器而犇散，或适诸侯，或入河海"的注中，也还是讲述到："师古曰：犇古奔字。《论语·微子篇》云：'大师挚适齐，

---

① 姑且举出几个实例。

(1)《礼乐志》"今叔孙通所撰礼仪，与律令同录，臧于理官〈师古曰：古书怀藏之字，本皆作臧。《汉书》例为臧耳。理官即法官也。〉"(HP.22,7a)。

(2)《刑法志》"故曰：善师者不陈〈师古曰：战陈之义，本因陈列为名，而音变耳。字则作陈，更无别体。而末代学者辄改其字旁从车，非经史之本文也。今宜依古，不从流俗也。〉"(HP.23,7b～8a)。

420 (3)《韩安国传》："上曰：首为马邑事者(王)恢，故发天下兵数十万，从其言为此。且纵单于不可得，恢所部击，犹颇可得以尉士大夫心〈师古曰：或当得其辎重人众也。古尉安之字正如此，其后流俗乃加心旁。〉"(HP.52,20b)。还有《田千秋传》："初千秋始视事，见上连年治太子狱，诛罚尤多，群下恐惧，思欲宽广上意，尉安众庶〈师古曰：尉安之字，本无心也。是以《汉书》往往存古体字焉。〉"(HP.66,5b)。

② 所谓六经残阙，是颜氏共通的认识。颜之推就是这样。《颜氏家训·风操篇》说："吾观礼经，圣人之教：箕帚匕箸，咳唾唯诺，执烛沃盥，皆有节文，亦为至矣。但既残缺，非复全书。其有所不载及世事变改者，学达君子，自为节度，相承行之，故世号士大夫风操"(14b)。还有颜真卿也是这样。《颜鲁公集》卷一《庙享议》说："……臣伏以三议，俱未为允。且礼经残缺，既无明据，儒者能比方义类，斟酌其中，则可举而行之，盖叶于正也。"

亚饭干适楚,三饭缭适蔡,四饭缺适秦,鼓方叔入于河,播鼗①武入于汉,少师阳、击磬襄入于海。'此《(礼乐)志》所云及《古今人表》所叙,皆谓是也。云诸侯者,追繫其地,非为当时已有国名。而说《论语》者,乃以为鲁哀公时,礼坏乐崩,乐人皆去②,斯亦未允也。夫《六经》残缺,学者异师,文义竞驰,各守所见。而马(融)、郑(玄)群儒,皆在班(固)、扬(雄)之后,(刘)向、(刘)歆博学,又居王(肃)、杜(预)之前。校其是非,不可偏据。其《汉书》所引经文,与近代儒家,往往乖别,既自成义指,即就而通之,庶免守株以申贤达之意。非苟越异,理固然也。"③(HP.22,10b~11a)

391

对有关古语乃至方言的处理,他也表示同样的态度。在《叙例》的第四条中颜师古曰:"古今异言,方俗殊语。末学肤受,或未能通,意有所疑,辄就增损。流遁忘返,秽滥实多。今皆删削,克复其旧。"

概括以上,师古注的基本态度,就在于想要尽可能恢复其本来面目地来读《汉书》这一点上。在"曲核古本"上,古字、古语就原样地保留。注释的第一依据就是所谓的旧注,还有典谟以及《苍》、《雅》。"今流俗书本"以及所谓"近代注史",对颜师古来说一律是没有价值的东西。而被称作"近代注史"名目之下的东西,主要是指南朝的《汉书》注,这一情况

392

---

① 译者注:中华书局本"鼗"作"鞉"。
②《论语》孔安国注中的确说道:"鲁哀公时,礼毁乐崩,乐人皆去。"
③ 根据这一原则我就找出几个实例来看一下。

　　(1)《刘向传》"李梅冬实,七月霜降,草木不死〈师古曰:僖三十三年经书冬陨霜不煞草,李梅实,未知在何月也。而此言李梅冬实,又云七月霜降,草木不死,与今《春秋》不同,未见义所出。〉"(HP.36,12a~b)。

　　(2)《贾山传》"《诗》曰:匪言不能,胡此畏忌,听言则对,谮言则退。此之谓也〈师古曰:此《大雅·桑柔》之篇也。言贤者见事之是非,非不能分别言之,而不言者何也,此但畏忌犯颜得罪罚也。又言而见听则悉意答对,不见信受则屏退也。今《诗》本云:听言则对,诵言如醉。说者又别为义,与此不同。〉"(HP.51,6a)。

　　(3)《杜钦传》"昔周公虽老,犹在京师,明不离成周,示不忘王室也。仲山父异姓之臣,无亲于宣,就封于齐〈邓展曰:《诗》言仲山甫徂齐者,言衔命往治齐城郭也。而《韩诗》以为封于齐,此误耳。晋灼曰:《韩诗》误而钦引之,阿附权贵,求容媚也。师古曰:《韩诗》既有明文,而钦引以为喻,则是其义非缪,而与今说《诗》者不同。邓、晋诸人虽曰涉学,未得专非杜氏,追咎《韩诗》也。〉,犹叹息永怀,宿夜徘徊,不忍远去"(HP.60,13a)。

313

我已经讲过了。总之,对于"近代学者"乃至"末代学者"、"后之学者",颜师古的批判不胜枚举。此前的有关举例都已经很清楚了,这里还想再附上二例。

(1)《高帝纪》"审食其从太公、吕后间行,反遇楚军〈师古曰:此审食其及武帝时赵食其,读皆与郦食其同,音异基,而近代学者,郦则为异基,审则为食基,赵则食其,非也。同是人名,更无别义。就中舛驳,何所据依。且荀悦《汉纪》,三者并为异基字,断可知矣。〉"(HP. 1A,33b)。

(2)《五行志》"成帝绥和二年八月庚申,郑通里男子王褒,衣绛衣小冠,带剑入北司马门殿东门,上前殿,入非常室中,……褒故公车大谁卒〈应劭曰:在司马殿门掌谁呵者也。服虔曰:卫士之师也。著樊哙冠。师古曰:大谁者,主问非常之人,云姓名是谁也。而应氏乃以谁哗为义,云大谁呵,不当厥理。后之学者,辄改此书谁字为谯,违本文矣。大谁本以谁何称,因用名官。有大谁长。今此卒者,长所领士卒也。〉"(HP. 27Ca,21b)。

7 与古代世界的邂逅

以上我们根据专门体现注释大纲的《叙例》同时进行了师古注基本性质的考察,然而师古注的方法并不是全都体现在《叙例》中的。各种各样的在《叙例》中没有讲到的方法,师古注也在运用着,如果就这一点而怠于进行考察,大概就不能充分地传达师古注的精彩之处了。例如师古注屡屡使用文献以外材料的情况,也就是根据所谓考古学性的遗物而立说,还有以见闻或传闻为注释的情况,大概就可以算作其特色之一。师古注并不是始终只在于训诂音释的注释上的内容。我首先想就体现"搜求古迹及古器,耽好不已"之意的颜师古对古器、古物或者石刻的兴趣摘录一些例子来看一下。

(1)《高帝纪》"九年冬十月,淮南王、梁王、赵王、楚王朝未央宫。置酒前殿,上奉玉卮〈应劭曰:饮酒礼器也。古以角作,受四升。古卮字作觛。晋灼曰：音支。师古曰：卮，饮酒圆器也。今尚有之。〉"（HP. 1B，13b）。

（2）《郊祀志》"二世元年，东巡碣石，并海，南历泰山，至会稽，皆礼祠之，而刻勒始皇所立石书旁，以章始皇之功德〈师古曰：今此诸山，皆有始 394 皇所刻石及胡亥重刻，其文并具存焉。〉"（HP. 25A，13a～b）。

（3）《王莽传》"莽曰：……今百姓咸言，皇天革汉而立新，废刘而兴王。夫刘之为字，卯金刀也，正月刚卯，金刀之利，皆不得行〈服虔曰：刚卯以正月卯日作佩之。长三寸，广一寸，四方。或用玉，或用金，或用桃，著革带佩之。今有玉在者，铭其一面曰正月刚卯。金刀，莽所铸之钱也。晋灼曰：刚卯长一寸，广五分，四方。当中央从穿作孔，以采丝茸其底，如冠缨头蕤，刻其上面，作两行书。文曰：正月刚卯既央，灵殳四方，赤青白黄，四色是当。帝令祝融，以教夔龙，庶疫刚瘅，莫我敢当。其一铭曰：疾日严卯，帝令夔化，顺尔固伏，化兹灵殳。既正既直，既觚既方，庶疫刚瘅，莫我敢当。师古曰：今往往有土中得玉刚卯者。案大小及文，服说是也。莽以刘字上有卯，下有金，旁又有刀，故禁刚卯及金刀也。〉"（HP. 99B，7a～b）。

不只限于有关古器或古物的考释，那些如今还存在，或是从出土中被发现的，在颜师古讲述的时候，被《汉书》所描绘的古代世界，如今伴随着眼睛能够清清楚楚地看到，手能够实在地摸到那样地复活了，那么对于与之邂逅的喜悦能不被表现出来吗？而且颜师古对古迹的爱好也有 395 不凡之处，如记载于《汉书》中的地方相当于如今的何处，或者其现状如何，他都做了各种各样的考察。

（1）《高帝纪》"或说沛公曰：秦富十倍天下，地形强。今闻章邯降项羽，羽号曰雍王，王关中。即来，沛公恐不得有此。可急使守函谷关〈文颖曰：是时（函谷）关在弘农县衡岭，今移东在河南穀城县。师古曰：今桃林县南有洪溜涧水，即古所谓函谷也。其水北流入河，夹河之岸，尚有旧关余迹焉。穀城即新安。〉，毋内诸侯军"（HP. 1A，20b～21a）。

(2)《文帝纪》"尝欲作露台,召匠计之,直百金。上曰:百金,中人十家之产也。吾奉先帝宫室,常恐羞之,何以台为〈师古曰:今新丰县南郦①山之顶有露台乡。极为高显,犹有文帝所欲作台之处。〉"(HP.4,21a~b)。

(3)《武帝纪》建元三年(公元前 138 年)"初作便门桥〈苏林曰:去长安四十里。服虔曰:在长安西北茂陵东。师古曰:便门,长安城北面西头门,即平门也。古者平便皆同字。于此道作桥,跨渡渭水,以趋茂陵。其道易直。即今所谓便桥是其处也。便读如本字。〉"(HP.6,3a)。

396 (4) 同上太初元年(公元前 104 年)"二月,起建章宫〈文颖曰:越巫名勇谓帝曰:越国有火灾,即复大起宫室,以厌胜之,故帝作建章宫。师古曰:在未央宫西。今长安故城西俗所呼贞女楼者,即建章宫之阙也。〉"(HP.6,31a~b)。

(5)《宣帝纪》神爵三年(公元前 59 年)"春,起乐游苑〈师古曰:《三辅黄图》云:在杜陵西北。又《关中记》云:宣帝立庙于曲池之北,号乐游。案其处则今之所呼乐游庙者是也。其余基尚可识焉。盖本为苑,后因立庙乎。乐音来各反。〉"(HP.8,17b)。

(6)《元帝纪》初元二年(公元前 47 年)"诏罢……宜春下苑〈孟康曰:宫名也,在杜县东。晋灼曰:《史记》云:葬二世杜南宜春苑中。师古曰:宜春下苑,即今京城东南隅曲江池是。〉"(HP.9,3a)。还有《司马相如传》(《上林赋》)"下堂梨,息宜春〈张揖曰:堂梨,宫名,在云阳东南三十里。师古曰:宜春,宫名,在杜县东。即今曲江池是其处也。〉"(HP.57A,44b~45a)。

397 (7)《沟洫志》"儿宽为左内史,奏请穿凿六辅渠〈师古曰:在郑国渠之里。今尚谓之辅渠,亦曰六渠也。〉,以益溉郑国傍高卬之田"(HP.29,11b~12a)。还有《儿宽传》"宽表奏开六辅渠〈韦昭曰:六辅谓京兆、冯

---

① 译者注:中华书局本"郦"作"骊"。

翊、扶风、河东、河南、河内也。刘德曰:于六辅界中为渠也。师古曰:二说皆非也。《沟洫志》云:儿宽为左内史,奏请穿六辅渠,以益溉郑国旁高卬之田。此则于郑国渠上流南岸,更开六道小渠,以辅助溉灌耳。今雍州云阳、三原两县界,此渠尚存,乡人名曰六渠,亦号辅渠。故《河渠书》云关内则辅渠、灵轵,是也。焉说三河之地哉。〉"(HP.58,11b)。

(8)《戾太子传》"上怜太子无辜,乃作思子宫,为归来望思之台于湖〈师古曰:言已望而思之,庶太子之魂来归也。其台在今湖城县之西,阌乡之东,基趾犹存。〉"(HP.63,5b)。

(9)《翟方进传》"下诏曰:……乃者反虏刘信、翟义悖逆作乱于东,而芒竹群盗赵明、霍鸿造逆西土〈师古曰:芒竹在鄠屖南界。芒水之曲而多竹林也。即今司竹园是其地矣。芒音亡。〉"(HP.84,19b~20a)。

(10)《循吏·文翁传》"至今巴蜀好文雅,文翁之化也〈师古曰:文翁学堂,于今犹在益州城内。〉"(HP.89,3a)。 ³⁹⁸

(11)《外戚·高祖薄姬传》"太后后文帝二岁,孝景前二年崩,葬南陵〈师古曰:薄太后陵在霸陵之南,故称南陵。即今所谓薄陵。〉"(HP.97A,6b)。

(12)同上《孝武卫皇后传》"宣帝立,乃改葬卫后,追谥曰思后,置园邑三百家,长丞周卫奉守焉〈师古曰:葬在杜门外大道东,以倡优杂伎千人乐其园,故号千人聚。其地在今长安城内,金城坊西北隅是。〉"(HP.97A,12b)。

(13)同上《孝宣许皇后传》"许后立三年而崩,谥曰恭哀皇后,葬杜南,是为杜陵南园〈师古曰:即今之所谓小陵者,去杜陵十八里。〉"(HP.97A,23b)。

(14)《元后传》"夏游蓸宿鄠杜之间〈师古曰:蓸宿苑在长安城南。今之御宿川是也。〉"(HP.98,23b)。

关于长安城及其周边的纪事,特别明显的就是没有是非方面的事情。然而在颜师古的头脑中,恰如汉长安城与他现在生活的唐长安城的二张地图相互重叠,汉长安城内外的宫殿、城阙、苑囿、陵墓、道路、桥梁等等,这些

——之所在相当于如今的何处,他大概能够了如指掌地确切指出来。而且当时,生活在与作为统一王朝的汉代一样的、如今还是以长安城为国都而兴盛的统一王朝唐朝,其充实感难道就没有占据他的心吗?

不过,对颜师古来说,成为连接古代与现在之引导的东西,并不只是以眼见和手摸而可以弄清楚的古器与古物,或者是古迹,言语也是一样的。古语与其说是作为雅言,毋宁说往往或是作为俗语而保存下来的,或是在俗语当中保留着其痕迹的,他指出的这些也是屡屡看到的。对作为训诂学者的颜师古来说,大概这才是最可夸耀,而且是应该当做本领的领域。即如下面所记的诸例。

(1)《宣帝纪》"时掖庭令张贺尝事戾太子,思顾旧恩,哀曾孙,奉养甚谨,以私钱供给教书。既壮,为取暴室啬夫许广汉女〈应劭曰:暴室,宫人狱也。今曰薄室。许广汉坐法腐为宦者,作啬夫也。师古曰:暴室者,掖庭主织作染练之署,故谓之暴室,取暴晒为名耳。或云薄室者,薄亦暴也。今俗语亦云薄晒。盖暴室职务既多,因为置狱,主治其罪人,故往往云暴室狱耳。然本非狱名,应说失之矣。啬夫者,暴室属官,亦犹县乡之啬夫也。晒音所懈反,又音所智反。〉"(HP.8,2a)。

(2)《高惠高后文功臣表》"……故逮文景四五世间,流民既归,户口亦息,列侯大者至三四万户,小国自倍,富厚如之。子孙骄逸,忘其先祖之艰难,多陷法禁,陨命亡国,或亡子孙。讫于孝武后元之年,靡有孑遗,耗矣〈孟康曰:耗音毛。无有毛米在者也。师古曰:孟音是也,而解非也。孑然,独立貌。言无有独存者,至于耗尽也。今俗语犹谓无为耗,音毛。〉罔亦少密焉"(HP.16,2a~b)。

(3)《食货志》"鼂错复说上曰,商贾……亡农夫之苦,有仟伯之得〈师古曰:仟谓千钱,伯谓百钱也。伯音莫白反。今俗犹谓百钱为一伯。〉"(HP.24A,13b)。

(4)《郊祀志》"是时上求神君,舍之上林中蹛氏馆。神君者,长陵女子,以乳死,见神于先后宛若〈孟康曰:产乳而死也。兄弟妻相谓先后。

宛若,字也。师古曰:先音苏　　反,后音胡搆反。古谓之娣姒。今关中俗呼为先后,吴楚俗呼之为姤　　,音轴里。〉"(HP.25A,21b)。

(5)《韩信传》"广武君　曰:当今之计,不如按甲休兵,百里之内,牛酒日至,以飨士大夫,北首　　路,然后发一乘之使,奉咫尺之书〈师古曰:八寸曰咫,咫尺者,言其信　或长咫,或短①尺,喻轻率也。今俗言尺书,或言尺牍,盖其遗语耳。　以使燕。"(HP.34,8b~9a)。

(6)《窦婴传》"桃　免相,窦太后数言魏其。景帝曰:太后岂以臣有 *401* 爱相魏其者,魏其沾沾　喜耳,多易〈张晏曰:沾沾,言自整顿也。多易,多轻易之行也。或曰　沾音瞻。师古曰:沾沾,轻薄也。或音他兼反。今俗言薄沾沾。喜音　巨反,易音弋豉反。〉,难以为相持重。遂不用……"(HP.52,2b~3a)。

(7)《景十三　传》"后与昭信等饮,诸姬皆侍,(广川王)去为(陶)望卿作歌曰:背尊章　嫖以忽〈孟康曰:嫖音匹昭反。师古曰:尊章犹言舅姑也。今关中俗　呼舅姓为钟,钟者章声之转也。〉,谋屈奇,起自绝……"(HP.53,15b)

(8)《张　传》"调茂陵尉,治方中〈孟康曰:方中,陵上土作方也。汤主治之。苏林曰:天子即位,豫作陵,讳之,故言方中,或言斤②土。如淳曰:汉(仪)注,陵方中用地一顷,深十二丈。师古曰:苏说非也。古谓掘地为阬曰方。今荆楚俗,土功筑作算程课者,犹以方计之。非谓避讳也。〉"(HP.59,1b~2a)。

对于古器或古物、古迹总觉得喜爱,还有指出古语在现在还保留的样子等等,我认为,这似乎体现着发现了《汉书》所描述的古代世界在现在还继续活着的颜师古诚挚的惊奇和喜悦。在这之外,例如高陵、栎阳 *402* 的田氏,华阴、好畤的景氏,三辅的屈氏和怀氏,现在也还很多,或是因娄

---

① 译者注:中华书局本"短"作"长"。
② 译者注:中华书局本"斤"作"斥"。

敬的献策而被迁徙的人的后裔也好①，或现在的夔州、开州等的首领以冉为姓的人都是汉代的冉种也好②，现在的拔爪戏就是汉代拔距戏的遗留做法也好③，就是像在这样的注释中一再看到的情况。然而大概可以说，一心沉潜于《汉书》当中的颜师古在其中发现了连接《汉书》与现在的回路。而且还有，读师古注的人也应该注意到，其在说明某一词语或名物的时候，遵循"若（如）今……矣"、"即今……矣"、"犹今……矣"等形式的时候很多。也就是初见于《高帝纪》，作为泗水亭长的刘邦和朋友们来访问而成了沛令客人的单父人吕公，对作为主吏的萧何所言"进不满千钱，坐之堂下"的吓唬并不当回事，刘邦"乃绐为谒曰，贺钱万"；在这里可见师古注有云："为谒者，书刺自言爵里。若今参见尊贵而通名也"（HP. 1A, 4a），虽然以此为初次出现，而这种形式其实多得无计其数。如果说这只是古典注释家任谁都采用的常套手法而已，那也就到此为止了，但是并不是如此简单认为就行的，还是应该感觉到其中讲到的注释家与古典相邂逅之微妙关系的东西。可以认为，"若今……矣"、"即今……矣"、"犹今……矣"等形式，就体现着沉潜于古典当中而努力把自己放在古典当中加以验证的注释家，想要在当下寻求出当今或古典事物的对应物，说起来就是想要通过今来验证古。难道不是这样吗？

以上所示师古注的诸例，虽然超过了《叙例》所标示的大纲的范围，但是不能否认这些是给师古注增添了一段生动印象的。不仅不是基于

---

① 《娄敬传》"……臣愿陛下徙齐诸田，楚昭屈景，燕赵韩魏后，及豪杰名家，且实关中。无事可以备胡，诸侯有变，亦足率以东伐，此强本弱末之术也。上曰：善。乃使刘敬徙所言关中十余万口〈师古曰：今高陵、栎阳诸田，华阴、好畤诸景，及三辅诸屈、诸怀尚多，皆此时所徙。〉"（HP. 43, 13b）。还有在《急就篇》卷一《景君明》的注中也说道："景氏，楚之同族，本芈姓也。汉高祖用娄敬之计，徙齐楚大族以关，景氏亦迁名数，今之好畤郑县华阴诸景是也……"。

② 《司马相如传》"相如曰：邛筰冉駹者近蜀，道易通〈师古曰：今夔州、开州等首领姓冉者，皆旧冉种也……〉"（HP. 57B, 3b）。还有《西南夷传》"自筰以东北，君长以十数，冉駹最大〈师古曰：今夔州、开州首领多姓冉者，本皆冉种也……〉"（HP. 95, 1b）。

③ 《甘延寿传》"投石拔距，绝于等伦〈师古曰：……拔距者，有人连坐，相把据地，距以为坚，而能拔取之，皆言其有手坚之力。超逾亭楼，又言其趫捷耳，非拔距也。今人犹言拔爪之戏，盖拔距之遗法。〉"（HP. 70, 4）。

旧注,而且也离开了"上考典谟,旁究《苍》、《雅》,非苟臆说,皆有援据"这
一原则。尽管是基于自己的见闻或乃至传闻的注释,但是并没有使它们 *403*
成为臆说,这大概就是在与《汉书》的纠葛中来把握的颜师古的自信,不
然的话就是他的直感了。不肯在现实的社会中寻找其适合的地方的颜
师古,一心沉潜在了《汉书》当中,而且在那里终于与有所感触的一个世
界邂逅了,大概应该说是发现了连接那个世界与现实世界的回路。为
《汉书》所描绘的古老的世界,以其实在感而生动地复活了,并且是古中
有今、今中有古地相互重叠着的。

结　语

师古注的方法是以训诂为基础的,又是以字音的解释,进而扩展到
名物、制度的解释为基础的。即使把这改称为沉潜于《汉书》本文的方法
大概也是可以的。原本颜氏的学问本质上就是训诂之学的情况,即如在
颜师古本传中所讲到的那样"师古少传家业,博览群书,尤精训诂"。在
《颜氏家训》中,不仅特别在《书证篇》和《音辞篇》体现着颜之推学问的本
领就是训诂之学,而且作为颜师古另外的著作《匡谬正俗》或是《急就章》
注,也无不是训诂之学的成果。①

那么,现在仅限于《汉书》注而言,在江南的《汉书》之学当中,也并不
是没有依靠训诂性方法的。特别是据推测大概与颜氏的《汉书》之学有
密切关联的刘显、刘臻父子即是这样,刘显的著书定名为《汉书音》一事
就使人看到这一状况。还有就是似乎与颜之推有关联的萧该也是这样, *404*
萧该的《汉书音义》完全依靠训诂性方法的情况通过其辑本就可以确认。

---

① 在《急就篇注》序中颜师古自己讲到:"师古家传《苍》、《雅》,广综流略,尤精训故,待问质疑,
事非稽考,不妄谈说,必则古昔,信而有征。先君(思鲁)常欲注释《急就》,以贻后学,雅志未
申,昊天不吊,奉遵遗范,永怀罔极。旧得皇象、钟繇、卫夫人、王羲之等所书章本,备加详核,
足以审定,凡三十二章,究其真实,又见崔浩及刘芳所注,人心不同,未云善也,遂因暇日,为
之解训……。"

从颜之推到颜师古的颜氏的《汉书》之学,就这样被大体确定了在南学系
谱中的位置。还有对于古器和古物的兴趣,其实在江南就能够看到其萌
芽。① 然而,师古注屡屡表示与南学断绝的情况,我们已经再三地讲述过
了。江南史注的主流,并不是依靠训诂性方法的。其主流就是引他书之
杂说以攻击本文,以博异闻,竞为该博的注释。对于这种注释在态度上
强烈拒绝的颜师古,还是注目于尽管一篇《汉书》注也没有被写出来,但
是大概因此反而是古老的文本和注释以古老的样子而遗存的华北的传
统。他对晋灼注和崔浩之说的尊重就说明了这一点。他拒绝作为江南
注释之主流的方法,说来就是比起《汉书》本身来更朝着其周边寻求广博
记闻的方法;从而他朝《汉书》本文当中垂直性地切入,通过这样做最终
将《汉书》以及《汉书》所描绘的世界变成自己的东西。在这之际,生活在
和汉王朝同样地以长安为都城的统一王朝即唐王朝的各种事情,大概是
作为出现在《汉书》当中的古器或古物、古迹,或者乃至还有古语,都以作
为更加深切的东西而使他实在地感受到了。"当其颜氏之理训诂也,如
与古人对谈",作此评论的是南宋的郑樵。意思就是说,以训诂为武器,
颜师古就能够站在和古人同样的地平线上了。这里我就想引用针对杜
预《左传》注和颜师古《汉书》注而一并加以评论的郑樵的话,来代为本章
的结尾。

---

① 在南朝的对于古器、古物的兴趣是怎样的呢? 我想就以下的数例来看其大概。"承天博见古
  今,为一时所重。张永尝开玄武湖,遇古冢,冢上得一铜斗有柄。文帝以访朝士。承天曰:
  '此亡新威斗。王莽三公亡皆赐之。一在冢外,一在冢内。时三台居江左者,唯甄邯为大司
  徒,必邯之墓。'俄而永又启冢内更得一斗,复有一石,铭大司徒甄邯之墓。"(《南史》卷三三
  《何承天传》)"以竟陵王子良得古器,小口方腹而底平,可将(容)七八升,以问澄,澄曰:'北
  (此)名服匿,单于以与苏武。'子良后详视器底,有字仿佛可识,如澄所言。"(《南齐书》卷三九
  《陆澄传》)"时魏人献古器,有隐起字,无能识者,显案文读之,无有滞碍,考校年月,一字不
  差,高祖甚嘉焉。"(《梁书》卷四〇《刘显传》)"尝于(沈)约坐,语及宗庙牺樽,约云:'郑玄答张
  逸,谓为画凤皇尾娑娑然。今无复此器,则不依古。'杳曰:'此言未必可按。古者樽彝,皆刻
  木为鸟兽,凿顶及背,以出内酒。顷魏世鲁郡地中得齐大夫子尾送女器,有牺樽作牺牛形;晋
  永嘉贼曹嶷于青州发齐景公冢,又得此二樽,形亦为牛象。二处皆古之遗器,知非虚当也。'约
  大以为然。"(同上卷五〇《文学·刘杳传》)

杜预解《左氏》,颜师古解《汉书》,所以得忠臣之名者①,以其尽之矣。《左氏》未经杜氏之前,凡几家。一经杜氏之后,后人不能措一辞。《汉书》未经颜氏之前,凡几家。一经颜氏之后,后人不能易其说。纵有措辞易说之者,如朝月晓星不能有其明也。如此之人方可以解经。苟为文言多而经旨不见,文言简而经旨有遗,自我说之后,后人复有说者,皆非笺释之手也。传注之学起,惟此二人,其殆庶几乎。其故何哉?古人之言所以难明者,非为书之理意难明也,实为书之事物难明也。非为古人之文言难明也,实为古人之文言有不通于今者之难明也。能明乎《尔雅》之所作,则可以知笺注之所当然;不明乎《尔雅》之所作,则不识笺注之旨归也。善乎二子之通《尔雅》也。颜氏所通者训诂,杜氏所通者星历地理。当其颜氏之理训诂也,如与古人对谈。当其杜氏之理星历地理也,如羲和之步天,如禹之行水。然亦有所短。杜氏则不识虫鱼鸟兽草木之名,颜氏则不识天文地理。孔子曰:知之为知之,不知为不知,是知也。杜氏于星历地理之言无不极其致,至于虫鱼鸟兽草木之名则引《尔雅》以释之。颜氏于训诂之言甚畅,至于天文地理则阔略焉。此为不知为不知也。其他纷纷,是何为者。释是何经,明是何学。(《通志·艺文略·经类·春秋》)

①请参见本章注 51(译者注:即本译文第 274 页注释③)。

第五部分

六朝人与宗教

第十一章 师受考——集中于《抱朴子内篇》

前 言

抱朴子葛洪(283—343 年?)是这样说明自己的《抱朴子内篇》二十卷的:"言神仙、方药、鬼怪、变化、养生、延年、禳邪、却祸①之事,属道家。"(《自叙篇》)其作为最集中地体现着初期道教之面貌的记述,从以往就聚集了众多研究者的关心。

在神仙的实际存在和成仙的可能性等问题上,能够说服那些不是很容易就相信的凡俗之徒,葛洪倾注其热情所著述的《抱朴子内篇》,就是以此而令他自信,同时又是极具论辩性的论考著作。"昔者之著道书多矣,莫不务广浮巧之言,以崇玄虚之旨,未有究论长生之阶径,箴砭为道之病痛,如吾之勤勤者也。"(《勤求篇》)"俗人多讥余好攻异端,谓予为趣欲强通天下之不可通者。余亦何为然哉! 余若欲以此辈事,骋辞章于来世,则余所著《外篇》及杂文二百余卷,足以寄意于后代,不复须此。且此《内篇》,皆直语耳,无藻饰也。"(《黄白篇》)这样一来,与其说葛洪是在没

---

① 译者注:此处本书原文作"却过",据《抱朴子外篇》原文改。

有遗漏地注意到道教之整体的基础上进行着均衡而客观的记述，不如说是他把自己所继承的仙道的立场强烈地推到了读者面前。在《抱朴子内篇》中，到处都记述着仙道必须由老师直接传授的说法，也就是极力主张"师受"的重要性。葛洪相信并记述了由老师传授的各种东西，认为那才是道教的正统。

为什么"师受"这样被重视呢？本章首先就想来探求一下这个问题。就有关仙道这一极其非日常性的问题，若是能够弄清楚其在中国古代中世的传授情况的话，那么也希望就有关日常水平的学问或技术的传授方面能给予某些启发。我打算首先探求在仙道中"师受"的意思，接着再确定传授到葛洪的仙道系谱的踪迹。不过，有关这一点，由于以平田笃胤的《葛仙翁传》①为先驱，陈国符《道藏源流考》(中华书局，1963 年)等先学的研究已经有不少了，所以这里的论述就大概只限于必要的范围。其中，再附带性地考察一下陶弘景的《真诰》(《道藏》第 637—640 册)对以葛洪为首的，及连接这一仙道系谱的人们给予了怎样的评价的问题；而有关从东晋的葛洪到梁朝的陶弘景之间江南道教的发展，我想就先给出我自己的一些展望。在本文中引用的《抱朴子》，原则上都试着翻译成了日文，根据的文本就是孙星衍校正平津馆丛书本。再有，有关我自己对

427 《抱朴子》，尤其是对其《外篇》以及葛洪的传记方面的认识，请读者参看拙稿《抱朴子的世界(上)(下)》(《史林》47 卷 5、6 号)。

一　明师·口诀

稍加注意地来读《抱朴子内篇》的人，应该立刻就会察觉到其中再三使用着"明师，mingshih"一词。也就是说在《抱朴子内篇》中，反复强调着在仙道的传授上必须有"明师"的存在，因此，大概在"明师"一词当中，

就可能隐藏着理解葛洪所认为的仙道传授方式的某种启发性。

　　本来,并不是说"明师"一词只被用于《抱朴子内篇》当中的。比如在
《淮南子·修务训》中被用作"故君子积志委正,以趣明师……",在《汉书·
董仲舒传》中被用作"兴太学,置明师,以养天下之士"等,就是其一两个例
子。还有,在《抱朴子外篇》中也可以看到"欲测渊微而不役神,必得之乎明
师"(《勖学篇》),"先哲居高不敢忘危,爱子欲教之义方,雕琢切磋弗纳于邪
伪,选明师以象成之,择良友以渐染之……"(《崇教篇》),仅限于根据《引
得》①来检索,在《外篇》中使用的就只有此二例。那么,像在下面所记诸
段文字中所看到的在《内篇》中使用的情况,应该说就很显著了。

　　(1)"凡世人所以不信仙之可学,不许命之可延者,正以秦皇汉武求 ⁴²⁸
之不获,以少君、栾太为之无验故也。……彼二君两臣,自可求(神仙)而
不得,或始勤而卒怠,或不遭乎明师,又何足以定天下之无仙乎?"(《论仙
篇》)秦始皇在求得仙道上结果失败的一个理由,不是别的,就是欠缺"明
师"。这种情况又被重复讲着:"安期答之允当,始皇惺悟,信世间之必有
仙道。既厚惠遗,又甘心欲学不死之事,但自无明师也,而为卢敖、徐福
辈所欺弄,故不能得耳。"(《极言篇》)

　　(2)"世间多不信至道者,则悠悠者皆是耳。然万一时偶有好事者,而复
不见此(金丹之)法,不值明师,无由闻天下之有斯妙事也。"(《金丹篇》)

　　(3)"欲求神仙,唯当得其至要。至要者,在于宝精(房中术)、行气
(呼吸术),服一大药(金丹)便足,亦不用多也。然此三事,复有浅深,不
值明师,不经勤苦,亦不可仓卒而尽知也。"(《释滞篇》)

　　(4)"按仙经以为,诸得仙者皆其受命,偶值神仙之气,自然所禀。故 ⁴²⁹
胞胎之中,已含信道之性,及其有识,则心好其事,必遭明师而得其法。
不然,则不信不求,求亦不得(之)也。"(《辨问篇》)

　　(5)"……故曰,非长生难也,闻道难也;非闻道难也,行之难也;非行

---

①《抱朴子外篇通检》(巴黎大学汉学研究所,汉学通检提要文献丛刊之三,1969 年)。

之难也,终之难也。良匠能与人规矩,不能使人必巧也。明师能授人方书,不能使人必为也。"(《极言篇》)

(6)"或问曰:'古者岂有无所施行,而偶自长生者乎?'抱朴子答曰:'无也。或随明师,积功累勤,便得赐以合成之药。[1] 或受秘方,自行治作。'"(《极言篇》)

如以上这样,在《抱朴子内篇》中随处讲到了仙道修行者与"明师"相遇的情况。特别是在《勤求篇》中,则极力说明在仙道传授上"明师"可以起到的作用,而且还包括一段可以认为大概"明师"就是"明智之师"的省略形式的文字。"亦有人皮肤好喜,而信道之诚,不根心神,有所索欲,阳为曲恭,累日之间,怠慢已出。若值明智之师,且(师)欲详观来者变态,试以淹久,故不告之,以测其志。则若此之人,情伪行露,亦终不得而教之,教之亦不得尽言吐实,言不了则为之无益也。"

不过,果真将《抱朴子内篇》中所用的"明师"一词仅当做"明智之师"的省略形式来理解就行了吗?因为使人想到的事实是,不只限于《抱朴子内篇》,"明师"是在道教有关的文献中习见的词语。现在举例而言,若是在王明氏的《太平经合校》(中华书局,1960 年)中来查找的话,则有如"明师难遭,良时易过"(第 1 页)、"须圣君明师,大臣于是降现"(第 4页)、"学得明师事之,祸乱不得发也"(第 26 页)、"决之于明师,行之于身"(同上)、"唯天明师,悉具陈列其诚[2]"(第 33 页)、"四穷之后,能得明师,思虑守道尚可"(第 72 页)等等。这样看来,我认为"明师"的"明",即如亨利·马伯乐的有启发性的论文所指出的那样[3],就是与"俗 pro-

---

[1] 制造仙药的秘方是很少被传授的。在不得已的时候,是可以给予制成品的仙药的。"传丹经,不得其人,身必不吉,若有笃信者,可将合药成以分之,莫轻以其方传之也。"(《金丹篇》)"杂猥弟子,皆各随其用心之疏密,履苦之久远,察其聪明之所逮及,志力之所能辨,各有所授,千百岁中,时有尽其囊枕之中,肘腋之下,秘要之旨耳,或但将之合药,药成分之,足以使之不死而已,而终年不以其方文传之。"(《勤求篇》)

[2] 译者注:此处本书原文作"诚",据中华书局本原文改。

[3] M. Henri Maspero, "Le Mot Ming"(*Journal Asiatique*, Tom CCXIII, 1933).

fane"相对立的"圣 sacré"的意思,进而是意思被特殊化了的"盟 ser-ment",也就是大概可以理解为比如《释名·释言语篇》所说明的"盟,明也。告其事于神明也"那样的与诸神的盟约。事实上,在道教经典中也能见到被表述为"盟师"的词语。若根据《云笈七签》卷四《上清经述》,降临到魏华存跟前的景林真人,告诉他说:"帝诲王褒相为盟师,故遣太极真人鉴子之精,子其勖哉。"与诸神盟约的事情,我将在本章后文中来说明。总之,《勤求篇》中的所谓"勤求",其实不外乎就是"勤求明师",即认真地探访明师的意思。像这样地必须特意设立一篇来论述,以至于讲仙道修行者与"明师"的相会,这是《抱朴子内篇》中一个重要的主题。在《勤求篇》中则讲到:

（7）"……然时颇有识信者,复患于不能勤求明师。夫晓至要得真道者,诚自甚稀,非仓卒可值也。然知之者,但当少耳。亦未尝绝于世也。"

（8）"夫人生先受精神于天地,后禀气血于父母,然不得明师,告之以度世之道,则无由免死。……由此论之,明师之恩,诚为过于天地,重于父母多矣。可不崇之乎？可不求之乎？"

这样,既然一旦有志于仙道修行,那么无论如何也应该"勤求明师",而且应该由这个明师来传授仙道。针对假装的仙人或假冒的道人横行的情况,在《勤求篇》中,还有更详细地在《祛惑篇》中,都是讲到了的。在这样的情况下,就必须更加慎重地来选择明师了。"夫务学不如择师"（《微旨篇》）。"将来之学者,虽当以求师为务,亦不可以不详择为急也"（《勤求篇》）。

那么,仙道修行者与明师的相会,并不只是仙道修行者亦即弟子一方面的紧急之事。老师也应该在选择弟子的基础上,只向适当的人传授仙道,正因此其才值得称为明师。在若是传授给了不适当的人的时候,大概就难免遭天之殃罚了。"夫道家宝秘仙术,弟子之中,尤尚简择。至精弥久,然后告之以要诀"（《辨问篇》）。"抱朴子曰:天地之大德曰生（《周易·系辞传下》）。生,好物者也（《左传·昭公二十五年》）。是以道

431

432

家之所至秘而重者,莫过乎长生之方也。故血盟乃传。传非其人,戒在天罚。[1] 先师不敢以轻行授人,须人求之至勤者,犹当拣选至精者乃教之。况乎不好不求,求之不笃者,安可衔其沽以告之哉?"(《勤求篇》)而且,在《黄白篇》中,还记述了如下的故事:汉代的黄门郎程伟的妻子掌握了黄白(金银)之术的心得,当其丈夫以暴力强迫其教示的时候,她就如此回答说:"道必当传其人。得其人,道路相遇辄教之。如非其人,口是而心非者,虽寸断支解,而道犹不出也。"

这样,仙道并不是作为一般的仙道而存在的。大概可以说,它是与某些特定的人乃至特定的人格难以分开地结合着的一种存在。真正的明师和真正的弟子邂逅的时候,从那时开始,在两者之间就形成了不容任何事物介入的、活人与活人的直接关系。从老师到弟子的直接传授亦即"师受",比什么都受到重视,不外乎就是因为这个缘故。只根据书本上的指示并不能有多大的意义。因为仙道之秘要的部分没有在仙经上清楚地开示,这是很普遍的事情。所以,在仙道传授的时候,由老师传授给弟子的"口诀"就具有重要的意义。在传授仙经的时候,也必须伴随着有关的、被表面所隐藏部分的"口诀"。汉代刘向炼金失败,也就是因为,尽管他面对着书本来理解淮南王刘安的《枕中鸿宝苑秘书》,但是那并不是在书本知识上的东西,而是他不知道重要的"口诀"。葛洪在《论仙篇》中说:"夫作金皆在神仙集中,淮南王抄出,以作《鸿宝枕中书》,虽有其文,然皆秘其要文。必须口诀,临文指解,然后可为耳。其所用药,复多改其本名,不可按之便用也。刘向父德治淮南王狱中所得此书[2],非为师授也。向本不解道术,偶偏见此书,便谓其意尽在纸上,是以作金不成耳。"在《黄白篇》中,又再次讲到,刘向失败的原因在于,炼金应该在深山中清静的地方进行,

---

[1] 在《无上秘要》卷三三《轻传受罚品》(《道藏》第 772 册)中,具体地列举了对这种罪的殃罚。

[2] 《汉书》卷三六《刘向传》中说:"上(宣帝)复兴神仙方术之事,而淮南有《枕中鸿宝苑秘书》,书言神仙使鬼物为金之术及邹衍重道延命方,世人莫见,而更生(刘向)父德,武帝时治淮南狱得其书。更生幼而读诵,以为奇献之,言黄金可成……"参见福永光司《刘向与神仙——西汉末期神仙道教的世界》(《中哲文学会报》4 号)。

不能让凡俗的愚人知道,但是他却在宫中役使宫人来进行,这些事情加在一起,就是与上面《论仙篇》讲的几乎同样的情况了。①

　　这样,从老师到弟子的仙道的直接传授,也就是"师受",以及不体现在仙经表面上的秘要应该作为"口诀"而被传授的情况,就是《抱朴子》极为强调的地方②。例如在《极言篇》中就这样讲到:"然按神仙经,皆云黄帝及老子奉事太乙元君以受要诀,况乎不逮彼二君者,安有自得仙度世者乎? 未之闻也。"而且,为了从老师那里得授要诀,要尽到作弟子之礼,不应该嫌弃任何辛苦。"夫学者之恭逊驱走,何益于师之分寸乎? 然不尔,则是彼心不尽;彼心不尽,则令人告之不力;告之不力,则秘诀何可悉得邪? 不得已当以浮浅示之,岂足以成不死之功哉?"(《勤求篇》)"故后之知道者,干③吉、容嵩、桂帛诸家,各著千所篇,然率多教诫之言,不肯善为人开显大向之指归也。其至真之诀,或但口传,或不过寻尺之素,在领带之中,非随师经久,累勤历试者,不能得也。"(同上)就连射御、书数、农桑、规矩这些极为日常的"粗伎"、"小术",都是要"尚须师授以尽其理"才行④,何况是为了延年度世的长生法就更是这样了(同上)。

　　依靠老师教授的"口诀",是遍及道术的所有领域而存在的。由于与刘向有关而已经谈到的炼金术,还有就是炼丹术,正因为这两者在葛洪的仙道体系中被给予了最高的位置,所以他就尤其严格地强调口诀。

①　"凡方书所名药物,又或与常药物同而实非者,如河上姹女,非妇人也;陵阳子明,非男子也;……见用胡王使者、倚姑新妇、野丈人、守田公、戴文浴、徐长卿,则谓人之姓名也。延易之草,或有不知,玄秘之方,孰能悉解? 刘向作金不成,无可怪之也。及得其要,则复不烦圣贤大才而后作也,凡人可为耳。刘向岂顽人哉,直坐不得口诀耳。"(《黄白篇》)。
②　可是,极力主张"师受"的并不只是《抱朴子》。例如,在讲到有关真诰的传承的《真诰》卷一九《翼真检第一·真诰叙录》中,在记述了南朝宋的王兴缮写真诰的不幸之始末后讲到:"此当是(王)兴先不师受,妄窃写,用所致如此也";还有,在《无上秘要》卷三四《授度品》中也有云:"学当师受,学不师受,不可以教人。"
③　译者注:此处"干"或作"于"。据王明《抱朴子内篇校释》(中华书局,1980年,第263页,注32)说:"孙(星衍)校:'干'《藏》本作'于'。"又引《后汉书·襄楷传》楷疏中所云"受于吉神书"为证。
④　在《外篇》的《自叙篇》中,葛洪讲到个人的体验时说道:"又曾受刀盾及单刀双戟,皆有口诀要术以待取人,乃有秘法,其巧入神,若以此道与不晓者对,便可以当全独胜,所向无前矣。"

"又黄白术(炼金、炼银之术①)亦如合神丹,皆须斋洁百日已上。又当得闲解方书,意合者乃可为之。非浊秽之人,及不聪明人,希涉术数者所辨作也。其中或有须口诀者,皆宜师授。"(《黄白篇》)"且夫不得(黄白之术)明师口诀,诚不可轻作也。夫医家之药,浅露之甚,而其常用效方,便复秘之。故方有用后宫游女,僻侧之胶,……冬邹斋之属,皆近物耳,而不得口诀,犹不可知,况于黄白之术乎?"(同上)

435

或者还有就是房中术。房中术的情况在性质上大概相应地依靠口诀的部分也是不少的。"(房中术中的)彭祖之法,最其要者。② 其他经多烦劳难行,而其为益不必如其书。(彭祖之法)人少有能为之者。口诀亦有数千言耳。"(《微旨篇》)"房中之法十余家,……此法乃真人口口相传,本不书也。虽服名药,而复不知此要,亦不得长生也。……若不得口诀之术,万无一人为之而不以此自伤煞者也。玄素、子都、容成公、彭祖之属,盖载其麤事,终不以至要者著于纸上者也。志求不死者,宜勤行求之。③ 余承师郑君之言,故记以示将来之信道者,非臆断之谈也。余实复未尽其诀矣。"(《释滞篇》)

除了炼金、炼丹术和房中术之外,进入山林的道士用来当做躲避虎狼伤害的一个法术"三五禁法",也是必须口传的④;还有基于"守玄一"之法的"分形之道",也是有口诀的⑤。然而这些伴随着口诀的仙经乃至道术的传授,是在以"血盟"为中心的仪式之下进行的。其中所包含的意思

---

① 在《黄白篇》的开头,就"黄白"的意思做了如下的说明:"《神仙经》黄白之方二十五卷,千有余首。黄者金也,白者银也。古人秘重其道,不欲指斥,故隐之云尔。"

② 在《遐览篇》的道经书目中著录有《彭祖经》一卷,还有在《极言篇》引用《彭祖经》说道:"按《彭祖经》云,其自帝喾佐尧,历夏至殷,为大夫,殷王遣彩女,从受房中之术,行之有效,欲杀彭祖以绝其道,彭祖觉焉,而逃去,去时年七八百余,非为死也。"

③ 这个地方的原文,孙星衍本作"以勤行求之",但这里根据《道藏》本及《四部丛刊》明刻本将"以"改为"宜"。

④ "山中卒逢虎,便作三五禁,虎亦即却去,三五禁法,当须口传,笔不能委曲矣。"(《登涉篇》)

⑤ "守元(玄)一,并思其身分为三人,三人已见,又转益之,可至数十人,皆如己身,隐之显之,皆自有口诀,此所谓分形之道……。"(《地真篇》)

就是要在诸神在场的情况下来传授。当然,不仅如此,还有道术的全部
过程中要有诸神观览着。这样一来,老师和弟子就更通过仪式性的关系
而被连接起来了。"……岂况金简玉札,神仙之经,至要之言,又多不书。
登坛歃血,乃传口诀。① 苟非其人,虽裂地连城,金璧满堂,不妄以示之。
夫指深归远,虽得其书而不师受。犹仰不见首,俯不知跟"(《明本篇》)。
如果作为具体的一个例子而举出《黄帝九鼎神丹经》的话,那么从其传授
到丹药调和为止的一切仪式和禁忌即如下:"黄帝以传玄子,戒之曰,此
道至重,必以授贤。苟非其人,虽积玉如山,勿以此道告之也。受之者以
金人、金鱼投于东流水中以为约,喋血为盟。无神仙之骨,亦不可得见此
道也。合丹当于名山之中,无人之地,结伴不过三人。先斋百日,沐浴五
香,致加精洁,勿近秽污,及与俗人往来。又不令不信道者知之,谤毁神
药,药不成矣。"②(《金丹篇》)被投入东流之河川的金人和金鱼,也就是人
形和鱼形的黄金,大概是献给住在水府里的诸神的信物。在《无上秘要》
卷三四《法信品》中,作为从《洞玄明真经》中引用的内容而可以看到:"飞
天神人曰:受《灵宝真文》十部妙经,以金龙三枚,投于水府,及灵山、所住
宅中,合三处,为学仙之信。"在这个时候就是金龙,而不是金人的例子
了。不过据说在《招灵致真摄魔豁落七元之符》、《宝真上经》、《紫书经》、
《七星移度经》等传授的时候,则是使用金鱼的。也就是说,盟誓理应是
最终与诸神之间进行交换的,因为所讲到的这些东西,仙经也好,还有与
之相伴的口诀也好,本来都是诸神所说的话,还因为这都是从真人到真
人地承传下来的。"黄老玄圣,深识独见,开秘文于名山,受仙经于神

①　不过到了后世,血盟好像实际并不进行了。例如,在《无上秘要》卷三四《法信品》中,作为从
《洞真太上飞行羽经》中引用的内容而说道:"凡受九真玄经者,皆先歃血累坛,剪发立盟,为
不宣不洩之信誓。后圣以歃血犯生炁之伤,剪发违肤毁之犯,谨以黄金代刺血之信,青柔之
帛三十二尺,当割发之约。"
②　有关《金液经》,也是如下地说道:"其经云:金液入口,则其身皆金色,老子受之于元君,元君
曰,此道至重,百世一出,藏之石室,合之皆斋戒百日,不得与俗人相往来,于名山之侧,东流
水上,别立精舍,百日成……"(《金丹篇》)。

人。"(《微旨篇》)或是如后面所讲的那样,葛洪从其老师郑隐那里所得教授的《金丹经》,据说本来有着从神人传给左慈的这样一个来历;而且在《遐览篇》中,又可以看到如下几段文字:"郑君言符出于老君,皆天文——天的文字——也。① 老君能通于神明,符皆神明所授。""郑君言,道书之重者,莫过于《三皇内文》、《五岳真形图》也。古人仙官至人,尊秘此道,非有仙名者,不可授也。受之四十年一传,传之歃血而盟,委质为约。诸名山五岳,皆有此书,但藏之于石室幽隐之地。应得道者,入山精诚思之,则山神自开山,令人见之。"

这样,因为那些仙经和口诀本来是诸神的话语,所以一旦得到了传授,就不能不当回事地加以"妄传"②,被俗人所看到也是禁止的,这种轻率的行为必定会招致诸神生气。若据《无上秘要·法信品》而言的话,在决定仙经传授之际,先是要立"不宣"、"不洩"的誓言的。③ 在《抱朴子·金丹篇》中也讲到,在调合金液九丹的时候,必须绝对不能让不信仙道的俗人谤讪和评毁,其理由则有所说明:"郑君言所以尔者,合此大药皆当祭,祭则太乙元君、老君、玄女皆来鉴省。作药者若不绝迹幽僻之地,令

438 俗间愚人得经过闻见之,则诸神便责作药者之不遵承经戒,致令恶人有谤毁之言④,则不复佑助人,而邪气得进,药不成也。必入名山之中,斋戒

---

458 ① 这里的"天文",大概应该在与如下所记诸文有关的基础上来理解。"今请陈为书之本始也,造文之即肇矣,乃是五色初萌文章画定之时,秀人民之交,别阴阳之分,则有三元八会群方飞天之书,又有八龙云篆明光之章也。"(《真诰》卷一《运象篇第一》)"……于是大圣众,同时闭眼,伏地听命,俄顷之间,天炁朗除,冥暗豁消,五色光明,洞彻五方,忽有天书,字方一丈,自然而见,空玄之上,五色光中,文彩焕烂,八角垂芒,精光乱眼,不可得看,……右出《洞玄诸天内音经》。"(《无上秘要》卷二四《真文品》,《道藏》第 770 册)

② 例如下面所讲到的:"银亦可饵之,与金同法,服此二物,能居名山石室中者,一年即经*举矣。止人间服亦地仙,勿妄传也。"(《金丹篇》)几乎同文在《仙药篇》中也有。(译者注:* "经"或作"轻"。参见王明《抱朴子内篇校释》,中华书局,1980 年,第 78 页。)

③ 参见本章注 15(译者注:即本译文第 335 页注释①)。

④ 与这个情况有关联,葛洪如下所讲的内容令人深感兴趣。"今之医家,每合好药好膏,皆不欲令鸡犬小儿妇人见之。若被诸物犯之,用便无验。又染采者恶恶目者见之,皆失美色。况神仙大药乎?"(《金丹篇》)还有"俗间染缯练,尚不欲使杂人见之,见之即坏,况黄白之变化乎。"(《黄白篇》)

百日,不食五辛生鱼,不与俗人相见,尔乃可作大药。"这样调合成功的金丹,还是首先必须献给诸神。① 其所讲的现在这种情况,尽管"山林之中非有道也",而仙道修行者务必要进入山林,无论如何不外乎是为了不招致诸神生气,从而断绝与凡俗之徒的交往。②

在《金丹篇》中,不只是前面已经介绍过的《黄帝九鼎神丹经》,还有关于《金液经》之传授的记述。"《金液经》云,投金人八两于东流水中,饮血为誓,乃告口诀,不如本法,盗其方而作之,终不成也。凡人有至信者,可以药与之,不可轻传其书,必两受其殃,天神鉴人甚近,人不知耳。"

这样说来,需要传授仪式的,并非全都只限于有关金丹的仙书。即使在有关"守一"之法上,所谓"守一"的"一"也不是抽象的东西,而是具有"姓字服色"方面极为具体并且个性化的东西。讲到"世世歃血口传其姓名耳"(《地真篇》),还有在关于被当做"守一"之一法的"守真一"之法上,如下所讲到的,大概就是证明这种情况的:"受真一口诀,皆有明文,歃白牲之血,以王相之日③受之,以白绢白银为约,克金契而分之,轻说妄传,其神不行也。"(同上)

如果在这里概括一下本节所讲述的,大体就是如下的。有志于仙道

---

① "金成,取百斤,先设大祭,……礼天二十斤,日月五斤,北斗八斤,太乙八斤,井五斤,灶五斤,河伯十二斤,社五斤,门户闾鬼神清君各五斤,凡八十八斤。余一十二斤,以好韦囊盛之,良日于都市中市盛之时,默声放弃之于多人处,径去无复顾。凡用百斤外,乃得恣意用之耳。不先以金祀神,必被殃咎。"(《金丹篇》)
② "山林之中,非有道也,而为道者必入山林,诚欲远彼腥膻而即此清净也。……合金丹之大药,炼八石之飞精者,尤忌利口之愚人,凡俗之闻见,明灵为之不降,仙药为之不成,非小禁也。"(《明本篇》)
③ 王相是伴随着休囚死而有关五行势力消长的术语。"王"是五行的某一种势力的极点。"相"是"王"产生的地方和势力发生过程中的某种状态。对于新的"王"来说,被代替了的曾经的"王"被称为"休"(或"废");而处于势力衰弱过程中的人被称为"囚",处于衰弱之极致的人被称为"死"。参见饶宗颐《老子想尔注校笺》(香港 Tong Nam Printers & Publishers,1956),第70—71 页;铃木由次郎《太玄易之研究》(明德出版社,1964 年),第 56 页;等等。有关日的"王相"之语,见于《孟子·公孙丑下篇》"天时不如地利"的赵岐注中"天时谓时日支干五行旺(一作王)相孤处之属也",这里的疏中说:"五行,金木水火土是也,金旺在巳午未申酉,木旺在亥子丑寅卯,水旺在申酉戌亥子,火旺在寅卯辰巳午,土旺在申酉戌亥。"

修行的人,必须努力于寻求"明师"。而且一旦加以师事之后,也就不能谈论任何的辛苦。这样才能够伴随着仙经,将不是在仙经表面上作为文字而记载的仙道之秘要,作为口诀来加以传授。尽管可以认为,所谓"明师",不外乎就是仙经乃至道术,以及最重要的被秘藏了的口诀等这些方面的传授者,其作为传授者的资格又是通过与诸神的盟约,也就是"告其事于神明"而得到保证的,因此才被称作"明师"的;但是,只要不被这个"明师"传授口诀,也就达不到获得仙道。"师受"之所以极为受到重视,也就是因为这个缘故。那么,仙经,还有口诀,本来就是诸神的话语,而从真人到真人地被传授下来的这些话语,以"明师"为媒介一旦得到传授的人,就不能妄传给那种缺少可以传授这些话语的资格的人;还有,让凡俗之徒知道这些话语也是禁忌。有关这一情况,依然是在传授的仪式之际与诸神之间进行盟约交换,如此一来,在这里新的"明师"就诞生了。在如果有违背盟约的时候,诸神的殃罚立刻就会降临,而且道术也立刻就会失去其灵验的力量。

440 二 先师郑君

仙道修行者应该勤求明师,而且应该直接地得到传授以口诀为主的仙道之秘要。在以《勤求篇》为首的各篇中讲述这些内容的《抱朴子内篇》里,同时也讲到抱朴子葛洪的极为个人性的仙道修行的体验。葛洪的老师,就是到现在为止读者已经多次可见其名的郑君,也就是郑隐。葛洪再三称郑隐为"郑君",或者只称"师",称"先师";还有当然的,就称为"明师"。在《遐览篇》中,就有"昔者幸遇明师郑君"云云,其实是明确地回忆郑君的话语。那时候,郑隐已经是年过八旬但依然精神矍铄的老人,另一方作为弟子的葛洪,则是"年尚少壮,意未专,俗情未尽"不满20岁的青年。在文中这样讲到:

> 余晚充郑君门人。请见方书,告余曰:要道不过尺素,上足以度

世,不用多也。然博涉之后,远胜于不见矣。既悟人意,又可得浅近之术,以防初学未成者诸患也。乃先以道家训教戒书不要者近百卷,稍稍示余。余亦多所先见,先见者颇以其中疑事咨问之。郑君言:君有甄事之才,可教也。然君所知者,虽多未精,又意在于外学,441不能专一,未中以经深涉远耳,今自当以佳书相示也。又许渐得短书缣素所写者,积年之中,合集所见,当出二百许卷,终不可得也。

他弟子皆亲仆使之役,采薪耕田,唯余尫羸,不堪他劳,然无以自效,常亲扫除,拂拭床几,磨墨执烛,及与郑君缮写故书而已。见待余同于先进者,语余曰,杂道书卷卷有佳事,但当校其精粗,而择所施行,不事尽谙诵,以妨日月而劳意思耳。若金丹一成,则此辈一切不用也。(金丹)亦或当有所教授,宜得本末,先从浅始,以劝进学者,无所希准阶由也。

郑君亦不肯先令人写其书,皆当诀其意,虽久借之(书本),然莫有敢盗写一字者也。……书在余处者,久之一月,足以大有所写,以不敢窃写者,政以郑君聪惌,邂逅知之,失其意则更以小丧大也。然于求受之初,复所不敢,为斟酌时有所请耳。是以徒知饮河,而不得442满腹。然弟子五十余人,唯余见受金丹之经及《三皇内文》、《枕中五行记》。其余人,乃有不得一观此书之首题者矣。他书虽不具得,皆疏其名,今将为子说之,后生好书者,可以广索也。

接着,《遐览篇》中又举出了以《三皇内文天文三卷》为首的道经以及各种仙符的详细书目。不过,我在试着翻译"郑君亦不肯先令人写其书,皆当诀其意"一句的时候,在孙星衍本中作"郑君亦不肯先令人写其书,皆当决其意",而其他的各种版本则将"决"作"诀"。从前一节所讲过的内容来看,我觉得这里仍然是"诀"。平田笃胤也是从"诀",并且认为,大概应该是作为的确把握了仙道传授之要谛的词语。平田笃胤说:"此文中有云,'不肯先令人写其书',其'先'字甚为有力,很有意思。所以这样来说,并不是因为特别吝惜这些书。只是最重要的是体会这些书的要点。对于由浅入深而加以引导的书籍,或是使之扩大见闻的书籍,对方(弟子)看了之后究竟是怎么想的。要看对方要用这些书的哪方面,重视其所依据的是哪方面,察知其所专心致志于哪方面。在此基础上,适合于对方的性格而将其引向道之蕴奥。正因为这样地左右斟酌,所以才不肯在一开始就先写出某样事情来。尤其是旧有的道家书籍,如在××卷有××××那样,只要不得到老师所授的口诀,就是绝对不能领悟的书籍。当然,没有阅读时而不产生疑问的。所以说,使读书者理解其可以理解的地方,质疑其可以质疑的地方(令读书人,解其可解,疑其可疑),然后得到所授有关的口诀,对其所讲到(皆当诀其意)的地方就要多加注意。"(《葛仙翁传》卷上)

443　　　葛洪从郑隐那里得到传授的仙书,就是有关金丹的一系列的仙经,以及《三皇内文》。根据《遐览篇》的书目,其全名为《三皇内文天文》三卷。还有《枕中五行记》,同样地,其全名为《墨子枕中五行记》五卷。其中的《三皇内文》与《五岳真形图》,一并是郑隐认为最重要的道书①(《遐览篇》,见前引)。据说《三皇内文》的功德是巨大的,如果持有了它,不仅能够排除邪恶之鬼、瘟疫之气、横殃飞祸,而且濒死的人能够恢复生命力,难产的孕妇也能够顺产。还有,如果道士携带着这个仙经进山的话,虎狼、山精、五毒、百邪都不会靠近,而且还能够过江海,排蛟龙,止风波;如此云云。另外,据说《枕中五行记》是关于变化之术的重要道书,淮南王刘安将本来的五卷本摘要成了一卷。其中所讲的都是,通过使用仙药和仙符而能够上下飞行,自由地隐身,含笑的话就变成女性,皱眉头的话就变成老翁,在地上爬的话就变成小儿,手中持杖的话就变成林木。就是这样一类的方术(《遐览篇》)。

　　那么对葛洪来说,大概是不胜感激从郑隐那里得到了传授《金丹

---

① 在《抱朴子》中《三皇内文》占有重要位置的情况,根据下面的文章也是可以很清楚的。"余问诸道士以神丹金液之事及三皇文召天神地祇之法,了无一人知之者。"(《金丹篇》)再有,关于《三皇文》,参见陈国符《道藏源流考》第71页以下。

经》。因为在《抱朴子》的仙道体系中占最高位置的，别的姑且不论，首先无非就是炼金和炼丹。在《金丹篇》的开头，即明言到："余考览养性之书，鸠集久视之方，曾所披涉篇卷，以千计矣。莫不皆以还丹、金液为大要者焉。然则此二事，盖仙道之极也。服此而不仙，则古来无仙矣。"[1]而且，葛洪从郑隐那里得到传授时的《金丹经》，是不为"杂碎之丹方"的"真经"，就是在郑隐以前有着正当来路和传承的仙书。《金丹篇》说："昔左元放于天柱山中精思，而神人授之金丹仙经。会汉末乱，不遑合作，而避地来渡江东，志欲投名山以修斯道。余从祖仙公，又从元放受之。凡受《太清丹经》三卷及《九鼎丹经》一卷、《金液丹经》一卷。余师郑君者，则余从祖仙公之弟子也，又于从祖受之，而家贫无用买药。余亲事之，洒扫积久，乃于马迹山中立坛盟受之，并诸口诀诀之不书者。江东先无此书，书出于左元放，元放以授余从祖，从祖以授郑君，郑君以授余。故他道士了无知者也。"这就是说，从神人到左元放，再从左元放到葛仙公，又从葛仙公到郑君，通过正当的师受形式所传授的《金丹经》，到葛洪则是在如前节所记的仪式之下，与其口诀一起得到传授的。

三　抱朴子学谱

处在由郑隐传授给抱朴子葛洪的这一仙道，亦即以《金丹经》为中心的仙道之所谓原点位置上的，理当是左元放，也就是左慈。但是，记载左

---

[1] 此外在《金丹篇》中，讲述到："……然小丹之下者，犹自远胜草木之上者也。凡草木烧之即烬，而丹砂烧之成水银，积变又还成丹砂，其去凡草木亦远矣。故能令人长生，神仙独见此理矣"；"(《黄帝九鼎神丹经》)又云，虽呼吸道引及服草木之药，可得延年，不免于死也；服神丹，令人寿无穷已，与天地相毕，乘云驾龙，上下太清"；"(《太清观天经》)又曰，长生之道，不在祭祀事鬼神也，不在道引与屈伸也，昇仙之要，在神丹也"，等等。在《金丹篇》以外，也有如下地强调"金丹"的重要性的地方："……金丹可以度世，芝英可以延年……"(《至理篇》)。在度世和延年上有着阶段差距的情况，通过其所讲的"不得金丹，但服草木之药及修小术者，可以延年迟死耳，不得仙也"(《极言篇》)，大概就清楚了。此外，还有"九丹金液，最是仙主"(《微旨篇》)，金丹屡屡被称作"大药"。

慈事迹最早的记录,大概就是《三国志》裴松之注引魏文帝曹丕的《典论》,以及陈思王曹植的《辩道论》了。在《三国志》卷二九《方技·华佗传》注引《典论》中记载说,擅长于辟谷的颍川的郤俭,擅长于行气的甘陵的甘始,还有擅长于"补导之术"亦即房中术的庐江的左慈,全都成为其父王曹操的军吏,而博得了世间的人气。其中关于左慈,稍微地包含着一点揶揄心情而记录说:"左慈到,又竞受其补导之术,至寺人(宦官)严峻,往从问受。阉竖真无事于斯术也,人之逐声,乃至于是。"①同样,在《华佗传》注引《辩道论》中,也讲到曹操招来甘始、左慈、郤俭等方士,以及左慈擅长于房中术的情况。不过,曹操将他们汇集到魏国,并不是基于对神仙爱好,无非是为了戒备他们会"接奸宄而欺众,行妖慝而惑民",如其说到父王曹操,以及太子曹丕、曹植两兄弟,对他们都是"调笑不信";还有从他们自身来说,也特别懂得这一点,而"终未敢进虚诞之言,出非常之语"。《辩道论》中进而评论左慈说:"左慈善修房内之术,差可终命,然自非有志至精,莫能行也。"

那么,在《抱朴子·论仙篇》中,也引用了曹丕的《典论》和曹植的《释疑论》,其中也是左慈、甘始二人登场。可是有关他们二人的印象,虽然同为曹植的文章,却不能不说在这里变得与《三国志》注引《辩道论》所给出的印象是相当不同的。《三国志》注中的《典论》也好,《辩道论》也好,从中可知,曹植、曹丕都是如何以讽刺和辛辣的眼光来看待以左慈为首的方士的;当然地,到了《抱朴子》中,这些方士们就是面目一新了。② 在以"陈思王著《释疑论》云"为开始的文章中,葛洪说:"初谓道术,直呼愚民诈伪空言定矣。及见武皇帝(曹操)试闭左慈等,令断谷近一月,而颜

① 与此几乎相同的文字,在《后汉书》传七二《方术·左慈传》的章怀太子注中也有引用。
② 在《三国志》卷一《魏志·武帝纪》建安二十五年(220 年)裴注引西晋张华《博物志》中,所讲的曹操招徕方士们是基于他的神仙爱好癖的情况,作为处于《典论》乃至《辩道论》和《抱朴子》中间位置的文献,大概也是可以引起注意的。"又好养性法,亦解方药,招引方术之士,庐江左慈、谯郡华佗、甘陵甘始、阳城郤俭,无不毕至。"

色不减,气力自若,常云可五十年不食,正尔,复何疑哉?① 又云,令甘始 446
以药含生鱼,而煮之于沸脂中,其无药者,熟而可食,其衔药者,游戏终
日,如在水中也。② ……"

左慈其实是作为涉及多方面道术的获得者而在《抱朴子》中登场的。
包括行气(《至理篇》)、兵解(《辨问篇》)、变化(《杂应篇》)、分形(《地真
篇》)的各种道术,还有自不用说的炼金、炼丹术,不只《金丹篇》,在《黄白
篇》中也有记述:"余昔从郑公受九丹及《金银液经》,因复求受《黄白中
经》五卷。郑君言,曾与左君于庐江铜山中试作,皆成也。"我想,如果认
为左君就是左慈的话,大概这就是肯定的了。那么,郑隐不仅是与葛仙
翁,而且理应与左慈也有直接的师徒关系了。

《金丹篇》中讲到,左慈躲避汉末的战乱,从曹操门下来到江南。然
而在陶弘景把东晋兴宁年间降现在杨羲和许穆(谧)面前的真人们所讲
的话编纂成的《真诰》中,将左慈到来的地点确定为与葛氏的乡里丹阳句
容(江苏省句容县)很近的句曲山,也就是茅山,从而说道:"句曲洞
天,…… 汉建安之中,左元放闻传者云江东有此神山,故度江寻之,遂斋
戒三月乃登山,乃得其门入洞虚、造阴宫,(茅山)三君亦授以神芝三种。
元放周旋洞宫之内经年。宫室结构,方圆整肃,甚惋惧也。不图天下复
有如此之异乎。神灵往来,相推校生死,如地上之官家矣。"(卷一一《稽
神枢第一》)而且,在这里,陶弘景附有注记:"元放当是为魏武所逼后仍 447
来。后真嗳乃云:'清斋五年,然后乃得深进内外宫耳。'三种芝恐是下品
者也。"所谓"后真嗳",是见于其卷一二《稽神枢第二》的南岳魏夫人的
话,就是指"左慈初来,亦勤心数拜礼灵山,五年许,乃得深进内外东西宫
耳"③;而《稽神枢第一》还记载了左慈在茅山进行炼丹的情况。这里与陶
弘景的注一并引述一下。"中茅山玄岭独高处,司命君(茅盈)埋西胡玉

---

① 在《魏志》所引《辩道论》中,尝试绝谷的是郗俭。
② 在《辩道论》中是作为甘始所讲的自满话而引述的。
③ 在这里陶弘景的按语说:"前云三月便得进,与此大殊,恐以深进为异也。"

门丹砂六千斤于此山,深二丈许,……左元放时就司命乞丹砂,得十二斤耳。〈……左氏乞丹砂,当是入洞时所请,以合炉火九华丹。〉"进而又说,在茅中君(茅固)告诉许穆的地方,可以看到左慈受炉火九华丹之惠而得以长生;大概在当时,也就是东晋的兴宁中是住在小括苍山,时而游于茅山,不久被授仙职。于此,陶弘景的注中所记的"左慈字元放,李仲甫弟子①,即葛玄之师也。……九华丹是《太清中经》法。小括即小括苍山,在永嘉桥谿之北。凡此诸人(鲍靓、许肇、葛玄、左慈),术解甚多。而仙弟犹下者,并是不闻三品高业故也"(《稽神枢第二》),这大概颇值得注意。这些《真诰》诸文所记载的左慈像,与葛洪的《抱朴子》所记载的左慈像,还是稍显微妙的变化。在向上奉献了由杨羲和许穆所感得的《上清经》的陶弘景那里,多少有些想贬低左慈的心情在起作用。不仅左慈从三茅君那里得授的三种神芝被认为是下品,而且尽管通过炼丹而达到长生,不久又被给以仙职,但是其仙第只是很低的。作为许穆七世祖的许肇,

448 无论如何就像后述的那样,鲍靓也好,葛玄也好,都和左慈一样,是与葛洪的仙道有很深关系的人物。他们的仙第很低,陶弘景说是因为他们没有闻得"三品高业"。我想,"三品"大概就是"上清经三品"的意思吧。②让陶弘景来说的话,他们只是擅长"术解"而已。也就是说,尽管对道术之擅长只是限于技术性东西的理解,但是在这种左慈像之变化的背景上,从葛洪到陶弘景之间的江南道教的发展,是应该可以预想到的。那是什么性质的情形呢? 有关考察我留在后面进行。

---

① 关于李仲甫,《茅山志》卷五(《道藏》第154册)有如下的纪事:"李翼字仲甫者,京兆人也。与司命君(茅盈)俱事西城王君,仲甫为入室弟子,司命君为北腧弟子,但仲甫所受业异,恒服水玉有效,能步斗隐形,昼夜行三纲六纪之法,又作白虎七变,百余岁转更少壮,与司命君同受还丹一剂,服而归家。……在民间二百五十年,汉灵帝时入西岳去。……仲甫曾以七变神法

460 传左元放,元放修之,亦变化万端矣。"若据此,大概就是说在《杂应篇》所见的左慈的变化之术是由李仲甫传授的。有关白虎七变法在《遐览篇》中有所说明:"又有白虎七变法,取三月三日所杀白虎头皮、生驼血、虎血、紫绶、履组、流萍,以三月三日合种之。初生草似胡麻有实,即取此实种之,一生辄一异,凡七种之,则用其实合之,亦可以移形易貌,飞沉在意。"
② 在《真诰》卷一九《翼真检第一》中有云:"仰寻道经上清上品,事及高真之业……"。

那么,由左慈传授了《金丹经》的葛仙公,亦即葛玄,又是葛洪从祖的这个人物,若根据《抱朴子》的话,据说也擅长作为行气术之大要的胎息术(《释滞篇》),还有左慈同样擅长的分形术(《地真篇》)。① 记载了葛玄事迹的文献,有陶弘景的《吴太极左官葛仙公之碑》(《华阳陶隐居集》卷下,《道藏》第726册)。这里摘其要点则如以下所记。

> 仙公姓葛,讳玄,字孝先。丹阳句容都乡吉阳里人也。……吴初,左元放自洛(阳)而来,授公白虎七变、炉火九丹。于是五通具足,化道无方。孙权虽爱赏仙异,而内怀猜害,翻琰之徒皆被挫斥,敬惮仙公,动相容槀。公驰涉川岳,龙虎卫从。长山、盖竹尤多去来,天台、兰风是焉遊憩。② 时还京邑,视人如戏。……时有人漂海随风,眇漭无垠,忽值神岛,见人授书一函。题曰寄葛仙公,令归吴达之。由是举代翕然,号为仙公。故抱朴著书亦云余从祖仙公③。乃抱朴三代从祖也。俗中经传所谈,云已被太极铨授居左仙公之位,如《真诰》并《葛氏旧谱》,则事有未符,恐教迹参差,适时立说。……仙公赤乌七年(244年)太岁甲子八月十五日平旦升仙,长往不返,恒与郭声子等相随。久当授任玄都,祇秩天爵,佐命四辅,理察人祇。

就以上碑文而想提起注意的是,针对被认为是从太极④而铨授左仙

449

---

① 在《三国志》卷六三《吴志·吴范刘惇赵达传》的裴注引《抱朴子》中有云:"时有葛仙公者,每饮酒醉,常入人家门前陂水中卧,竟日乃出……",这与现行的《释滞篇》中的"予从祖仙公,每大醉及夏天盛热,辄入深渊之底,一日许乃出者,正以能闭炁胎息故耳"完全不一致。再有,葛玄在《搜神记》卷一(二十卷本)中也有登场。
② 除了兰风山,东阳的长山、会稽的盖竹山和天台山,作为可以调合仙药的名山,在《金丹篇》中列举着其山名。
③ 本章注33(译者注:即本译文本页注①)所引的《释滞篇》和已经在本文中引用了的《金丹篇》的这句"余师郑君者,则余从祖仙公之弟子也",等等。
④ "太极"被认为存在于昆仑山的仙官之九府亦即九宫中的太宫。《真诰》卷五《甄命授第一》:"昆仑上有九府,是为九宫,太极为太宫也,诸仙人俱是九宫之官僚耳。"参见福永光司《天皇和紫宫和真人——中国古代的神道》(《思想》1977年7号)。

公之位的"俗中经传"之所传,陶弘景以《真诰》和《葛氏旧谱》而加以怀疑的部分。在世间,更限定范围地说在尊奉葛玄一派的道教中,葛玄的神格化似乎被策划着。然而,陶弘景是将其当做"邦族末班",亦即当做忝列同乡人末席的人物之一而抱以一定尊敬的,同时又与对左慈一样,对葛玄也持有一定的批判态度。"……又有葛孝先,亦言得道,今在何处",针对许穆的这个疑问,茅中君做了如下的回答。这里就引述一下《真诰·稽神枢第二》中的文章和陶弘景的注:"(葛)玄善于变幻,而拙于用身。今正得不死而已,非仙人也。初在长山,近入盖竹,亦能乘虎使鬼,无所不至,但几于未得受(仙)职耳。亦恒与谢稚坚、黄子阳、郭声子相随。〈葛玄字孝先,是抱朴从祖,即郑思远(隐)之师也。少入山得仙,时人咸莫测所在。传言东海中仙人寄书呼为仙公,故抱朴亦同然之。长史(许穆)所以有问,今答如此,便是地仙耳。灵宝所云太极左仙公,于斯安乎。〉"若依照陶弘景的注,那么认为葛玄被铨授了太极左仙公的,理应是《灵宝经》之所传;所以可以断定,尊奉《灵宝经》的一派和尊奉《上清经》的陶弘景一派,多少处于对抗性的关系。[1]

450

作为葛玄的弟子,葛洪的老师郑隐,字思远,在其门下葛洪的修行生活,前面我已经根据《遐览篇》的纪事介绍过了。《遐览篇》中又总结到:"郑君不徒明五经、知仙道而已,兼综九宫三奇、推步天文、河洛谶记,莫不精研。太安元年,知季世之乱,江南将鼎沸,乃负笈持仙药之扑,将入室弟子,东投霍山,莫知所在。"太安元年,即 302 年,当时葛洪是恰好刚到 20 岁的有为青年。

葛洪大概也曾列席过郑隐的五经讲筵,尤其是郑隐所得意的《礼记》

---

[1] 值得注意的是,记载了《上清经》之传承的《真诰》卷一九《翼真检第一·真诰叙录》中所说的"复有王灵期者,才思绮拔,志规敷道,见葛巢甫造构《灵宝》,风教大行,深所忿嫉,于是诣许丞(许黄民)求受上经……"。若根据唐的孟安排《道教义枢》卷二(《道藏》第 763 册)《三洞义》的话,葛巢甫是葛洪的从孙。再有关于这个问题,麦谷邦夫《陶弘景年谱考略(上)》(《东方宗教》47 号)的永元二年条有所论述。

和《尚书》的讲筵。① 而且有时候，葛洪大概也曾提出应该使所谓的"俗情"得以满足的疑问。在"言人间得失，世事臧否，属儒家"（《自叙篇》）的《抱朴子外篇》中，也是有郑君登场的；作为论及吴国末年之积弊的《吴失篇》，通篇都是以引用郑君的话而构成。② 虽然如此，葛洪从郑隐所学的东西专门是以炼金、炼丹为首的仙道，这是毋庸赘言的。正如从到现在为止我所引用的内容也可以看到的那样，在《抱朴子内篇》中，随处都包含着郑隐的话语。比如，仙人升天的和留在地上的都是自在的（《对俗篇》）；在进行炼金、炼丹时候的禁忌（《金丹篇》）；治病药应饭前服用，养生药应饭后服用（《仙药篇》）；避五兵之术、隐沦之术，鸢不动翅膀也能在天空高飞的理由（《杂应篇》）；道士必须炼金的理由（《黄白篇》）；道士入山的心得，能停留在水中的道术（《登涉篇》）；守一之术，分形之术（《地真篇》）；护符来自老君之事（《遐览篇》）等等；由郑隐所传而闻被记录的地方，无论问题大小，涉及非常多的方面。有时候，甚至连由郑隐传授的口 451 诀也有所披露。"或曰：'愿闻真人守身炼形之术。'抱朴子曰：'深哉问也。夫——始青之下月与日，两半同升合成一。出彼玉池入金室，大如弹丸黄如橘。中有嘉味甘如蜜，子能得之谨勿失。既往不追身将灭，纯白之气至微密。升于幽关三曲折，中丹煌煌独无匹。立之命门形不卒，渊乎妙矣难致诘。此先师之口诀，知之者不畏万鬼五兵也。'"（《微旨篇》）虽然这里所讲的是"守身炼形之术"，但是上述口诀中无疑有着阴阳交合的暗示。各句以七音节构成，而且在"日"、"一"、"室"、"橘"等等入声押韵的地方，作为口诀之口诀而存在。③ 尽管仅仅显示这些而对于更

---

① "郑君本大儒士也，晚而好道，由以《礼记》、《尚书》，教授不绝"（《遐览篇》）。

② 说到与本章的关联，大概其中可以看到的如下内容值得注意："郑君又称，其师左先生隐居天柱山，不营禄利，不友诸侯，然心愿太平，窃忧桑梓，乃慨然永叹于蓬屋之下，告其门生曰……。"如果认为左先生就是左慈，那么即如前述的那样，理应是郑隐与左慈也有着并非以葛玄为中介的直接的师徒关系。

③ 在《地真篇》中作为从先生所传而记录的"真一之大略"，大概也可以认为就是口诀。其以"一在北极，大渊之中，前有明堂，后有绛宫，巍巍华盖，金楼穿隆，左罡右魁，激波扬空……"的一 461 句四音节构成，大部分是以-ng音押韵。

多地窥知"守身①炼形之术"的堂奥还是差很远的,但是从真人到真人地口口相传下来的口诀,到了葛洪时才开始在文字上记录,才开始在众人面前讲清楚。有关理应具有相当重大意义的这一事实,我想在后面再加以考察。

葛洪所继承的仙道主流,尽管是由左慈、葛玄、郑隐所传下来的,但是在太安元年郑隐离开霍山以后,葛洪就师事于《晋书》卷九五中有简单传记的鲍靓,其字太玄;而且葛洪娶了他的女儿,这个事情是不能不附带提到的。②《晋书》卷七二《葛洪传》记载这个情况时记作鲍玄,大概应是鲍太玄之误。在《晋书》卷八〇《许迈传》中可见:"时南海太守鲍靓,隐迹潜遁,人莫知之。迈乃往候之,探其至要。"这样的话,作为年龄紧挨着许穆的其兄长,在《真诰》中被称作许先生的许迈,而且是与王羲之有亲密交往的许迈,亦即许远游,就与葛洪是同门了。那么鲍靓,从《晋书》中可见的"靓尝见仙人阴君,授道诀"的所谓阴君就是阴长生③,还有在葛洪《神仙传》(《太平御览》卷六六二《道部天仙》)中有阴长生师事马明生而授《太清神丹经》④,从而可以确定是马明生、阴长生、鲍靓、葛洪相连的又一个仙道继承关系的线索。其中的阴长生的名字也出现在《抱朴子》当中。"又服还丹金液之法,若且欲留在世间者,但服半剂而录其半。若后求升天,便尽服之。……昔安期先生、龙眉宁公、修羊公、阴长生皆服金液半剂者也。其止世间,或近千年,然后去耳。"(《对俗篇》)"近代汉末,新野阴君合此太清丹得仙。其人本儒生,有才思,善著诗。及丹经赞并序,述初学道随师本末,列己所知识之得仙者四十余人,甚分明也。"(《金

---

① 译者注:此处本书原文作"真",根据前面引文改。
② 有关鲍靓,参见以下所记。《道藏源流考》第 76 页。大渊忍尔《道教史的研究》(冈山大学共济会书籍部,1964 年)第二篇《抱朴子研究》附《鲍靓传》。宫川尚志《六朝史研究——宗教篇》(平乐寺书店,1964 年)第七章第二节《道教史上葛洪的地位》,特别是其注(9)。
③ 据《云笈七签》卷一〇六所收《鲍靓真人传》的话,说他在见到阴长生以前曾师事于左元放。
④ "阴长生,新野人,……知马明生得度世之术,乃求寻之,遂相见,执御者之礼事之,十余年不懈。明生曰:'子真得道矣。'乃入青城山,授以《太清神丹经》,告别,后于平都山仙去。"

丹篇》)但是,鲍靓的名字为什么不见于《抱朴子》中呢? 尽管有如平田笃胤认为的,在《杂应篇》中出现的张太玄就是鲍靓,张太玄肯定是鲍太玄的隐名[1];然而对葛洪来说,鲍靓是其老师的同时还是其岳父,因此反倒顾忌如何言及了,或者就因为其始终是尊郑隐为师的缘故吧。

顺便一提,在《真诰》中对鲍靓的评价是很低的。如前所述,不仅和左慈等一起被概括为"术解甚多,仙第犹下",而且茅中君还说:"(鲍)靓及妹,并是其七世祖李湛、张虑,本杜陵北乡人也。在渭桥为客舍,积行阴德,好道希生。故令福逮于靓等, 使易世变练,改氏更生,合为兄弟耳。根胄虽异,德荫者同。故当同生氏族也。今并作地下主者,在洞宫中。靓所受学本自薄浅,质又挠滞,故不得多也。"(《稽神书第二》)接着,陶弘景又有说明:"鲍亦通神,而敦尚房中之事,故云挠滞。后,用阴君太玄阴生符为太清尸解之法,当是主者之最高品矣。"若照陶弘景的话来说,鲍靓的本领就在于房中术。后来其与阴长生邂逅而修炼成尸解之法,当时即进入到地下主者的最高位置。然而所谓地下主者又是什么人物呢?如果借福永光司的话来说,可以说那不过就是"冥界的下级官僚",在被补任到仙官以前还需很长的过程。甚至连至忠至孝的人,也是如下的样子:"既终,皆受(三官之)书为地下主者。一百四十年乃得受下仙之教,授以大道。从此渐进得补仙官。一百四十年听一试进也。"(《真诰》卷一六《阐幽微第二》)[2]

结　语

葛洪所继承的仙道主流,是由左慈、葛玄、郑隐传下来的,在其仙道的

---

[1]《杂应篇》的纪事如下:"又有引石散,以方寸匕投一斗白石子中,以水合煮之,亦立熟如芋子,可食以当谷也。张太玄举家及弟子数十人,隐居林虑山中,以此法食石十余年,皆肥健。"有关这一纪事,平田笃胤讲到:"因为太玄本是当时的有道者,所以因遭遇到什么厄运而改姓氏的事情是很明显的。"(《葛仙翁传》卷上)

[2] 参见本章注36(译者注:即本译文第345页注释[4])福永的论文。

454 体系上,在以炼金、炼丹为中心的同时,行气、房中术、草木药材的服用等道术被给予了辅助性的位置。葛洪师事于郑隐是在 20 岁前少壮时期的事情,在之后的某个时候,他又师事于鲍靓,从而接续上了由马明生、阴长生、鲍靓所传的仙道。但是后者对于葛洪来说,则是停留在双重意义的位置上的。不管怎样,从郑隐或鲍靓那里所得授的东西,就是道术那种不凡的技术性的东西;然而,以论证神仙实际存在的方法论为首的、有关所谓仙道的理论性方面,则是受到来自嵇康的养生说的很大影响。这一情况,请读者参考前面我提到的拙稿《抱朴子的世界》。不用说,来自嵇康的影响,并不是依靠"师受"形式而得来的东西,而是通过书本而得来的知识。

　　不过,陶弘景所评论的与葛洪的仙道系谱相关联的人们,即左慈、葛玄和鲍靓等,都同样是"术解甚多,仙第犹下"。就是说他们仅仅在"术解"方面,亦即只是在技术性的理解上不凡。尽管我们没能发现其对葛洪或者郑隐的公开评论,但是似乎可以认为,此二人也是被归为同一范围的。正像我们一再重复的那样,在葛洪的仙道中至为重要的就是"金丹"。即使在陶弘景的《真诰》中,也绝没有否定金丹。尽管葛洪的仙道被给予了相应的定位,但是在金丹方面大概也还是被重视的,在仙经的诵读上即是如此。在《真诰》卷五《甄命授第一》中的太上高圣玉晨大道君的话中说道:"食草木之药,不知房中之法及行炁、导引,服药无益也。终不得道。若至志感灵,所存(观想的对象)必至者,亦不须草药之益也。若但知行房中、导引、行炁,不知神丹之法,亦不得仙也。若得金汋神丹,

455 不须其他术也,立便仙矣。"如果是《抱朴子》的话,照理到此就足够了,可是道君又进而附言说:"若得《大洞真经》者,复不须金丹之道也。读之万遍,毕便仙也。"①或者还有论及存在于昆仑山上的九府仙官官秩的说法,

----

① 在其稍靠前处也反复说道:"……故曰,《大洞真经》,读之万过便仙,此仙道之至经也。"还有,在讲述《上清经》的渊源与传承的《真诰叙录》中,也记载了孔熙先、孔休先兄弟把在《大洞真经》中所写的"诵之万遍,则能得仙"多以"仙道必须丹药炼形,乃可超举,岂有空积声咏以致羽服"而来讥诮的话。

即在《大洞真经》中说，快活的人成为仙卿，服用金丹的人成为大夫，服用众芝(草木药)的人成为御史。这些卿、大夫、御史，不用说就是地上官制的投影。至少在这里，似乎可以认为，从《抱朴子》到《真诰》的发展，是朝着否定道术的方向，而处在道教的合理化、简约化的一个过程中。在炼金、炼丹上，为了得到其药材而伴随着种种的辛劳，还需要很大的财力，这些情况葛洪也是再三直言的。①

　　然而如果在这里讲道教的合理化的话，那么在《抱朴子》中，大概也是认同这一方向的。"今为此书粗举长生之理，其至妙者不得宣之于翰墨"(《抱朴子序》)，尽管葛洪是这样说的，但是对于以往被秘藏起来的仙药的制作方法，还有传授仙经和口诀时的仪式，甚至是当时的口诀本身，葛洪在《抱朴子》中所记载的情况，我们必须重新认识其意义所在。也就是，对于仙道这一极其秘密仪式性的存在来说是一种世俗化 secularization 的道路，在这里被打开了。与直到葛洪为止的仙道系谱分明的情况相反，葛洪的弟子，还有其以后的系谱变得不甚分明的局面②，或许就与这一情况有关。在《自叙篇》中所讲的"竟不成纯儒，不中为传授之师"，当然肯定是其强烈地意识到了外学而讲的话，然而，即使有关内学——仙道，葛洪也毋宁是想要站在非"传授之师"的位置上的。所谓"不中为传授之师"，虽说是表面性的谦辞，但是在稽康被评论为"学无师受"(《晋书》卷四九)的时候，这就是体现从传统的框架中解放出来的学问上的姿态了。葛洪与其说想成为一人之师，不如说有志于成为以世间普遍的识

456

----

① 例如以下所云："九丹诚为仙药之上法，然合作之所用，杂药甚多，若四方清通者，市之可具。若九域分隔，则物不可得也。又当起火昼夜数十日，伺候火力，不可令失其适，勤苦至难，故不及合金液之易也。合金液，唯金为难得耳。"(《金丹篇》)"余贫苦无财力，又遭多难之运，有不已之无赖，兼以道路梗塞，药物不可得，竟不遑合作之。"(《黄白篇》)

② 本章注37(译者注：即本译文第346页注释①)也引述了的《道教义枢》的《三洞义》，在记述来自灵宝君的《洞玄经》的传承中，可以看到："(葛)洪又于马迹山诣(郑)思远盟受，……以晋建元二年三月三日，于罗浮山付弟子海安君、望世等，至从孙(葛)巢甫，以晋隆安之末，传道士任延庆、徐灵期之徒，相传于世，于今不绝。"可是，如果从在《真诰叙录》中有的"葛巢甫造构灵宝"来考虑的话，这一传授系谱也还是可能关系到葛巢甫的建构的。

者为对象的万人之师,似乎这样更确切。"上古真人愍念将来之可教者,为作方法,委曲欲使其脱死亡之祸耳,可谓至言矣。然而俗人终不肯信,谓为虚文。……(余)焉知来者之不如今,是以著此以示识者。"(《金丹篇》)

第十二章　中土边土的论争

前　言

东晋的习凿齿在写给道安的日期为兴宁三年(365 年)四月五日的书简中讲到:"夫自大教(佛教)东流四百余年矣。虽藩王居士,时有奉者,而真丹(中国)宿训先行上世,道运时迁俗未金悟,藻悦涛波下士而已。唯肃祖明皇帝,实天降德,始钦斯道,手画如来之容,口味三昧之旨,戒行峻于岩隐,玄祖畅乎无生。大块既唱万窍怒呺,贤哲君子靡不归宗。日月虽远光景弥晖,道业之隆莫盛于今。"(《弘明集》卷一二,T52,76c～77a)①这一书简,确切地告诉了我们,由中国人确实地接受佛教的历史,是在距离其传来的汉代相当晚的 4 世纪即东晋时代开始的。然而,一旦得以抓住中国人的灵魂,不久之后,佛教就在中国人的精神史上,呈现出了甚至可以形容为已非中国之程度的稍显异常的状况。佛教与作为中国传统思想的儒道两家前后而行,或者比肩,并且有时获得了凌驾于对方程度的地位。甚至对于那些认为从佛教那里可学的地方什么也没有的人们来

---

① 还有在《高僧传》卷五《释道安传》(T50,352b～c)中也有节略引用。

说,其都变成了总能不断地侵入自己意识当中的存在。在他们与佛家之间,以老子化胡说为首的激烈的论争反复出现,也就是因为这个缘故。

作为佛教如此盛行的理由而首先应该考察的,就是作为支撑汉朝帝国的意识形态的儒教由于帝国的崩坏而一下子失去了可以依据的基础,紧接其后的六朝则作为思想上的无政府状态的时代而揭幕了,还有至少儒教是从绝对价值低落到相对价值了。① 同时,在六朝时代的北方中国,胡族政权兴亡反复,中国人与胡族的接触不能不加深的情况,又成为使接受外来的佛教变得容易了的一个条件。最容易看到的例子,大概就是作为佛图澄的保护者而为人所知的君主石虎。石虎在进行有关佛教教团整肃的咨问时,著作郎王度立即作了上奏:"夫王者郊祀天地,祭奉百神,载在祀典,礼有尝飨。佛出西域,外国之神,功不施民,非天子诸华所应祠奉。往汉明(东汉明帝)感梦,初传其道(佛教),唯听西域人得立寺都邑以奉其神,其汉人皆不得出家。魏承汉制,亦修前轨。今大赵受命,率由旧章。华戎制异,人神流别。外不同内,飨祭殊礼。荒夏服祀不宜杂错。国家可断赵人悉不听诣寺烧香礼拜,以遵典礼。……"但是,对于羯族出身的石虎来说,这种论述方式是不适用的。石虎抓住了对方"佛是外国之神,非天子诸华所应祠奉"这样的话,而作了反驳:"朕生自边壤,忝当期运,君临诸夏。至于飨祀,应兼从本俗。佛是戎神,正所应奉。"从而显示出了这样的判断,对于胡族王朝来说,以作为"戎神"的佛教为信仰对象才是适合本俗的做法。②

这样,在六朝时代,虽然不能否定存在着佛教容易被接受的各种条件的情况,但是在其前方,根本就没有敞开多么平坦的道路。当时成为最大障碍的,就像在王度的上奏中也很容易看到的那样,只是因为在他的场合对方是石虎而反倒造成了相反效果,然而说佛教是夷狄之教却正

① 参见本书序章《六朝士大夫的精神生活》。
②《高僧传》卷九《竺佛图澄传》(T50,385c)。还有《晋书》卷九五《艺术·佛图澄传》。

是事实。南朝梁的僧祐在《弘明集》后序中,将当时的排佛论分成六类,其中的第五类就是"疑教在戎方,化非华俗"(T52,95a),像这样地讲因为佛教是夷狄之教的缘故而不能教化中国之俗的主张不计其数地存在着。在这里我只想举出一例,就是被总称为"三武一宗法难"的中国史上第二次废佛的断然实行者北周的武帝给恳请佛法再兴的任道林的诏书:"佛生西域,寄传东夏。原其风教,殊乖中国。汉魏晋世,似有若无,五胡乱治,风化方盛。朕非五胡,心无敬事。既非正教,所以废之。"(《广弘明集》卷一〇,T52,154a～b)与令石虎接受佛教完全一样的事实,在北周武帝时则被当做废毁佛教的理由。大概因为北周是以效法《周礼》的朝廷组织设置为目标的,所以其在这个时候,就没有必要辩论非汉族的鲜卑族朝廷的事情了。

对中国人来说,中国乃至中华,是世界的中心、文明的中心之同义语。相对于中华的夷狄则是边土,因为是边土,所以就无非是文明的缺失体。即使试问为什么这样,也完全没有理由,作为一个自明的情况而只是就这么说的本体的问题。佛教因为产生于作为边土的天竺,所以并不是担负着多少价值的存在。即使退让一步,顶多不过是为了教化胡人的东西,没有道理可以与中国之俗亦即礼教性的体制有关系。为了突破对方如此主张的铁壁,佛家也不能不准备其相应的武器,极为普遍存在的三教一致论就是其中之一。就是明确地说,获得了佛的睿智的内容,与儒道的圣人在这个方面是同样的,也就是说佛教也是一种价值性的存在。而且其竭尽全力,从根本上颠覆对方的立脚点,说天竺才是世界的中心,中国并不是世界中心,以这样的论述方式,从而可以定名为天竺中土说的论述方式也就被创立出来了。

一　唐代初期的天竺中土说

初唐 7 世纪的沙门道宣(596—667 年)以扩充南朝梁僧祐(445—518

年)的《弘明集》为目的而编纂的《广弘明集》,是随处夹杂着道宣自己见解的诸家佛教论文集,在其卷首的总序中,开始就写着:"自大夏化行,布流东渐,怀信开道,代有浇淳。"(T52,97a)被用在这里的"大夏",并不是指张骞在那里见到了邛的竹杖和蜀布而惊奇的那个大夏,亦即后来被拟定为巴克特里亚①的大夏,而是指佛法的发祥地天竺,这一情况大概从文章的性质就自然清楚了。在道宣的另一部著作《续高僧传》卷四《玄奘传论》中也有关于佛典翻译的议论,从其说到"梵文天语元开大夏之乡,鸟迹方韵出自神州之俗"(T50,459a),那么大夏是用来与神州亦即中国相对而言的②情况大概就更能确认了。对于沙门道宣来说,佛法才是最高的价值,因此以天竺作为中夏,换言之即作为世界的中心、文明的中心,把这一意识依托于"大夏"二字上来看,首先是不会错的。如果是这样,那么相反,中国就不能不变成边土了。尽管如此,道宣这样的见解,在其他地方也还有更加直接明快的说法。那就是唐初的排佛论者傅奕(555—639年)编撰的历代 25 人排佛家列传《高识传》——加以反驳的《列代王臣滞惑解》(卷六、七),其中举出,在应接东晋肃宗明帝下问是否应该给在乐贤堂画的佛像加写颂辞的时候,蔡谟(281—356 年)以"佛者夷人,惟闻变夷从夏,不闻变夏从夷"③而反对,针对这句话,道宣大致如下地说道:

> 谟之讽议,局据神州一域,以此为中国也。佛则通据阎浮一洲,以此(中国)为边地也。④ 即目而叙,斯国(中国)东据海岸,三方则无。无则不可谓无边可见也。此洲而谈,四周环海。天竺地之中心,夏至北行,方中无影,则天地之正国也。故佛生焉。况复隈封所

① 译者注:Bactria,位于今阿富汗西北部的古代国家。
②《史记》卷七四《孟子荀卿列传》中作为邹衍之言而说道:"儒者所谓中国者,于天下乃八十一分居其一分耳,中国名曰赤县神州。"
③ 根据《孟子·滕文公上篇》的"吾闻用夏变夷者,未闻变于夷者也"。
④ 被认为以须弥山为中心而在四方有四洲存在中的南方之洲是阎浮提洲。南瞻部洲,也叫南阎浮提。是指印度或是现在我们所居住的世界。

及,三千日月,万亿天地之中央也,惟佛所统,非谟能晓。且庸度生常保局冰,执自以古同,谓家自为我土乐,人自以为我民良,不足怪也。中原嵩洛土圭,测景以为中也,乃是神州之别中耳。至时余分,不能定之。(T52,126c～127a) *467*

接着又说:

江表岛夷,地卑气厉,情志飞扬,故曰扬州。晋氏奔之,更称文国。变夷从夏,斯言有由,则孔子居九夷非陋也。① 且有德则君人,无道则勃(悖)乱。故夏禹生于西羌,文王长于东夷②,元魏托跋宗族北狄,并君临渎岳,向明南面,岂以生不在诸华,而逆其风化也。至如由余西戎孤臣,秦穆因而霸立,日碑狎犹微类,汉武纳而位存。故知道在则尊,未拘于夷夏也。……(127a)

"故知道在则尊,未拘于夷夏也",虽然道宣是这样讲的,但并不是说他也认为佛是夷人。他只是因为蔡谟称"佛乃夷人",而想要驳斥这种以出于夷为理由来排斥佛的说法才这样讲的。佛非夷人的说法已经在前一段中明确了,而且同样地在《列代王臣滞惑解》有关荀济的一条中,称天竺为南梵而从西戎中区分出来(129b),或者还讲佛并不是戎类的胡,而是天种(129c)。这不但不是"未拘于夷夏",反而和蔡谟完全同样地,很多是"拘于夷夏"的立场了。无论如何,道宣主张的是,天竺位于天地之中央,而且圣贤也是从夷狄中辈出,佛虽说不是在中国所生,但不能说就不是圣人。假如把前者③称作 A 说,把后者称作 B 说的话,那么可以历史性地推定,B 说形成早,A 说形成晚,而且逻辑上只有 A 说充分。即使修辞学上认为存在两说,可以说将 A 说和 B 说的顺序颠倒过来则会更 *468*

---

① 根据《论语·子罕篇》的"子欲居九夷,或曰:陋如之何? 子曰:君子居之,何陋之有"。
② 即如在后文中也能看到的,讲从夷狄之地也是圣人辈出,这是当时并不怎么少见的议论。圣人与其出身地是可以任意地变换的,这根据的就是《孟子·离娄下篇》的"舜生于诸冯,迁于负夏,卒于鸣条,东夷之人也。文王生于岐周,卒于毕郢,西夷之人也"。
③ 译者注:即天竺中土说。

有说服力。这些问题我留在后面再考察,现在这里只想确认有关天竺中土说与道宣所能明确地检证的情况。

那么,六朝隋唐的各种文献自不用说,我们在细查《广弘明集》的时候,应该很容易察觉的是,道宣的天竺中心说从时代上也绝不是孤立的突如其来之说,而且毋宁说完全不过是对先人之说的复述而已的那种陈腐且缺乏新意的说法。唐高祖武德四年(621 年),针对《高识传》的作者傅奕上奏排佛论《减省寺塔僧尼益国利民十一事》,佛教徒们陆续发表的反论被精心地采编在《广弘明集》中。例如其中之一,在卷一一所载护法僧法琳(572—640 年)的《破邪论》中,就可以发现回答傅奕所说的"佛生西方,非中国之正俗,盖妖魅之邪气"的文章。庖牺氏蛇身人首,大庭氏人身牛头,女娲氏蛇身人头,秦之远祖仲衍鸟身人面,夏之禹王生于西羌,周之文王也生于西羌,简狄吞燕之卵而生契,禹剖母胸背而生,伊尹出身于空桑,北魏的拓跋氏也是夷狄出身。"然并应天明命,或南面称孤,或君临万国。虽可生处僻陋,形貌鄙粗,而各御天威,人怀圣德。老子亦托牧母,生自下凡。[①] 何得以所出庸贱而无圣者乎。夫子云,君子居之,何陋之有。信哉斯言也。金曰,有道则尊,岂简高下。故知圣应无方,随机而现。"这是符合道宣的 B 说的,大概谁也不能否认。法琳接着说道:"寻释迦祖祢(父祖),盖千代轮王之孙,刹利王之太子。期兆斯赴[②],物感则形。出三千世界之中央,南阎浮提之大国,垂教设方,但以利益众生为本。若言生在羌胡出自戎虏便为恶者,太昊(庖牺)文命(夏禹)皆非圣人,老子文王不足师敬。"而且在接着所讲的地方和道宣一样,主张应该将天竺从西胡一类当中区别开。"案《地理志·西域传》言,西胡者,但是葱岭已东,三十六国,不关天竺佛生之地。"[③](163c)

---

① 老子是牧母之子的这一说法,根据什么未详。

② 译者注:《大正新修大藏经》此处作"讪",并加注作"讪=赴"。

③ 隋的彦琮也区别胡和梵而在《辩正论》中讲到:"胡本杂戎之胤,梵惟真圣之苗。"(《续高僧传》卷二,T50,438b)

有关道宣对蔡谟加以评论的前半部分,亦即 A 说,情况也几乎是一样的。在法琳的另一论著《辩正论》当中道士李仲卿对佛教的论难,即把十异九迷一一道破的《十喻九箴篇》,被几乎原封不动地采录在《广弘明集》卷一三中,其一部分又因被亲鸾的《教行信证·化身土卷》所引用而著名。尽管与其中的外三异相对的内三喻,很遗憾在《教行信证》中没看到引用,但是在其内三喻中,首先是作为"开士(菩萨)曰"而讲述的:"《智度论》云,千千,重数故曰三千,二过复千故曰大千。迦维罗卫居其中也。《娄炭经》曰,葱(岭)河以东名为震旦。以日初出耀于东隅,故得名也。"(176b)

不用说,这是针对释迦牟尼的诞生地迦维罗卫位于三千世界之中心的情况,还有震旦亦即中国偏在其东隅的情况,从而在经论的权威上寻求证明的。其中《智度论》所讲的地方,就是汇集成千个根据经验所能认 470
识的世界而成为小千世界,汇集成千个小千世界而成为中千世界,汇集成千个中千世界而成为大千世界,亦即所谓三千世界是千的三乘倍数的世界的意思。① 可是,所引用的后一句"迦维罗卫居其中也",并不是《智度论》中的文句。大概是根据吴的支谦译《太子瑞应本起经》卷上中有的"迦维罗卫者,三千日月、万二千天地之中央也,佛之威神,至尊至重,不可生边地。地为倾斜②,故处其中,周化十万"(T3,473b)。不过不可解的是,西晋的法立、法炬共同翻译而流传的《娄(楼)炭经》中看不到法琳的引文。不仅如此,而且在作为《娄炭经》异译本的隋的阇那崛多译《起世经》中,以及同是隋的达摩笈多译《起世因本经》中也都看不到。不过,尽管在《翻译名义集》卷三《诸国篇》中作为震旦的说明而将完全同样的文章(T54,1098b),还有在《佛祖统纪》卷三二中也将其前半部分的文章(T49,315c),当做"《楼炭经》云"而引用,但是

①《智度论》卷七:"千日、千月……千梵世天、千大梵天,是名小千世界,名周利,以周利千世界为一,一数至千,名二千中世界。以二千中世界为一,一数至千,名三千大千世界。初千小,二千中,第三名大千。千千重数,故名大千。二过复千,故言三千。"(T25,113c)
② 译者注:《大正新修大藏经》此处作"邪",并加注作"邪＝斜"。

这两部书的撰述是远在后世南宋的事情。如果这样的话,因为《娄炭经》原本是记述有关世界的生成与崩坏的一种地理书性质的东西,所以存在这般文章也是可能的。根据这样的预测来判断,除了考虑或是什么人捏造的,大概也别无办法。不过,作为《翻译名义集》,说到其中所谓《娄炭经》的引用,在别处则作为"琳法师云"而举出"东方属震。是日出之方,故云震旦"的解释,所谓琳法师,大概就是法琳吧。[1] 不用多加说明,这就是附会于《周易·说卦传》的"万物出乎震,震,东方也"而解释震旦的词语来源,其不仅是内三喻引用之处的《娄炭经》本身的解释,而且如果调查与引文符合的文句在法琳以前没有发现的情况,甚至令人怀疑捏造者或许就是法琳本人。表现为互相揭短的情况恰好是在六朝隋唐期的道佛论争中,这种捏造或附会,对无论道佛任何一方都是家常便饭。

471

总之,这样在经论上寻求权威的法琳,不仅讲到"诸佛出世皆在中州,边邑不生。边邑若生地为之倾",而且根据《法苑传》、《高僧传》、《永初记》等所记述的一个小事件,其还附加了若干的评论,从而总结了内三喻。"宋何承天与智严法师共争边中。法师云,中天竺地,夏至之日,日正中时,竖木无影。汉国影台,至期立表犹余阴在。依《算经》,天上一寸地下千里,何(承天)乃悟焉,中边始定。约事为论,中天竺国则地之中心,方别拒海五万余里。若准此土(中国),东约海滨。便可震旦本自居东,迦维(罗卫)未肯为西,其理验矣。"

这不必深论,就是根据道宣的 A 说。而且还有,其告诉我们,在南朝宋之初,5 世纪的前半期[2],智严,更普遍地以慧严之名而为人知的义解

---

① 尽管也有怀疑所谓琳法师就是慧琳的,但是其只在《一切经音义》卷二二《华严经音义》部分所见震旦国一条中讲到:"或曰支那,亦云真丹,此翻为思惟,以其国人多所思虑,多所计诈,故以为名,即今此汉国是也。"(T54,447c)然而这是将慧苑的音义原样收录的部分,并不是慧琳着手自撰的部分。

487 ② 智严的入寂,是元嘉二十年(443 年),又何承天的卒年是元嘉二十四年(447 年)。

僧,才开始提出了基于自然科学知识性的天竺中土说和中国边土说。①

二 天竺中土说的形成

    作为 4 世纪中国佛教界巨星的道安(312—385 年)流露出叹息的话语,我们可以再三地听到:"世不值佛,又处边国。音殊俗异,规矩不同。"②"安宿不敏,生值佛后,又处异国。"③在距离佛的在世很遥远的后世而出生,与此同时中国不能产生佛,而且是距离天竺相隔很远的边土,这些情况在他那里,是作为痛切的意识而存在的。还有,作为承继道安的另一巨星庐山的慧远(334—416 年),再三使用"上国"一语来称天竺。④ 如果以抱朴子葛洪(283—343 年?)相对于自己出生地的江南而习惯地屡屡称中原为上国的情况⑤而言的话,这不用说是把中国看成世界的边土了。无论道安也好,慧远也好,对于自己生于边土一事的痛恨,大概反倒燃起了支持他们求道精神的东西。不过,与此稍有不同,5 世纪之初,在尊奉佛教的士大夫和并非如此的士大夫之间,像法琳所指出的那样,所谓"中边"的议论如同争论一样。其痕迹在以下的论争中可以看到,即元嘉十年(433 年)前后,围绕着冶城寺的僧慧琳所写的《均善论》,别无他人,就是何承天以宗炳为对手而进行论争⑥。还有,何承天因与宗炳论争为表

472

---

① 除了法琳之外,在针对傅奕而写了驳论的李师政的《内德论·辩惑篇》(《广弘明集》卷一四)中,可以看到 A、B 两说成为一套的如下议论:"傅(奕)谓佛法本出于西胡,不应奉之于中国。余昔同此感焉,今则悟其不然矣。夫由余出自西戎,辅秦穆以开霸业。日磾生于北狄,侍汉武而除危害。臣既有之,师亦宜尔,何必取其同俗而舍于异方乎。……何得拘夷夏而计亲疏乎,况百亿日月之下,三千世界之内,则中在于彼域,不在于此方矣"(T52,188c~189a)。

② 《出三藏记集》卷六《阴持入经序》(T55,45a)。

③ 同上书《十二门经序》(46a)。

④ 例如在《晋襄阳丈六金像赞序》中有云:"昔众祐降灵,出自天竺,托化生宫,兴于上国。"(《广弘明集》卷一五,T52,198b)

⑤ 在《抱朴子》《内篇》的《金丹》、《登涉》,《外篇》的《审举》、《疾谬》、《讥惑》、《自叙》诸篇中可以看到"上国"一语。

⑥ 《均善论》被收于《宋书》卷九七《天竺迦毗黎国传》,有关它的论争则被收于《弘明集》卷三。

明自己立场而写下《达性论》，就此与颜延之之间进行了论争①。

假借作为中国传统思想的代表者白学先生和作为佛教的代表者黑学道士之对话形式的《均善论》，又因此被称作《白黑论》。其中，面对黑学道士主张由于中国的圣人就有关"幽冥之途"、"来生之化"默而不语所以不及于佛的说法，白学先生在仔细地追问之所以不及的同时而展开问答，逐渐地黑方被白方所压倒，最后确认了儒佛一致，亦即"六度与五教并行，信顺与慈悲齐立"。这样，尽管作为沙门但却著述了不少包含对佛教批评性言辞论文的慧琳，被"旧僧"们一概加以摒斥。然而对其内容非常感激的何承天把《均善论》给宗炳传阅并征求意见，这样一来，在二人之间就形成了数次的书简往复。在其中一封书简当中，何承天这样讲到："中国之人，禀气清和，含仁抱义。故周孔明性习之教②。外国之徒，受性刚强，贪欲忿戾。故释氏严五戒之科。"（T52，19c）也就是说，佛教原本是禁戒刚强而且贪欲忿戾的夷狄之性的教化，而本来就清和而且仁义的中国之民则丝毫没有必要去遵从其教化，能够遵从使他们向上的周公、孔子的教导就足够了。对此，也是慧远弟子的宗炳，一面根据《山海经》"申毒之民，偎人而爱人"的郭璞注中所讲的申毒即天竺，是浮屠所兴之地的说法③，一面这样地反驳道："虽此（中国）之所夷，然万土星陈于太虚。竟知孰为华哉？推其偎爱之感，故浮屠之化应焉。"（20c）就是说，天竺之民不但不是刚强、贪欲、忿戾，而且是非常"偎爱"的，与此相应产生的佛教，当然就是仁慈的教化了。④而且，还应该充分注意宗炳如下所说

①《达性论》以及有关它的论争被收于《弘明集》卷四。

②《论语·阳货篇》有云："性相近也，习相远也"。所谓"性习之教"，大概就是说使其发挥作为性之本来的清和、仁义这样的教化吧。

③在《山海经·海内经》中有云："东海之内，北海之隅有国，名曰朝鲜、天毒，其人水居，偎人爱人。"在其郭璞注中说："朝鲜，今乐浪郡也。天毒，即天竺国，贵道德，有文书金银钱货，浮屠出此国中也。晋大兴四年，天竺胡王献珍宝。偎亦爱*，音隐隈。"（译者注：*此处据多个版本都有一"也"字。）

④宗炳在一边和何承天论争而一边发表的《明佛论》中，也还是根据《山海经》及其郭璞注而说道："偎爱之义，亦如来大慈之训矣。"（《弘明集》卷二，T52，12b～c）

的:"东夷西羌,或可圣贤。"(20b)另一方面,《达性论》主张参天地两仪之化育而构成三才的"人"是不能与鱼鸟蠕蠕一括地称为众生的有尊严的存在,而且否定轮回说;与收到此论的颜延之之间又一再地发生争论,论争点涉及很多的分歧,有时在颜延之给何承天的书简中还是写道:"由余、日磾不生华壤。何限九服之外不有穷理之人。"(26a)这样,在夷狄中也能产生圣贤的这一表述,不用说就是包含生于天竺的佛是能当圣人的意思的这一表述,与道宣的 B 说属同一类型;如同对其已经进行的不少考察那样,尽管在后世通过诸家而被反复地说起,但是在有关文献可以确认的范围内,是可以以宗炳和颜延之为滥觞的。① 474

那么,如果回过头来考虑一下,这样的论述方式实际是原本与佛教没有关系地存在着的。而且甚至不过就是当佛教能在中国传统思想之一隅被给以一席之地时将其借用罢了。说起和佛教没有关系而存在着的情况,就是因为,统一帝国汉朝崩溃之后,在非中原的地域树立了多个地方政权,随之地方文化圈形成的时候,在那些地域,普遍地进行着非中原的地域也是圣人辈出的这种议论。不用说,这些议论就是为了主张相对于中央即中原的地方文化传统。例如,据说在东汉的最后时期,吴国成立的前夜,作为会稽太守而前来赴任的王朗,面对当地的第一学者,而且被选为郡功曹的虞翻,就令其讲一讲有关在像"玉出昆山,珠生南海,远方异域,各生珍宝"那样远隔中原的当地,也一定存在的英俊之士的情

---

① 尤其是,若是并非主张佛本身的正统性,而是称赞西域出身的沙门之秀才的内容,那么可以找到更早东晋的王珉关于帛尸梨密多罗而讲到的例子:"……然而卓世之秀,时生于彼(四夷),逸群之才,或侔乎兹(中国),故知天授英伟,岂俟于华戎。"(《高僧传》卷一,T50,328a)而 488 且还有在收于《弘明集》卷一的牟融的《理惑论》当中,的确有如以下的一段文章:"昔孔子欲居于九夷曰,君子居之,何陋之有。及仲尼不容于鲁卫,孟轲不用于齐梁,岂复仕于夷狄乎。禹出西羌而圣哲,瞽叟生舜而顽嚚,由余产狄国而霸秦,管蔡自河洛而流言。传曰,北辰之星,在天之中,在人之北。以此观之,汉地未必为天中也。"(T52,3c)列举出了此段的藤间生大氏在《东亚世界的形成》(春秋社,1966 年)的第 99 页所讲的"像这样地,采用以中国人自身的对事物的看法和传承,顺势地击破中华论的做法,在其他佛家的手法中也屡屡看到",这是正确的。但是,因为《理惑论》的成书年代是学界的悬案问题,所以就从目前考察的对象中排除了。

况。虞翻立即从会稽优越的地势以及物产说起,把当地所出现的众多贤士列女说来道去。[1] 或者还有,在吴国被合并于西晋之后,前往洛阳应辟命的蔡洪,在被洛中人士嘲弄说"君吴楚之士,亡国之余,有何异才而应斯举"的时候,蔡洪回应说:"夜光之珠,不必出于孟津之河。盈握之璧,不必采于昆仑之山。大禹生于东夷,文王生于西羌。圣贤所出,何必常处。昔武王伐纣,迁顽民于洛邑。得无诸君是其苗裔乎?"[2]这样,"圣贤所出,何必常处"这一论辩方式已经普遍地存在着了。佛教则是将其一模一样地原样借用,以至在圣贤一项上将佛代入进去了。例如,收在《弘明集》卷一而作者未详的《正诬论》讲到,应该主张佛的正统性,"重华(舜)生于东夷,文命(禹)出乎西羌。圣哲所兴,岂有常地。"(T52,7b)甚至其措辞都近似于蔡洪的话语。

然而至此,问题并没有完全解决。要说为什么,那是因为,无论怎样运用这种论辩方式,佛仍然不过是边土乃至夷狄的圣人;还因为,在虞翻或蔡洪等吴人的场合,其对于中原,也就是借葛洪的话来说的"上国"的自卑感的反面,以至就像是不可否认在自满于己国的自我陶醉中所发出的那样,为了驳倒中国中土说而停留在过于消极、被动的论辩方式上。可以认为,东晋的人们称当时已经不存在的西晋为"中朝",就是根植于自己被逐出中原而流落到半壁江南之地的痛切意识。这种边土意识,支配着不只是东晋人,也还有南朝人的心理;因而宗炳和颜延之的议论,大概就成为逗某些对手发笑的东西了。尽管时代靠后,然而在南朝梁的武帝时代访问冬天之江南的东魏聘使李谐与梁的主客郎范胥之间,据说有着如下的问答。范:"(江南)今犹尚暖,北间当小寒于此?"李:"地居阴阳之正,寒暑适时,不知多少。"范:"所访邺下(东魏的国都),岂是测影之地?"李:"皆是皇居帝里,相去不远,可得统而言之。"[3]测影之地的意思留

---

① 《三国志》卷五七《吴志·虞翻传》注引《会稽典录》。
② 《世说新语·言语篇》。但是在《晋书》中是当做华谭的话的。
③ 《魏书》卷六五《李平传》附《李谐传》。

在后面再讲。这里李谐所主张的,并非南朝,而东魏才是位于中国的中土位置的。可是,如果从中国全土来看的话,即使认为江南是边隅,但是只要相对于夷狄,那里也始终是中土的情况没有改变。

那么,使中国中土说不仅作为主观性的东西,而且作为客观性的东西,进而更确切地说,作为好像是客观性的东西而成立的根据究竟是什么呢?那不用说就是《周礼·地官·大司徒》中的一段:"以土圭之法测土深,正日景以求地中。日南则景短,多暑。日北则景长,多寒。日东则景夕,多风。日西则景朝,多阴。日至之景,尺有五寸,谓之地中,"

其意思就是说,在地面垂直地立八尺的表针(gnomon),从表针的根部在正北一尺五寸的地方设置刻度,亦即置"土圭"。在夏至正午,日影正好与土圭一致的地点,那里就是"地中"、大地的中心。在郑司农的解说中,相当于洛阳东南的颍川郡阳城县就是地中。范晔所质问的"测影之地云云"就是指这个事情。而且,正是因为《周礼》进一步说明地中而记云"天地之所合也,四时之所交也,风雨之所会也,阴阳之所和也,然则百物阜安",所以李谐才回答说"地居阴阳之正,寒暑适时";再有,也是何承天所以将中国之民的民性规定为清和而且仁义的根据。接着,《周礼》所云"乃建王国焉,制其畿,方千里而封树之",如果根据《尚书·召诰篇》,周公所以经营成周洛邑,无非就因为那里是"土中"。

可是,宗炳说道:"东夷西羌,或可圣贤。"不仅如此,他还进一步说:"竟知孰为华哉。"也就是说,如果离开中国中心的视点来试想的话,中国就未必一定是所谓"中华"了。因为他就是想说原本天竺才是"中华"。[①]到底是中土,还是边土,在这一问题上来论述事情的本质,尽管说起来是类似儿戏的议论,然而对方是根据中国中土说来排斥佛教的,而且如果认为中国中土说在《周礼》中找到了客观性根据,那么作为佛家只要不提

---

① 在《明佛论》中也是,宗炳以先前所示的《太子瑞应本起经》为样板讲到:"……是以居赤县于八极,曾不疑焉,今布三千日月,罗万二千天下,恒沙阅国界,飞沙纪积劫,普冥化之所容,俱眇末其未央,何独安我而疑彼哉。"(T52,9c)

出与之相对应的根据,要决定性地驳倒对方大概就已经很难了。确实在这一束手无措的时候被提出来的,无非就是慧严的天竺中土说了。在论争中,再没有胜于攻破对方所依据的基础本身那样有效的方法了。据《高僧传》卷七,这是慧严在就关于天竺的律历而受到何承天的质问时所讲的。除了在天竺到夏至的正午日影就没有了的情况之外,他不仅说明了天竺在五行中相当于土德,色尚黄,数尚五,那里的八寸相当于中国的一尺,十两相当于中国的十二两,以建辰之月为岁首等;而且,无论有关"分至"亦即春分、秋分、夏至、冬至的讨论,有关"薄蚀"亦即日月食的计算,及"光影"的测量,还是有关"宿度年纪"亦即星宿在天的分区和律历设置的说明等等,因为全都是详密而且无不有条有理的,所以何承天没能够插进一句异议。而且据说这之后邀请婆利国人访问江南,证明了慧严所说是没错的(T50,368a)。

被称为是遍通"儒史百家"之学的何承天,也以历法为其擅长的领域之一。在元嘉二十年(443年),他献上根据其亡舅徐广留下的资料和经自己之手的观测记录而私撰的新历,就是所谓"元嘉历",替代了以往的"永初历"而成为朝廷所采用的历法。① 我想,大概是为了新历的做成以资参考而征求慧严的意见,可是当时却意想不到地被灌输了天竺中土说,这大概给了他很大的冲击。何承天的学问立足于中国所自豪的传统学术,尤其是儒学,以及即便在儒学中也堪称精粹的礼学专家中就有他。在总结与宗炳的论争时,他说道:"常谓,外国之事或非中华所务。是以有前言耳。果今中外宜同,余则陋矣。敢谢不敏。"虽然大体上先对对方的立场表示赞赏的态度,但是接着马上又不忘记非常符合儒家之徒身份地提出如下的说法:"虽然犹有所怀。夫明天地性者,不致惑于迂怪。识盛衰之径者,不役心于理表。"(T52,21c)所谓"迂怪",所谓"理表",就是指以人类的感觉和理性不可能追迹的世界的情况。这样,何承天如果是

478

① 参见薮内清《中国的天文历法》(平凡社,1969年)第83—84页。

作为儒家之徒的话,他对《周礼》所说的地中之说一定是坚信不疑的。他就有关天地的形状,以东方的旸谷为日出的地方,以西方的濛汜为日落的地方,还以《庄子·逍遥游》中有的"北溟之鱼,化为鸟,将徙南溟"为依据,描绘出在正圆的天的下面水环流着的样子,大概就是在原本把中国定位于天地之中央基础上的印象。① 因此,针对天竺是天地之中央一事,如果能够整理和亮出自然科学方面的根据,大概情况就非常深入了。而且问题不只限于何承天一个人,法琳说的"何(承天)乃误,中边始定",终究是佛家方面的记录,尤其不能认为论争已归于结束。不过可以断定,由此也给了佛教徒一方能够从守势一举转为攻势的有力武器,这应该是不会错的。

三 是夷夏还是戎华

由慧严提供了客观性证据的天竺中土说的最早影响,作为很奇妙的事情,就是在范晔(398—445 年)的《后汉书·西域传论赞》中可以看到的。之所以说是很奇妙的事情,因为实际上范晔并不是信佛者,毋宁说他是佛教批判者。尽管如此,他所写下的天竺中土说,大概是因为炫学癖,或者是异国趣味。关于范晔的父亲范泰在建康将自己宅第的西半部分腾出来而创建了祇洹寺,有记载说:"西域名僧多投止此寺,或传译经典,或训授禅法"(《高僧传》卷七《释慧义传》,T50,368c)。尽管祇洹寺与范氏的关系在范泰死后确实逐渐变得疏远了,但是在也可以称为当时最为先进的佛教之输入中心的祇洹寺那里有着极为异国气氛的环境。尤其是祇洹寺僧团根据刚刚汉译不久的《摩诃僧祇律》而采用天竺式的饮食做法——踞食,与本质上是礼教主义者的檀越范泰之间,撒下了激烈论争的种子。② 总之,据记载,从元嘉九年(432 年)开始执笔的《后汉

479

---

① 《宋书》卷二三《天文志》。
② 参见本书第四章《关于踞食论争》。

书》,在其《西域传论》中,作为根据"后说",大概就是慧严所说的地方而记载着:"其国(天竺)则殷乎中土,玉烛和气。灵圣之所降集,贤懿之所挺生。"理应可以成为中国中土说之根据的《周礼》,好像在造成这一印象的范例上被使用着,这一情况确实令人深感兴趣。但是范晔只是原样地介绍了"后说"就一带而过了,根本不是在证明佛教之优秀的材料上使用它。紧接着,他很是佛教批判者样子地指出,佛教教法的内容是已经被儒道两家说尽了的地方,没有必要特别新进学习什么;而且,佛典之说荒唐无稽的程度,就连邹衍的谈天论和庄子的蜗牛角上的争论等寓言也不足其万分之一。此外,他还对轮回应报说提出了质疑。① 范晔的这种姿态,在接着《论》的《赞》当中,大概可以看得更加清楚。"遐矣西胡,天之外区。土物琛丽,人性淫虚。不率华礼,莫有典书。若微神道(佛法),何恤何拘。"对与何承天同样的范晔来说,佛教也只是为了教化淫虚的西胡的东西而已。

然而,与范晔不同,天竺中土说被明确地作为佛家的武器而使用的最早的例子,在晚于慧严大约半个世纪的宋泰始三年(467 年),针对道士顾欢发表的《夷夏论》而各种人们所做的反驳中可以看到。② 论述了有关道教乃至道教所代表的中国固有的教诲与佛教之异同的《夷夏论》,以"道"和"迹"和"俗"为关键词而组成。也就是,顾欢说到,在道教中称作"无死"或"仙化",在佛教中称作"无生"或"泥洹"之处的"道",在终极上是相一致的。可是因为"俗",也就是在各民族、各地域所固有的特殊而具体的习俗或风俗,在夷和夏那里有决定性的不同,所以本来一致的道,在作为能够教化俗的教法而使自己显现的时候,就不能不自然而然地与俗的不同相适应而采取特殊具体的形式。顾欢把这就叫做迹。这样,尽

----

① "详其清心释累之训,空有兼遣之宗,道书之流也。且好仁恶杀,蠲敝崇善,所以贤达君子多爱其法焉。然好大不经,奇谲无已,虽邹衍谈天之辩,庄周蜗角之论,尚未足以概其万一。又精灵起灭,因报相寻,若晓而昧者,故通人多惑焉。"
② 《夷夏论》的详细情况,参见本书下一章《夷夏论争》。《夷夏论》收在《南齐书》卷五四《高逸·顾欢传》中,针对《夷夏论》的诸人的反驳收在《弘明集》卷六、卷七中。

管道教和佛教的道相一致,但是两者的迹——教法完全没有相容的余地。要说为什么的话,就是因为道教原本是作为与善且美的中华之俗相适应的"继善之教"、"兴善之术"而产生的,而相反,佛教是作为与劣且恶的夷狄之俗相适应的"绝恶之学"、"破恶之方"而产生的。世上的佛教徒们想从佛教究竟学到什么东西呢?是道吗?如果是,那样的话,由于道佛的道从一开始就是一致的,所以大概不用特意地学习佛教,仅有道教就足够了。或者是迹吗?可是由于迹是与夷夏之俗的不同成正比例地不同的,所以不也是没办法学习的吗?《夷夏论》所讲的大体就是以上的意思。在所谓二教一致论或者三教一致论当中,认为儒家乃至道家的教导与佛教的迹在各自不同的同时而道是一致的,并将着力点放在这里而 ⁴⁸¹ 使二教或者三教融合,这在中国人接受佛教方面是起了很大作用的。然而《夷夏论》是将其论辩方式颠倒过来,也就是说通过将着力点放在迹的不同上而排击佛教。这就是伪装成三教一致论的排佛论。

将善且美之俗与夏相匹配,将劣且恶之俗与夷相匹配的情况,也就是与何承天和范晔的立场一样原本就把中国视为文明之中心的顾欢本人的独善和倨傲。虽然《夷夏论》不过是仅仅八百字左右的短篇,但是佛教徒们没有理由默认它,于是一个接一个的反驳发表出来了。而在其中的某些人试图通过天竺中土说来驳倒顾欢的独善和倨傲。比如,谢镇之就是这样的一位。

"夫圣者何耶。感物而遂通者也。夫通不自通,感不自感。感恒在此,通每自彼。自彼而言,悬镜高堂,自此而言,万象斯归。故知天竺者,居娑婆之正域,处淳善之嘉会。故能感通于至圣,土中于三千。圣应既彼,声被则此。"(T52,42b)作为圣人的佛发动众生,也就是在"应"和"通"于"感"的地方佛教形成了。其被比喻成在高堂悬挂的镜子和镜子收聚万象的关系,天竺就是相当于高堂的三千世界的中心,佛则占据着最为容易感通的位置。尽管佛法确实是普遍地"雨施夷夏"(42c)的,然而中国与天竺的距离,大概相隔着不能不把中国当做边土的程度。

还有冶城寺的惠通,针对顾欢用以作为夷狄之俗的一例而举出蹲踞的坐姿,而且因为强调这离作为中国风习的恭敬表现"擎跽磬折"很远而毋宁说近于禽兽之所为,故特意称作"狐蹲狗踞"的情况,他也提出反驳说:"夫胡跪始自天竺,而四方从之。天竺天地之中,佛教所出者也。斯乃大法(佛法)之整肃,至教之齐严,吾子(顾欢)比之狐蹲厥理奚微。"(45c)

进而,在僧敏的《戎华论》中,更令人感兴趣的,就是所谓由于夷夏之别而成的世界构造,被表现为由于不同的戎华之别而成的世界构造。也就是说,"君(顾欢)言夷夏论者,东有骊(高句丽)济(百济)之丑,西有羌戎之流,北有乱头被发,南有剪发文身。姬(周公)孔(孔子)施礼于中,故有夷夏之别。"(47b)亦即,尽管以礼教秩序为确立原则的就是夷夏之别,可是当把视点转移到如来的教化上来看的时候,人们大概立刻就了解到,在夷夏之别以外,尚且还有戎华之别的存在。"戎华者,东则尽于虚境,西则穷于幽乡,北则逾于溟表,南则极乎空阁。如来扇化中土,故有戎华之异也。"(47b)在这个戎华的世界里,大概天竺才是应该称为真正意义上的中国的。"如经①曰,佛据天地之中而清导十方。故知天竺之土是中国也。"(47b)固然,中国是根据周孔所制作的礼教而屹立于四夷的,但是,超俗的如来原本是与周孔不同层次的存在。而且,不是据说如来为了辅翼礼教的世界还曾经派遣了老子吗?"周孔有雅正之制,如来有超俗之宪。雅正制故有异于四夷。超俗宪故不同于周孔。制及四夷故八方推德,宪加周孔故老子还西。"(47b~c)究竟所谓"老子还西"是指什么而言呢? 讲隐身于西方流沙之地的老子开始能够教化胡人的就是佛教,而与这一所谓老子化胡说相对抗,佛教徒们提出的说法就是如来为了教化中国而派遣了三位圣贤,那就是孔子、颜回,还有老子,这一虚构

---

① 第一节所引的《太子瑞应本起经》。

之说就是以此为背景的。① 在这个《戎华论》中还有如下的一段："惟有周皇边霸道心未兴。是以如来使普贤威行西路，三贤并导东都。故经云，大士迦叶者老子其人也。故以诡教五千翼匠周世，化缘既尽回归天竺。故有背关西引之邈。华人因之作《化胡经》也，致令寡见之众咏其华焉。"(47b)总之，若依照僧敏的话来说，由于作为迦叶之化身的老子化缘已尽而回西方去了，所以中国就沉沦到了戎的位置，而且通过让四夷推慕其德行的事情，反倒使其倨慢的迷惑越发严重了。"老子还西故生其群戎，四夷推德故逾增其迷。"(47c)

　　这些对顾欢进行反驳的各种人，并不是直截了当地提出慧严之说的。不过，由于他们也有自信而这样地主张，所以伴随着《太子瑞应本起经》，证明了其说法正确的慧严之说当然肯定是作为有信心的支持而存在的。对方当做自己的武器和依靠而使用的《周礼》之说被封锁住了，进而被顺势地反击加以利用，这已经是非常受伤了。

结　语

　　可以认为，达到如上那样地形成的天竺中土说，从六朝后期到隋唐时代，似乎已经成为佛家之间的常识了。也就是说，如同有关道宣、法琳 *484* 和李师政能看到的其一端那样，其变成了即便是稍微争论性的佛家论文中也反复被说到。还有，在他们之前，僧祐在《弘明集》的末尾所添加的《弘明集后序》中，完全同样的论调也已经被认识到了。② 接着，对天竺的理想化越来越发展。例如隋朝的王劭就解释说，黄帝轩辕氏在梦中所游

---

① 参见 E. Zürcher, *The Buddhist Conquest of China*, Leiden, 1959, pp. 307—320.
② 在把先前介绍的排佛论分为六类中的第五类，在针对"疑教在戎方，化非华俗"的辩明中，关 *489* 于道宣而考察了的 A、B 两说已经明确地讲到："……夫禹出西羌，舜生东夷，孰云地贱而弃其圣，……故知天竺居中，今以区区中土称华，以距正法，虽欲距塞，而神化常通。"(T52,95c)参见第十四章《中国的排佛论的形成》。

的那个华胥氏之国就是天竺。① 华胥氏之国是道家的理想国(乌托邦),《列子·黄帝篇》所描述的地方,其印象就是这样:"其国无师长,自然而已。其民无嗜欲,自然而已。不知乐生,不知恶死,故无天殇。不知亲己,不知疏物,故无爱憎。不知背逆,不知向顺,故无利害。都无所爱惜,都无所畏忌。"而且,尽管是超乎当然程度的当然的情况,但是对道宣来说,天竺的风土、人心、文化、政体,无论举出任何一个方面来看,都是完全无可非议的。他说:"贤豆②天竺仁风所行。四时和于玉烛,土绝流霜。七众照于金镜,神机猛利。人传天语,字出天文,终古至今无相篡夺。斯是地心,号中国也。"(《广弘明集》卷七,T52,129b)

即如我们反复说到的那样,天竺中土说是作为为了主张佛家对儒道两家的自我优越的武器而被发明的。可是这也无疑是使中国中土说颠倒了的说法,而且在从六朝到隋唐之交,变得不得不稍嫌腻烦地被复述着。大概可以说,只限于中国作为中国,不知何时而处在了被废弃的命运。虽然要详细追迹这个经过的材料很缺乏,但是唐朝吴筠(? —778年)在其《思还淳赋》中,对佛家"褒蛮陬为中土,贬诸夏为偏方"(《宗玄先生文集》卷中,《道藏》第 726 册)的情况表示愤慨。还有杜佑(735—812年),在其著《通典》的《边防典序》开头讲到:"覆载(天地)之内,日月所临,华夏居土中,生物受正气。"而且,杜佑在其中所加的夹注中指出,在约去中国三万里,位于倭国更东的扶桑国,是"近于日出处";位于京师西北二万余里的骨利幹国,是"近于日入处";从崖州直南水行,如果得顺风的话,十余日到达的赤土国,是"去日较近"处。尽管只有"去日稍远"之地的确定是欠缺的,但是总之,在这样讲了之后,他又确认"则洛阳洛城③县之土圭,居覆载之中明矣",进而附言指出:"唯释氏一家论天地日月,

485

---

① 在《广弘明集》卷一《子书中佛为老师》一项中的"轩辕游华胥之国,王劭云,即天竺也"(T52,98c)。还有参见同上书卷二所引的王劭《齐书述佛志》(106b)。

② "贤豆"也还是印度的异称。

③ 译者注:王文锦等校点本《通典》,据北宋本将"洛城"改为"告城"(中华书局,1988 年版,第 4979 页)。

怪诞不可知也。"

　　杜佑称天竺中土说为怪诞而予以排斥,并采用了中国中土说。但是一概地将天竺中土说称作顽迷固陋,大概也不妥当。要说为什么,就是因为,被持天竺中土说的人们所描述的天竺的印象往往是照抄《周礼·地官·大司徒》的,这一情况如确实所看到的那样,使中国中土说颠倒了的天竺中土说,如果把中国中土说当做顽迷固陋的话,那么其也必将被以完全同样的理由加以排斥。接着我们知道,作为六朝隋唐式思想状况的清算,在以比杜佑晚一辈的同时代人韩愈(768—824 年)为旗手的古文运动蓬勃兴起的时候,与先王之道的复兴被高声地呼喊相呼应,佛教遭到了激烈的排击。尤其是讲佛教是夷狄之教就是其理由。[①]

---

① 在韩愈的十分著名的《原道》中讲到:"今也举夷狄之法,而加之先王之教之上,几何其不胥而为夷也";在《论佛骨表》从开头就写到"伏以佛者夷狄之一法耳",专门从讲佛教是夷狄之教这一观点来加以排斥。韩愈的同志李翱也在《去佛斋》一文中讲到:"佛法之流染于中国也,六百余年矣。始于汉,浸淫于魏、晋、宋之间,而澜漫于梁,萧氏遵奉之,以及于兹,盖后汉氏无辨而排之者,遂使夷狄之术行于中华,故吉凶之礼谬乱,其不尽为戎礼也无几矣。"

第十三章　夷夏论争

前　言

作为伴随着法显从中天竺带来的《摩诃僧祇律》汉译的一个产物,就是在南朝宋进行的围绕着踞食的是非论争,这一情况,笔者在第四章《关于踞食论争》中已经讲述过了。也就是说,以慧义为首的建康祇洹寺僧团虽然受持了《僧祇律》,但是围绕着其中的踞食——踞坐而饮食的印度式饮食做法——的是非问题,宋元嘉(424—453 年)初,在祇洹寺的檀越范泰与慧义等沙门之间展开了论争。我在第四章作为结论而提出范泰的踞食反对论之要旨时,曾经说道:"在各国,存在着历史性、社会性地产生的固有的风俗习惯,而且圣人的学说就是适应这些而改变样式的。因而,戒律也应该为了适合其国家的实情而被改变,所以在中国,踞食是不被认同的。"(第159页),在该章注 20 中①,我曾注意到如下的情况:"在顾欢的《夷夏论》当中,有云'擎跽磬折,侯甸之恭,狐蹲狗踞,荒流之肃',这仅仅可以看作是踞食论争的痕迹,然而即便如此,值得注意的是《夷夏论》与范泰议论的立场相类似。"

---

① 译者注:即本译文第 125 页注①。

根据一种说法,《夷夏论》的发表是晚于踞食论争大约四十年的宋泰始三年(467 年)的事情①,那么,很难认为《夷夏论》是在踞食论争的直接影响下写成的。而且,原来作为奉佛者的范泰所否定的,始终只限于佛教戒律当中的踞食这一项。与其相反,顾欢作为道士,否定的则是佛法本身。可是加上如上的注记,则是根据如下的理由。也就是,顾欢的论辩方式,不仅指出了夷之俗与夏之俗之间存在着不可填补的断层,而且这导出这样的结论:因为圣人的教诲是与各自的俗相适应而改变的,所以佛教只能实行于夷狄而不能实行于中华。这与范泰的论辩方式则完全合如符契。

《夷夏论》被引述在《南齐书》卷五四《高逸传》以及《南史》卷七五《隐逸传》的《顾欢传》中,在其后面,还记载了南朝宋的司徒袁粲托名于道人通公而写的驳文,以及对此顾欢所作的答书,再有就是明僧绍所写的作为对《夷夏论》论难的《正二教论》。不过其中引述的《正二教论》非常节略,其全文则可见于《弘明集》卷六。《弘明集》中除了《正二教论》之外,作为针对《夷夏论》的论难,还在卷六收录有谢镇之,在卷七收录有朱昭之、朱广之、释惠通、释僧敏的各种文章。尽管可以认为在《隋书·经籍志》"子部·道家类"所著录的"《夷夏论》一卷,顾欢撰,梁,二卷",好像是将具体的论难和对此顾欢所作的反论,还有与论争有关的一切文章全都收录而成的一本书。但是,顾欢的反论,如果除了对袁粲的答书以外,对谢镇之的反论则不过是作为朱昭之及朱广之的论难当中所引用的内容,因而仅存极少,这是很遗憾的。还有《南齐书·高逸传》的"史臣论",最终有对《夷夏论》的评论,尽管萧子显并不是直接参加了论争,但是这也可以作为一个参考。

一　《夷夏论》的构成——道·迹·俗

《夷夏论》是以"刻舷沙门"和"守株道士"之间的调停为理由而发表

---

① 南朝宋的志磬《佛祖统纪》卷三六(T49,346b)。尽管是后世的文献,不过也没有与此主张不同的更充足的反证。

的。作为成于道士之手的这种小册子,据说在顾欢之前的刘法先就已经有发表了。① 可是刘法先的文章已经亡佚,他是如何发挥调停手段的,也就无从知道了。那么顾欢的调停立场又是怎样的呢? 顾欢是在道、佛各自把作为一而相同的道看成二而不同,又把作为复数而不同的俗看成一而相同的这一点上,来寻找道、佛对立的根本原因。"或域道以为两,或混俗以为一。是牵异以为同,破同以为异。则乖争之由,淆乱之本也。"这里所谓的道,就是超越了道、佛的不同而在两者当中相贯通之处的道;所谓俗,就是各民族、各地域固有的特殊而具体的习俗、风俗。这样,尽管道始终是一,俗始终是不同的,但是由于"理之可贵者,道也;事之可贱者,俗也",所以在舍弃可贱的俗而只注目于可贵的道的时候,大概就能站在"道则佛,佛则道"的更高更广的境界上,道、佛的对立就立刻解消了。以调停道、佛对立为立场的《夷夏论》,就是在这样的逻辑上形成的。

那么,道、佛之道的一致,也就是"道则佛也,佛则道也"的关系,据说从以下的事情而得到论证。在道经中有云,"老子入关,之天竺维卫国。国王夫人名曰净妙。老子因其昼寝,乘日精入净妙口中。后年四月八日夜半时,剖左腋而生。坠地即行七步,于是佛道兴焉"(《玄妙内篇》)②,从而可以得出老子即佛,也就是道则佛的结论。另一方面,在佛经中有云,"释迦成佛,有尘劫之数"(《法华无量寿》)③,"或为国师道士,儒林之宗"

493

---

① 在《太平御览》卷六六六《道部·道士》所引《道学传》中有:"(刘)法先每见道释二众,亟相是非,乃著息争之论。顾欢又作《夷夏辩》,或及三科论,明释老同异。"还有在同样的地方,有记载顾欢和刘法先交往的记录:"刘法先,彭城人也。时顾欢著《道经义》,于孔德璋(稚珪)多有与夺。法先与书,讨论同异。顾道屈服,乃答曰:'吾自古之遗狂,水火不避,得足下此箴,始觉醒悟。既往狂言,不足在怪。'"刘法先是继陆修静之后的崇灵馆主。

② 北周的甄鸾《笑道论》(《广弘明集》卷九)的《五佛并兴章》、《老子作佛章》中,分别作为"《玄妙篇》云"(T52,146a)、"《玄妙内篇》云"(146b)而引述了几乎同样的文字。不过必须注意,当然是与佛典比如《太子瑞应本起经》卷上中有如以下的文章类似的:"菩萨初下,化乘白象,冠日之精,因母昼寝而示梦焉,从右肋入,……到四月八日夜明星出时,化从右肋生,堕地即行七步……。"(T3,473b~c)

③《法华经·如来寿量品》中说:"我实成佛已来,无量无边百千万亿那由他劫。"(T9,42b)

（《瑞应本起》）①。所谓"国师道士"不外就是老庄,所谓"儒林之宗"不外就是周孔,如果将其简化或再简化,就可以得出佛则孔老、佛则道的结论。尽管这样讲到"二经所说,如合符契"地一致,不过在论证的根据上则采用《玄妙内篇》这一大概是作为老子化胡说之一环而被制作的、来历可疑的道经;也有结论说是来自佛经的,虽说不是没有先例②,但是其性质大概是丝毫不能被赋予正当性的。然而不管怎样,顾欢主张道、佛之道是相符合的。"或和光以明近,或曜灵以示远。道济天下,故无方而不入;智周万物,故无物而不为。其入不同,其为必异;各成其性,不易其事。"要使对象的性质各自形成,而且在表现上"达化",这方面佛、道二教是一致的。进一步详细而言,所谓佛教的泥洹和道教的仙化,一方被称作"正真"而希求无生,另一方则被称作"正一"而希求无死。"在名则反,在实则合"。

有关道的一致的论证,大体即如以上所述,其不能不说是非常简单的,而且根据也很薄弱。另一方面,有关俗的不同,也是极其微细地得到论证的。极而言之,对顾欢来说,道的一致,无论怎样都好说;而俗的不同,才是应该反复强调的。从中可以看到他有意为之的意图。虽然说"其圣则符",可是,他又这样说道:因为传给对象的参入方式和给予对象的影响,都是融通无碍的,所以适应于对象而千态万状,因此"其迹则反"。所谓迹,不外乎就是本来为一的圣道作为道教或者作为佛教而显现出的样子,因为迹是教化的对象特殊而具体的样子,也就是与俗相应的,所以其自身也就不能不采取特殊而具体的教法形式。与俗的不同成正比例,道、佛的教法——迹——也理应是不同的。"圣匠无心,方圆有体。器既殊用,教亦异施。""圣道虽同,而法有左右。始乎无端,终乎无末。"这

①《太子瑞应本起经》卷上中说:"如是上作天帝,下为圣主,各三十六反,周而复始,及其变化,随时而现,或为圣帝,或作儒林之宗,国师道士,在所现化,不可称记。"(T3,473b)
② 例如在慧远的《沙门不敬王者论·体极不兼应》(《弘明集》卷五)中说:"常以为道法之与名教,如来之与尧孔,发致虽殊,潜相影响,出处诚异,终期则同。"(T52,31a)作为其证据,还有《太子瑞应本起经》的这一部分被引用了。

样一来,就是在中华通过华言来讲明五典,在夷狄通过夷语来传播三乘。

那么中华之俗和夷狄之俗,又是怎样地相反的呢?"端委搢绅,诸华之容;剪发旷衣,群夷之服。擎跽磬折,侯甸之恭;狐蹲狗踞,荒流之肃。棺殡椁葬,中夏之制;火焚水沈,西戎之俗。"在将夏和夷之俗的不同如此诸多对应地加以列举的同时,其中也加入了认为中华之俗是善且美的,夷狄之俗是劣且恶的这种独善性的价值判断;这种情况从其特意将希望由"狐蹲狗踞"的字面而能联想到的表述用在居于荒流边境的夷狄那里的情形来说,大概也是很清楚的。因而,以这样的善恶之俗为各自教化对象的道教和佛教的教法,从一开始就被打上了这样的烙印,一方是"继善之教"、"兴善之术"的性质,而另一方是"绝恶之学"、"破恶之方"的性质。这就不能不承认,伴随着夷、夏之俗的道、佛之教法本身也有优劣。"佛是破恶之方,道是兴善之术。兴善则自然为高,破恶则勇猛为贵。佛迹光大,宜以化物;道迹密微,利用为己。优劣之分,大略在兹。""无生之教(佛)赊,无死之化(道)切。切法可以进谦弱,赊法可以退夸强。佛教文而博,道教质而精。精非粗人所信,博非精人所能。佛言华而引,道言实而抑。抑则明者独进,引则昧者竞前。佛经繁而显,道经简而幽。幽则妙门难见,显则正路易遵。此二法之辨也。"佛教正是与教化劣且恶的
495 夷俗的性质相适合的;而能够主体性(为己)地达到觉悟的中华之民,完全没有必要通过佛教来教化。[①] 就如同"虽舟车均于致远,而有川陆之节"一样,"佛、道齐乎达化,而有夷、夏之别",终究是不能以车涉川,以舟行陆的(车和舟的比喻是根据《庄子·天运篇》)。就像这样,佛教从一开

---

① 像这样地讲天竺之民野蛮粗暴,佛教是为了教化他们而存在的这一说法,开始于晋代即 4 世纪,这一情况参见汤用彤《汉魏两晋南北朝佛教史》(中华书局,1955 年)第 464 页。还有 E.
510 Zürcher, *The Buddhist Conquest of China*, Leiden, 1959, pp. 304—307。其中列举了王浮的《化胡经》、作者未详的《正诬论》、在《沙门不敬王者论》中桓玄对王谧的论难、何承天寄给宗炳的书简、谢灵运的《辨宗论》、范晔的《后汉书·西域传论赞》等,Zürcher 指出产生这些说法的理由:(一) 针对胡族占据华北,中国人所产生的恶感,(二) 伴随着佛教向民间的弘布,道教一方的劣势,(三) 佛教对上层阶级的渗透。

始就是作为为了教化夷狄的东西而存在的。奉佛者们在任何地方都不承认"舍华效夷"的正当性,大概就因为其终究是讲学习夷之道的。如此说来,道是通过道、佛二教而相符合着的。如果讲学习夷之俗,那么因为俗非常地不同,则既不是能学习的东西,而且也没有学习的必要。"蹲夷之仪,娄罗之辩,各出彼俗,自相聆解。犹虫嚾鸟眡,何足述效。"所谓"蹲夷之仪",大概就是作为踞食论争之焦点的踞坐。所谓"娄罗之辩",或许含有对梵语学习之兴盛的揶揄。

这样,《夷夏论》尽管标榜要调停道、佛的对立,其实际还是激烈的排佛论,亦即道教护教论。正如朱昭之所道破的那样,"足下发源开端,明孔老是佛,结章就议(结论)则与夺相悬"(T52,43c)。顾欢还对世间的奉佛者们的暧昧和不彻底的态度提出非难:"今以中夏之性,效西戎之法,既不全同,又不全异。下弃妻孥,上废宗祀。嗜欲之物,皆以礼伸;孝敬之典,独以法屈。"为标榜调停道、佛的对立,顾欢说俗可贱,说只专心注目于可贵的道。但是在《夷夏论》展开的时候,其着力点并没有放在这里。他认为,可贱之俗,其已经成为可以砍向夷俗的一刀了,但是夏之俗又岂是可贱的呢?而可贵的道,则都是可贵的,因为《夷夏论》的最终目的就是宣传与善且美的夏俗相应的圣道之迹,亦即道教,胜于与劣且恶的夷俗相应的佛教。然而,夷夏之俗的善恶是完全出于顾欢的独善性判断的东西,而论难者——尤其是朱昭之、朱广之——的非难,当然也就集中在这一点上。

二 顾欢的立场

一边大体上承认道、佛之道的一致,一边又毋宁说因为承认道、佛之道的一致,所以作为结论而说在中华佛教的无用。有着如此大胆精神的顾欢,则是个怎样的人物呢?还有,《夷夏论》是出于怎样的立场而发言的呢?虽然这里不能充分地详述有关问题,不过仅就以下几点来说,则是笔者务必想要先摘记下来的。

顾欢,字景怡,又字玄平,是隐栖于剡之天台山的道士。据传,他能够熟练地掌握各种道术,而且在最后是成为尸解仙而升天了。可是,在描述顾欢之形象的时候,不能忽视如下所述的一个方面。出生于吴郡盐官(浙江省海宁县)一个农夫之家的顾欢,其聪颖从幼小时就很超群。他克服了在贵族制社会寒贱出身的人所不能不命运般地承受的各种恶劣条件,游学于京师并师从雷次宗学习玄儒诸义等[1],从而修得了广泛而丰富的知识和学养。他赴天台山,则是如先前那样地走遍各地的生活之后的事情。在天台山,他曾经与同为道士的杜京产共同经营学馆,在那里,儒家的经典也很兴盛地被讲授着。[2] 顾欢的知识涉及很广泛,这一情况,除了陶弘景的《真诰》的原型是开始于他所编纂的东西之外[3],大概从《隋书·经籍志》中所著录的《尚书百问》一卷、《毛诗集解叙义》一卷、《老子义纲》一卷、《老子义疏》一卷[4]、《顾欢集》三十卷,或者还有在皇侃的《论语义疏》中所引用他的说八条的情况[5]等等就可以看到。也就是说,在顾

---

[1] 慧远的高弟雷次宗被从庐山招至京师主持儒学馆是在元嘉十五年(438 年)。

[2]《南齐书》卷五四《高逸·杜京产传》:"与同郡顾欢同契,始宁东山开舍授学。"虽然在《顾欢传》中有剡,但是剡和始宁相邻接,大概是指同一学馆。还有,据说自幼而孤的顾欢因为一读到《诗经·蓼莪篇》的"哀哀父母"章就总是因恸哭而身体发抖,所以就停止上《蓼莪篇》的课了;而且杜京产把儒士刘瓛也邀请来讲课。

[3]《真诰》卷一九《真诰叙录》以及《云笈七签》卷一〇七所引陶翊《华阳隐居先生本起录》。参见M.斯特立克曼著,宫川尚志、安倍道子译《在茅山的启示——道教与贵族社会》(酒井忠夫编《道教的综合性研究》,国书刊行会,1977 年)。

[4] 在《道藏》第404—406册中收录有《道德真经注疏》,吴郡征士顾欢述"。所根据的注是河上公注。在疏当中,作为"顾曰"而被引用的部分即使是作为顾欢之说,但是假如把屡屡作为"御曰"而被引用的明显地是唐太宗御注的部分当做一件事的话,其来历就是可疑的。尽管阮元认为是唐的岷山道士张君相撰述《道德经集解》(《揅经室外集》卷一《道德经集解八卷提要》),但是蒙文通则排除阮元说,而断定是著录于《唐志》的任真子李荣的《道德经集解》(《道教史琐谈》,《中国哲学》第 4 辑)。还有,作为比较早时期的东西,在唐法琳《辩正论》卷六(T52,536c)中有除顾欢之外的《老子义》的引用。

[5] 辑录于《玉函山房辑佚书》。如马国翰也指出的那样,《先进篇》"回也其庶乎屡空"的注,作为多少像六朝人一样的注而很有意思。也就是说,"夫无欲于无欲者,圣人之常也;有欲于无欲者,贤人之分也。二欲同无,故全空以目圣;一有一无,故每虚以称贤。贤人自有观之,则有欲于有欲;自无观之,则有欲于无欲。虚而未尽,非屡如何"。

欢一个人身上,土俗性的道术和高雅的玄儒知识是共存的。他的玄儒知识,真正是贵族士大夫式的东西。然而无奈的是,他是寒贱出身,也就是纯粹的农夫,而且又是南人。① 他所以选择了不仕官职的道士生活,大概就是因为这些缘故。的确,他也曾受到南齐高帝和武帝的出仕招请。然而不能不意识到的是,隐栖者的出仕对于帝王来说,有时候只是为了夸示我朝盛世的装饰而被选择的一种手段而已。而顾欢只限于作为道士而存在,一方面通过道术得以接近民众的生活,另一方面通过玄儒的知识得以不用体验官场上的悲哀,而将与贵族士大夫对等地为伍下去的自由保留在自己的手中。

可是在宋、齐的时候,作为在东晋时的发展期的继续,佛教在压倒了巫祝信仰和道教信仰的同时,着实地渗透于中国社会。比如宋文帝的元嘉初,与会稽太守孟颉同行的昙摩密多,在郯县的山中建立塔寺的时候,以至此前一直专门信仰巫祝的东境的人们都皈依了佛教(《高僧传》卷三,T50,343a)。同样是宋文帝时代,僧亮从湘州界铜溪的伍子胥庙里搬出铜器而铸造了佛像(同上卷一三,411a)。还有,慧约的出生地东阳乌伤是偏僻之地,世代尊崇黄老,没有听到佛法的机会,慧约年十二的时候,说来即宋大明七年(463 年),他听从神人之言而游历于剡,得以礼拜塔庙。之后在齐永明中归乡之际,便开始在乌伤传授佛法。继而在隆昌 *498*
元年(494 年),据说他在与东阳太守沈约同行时,在当地曾经发生如下的情况:金华山的道士丁德静暴卒于馆舍,因为听说是山精所干的事情,所以尽管大治的祭酒后来也想住此馆舍,但是妖怪总是相继出没,于是慧约被特别邀请来住了一旬不到,神魅就踪影消失了。后来从涧水中出现青衣女子二人,站在慧约昼卧的梦枕边说道:"夙障深重,堕此水精,昼夜

---

① 作为南人对于自己所处境遇的愤懑,引述一下顾欢同时代人丘灵鞠所讲的话大概就足够了:"灵鞠不乐武位,谓人曰:我应还东掘顾荣冢,江南地方数千里,士子风流,皆出此中。顾荣忽引诸伧伧渡,妨我辈塗辙,死有余罪。"(《南齐书》卷五二《文学传》)这就是将东晋的顾荣作为把 *511*
江南的文化传统转让给北来的流寓贵族之张本者而加以责难的。

烦恼。"遂礼悔而求受戒。在此以后,灾怪便骤然绝迹了(《续高僧传》卷六,T50,469a)。与此类似的故事另外也还有就是:据说隐栖于摄山的明僧绍死后,其故宅被定名为栖霞精舍,法度被邀请来做住持。起初是道士在那里立馆舍的,不知为何道士却接连地死去,改建为佛寺之后也还是怪异的事件相继发生。可是据说在法度成为住持之后,这一地方的群妖就踪迹消失,不久就有名为靳尚的山神出现并受戒(《高僧传》卷八,380b~c)。像这样的或是沙门使山神屈服,或是得到山神守护的故事,在《高僧传》中不胜枚举。然而这些故事大概被解释成是以新建的山寺为根据地而反映佛教在对周边群众的教化上取得成功的事实。相对于佛教的攻势,道教的劣势则是如此地一目了然。与其说是道、佛两教处于竞争的关系,应该说是在道教牺牲的基础上而有了佛教的发展。甚至在道教方面的资料中,也保留着从道教而改宗佛教者的记录,这大概就是因为事态已经发展到自己也不想再隐瞒的程度了。跟从许黄民而得以传授《上清真经》的马罕之子马智,为众僧所折服而改宗佛教的事情,还有同样是从许黄民那里得以传授一瓠瓤之杂道书的道士吴昙拔,后来出家而成了佛僧的事情,这些是在《真诰》卷一九、二〇《真诰叙录》中记录着的。

499　　可以认为,如果考虑到事态发展到了这样的程度,那么道士顾欢摆开道教护教的辩论阵势也就是极为当然的了。但是,《夷夏论》的发表,大概并不是仅以顾欢是道士这一情况为理由的。况且还有,生长的环境也好,作为道士的日常生活也好,对于在土俗的、土著性的氛围当中深深扎下根的顾欢来说,佛教的攻势,不就是反映了对中国固有的文明本身的破坏吗?他只是想强辩地赞美中华之俗,还有他所用"道教"一语也不只是其狭义的方面,而是一再地使其意思包含老、庄、周、孔等一切圣人,就使人强烈地意识到这一点。再有,他所处的社会地位,大概更加驱使他对于压抑和破坏的事情而表现出悲痛的憎恶和复仇感。《夷夏论》不只限于道教护教论、佛教排击论上,而且也是中华民众面对外来文明之攻势的宣言书。《夷夏论》的这种性质,通过考察原本赋予其这种性质的人物和这个人物的思想性立场,大概也就能更加清楚了。

三　论争的展开

　　《夷夏论》并非预想到不特定的多数读者而发表的文章。其被断定为原本是写给谢镇之的。而且,形成了这样的情况,在顾欢和谢镇之之间往复多次的论文,被朱昭之、朱广之所传览,从而他们也参加并展开了白热化的论争。① 顾欢和朱昭之二人有着姻亲关系,朱昭之的儿子朱选之娶了顾欢的女儿②(《南齐书》卷五五《孝义·朱谦之传》)。还有,据说针对顾欢为纠正"才性四本论"而写的《三名论》,朱广之和尚书刘澄一同加以论难(《南史·顾欢传》)。朱昭之、朱广之二人,或许再加上谢镇之三人,与顾欢之间大概是超越了立场的不同,而在平素有着密切的思想上的交流。从朱昭之和朱广之同为吴郡钱塘人的情况,还有二者在名字上的类似,从而将此二人看成是血缘相近的亲族,我想这未必是离谱的推论。

　　那么,谢镇之与顾欢相反地论述了佛教应该在中华实行的说法,他的主张是尽力于"三才均统,人理是一。俗训小殊,法教大同"(T52,42b)这一点的。也就是说,对于参天地二仪而构成三才的"人"(《周易》·系辞下传),当站在将这个"人"完全当做佛教教化的对象这一立场的时候,只有人类与兽群的对立,而夷夏之别大概就消灭了。即使认为残留着两者之俗的对立,那也不过是有限的不同。稍微详细地加以说明的话,则如下:

①　也就是从朱广之说的"见与谢常侍(谢镇之)往复夷夏之论,辩章同归之义,可谓简见通微清练之谈也"(T52,44b),还有朱昭之和朱广之引用顾欢和谢镇之的论争的地方,而如以上那样来判断的。
②　这二人之间所生的就是梁的寒人宰相朱异(译者注:此处"异"字原文作"异",据《梁书》卷三八改)。

人参二仪,是谓三才。三才所统岂分夷夏,则知人必人类,兽必兽群。近而征之,七珍人之所爱,故华夷同贵。恭敬人之所厚,故九服攸敦。是以《关雎》之风行乎四国。况大化(佛法)所陶而不洽三千哉。若据经而言,盖闻佛兴世也,古昔一法,万界同轨。释迦文初修菩萨时,广化群生,于成佛而有其土,预沾慈泽,皆来生我国,我阎浮提也。但(阎浮提之民)久迷生死,随染俗流,暂失正路,未悟前觉(佛之觉)耳。以圣人(佛)俯三达之智,各观其根知,区品不同,故说三乘而接之,原夫真道唯一,法亦不二。今权说有三,殊引而同归。故游会说法,悟者如沙尘,拯沉济惑,无出此法。是以当、来、过去无边世界共斯一揆,则知九十有五非其流也明矣。彼(顾欢)乃始言其同而未言其异。故知始之所同者非同,末之所异者非异。①(41c)

这样,佛法是超越华夷之别而唯一不二的,只不过是适应对方的机根②之差而方便地变换了教化的方法而已。虽然顾欢强调俗的不同,但是其所谓俗究竟是什么呢?"夫俗礼者,出乎忠信之薄,非道之淳。"(42a,根据《老子》第三十八章)所以要想修得淳道的话,就必须专心地尽力反俗。然而由于反俗并不容易,所以在俗当中又要盯住最为"甚泰"的东西,极端的东西。佛法中堕冠、削发、方衣、去食就是其目标,这些是使努力于道的东西日日损失的,受夷俗所限制而绝不是那样做的。也就是说,顾欢当做夷俗而排斥的那些方面,如果根据谢镇之的观点,无非体现为作为向道复归所必需的阶梯而舍弃的俗之甚泰的东西。而且,佛教的道和记载着这个道的经、律、论的三藏,增一、长、中、杂的四阿含,能使学习的东西日日增益,不是华风所能很好地创造出来的;所谓佛法与道法,

---

① 他还论难到:"论始云,佛是老子,老子是佛。又以仙化比泥洹,长生等无死。爰引世训,以符玄教。纂其辞例,盖似*均也。未讥剪华("华"字当做"发")废祀**,亦犹虫讙鸟眜,非所宜效。"(41c)(译者注:*《大正新修大藏经》此处作"以",又加注云"以"="似"。 **《大正新修大藏经》此处作"犯",又加注作"犯"="祀"。)
② 译者注:"机根"一词为佛教用语,意即修行者的资质。

"旷(大)"和"局(促)",两者的优劣是历然明确的。

　　(《夷夏论》)又云:佛经繁显,道经简幽。推此而言,是则幽者钻
仰难希,显则涉求易望,简必不足以示理,繁则趣会而多津。佛法以
有形为空幻,故忘身以济众;道法以吾我为真实,故服食以养生。且
生而可养,则吸日可与千松比霜,朝菌可与万椿齐雪耶。① 必不可
也。若深体三界为长夜之宅,有生为大梦之主,则思觉寤之道,何贵
于形骸。假使形之可练,生而不死,此则宗本异,(道教)非佛理所
同。何以言之,夫神(精神)之寓形(肉体)犹于逆旅,苟趣舍有宜,何
恋恋于檐宇哉。夫有知之知,可形之形,非圣之体。虽复尧孔之生
寿不盈百,大圣(佛)泥洹同于知命(五十岁)。是以永劫以来澄练神
明,神明既澄,照(智慧的光辉)绝有无,名超四句。此则正真终始不易
之道也。又刻船者(沙门)祈心于金质(黄金的肉体),守株者(道士)期
情于羽化(登仙),故封有而行六度,凝滞而茹灵芝。有封虽乖六度之
体,为之或能济物。凝滞必不羽化,即事何足兼人。……(42a)

　　就这样,谢镇之始终是不客气地对道教进行攻击和无条件地对佛教
进行礼赞的。甚至连《夷夏论》的论难者之一的朱广之,都评论说:"谢生
贬没仙道褒明佛教,以羽化之术(仙道)为浮滥之说,残形之唱(佛教)为
履真之文。徒知己指之为指,不知彼指之无殊。岂所以通方得意善同之
谓乎。"(44b)而顾欢立即予以反论,进而谢镇之又反驳顾欢。顾欢的反
论,只是从谢镇之的《重书》和朱昭之、朱广之的论难中引用了极少一部
分,其着力点之所在未必很清楚,但是在谢镇之的《重书》中有"猥辱反
释,究详渊况。既和光道佛而泾渭释李。触类长之,爰至碁奕……"
(42b),这大概与朱昭之所引用的以下反论是相呼应的。

　　又云,博弈贤于慢游,讲诵胜于戏谑。——进行博弈的比溜溜

_____

① 《庄子·逍遥游篇》中有"朝菌不知晦朔"。朝菌一被称为"日及"。

达达地游走有益(根据《论语·阳货篇》),讲诵佛经比说低级的笑话有益(44a)。

顾欢的反论还有一条是:

> 循雅论所据,正以虫鸟异类,夷夏殊俗。余以三才均统,人理是一,俗训小殊,法教大同。足下答云,存乎《周易》,非胡书所拟。——(三才论)存于《周易》,不是胡书所能模仿的(42b)。

即使在反论中,大概顾欢的立场还是固执于将佛化的低俗与中华之教的优秀放在对立位置的,而且在旨趣上仍然继续主张道、佛之道的一致。因为在谢镇之的《重书》中把对手的立场评论为"和光道佛",所以根据以下引用的又一条反论可以加强这一推测。

504

> 今云,道在无为得一而已,无为得一,是则玄契千载,玄契不载,不俟高唱。——道尽在无为得一这一情形当中,无为得一之道,其与道、佛都历经千载而玄妙地契合着。历经千载而玄妙地契合着的情形,也不至等待高声主张。①(42c)

顾欢是说,道、佛两教间相通的道,那是"无为得一"。谢镇之则认为,那是非常老庄式的道,不过因此而不能理解佛教是理所当然的,而且也不能理解道教。进而他才送上《重书》再次表示自己的见解。

> 太极剖判两仪妄搆(《周易·系辞上传》),五阴合兴形识谬彰。识以流染因结,形以爱滞缘生。爰皇之前,民多颛愚。颛②愚则巢居穴处,饮血茹毛(《礼记·礼运篇》),君臣父子自相胡越,犹如禽兽,又比童蒙。道教所不入,仁义所未移。及其沉欲沦波,触崖思济。思济则祈善,祈善则圣应。夫圣者何耶。感物而遂通者也(根据《周

---

① 被朱昭之、朱广之引用的顾欢对谢镇之的反论则如下:"又云,残忍刚愎,则师佛为长,慈柔虚受,则服道为至。"(44a,45a)"又云,以国而观,则夷虐夏温。"(44a)
② 译者注:原著这里的两处"颛"字,《大正新修大藏经》则均作"专"。

易·系辞上传》)。夫通不自通,感不自感。感恒在此,通每自彼。自彼而言悬镜高堂,自此而言万像斯归。故知天竺者居娑婆之正域,处淳善之嘉会,故能感通于至圣土中,于三千圣应既彼声被。(42b)

谢镇之说到,处在三千世界的中央而感应于众生的佛,这个佛是"云行法教"、"雨施夷夏"(42c)的。说到天竺是世界的中央,这是惠通和僧 505 敏都说过的。"天竺天地之中,佛教所出者也"(45c)。"佛据天地之中而清导十方,故知天竺之土是中国也"(47b)。而且,僧敏的论文,与《夷夏论》对抗而起名为《戎华论》的原本理由,无非就是因为采取了以天竺为华,而把也包含中国在内的天竺以外的地域当做戎的立场。① 然而,连沙门都不是的谢镇之,而且是援引众多中国圣人的各种说法的谢镇之,一味大言不惭地讲这些而无所顾忌的情况,对此顾欢肯定是既吃惊而又要反驳的。总之,谢镇之确认了这种华夷都可以一致而同样地加以均沾的佛之道,并在此基础上批评中国的圣人——孔、老:"是以如来制轨玄劫同风。假令孔老是佛,则为韬光潜导匡救偏心,立仁树义将顺近情。是以全形守祀恩接六亲,摄生养性自我外物。乃为尽美不为尽善。盖是有崖之制未鞭其后也。何得拟道菩提,比圣牟尼。佛教敷明,要而能博。则精疏两汲。精疏两汲则刚柔一致。"(42c)道家的经籍是简陋的,其中的老子五千言之道大体足取,但是其非常的"全无为用,无为用未能违有",故不能与佛法相比。虽然顾欢认为道、佛中相通的道"无为得一",但是即使能成为有关佛典中"禅经"的所谓确论,而禅经也不过就是"(戒律、禅定、智慧)三中之一"。也就是说,"无为得一"仅在佛教的一部分上妥当而不能覆盖全部,因此道教并不是与佛教的全部,而只是与其中一

――――――――――――――

① 参见前一章《中土边土的论争》。

部分具有共通项。这就是谢镇之的结论。①

　　那么,接着顾欢与谢镇之的论争而发表论难的朱昭之和朱广之的立
场,则分别如下:与在《夷夏论》中虽然是讲道、佛之道的一致但是着力点
并没有放在这里的情况相反,朱昭之基本上是想使这个方向更加彻底。
在《夷夏论》强调中华之俗的优秀性这一点上看到了顾欢的"偏着"的朱
昭之,即使在多达十条的逐条批判当中,也专门把锋芒针对于这一点,从
而指出被顾欢一味赞赏的道教的长处,佛教也一致地拥有;而相反,被其
一味责难的夷俗的缺点,中华之俗也是难免的。也就是说,顾欢认为,道
教与善的中华之俗相对应,佛教与恶的夷狄之俗相对应。与其相反,朱
昭之认为,道、佛两教都是与善恶双方相对应的教化,即"大道兼弘"
(44a)。他的论难,未必是与谢镇之同调的道教排击论。而且在隐藏在
道、佛两教背后的道之极上看到了同一性,这一点反倒与顾欢的旨趣立
场一致,而与说来是将佛教本身看作道的谢镇之不一致。"夫道之极者,
非华非素,不即不殊,无近无远,谁舍谁居,不偏不党,勿毁勿誉,圆通寂
寞。假字曰无,妙境如此,何所异哉。"(43b)但是,朱昭之与顾欢决定性
的分袂则在于,承认伴随着时间的流逝在中国道废退了,在那里作为圣
道的佛教有可以弘布的历史必然性。他把在中国佛教的兴隆,说成是
"可以事见,非直布之空谈"(43b～c)。尽管他在承认道、佛之道的一致
这一点上与顾欢接近,但是没能像顾欢那样只是极力地偏袒道教,也就
是因为目前这种俨然不可否认的事实。②

　　另外,朱广之也展开了多达 12 条的对《夷夏论》的批判——作为批

---

① 我认为二人之间的论争并没有就此为止。因为在《笑道论·偷改佛经为道经章》中有的所谓
"昔有问道士顾欢,欢答,《灵宝妙经》,天文大字,出于自然,本非《法华》,乃是罗什妄与僧肇
改我道经为《法华》也"(T52,150c),就可以认为是针对在谢镇之的《重书》中有的所谓"道家
经籍简陋,多生穿凿,至如《灵宝妙真》,采撷《法华》,制用尤拙……"(42c)而再次予以回答
的。还有《笑道论》中几乎同样的文字在法琳《辩正论》卷八中也可见到,在那里明确地是作
为"宋人谢常侍为驳道论,以问道士顾欢,欢答言……"(T52,544c)而引用的。
② 在给袁粲的答书中,顾欢说"今华风既变,恶同戎狄,佛来破之,良有以矣",从而退让了一步,
大概就是因为受到来自朱昭之的论难的教训。

判的对象而列出各条,而且批判的形式往往与朱昭之一致,必须注意的是,朱广之是兼习道、佛两方面的人,又认为这是为了达到悟得道、佛两方面的方便。我们在他那里大概可以看到标准的六朝士大夫的样子。"仆夙渐法化,晚味道风,常以崇空贵无宗趣一也。蹄网双张,义无偏取。各随晓人,唯心所安耳。"(44b)　⁵⁰⁷

结　语

　　以顾欢写给谢镇之的《夷夏论》为发端,继而朱昭之、朱广之也参加了其中的论争,其概况即如上所述。然而,虽然标榜调停道、佛的对立,但是实际上是激烈地反佛的《夷夏论》,激起了超出顾欢等交友集团的巨大反响。通过由袁粲、明僧绍、惠通、僧敏等发表论难,论争可以说是推进到了第二阶段。尽管这里不能充分论述有关这些,但是比如从对袁粲的论难而顾欢所作的答书——亦即二人之间的论争点可以归纳为:(一)佛与老子之先后,(二)关于所谓狐蹲狗踞之俗的优劣,(三)改变俗的事情之当否,(四)道、佛之道的异同——也使人能够察觉的那样,可以看到,顾欢的基本姿态是一贯而没有变化的。

　　《夷夏论》的发表,不仅给了当时的思想界以冲击,即使对于后世的道佛论争也带来巨大的影响,这大概从收载于《广弘明集·辩惑篇》的六朝末唐初的诸论文中可以一再地看到与夷夏论争中所展开方面类似的议论就可以证明。作为道、佛论争的主要内容,即如所谓"道则有(王浮的)《化胡经》、《夷夏》、(假称张融的)《三破》、(李仲卿的)《十异九迷》,释则有(刘勰的)《灭惑》、《驳夷夏》、(法琳的)《破邪》、(法琳的)《辩正》"　⁵⁰⁸(《北山录》卷二《法籍兴》,T52,583b)那样,夷夏论争的重要性是很大的。在汇集了魏晋以来排佛家 25 人的傅奕《高识传》中,顾欢被列入也是当然的(《广弘明集》卷七)。对于后世的影响暂且不论,《夷夏论》的发表给当时的思想界以冲击的,大概就是因为其从一开始并非是对佛教表示拒绝的排佛论,而是在旨趣上承认道、佛之道的一致的。主张中华圣人之道和佛之道一致的议论,即所谓的三教一致论,在顾欢以前就已经有很长的历史了。如果在中国的典籍中去寻找成为三教一致论的核心认识的话,大概就达到《周易·系辞传》的"同归而殊途,一致而百虑"以及《庄子·天运篇》的"迹"和"所以迹"了。然而顾欢不仅肯定知道这一认识,而且大概也是通晓以各种形式论述的三教一致论的。不过三教一致论,说来就是作为为了使中国的民众接受佛教的认识而存在的。然而顾欢则将其逆向用作了排佛的武器。因为道、佛之道是一致的,所以在为了学习道的方面,唯以道教就足够了。这样的反击论法,肯定正中佛教徒一方之虚处。而且同时他说,作为道之显现——迹——的教法应该是与作为教化之对象的俗相应而变化,是通过强调夷夏之俗的相异而打算将佛教从中国驱逐的。范泰虽然也讲俗的相异,但是他所排斥的只是佛法中的极少一部分,亦即只限于踞食。还有谢灵运也在《辨宗论》(《广弘明集》卷一八)中,区分"见理易受教难"的华人与"受教易见理难"的夷人,分配给前者以顿悟说,分配给后者以渐悟说,但这也总归是佛法内的问题。① 我认为,在顾欢做出否定佛教之全体的极端态度的理由上,把他是道士而作为第一理由而举出来则是当然的。进而还有当时的道教,并且或作为顾欢的意识也就是中国文明本身所直接面对的情况,再有,顾欢被置于被害者的立场,这些大概也是必须放到考虑当中来的。

509

---

① 可是,道和俗的严格区别已经在《辨宗论》中可见所谓"道与俗反,理不相关"(T52,225a),这大概成为对顾欢的启发。

第十四章　中国的排佛论的形成

前　言

　　如同若有异物侵入体内立刻就会形成抗体一样，佛教传到中国时间不长，就促使在中国人之间形成排佛论，这是理所当然的。但是，限于现存的文献来看，要找到这样的形迹还是很难的。最初记录了佛教被中国人以多少有些疑惑的眼光来看待的记载，大概就是有关在江南开始进行布教的那个康僧会的记载。也就是吴赤乌十年(247年)，从交趾来到建业的康僧会，营建茅茨，设立佛像而行道，其异样的衣着打扮受到有司的盘查和询问，就这样的一个记录。不过，到了规定时间期限的三七日，亦即在第二十一天的时候，对于让人看到在瓶中获得舍利之神异的康僧会，孙权表示了叹服，由此在江南最早的佛教寺院建初寺就被建立起来了，这件事十分著名(《出三藏记集》卷一三，T55,96b，以及《高僧传》卷一，T50,325b～c)。

　　在这之后，同样是在吴国，通过实行孙亮、孙休的废立而想要得到权势的孙綝说过："坏浮屠祠，斩道人。"于是，和浮屠寺一起，连大桥头的伍子胥庙也同时被焚烧了，这大概应该说不过是"侮慢民神"的一时情绪

(《三国志》卷六四《吴志》)。还有最末的吴帝孙皓,其情形也是,在想起来要焚塔庙时,遭到群臣的谏止;又把从地里涌出来的一个立式金像在厕所里弄得污秽了,结果遭到阴囊肿痛的作祟,后来依照绥女的忠告而在殿上迎接金像,烧香忏悔(《出三藏记集》卷一三,T55,96c～97a,以及《高僧传》卷一,T50,325c～326b)。这些所谓极其排佛者也是非常荒唐过分的。如果把佛教传到中国按照东汉明帝的感梦传说而确定在永平年间(公元58—75年)的话,就使人感到,中国的这种情况,与日本在6世纪后半期从百济带来佛像和经论之后不久很快就有了苏我氏的佛教信仰被屡屡地弹压的情况相比,好像还是有相当长的时间间隔的。那么,在中国,排佛论较晚地形成又是什么原因呢?

在佛教传来之前,中国由于没有经历过与达到与自己对决程度的巨大文化体系相遭遇的历史,那么即使对于佛教也没什么值得加以警戒的,这种情形大概也是存在的。但是更大的理由则在于,因为在中国初期佛教伪装作与中国固有的信仰没有不同之处的情况,还有因此而难以产生摩擦的情况,这不也是可以注意到的吗? 就是那些所谓"黄老佛教"的胡沙门们,即作为掌握道术的方士的一个类型而为中国人所注目,并且他们自身也是尽力于从事这样的活动的。中国人所具有的关于佛教在其信仰内容上、思想上,还有在习俗上是异质性的东西的这种实际感受是很少的,而且原本佛教传来的最初,当然还不可能是引人注目的势力。

在五代十国之一的后赵,作为其著作郎的王度讲到:"往汉明(东汉明帝)感梦,初传其道,唯听西域人得立寺都邑以奉其神,其汉人皆不得出家。魏承汉制,亦修前轨。"(《高僧传》卷九《竺佛图澄传》,T50,385c)尽管因为有以楚王英和笮融为后援的东汉时代的佛教教团的存在,还有协助安世高和安玄译经的严佛调乃汉人沙门等事实,所以要纠正其说法错误是很容易的,但是其所了解的初期中国佛教的情况大致就是这样,这大概也是无妨的。当时所具有的黄老佛教的面貌,也是不能

514

不具有的面貌,换言之,理应是普遍宗教的佛教不能不伪装作巫术宗教的样子,亦即想把至多被看成是以胡沙门为中心的西域出身者的胡神信仰之佛教,无论多少也要浸润到中国社会。这是佛教方面的苦肉之计。

　　然而,在六朝,特别是晋朝以后情况为之一变。想要强制沙门对王者行敬礼的东晋的桓玄,在写给表示出为难之色的王谧的书简中说道:"曩者晋人(中国人)略无奉佛,沙门徒众皆是诸胡。且王者与之不接。故可任其方俗,不为之检耳。今主上奉佛亲接法事。事异于昔。何可使其礼有准。"(《弘明集》卷一二,T52,81b)现实的事态与过去完全不同了。在过去,沙门也就是与徒众——信者——等同的胡人,而中国的王者与佛教没有什么关系,因此方俗——胡俗——任其存在也是可以的。可是现在王者也信奉佛法了,不能不与佛教有关系了。所以才必须使之在礼上有所准则,必须让沙门敬礼,这就是桓玄所主张的。无疑,当时佛教已经成长到甚至王者也不能不与之有关系程度的很大的势力了。

　　习凿齿也在日期为兴宁三年(365 年)四月五日写给道安的书简中这样记述到:"自大教(佛教)东流四百余年矣。虽藩王居士,时有奉者,而 515 真丹(中国)宿训先行上世,道运时迁俗未金悟,藻悦涛波下士而已。"过去的奉佛者,除了藩王居士的少数例外,下士是很多的。也就是讲"闻下士道大笑之"的《老子》中所说的下士。而且,"唯肃祖明皇帝,实天降德,始钦斯道,手画如来之容,口味三昧之旨,戒行峻于岩隐,玄祖畅乎无生。大块既唱万窍怒呺,贤哲君子靡不归宗。日月虽远光景弥晖,道业之隆莫盛于今。"(《弘明集》卷一二,T52,76c～77a)东晋第二代的肃祖明帝在乐贤堂画佛像的事情另外还有明证①,这是否妥当先搁置一边,习凿齿讲

---

① 《晋书》卷七七《蔡谟传》说:"彭城王纮上言,乐贤堂有先帝(明帝)手画佛象,经历寇难,而此 543
堂犹存,宜勅作颂。"

的是,贤哲君子皈依佛教就是被这个明帝所引导的。这样,佛教兴隆起来的时候,片面排佛的议论也喧嚣起来了。鲜明地显示出排佛论的形成与佛教的兴隆之对应关系的,大概就是可以看到的同样一个老子化胡说在汉代和六朝发挥了其作用的这一事实。

毋庸说明,所谓老子化胡说,就是主张佛即老子,能够教化胡人的老子赴西方之后而开创的不外乎就是佛教①。然而,此说之先声已经可以确认是在汉代。也就是在东汉桓帝的延熹九年(166 年),襄楷上奏中的一节有云"或言老子入夷而为浮屠"即此。不过,在核对其前后文的时候,谁都会感到其是在讲,一说起老子化胡说,立刻就被认为是排佛论这样的稍有意思的情形。襄楷是这样讲的:"又闻,宫中立黄老浮屠之祠。此道清虚,贵尚无为,好生恶杀,省欲去奢。今陛下嗜欲不去,杀罚过理。既乖其道,岂获其祚哉!或言,老子入夷狄为浮屠。浮屠不三宿桑下,不欲久生恩爱,精之至也。天神遗以好女,浮屠曰:'此但革囊盛血。'遂不眄之。其守一如此,乃能成道。今陛下淫女艳妇,极天下之丽,甘肥饮美,单天下之味。奈何欲如黄老乎?"(《后汉书》传二〇下)

如同在"黄老浮屠之祠"的表述中所看到的,黄老和浮屠作为难以分开而一体的东西被联称的情况,还有浮屠之道的内容为"清虚"、"无为"、"精之至"、"守一"等专门根据道家之语来说明的情况,都是应该注意的。也就是说,佛被理解为与黄老是把根扎在同一个地方的一个变种,在两者之间是不被设定明确区别的。而且最重要的是,在其中看不到要诽谤或严厉拒绝佛教的姿态。如果反过来说,讲到佛教就是黄老的一个变种的这种理解,才开创出了使中国人接受佛教的条件。因而,无论其是多么歪曲的理解,即便佛教方面也反倒是欢迎的。

在《三国志》卷三〇注所引的《魏略·西戎传》中,也可见到"《浮屠》所载与中国《老子经》相出入。盖以为,老子西出关,过西域,之天竺,教

---

① 参见横山春树《老子传说的研究》(创文社,1979 年)后篇第六章《化胡故事的诸相》。

胡"的记载。但是在三、四世纪之交,在西晋惠帝时代《老子化胡经》被制
作出来的时候,老子化胡说却变成了地道的排佛论。在被提到的地方讲
到,经过死后数日而复活的李通这个人物在冥界所目睹的故事当中,祭
酒王浮身戴枷锁,对着沙门帛远字法祖的人不停地忏悔着。要说原因的
话,就是法祖生前一直与王浮争论佛道两教的邪正,形势不妙的王浮为　517
了诽谤佛教而捏造了《老子化胡经》,如今就是在忏悔其罪过呢(《高僧
传》卷一《帛远传》,T50,327b)。王浮《化胡经》的主旨,大概是讲"胡人凶
犷,故化之为佛,令髡赭绝嗣"(《北山录》卷五,T52,602a),也就是在以
《维摩经·香积佛品》中所说的"此土众生刚强难化故,佛为说刚强之语
以调伏之"(T14,552c)为样板的同时,又有意地对其加以曲解的。

　　在与之对抗的佛家方面,也是捏造了如来为了教化中国而派遣了三
位圣贤亦即不外乎就是孔子、颜回、老子的这一虚构之说,而且各种各样
的伪经也被制造出来①。这样,曾经发挥使中国人接受佛教这一作用的
老子化胡说,不久就在只是想要互相揭短的佛道论争中变成了排佛论,
这个情况很显然地说明了排佛论的形成是与佛教的兴隆相对应的。当
然,老子化胡说始终只不过是种种排佛论之一。在六朝时期实际上形成
了很多的排佛论,而且在排佛论有着几乎全都登场之趋势的六朝末到隋
唐时期,历经许多人而试图将排佛论区分为多种类型。有关排佛论的逐
一考察在这里暂且搁置一下。我想本章在介绍僧祐、颜之推、道宣的分
类的同时,再加以若干的解说。大概这些就可以告诉我们,有关佛教的
主要论争点在什么地方。还有,僧祐等佛家的辩疏,未必就是由他们自
己发明的,其继承先人的地方还是不少的。也就是,往往当时被援用着
的俗套的论法,不仅有让如今的我们感到是多么的荒唐无稽和诡辩的情
况,而且我们大概也能够看到在不能不被非日常性的东西、超现实性的
东西深深迷惑的六朝人所特有的思考方式。

---

① E. Zürcher, *The Buddhist Conquest of China*, Leiden, 1959,pp. 307ff.

518

一　僧祐《弘明论后序》

　　南朝梁的僧祐(445—518 年)在其编纂的《弘明集》末尾所附的《弘明集后序》(T52,95a～96b)中,举出了"俗士"对佛教的六疑之后,对其分别给予了自我形式的解答。也就是:

　　一疑"经说迂诞,大而无征"。

　　例如,在《后汉书》传七八《西域传论》中,讲到佛说是"好大不经,奇诵无已,虽邹衍谈天之辩,庄周蜗角之论,尚未足以概其万一";还有,尽管时代有所靠后,在北周建德六年(577 年),君临邺宫的北周武帝给任道林的诏文中,讲到"佛义虽广,朕亦尝览,言多虚大,语好浮奢"(《广弘明集》卷一〇,T52,154b)之类的,就是对以日常性的常识终究不可能把握的佛经之奔放印象表示疑意。对此,僧祐说道:本来就是"积劫不极,世界无边",而怀疑这种时空之无限性的人,是犯了"限心以量造化","执见(偏见)以判太虚"的错误。在《列子·汤问篇》中,针对"上下八方有极乎"这一汤王的质问,夏革不也是回答说"无极无尽"的吗?

　　二疑"人死神灭,无有三世"。

　　这就是所谓神灭论。中国的佛家认为,在转生轮回中应该有转生轮回的主体,由于把这个主体看作神=灵魂,所以主张在死后神亦消灭的

519

神灭论就可以变成一种排佛论了。[1] 但是如果依照僧祐的话,神灭论不外乎是"自诬其性灵而蔑弃其祖祢也"。他说,"周孔制典"中不是也在盛言鬼神的吗? 也就是说"游魂为变,是以知鬼神之情状"(《周易·系辞上传》)。就因为讲情,还有讲状,那么在鬼神那里,大概就有无形的情况。"三后(大王、王季、文王)在天,王(武王)配于京,升灵上旻"(《诗经·大雅·下武》)所歌颂的,就是祖灵登天而不灭的证据。还有所谓"夏道尊

---

① 参见津田左右吉《神灭不灭的论争》(收于《全集》第 19 卷,岩波书店,1965 年)。

命,事鬼敬神而远之"(《礼记·表记》),或者是在武王陷于疾病的时候,把其将死之身已几乎不能成事的情况告诉给神的周公所说的"能事鬼神"(《尚书·金縢》),这些是虚诞、虚妄之言吗?如果把这些当做虚诞、虚妄的,大概就成为不仅是诬蔑佛,也是诬蔑圣——周孔——的了。或者,如果说在《五经》中所说的鬼就相信,而在佛说中的神就怀疑的话,那不外乎是"聋瞽之徒"了。

三疑"莫见真佛,无益国治"。

在《弘明集》卷一一中,收录了南朝宋的李淼写给释道高、释法明而问难"不见佛真形于世"之事的书简以及若干的往复。即使关于这个问题,僧祐用作护法之盾的就是周孔之礼,尤其是有关祭祀之礼的记述。也就是说,如果是像质疑者所说的那样,那么"以禋祀祀昊天上帝"(《周礼·春官·大宗师》)所讲的禋祀,"望秩山川"(《尚书·舜典》)所讲的望祀,若废弃也是可以的,当然就是因为没有人看见过上帝或山川诸神的样子。还有,耕作是由农民自己来劳动的事情,社神并没有什么出力的理由,所以对以大蜡来祭祀的水庸或邮表畷,也就不必加以蜡鬼之功。[①]虽然如此,却使用大量的牺牲而不停地进行岁时的祭祀,不就是为了能够尊奉幽灵——幽冥界的神灵,以及教导民众美报崇本的吗?更何况佛是这些祭祀对象所无可比的至高的存在,即"崇法则六天咸喜,废道则万神斯怒"的。然而,"莫见天形而称郊祀有福,不睹金容而谓敬事无报"的人,则本末倒置过甚了。 *520*

四疑"古无法教,近出汉世"。

尽管可以认为东汉明帝的感梦传说当时已经广泛流传了,但是僧祐则提出了使人想到上溯至东汉明帝时有佛教传来之事这样的传闻和记载来加以反驳。"昔,佛图澄知临淄伏石有旧像露盘,犍陀勒见盘鸱山中

[①] 原文为"人造墉(庸)畷,蜡鬼畟功"。在《礼记·郊特牲篇》有"天子大蜡八",蜡祭的对象是先啬、司啬、农、邮表畷、猫虎、坊、水庸、昆虫。若据郑注,"邮表畷,谓田畯所以督约百姓于井间之处也"。还有,"水庸,沟也"。

有古寺基墟,众人试掘并如其言。"佛图澄的事情早在宗炳的《明佛论》
(《弘明集》卷二,T52,12c)中也能看到。所讲的是,佛图澄告诉石虎"临
淄城中有古阿余王寺处。犹有形像承露盘,在深林巨树之下,入地二十
余丈",于是石虎的使者按照图来发掘的时候,果真如其所言。另外,犍
陀勒的事情,就是在《高僧传》(T50,388c)中看到的,他从洛阳东南的盘
鸱山发掘石基,并指明讲堂僧房的遗址而在那里修立了一寺的故事。不
过,僧祐以此二例,主张说:"此万代之遗征,晋世之显验。谁判上古必无
佛乎。"进而还把在《列子·周穆王篇》中所见的化人,也就是"周穆王时,
西极之国有化人来。入水火,贯金石,反山川,移城邑,乘虚不坠,触实不
碍。千变万化不可穷极。既已变物之形,又且易人之虑。穆王敬之若
神,事之若君"所看到的化人,怀疑为大概就是开士——菩萨。为了驳倒
像佛教传来的早晚或是关系到佛法的权威这样的质疑者之言,大概或可
以说,僧祐护法的热情,对于这些传闻和记载的真实性而闭上了怀疑的
眼睛。这一条在针对六疑的辩释中,尤其与《列仙传》也有关系。

521

　　五疑"教在戎方,化非华俗"。

　　这大概就是以顾欢的《夷夏论》为代表的排佛论。《夷夏论》的论旨,
就是尽力讲在各地域存在着历史性、社会性所产生的固有的风俗习
惯——俗。由于佛教本来是为了教化夷狄之俗的教法,所以在俗不相同
的中国是行不通的。① 对于认为为了教化凶犷的胡人而老子开创的即是
佛教的老子化胡说,在这里也想要加以分类,那么,僧祐的驳论又会成为
什么样子呢? 所谓"三皇无为,五帝德化,三王礼刑,七国摧势",尽管同
样是在中国,但伴随着时代的推移而"世教九变"。还有,圣人也有出生
于非中土的边土的。即所谓"禹出西羌,舜生东夷。孰云地贱而弃其
圣"。而且是"道之所在,宁选于地",孔子欲居九夷(《论语·子罕篇》),
老聃赴西戎,由于这样连俗圣都不把华夷之别放在心上,又何况统摄着

————————————

① 参见前一章《夷夏论争》。

三千大千世界的佛的教化,当然是不只限于西域的。而且还有,若以《礼记·王制篇》中的"四海之内,方三千里"而言的话,至多是知道中夏所占据的地方。可是,就像以前被称作夏的伊洛之地成为戎虚,被称作夷的吴楚之地到如今变成华邑那样,圣道有运流,地域无恒化。也就是说,圣道存在之处就是华夏,圣道缺如之体不外乎就是夷狄。尽管僧祐是这样论述的,但是到最后却论调突然一变。"且夫厚载(大地)无疆,寰域异统。北辰西北,故知天竺居中。今以区区中土称华,以距正法(佛教)。虽欲距塞,而神化常通"。也就是说,这是在中国不是而天竺才是世界的中心的这一天竺中土说上来寻求佛教的权威根据的。天竺中土说就是 *522* 这样,以与中国中土说——亦即与其说中国是文明的中心,地理上也是世界的中心,毋宁说因为位于天地的中心位置,所以是文明之中心的中国中土说——相对抗为目的,使中国中土说确实地颠倒过来而形成的。①

六疑"汉魏法微,晋代始盛"。

在中国,佛教的兴隆开始于晋朝的情况,即如在前一节我所讲的那样,即使像僧祐也不能不承认其为事实。然而其说明的方式则是佛家一流的。在中国,接受佛教的机缘逐渐加深的印迹又是怎样的呢?他说到,汉元帝的时候,刘向记录说"七十四人出在佛经"。这个事情,除了早在宗炳的《明佛论》中所看到的"刘向列仙,叙七十四人在佛经,学者之管窥于斯又非汉明而始也"(T52,12c)之外,更详细的则是《世说新语·文学篇》的刘孝标注"刘子政《列仙传》曰:'历观百家之中,以相检验,得仙者百四十六人,其七十四人已在佛经,故撰得七十,可以多闻博识者遐观焉。'如此即汉成哀之间,已有(佛)经矣"所见的地方。而僧祐也是以此《列仙传》作为佛经在汉明帝以前流传于中夏之证据的。可是,关于《列仙传》记述的真实性,我们大概应该依照《颜氏家训·书证篇》之冷静的判断,即所谓"《列仙传》刘向所造,而赞云七十四人出佛经……皆由后人

---

① 参见本书第十二章《中土边土的论争》。

所羼,非本文也"。接着,若依据僧祐的话,尽管由东汉明帝进行了官方公式性的输入佛教,但是"不讲深文,莫识奥义",还有楚王英和桓帝的信仰,也是"法相未融,唯神之而已"的。大概就是《后汉书·西域传论》中所讲的"汉自楚英始盛斋戒之祀,桓帝又修华盖之饰,将微义未译,而但神明之邪"而被用作范例的。其认为在所谓黄老佛教中的佛,始终是作为神而被祭祀的对象,这一认识是正确的。① 那么,魏武帝亦即曹操在其书中讲到妙化,孙权立造塔寺,到了晋武帝亦即司马炎时,与佛的机缘逐渐加深了。也就是者域表现出神奇灵异,竺法护搜集佛典而为了将来。这样一来,就变成了"百辟搢绅,洗心以进德,万邦黎献,刻(剋)意而迁善"的情形。进而在东晋时代,以出现如明帝那样的崇佛皇帝为开始,道安在山东,鸠摩罗什在关右,各自宣布佛法,一旦成为"精义既敷,实相弥照",就达到了"英才硕智,并验理而伏膺"。

以上的僧祐的辩释,除了《列仙传》的纪事之外,大概即使在今天也是作为中国佛教史之极其粗糙的简略图而通用的。但是,不要忘记了他如下的提醒。佛法的接受是通过佛法与其信奉者之间的感应而来的,感应关系根据时代的不同而有盛衰的情况就不能不说是缘了。如此云云。"感应因时,非缘如何?故儒术非愚于秦而智于汉,用与不用耳。② 佛法非浅于汉而深于晋,明与不明耳。是知五经恒善而崇替随运,佛化常炽而通塞在缘。"佛法是恒常不变地"炽",即兴盛,而像质疑者那样认为其在汉魏时候就变"微"了,则是错误的。也就是说,接受佛法的深浅被归结到接受方的信与不信的问题上了。

---

① 在本文引用的《世说新语·文学篇》注中,还显示了另一种佛教传来的故事说:"《汉武故事》曰:'昆邪王杀休屠王,以其众来降,得其金人之神,置之甘泉宫。金人皆长丈余,其祭不用牛羊,唯烧香礼拜。上使依其国俗祀之。'此神全类于佛,岂当汉武之时,其经未行于中土,而但神明事之邪。"

② 在其前一段僧祐说道:"孔修五经,垂范百王,然春秋诸侯,莫肯遵用。战代蔑之。将坠于地。爰至秦皇,复加燔烬。岂仲尼之不肖,而《诗》、《书》之浅鄙哉。迄及汉武,始显儒教。举明经之相,崇孔圣之术。宁可以见轻七国而遂废于后代乎?"

二 《颜氏家训·归心篇》

比僧祐晚大约八九十年的颜之推(531—590 年?),尽管可以被推举
为代表了六朝末期的第一级的士大夫,然而其波澜起伏的一生则为其笃
实的佛教信仰所贯穿。在他临终时的遗嘱,也就是《颜氏家训·终制篇》
中,就从认为周孔所奠定的四时祭祀是违背内典的不杀生戒的立场出
发,而告诫孩子说自己想要在死后只进行应时的斋供和盂兰盆祭。还有
在《家训》中有吐露着佛教信仰的《归心篇》一篇的情况,则被来自后世的
讨厌佛教的士大夫们当做失去整体均衡的文章而遭到了非难和耻笑。
这先姑且不论,《归心篇》作为就像其所写到的"三世之事,信而有征。家
世归心,勿轻慢也。其间妙旨,具诸经论,不复于此,少能赞述。但惧汝
曹犹未牢固,略重劝诱尔"那样,佛教信仰已经成为颜氏的家业,也就是
历经几代的传统,要将其进一步传给子孙,使其更加坚固,因此才写作出
来的。我们当下所关心的,就在于其中颜之推认为"俗之谤者大抵有
五",不仅把世俗所进行的佛教批判分成了五项,而且还分别加以解释。[1]
所谓的五项批判是:

(一)"以世界外事及神化无方为迂诞也"。

(二)"以吉凶祸福或未报应为欺诳也"。

(三)"以僧尼行业多不精纯为奸慝也"。

(四)"以糜费金宝减耗课役为损国也"。

(五)"以纵有因缘如报善恶,安能辛苦今日之甲,利后世之乙乎? 为
异人也。"

即如以上。那么我们就将颜之推分别对其所作的解释按顺序来分

---

[1] 涉及《归心篇》整体的考察,参见胜村哲也《关于〈颜氏家训·归心篇〉和〈冤魂志〉》(《东洋史
研究》26 卷 3 号)。还有《归心篇》也被收录于《广弘明集》卷三和卷二六,然而这里在文本上
采用周法高《颜氏家训汇注》("中央研究院"历史语言研究所专刊之四十一,1960 年)。

析一下吧。

（一）这是与僧祐的"一疑"相对应的,颜之推的解释归根到底是与僧祐相同的,然而却又是相当雄辩的。作为限于人的知识的至大之物,颜之推举出了天地,尽管说天为积气、地为积块、日为阳精、月为阴精、星为万物之精这样的说法乃是儒家普遍的看法,但是运用这一常识说明不了的各种现象,则是数量无限地存在着的。比如,星星一坠落就变成了石头,而作为万物之精的星星如果是石头的话,当然是不可能放光的;而且石头是有重量的,这样的话,星星在天空上是被什么所拴住的呢?……如果按照王应麟的话来说,这就是屈原《天问》式的做法①。在这样抛出一连串的疑问之后,颜之推又说:"以此而求,迄无了者。岂得以人事寻常,抑必宇宙外也。"这就是说,将世间性的常识舍弃吧,因为连宇宙内的问题都是这样的,所以还是停止用满足于常识的臆断而把讲说宇宙外的问题的佛法当做迂诞来加以排斥的事情吧。进而,颜之推还说,凡人只相信耳目所接触的经验内的事情,对耳目以外的事情全都抱以怀疑的态度,"何故信凡人之臆说,迷大圣之妙旨,而欲必无恒沙世界,微尘数劫也"。可是胜过经验的、不可思议的事象在这个世界上也是数量无限地存在着的。如那些巫师或幻术师们,履火蹈刃而无伤,使刚播下的瓜种立刻就生长出来,或者移动水井的位置,在倏忽之间可以十变五化。连人力所为的地方尚且能如此,"何况神通感应,不可思量,千里宝幢,百由旬座,化成净土,踊出妙塔乎"。

不过,这样的论辩方式,在佛家之前,是神仙家们为了说明神仙的实际存在而采用过的,但在这里先指出这一点并不是没有意义的。嵇康在其《养生论》中说到,"纵闻养生之事,则断以所见,谓之不然"(《文选》卷五三)是错误的,也就是说,依靠不可能不有限的经验性的判断是错误的。而且继承嵇康的葛洪则更明确地讲到:"浅识之徒拘俗守常,咸曰世

① 《困学纪闻》卷九《天道》"颜之推《归心篇》,孔毅父《星说》,亦仿屈子《天问》之意"。

间不见仙人,便云天下必无此事。夫目之所曾见,当何足言哉?天地之间,无外之大,其中殊奇,岂遽有限。"(《抱朴子·论仙篇》)像这样,由僧祐和颜之推所列举的排佛论,以及针对其所作的辩释,不仅继承了过去有关佛教的论争,并且进而从有关神仙的实在、非实在的论争中也得到了启发。

(二) 颜之推说道:"夫信谤(或是相信佛法,或是加以诽谤)之征,有如影响。耳闻目见,其事已多。"在《归心篇》的结尾所附的报应故事诸条,以及报应传说集《还冤记》,不外乎正是他所耳闻眼见的记录。然而,在唐代的唐临《冥报记》的序中,报应否定论更被区分为以下三种:(1)自然说,即认为"故无因果,唯当任欲待事而已"的立场。(2)灭尽说,即讲"死而身灭,识无所住。身识都尽,谁受苦乐。以无受故知无因果"者。并非神不灭论,而是与将佛教的理解进一步推进了的识不灭论对抗的立场。(3)无报说,即讲"见今人有修道德贫贱则早死,或行凶恶富贵灵长,以是事故知无因果"的立场。[①]　对于这样三种说法,颜之推的 *527* 解释可以说是专门针对着第三种无报说的。对善恶的行为报以祸福的情况,是九流百家一致主张的地方。如项橐和颜回的短寿、原宪和伯夷的冻馁、盗跖和庄蹻的福寿、齐景公和桓魋的富强等,乍一看的话,像这样的与对善行应该报以福,对恶行应该报以祸的报应原则相矛盾的事例,如果解释为他们的祸福是由其往世的业所引出来的,所以要祈求的是后生,这也很能说得通。针对"若引之先业,冀以后生,更为通耳"这一难解的句子,如果受宇都宫清吉的译注(《中国古典文学大系》第9卷,平凡社,1968年)的引导而大体可以做如上解释的话,那么,在只把现世当做问题,而料想不到有三世存在的九流百家的报应说那里无论如何也解决不了。所以,大概可以说,在以不能不感叹"倘所谓天道,是耶非耶"的

[①] 根据内田道夫编《校本冥报记附译文》(东北大学文学部中国学研究室,1955年)。(译者注:但是内田氏引文中"贫贱"的"贫"字作"贷"字,据文意而改。)

司马迁为开始而让中国人不断烦恼的悬案问题上,开始能够得到说明的佛教报应说的整合性,颜之推也是全面地认同的。也就是说,在批判者与颜之推的辩释之间,与在不能不陷于"贤愚善恶,修短穷达,各有分命,非积行之所致也"这一命运决定论的戴逵的《释疑论》(《广弘明集》卷一八,T52,222a),还有针对于此而慧远所给出的《三报论》(《弘明集》卷五)之间,则存在着相似的关系。慧远指出,除了此生所受到善恶之报应的现报之外,在来生而受到的生报,在二世、三世、百世、千世之后所受到的后报,合起来而有三报。而且他又说:"受之无主,必由于心。心无定司,感事而应。应有迟速,故报有先后。先后虽异,咸随所遇而为对。对有强弱,故轻重不同。斯乃自然之赏罚,三报之大略也。"(T52,34b)

（三）僧祐举出的六疑都是集中在教理上的问题,而颜之推在此（三）和接着后面的（四）中提出了关于僧团的存在方式问题。首先,在释三中,颜之推说到,不善人多,善人少的情形是世上的道理,不可能完全追求精絜。然而对高行的名僧弃而不讲,只是对流俗的凡僧随便地加以非难是不妥当的。这是很早在晋朝释道恒的《释驳论》(《弘明集》卷六)等当中也能看到的论调,不过颜之推进而又附加地说到,如果流俗的凡僧也将其"斋讲诵持"的功德与白衣——俗人——相比的话,则有不啻山海的不同。

（四）出家不过是佛教信仰之一法。如果把诚孝留在心中,以仁惠为本地过生活,不用像须达和流水①那样剃发,也是出色的信仰者。这种在家主义,在释五的结尾中也重复着,大概可以视为颜之推的信仰方式的一个特征:"汝曹若观俗计,树立门户,不得悉弃妻子,一皆出家。但当兼修戒行,留心诵读,以为来世津梁。人身难得,勿虚过也。"因为这样就没

---

① 关于"流水",周法高氏讲有待后考,然而在昙无识译《金光明经》卷三《除病品》中可见有持水长者之子、流水长者之子的故事(T16,351c 以下)。

有必要所有的人都出家，当然也就不会发生"罄井田而起塔庙，穷编户以为僧尼"等情况。在颜之推的心中，大概有着郭祖深为劝谏溺信内教的梁武帝而讲到的"恐方来处处成寺，家家剃落，尺土一人，非复国有"（《南史》卷七〇《循吏传》）这样的话语。但是，如果让颜之推来说的话，他自己则主张，产生像郭祖深这样的非难的责任全在于政府统管能力的缺失。尽管"使非法之寺，妨民稼穑，无业之僧，空国赋算"的情况就是因为如此，但是这种情形绝不是大觉——佛——的本旨。可以看到，在这里，颜之推或许与一部分的排佛论者持共同的立场。仅举一例而言，大概可以看到隋朝的卢思道《后周兴亡论》（《文苑英华》卷七五一）中所讲的"以释氏立教，本贵清净，近世以来，糜费财力。下诏削除之，亦前王所未行也"。在论及北周武帝之废佛的一段当中，卢思道也说到了财力的糜费是违背作为释迦之本法的清净精神的。可是颜之推的议论，则是到了最后才突然旨趣为之一变的。⁵²⁹

接着他又说到，求道者是为自身打算，珍惜财费者是为国而谋。要想尽忠就不能尽孝，要使为自身打算与为国而谋两立则是很难的。索性地，若能感化黔首而使之悉入道场，成为如《观无量寿经》所说的妙乐之世和《弥勒下生成佛经》所说的儴佉之国的话，则理当有自然的稻米、无尽的宝藏，大概就没有必要汲汲于追求田蚕之利了。颜之推现在或许像是在空想着超现实的世界，让批判者说来也就是"迂诞"的世界。作为北周武帝废佛之幕后者的卫元嵩，主张将现有的寺院都称作曲见伽蓝，并呼吁将其废绝，而要建立以整个国家为道场的平延大寺。^①尽管在其背后隐藏着从寺院到僧尼的总动员，都要服务于富国强兵的国策这一极其现实主义的意图，可是颜之推大概对其中的现实主义视而不见，所抱着的只是自己的幻想。或者在这里，一边是理想主义地来看，一边则是充满针对恶毒的卫元嵩的现实主义所给予的辛辣的讽刺。如果按照宇都

① 参见塚本善隆《北周的废佛》（收于其《著作集》第2卷，大东出版社，1974年）。

宫清吉的推测,《归心篇》一篇,是在北周灭亡后,从隋的开皇四年到十一年之间(584—591 年),也就是几乎在这前后时间的颜之推晚年写成的。[①]

(五)这就是以在前面(二)中弄清楚的报应的存在为前提,针对现世以后发生的问题,也就是现世的甲在后世而转生的时候,已是非甲的乙了,而为了这个乙,甲才要有意地完成功业的情况,就此而提出疑问和做出解释。与批判者所采取的前生与后生非连续的立场相对,颜之推则主张两者的连续性,而且其连续性的保证,就是追求在死后之精神的存在,也就是神不灭论。"形体虽死,精神犹存。人生在世,望于后身,似不相属。及其殁后,则与前身,似犹老少朝夕耳。""凡夫蒙蔽,不见未来。故言彼生与今非一体耳。若有天眼,鉴其念念随灭,生生不断,岂可不怖畏邪?"所以,在现生而为了后生"打基础"才应该修功业的。接着颜之推强调,应报并不是关系到子孙,而是关系到自己一个人的问题。"夫有子孙,自是天地间一苍生耳。何预身事?而乃爱护,遗其基址。况于己之神爽,顿欲弃之哉?"

接触了佛教的中国人最报以关心,且最为不禁惊叹的,就是应报说,比如说王公大人"观死生报应之际,莫不瞿然自失"(《后汉纪》卷一〇,永平十三年)。可是,要得到详细的理解还是相当困难的。"精灵起灭(轮回说),因报相寻(应报说)。若晓而昧者,故通人多惑焉。"(《后汉书·西域传论》)要问为什么的话,不外乎就是因为佛教的应报是轮回三世的个人的问题,与之不同,在中国固有的应报说中,缺少三世观念是本来的事情,在父祖和子孙之间的,以及非个人的家族之间的应报却是很多的。

在中国最初论及佛教的应报说而留下记录的就是康僧会。据记载,

---

① 宇都宫清吉:《〈颜氏家训·归心篇〉觉书*》(收于《中国古代中世史研究》,创文社,1977 年)。(*译者注:"觉书"即摘要的意思。)

530

面对问到"佛教所明,善恶报应,何者是耶"的孙皓,他回答说:"夫明主以孝慈训世,则赤乌翔而①老人星见;仁德育物,则醴泉涌而嘉苗出。善既有瑞,恶亦如之。故为恶于隐鬼得而诛之,为恶于显人得而诛之。《易》称积恶余殃,《诗》咏求福不回。虽儒典之格言,即佛教之明训也。"《易》就是指《坤·文言传》所云:"积善之家必有余庆,积不善之家必有余殃。"《诗》就是指《大雅·旱麓》,郑笺云:"不回者,不违先祖之道。"总之,在这个康僧会的说明当中,佛教之应报说的独自性依然丝毫没有被弄清楚。孙皓怀疑:"若然,则周孔已明之矣,何用佛教。"这也是理所当然的。于是,康僧会回答说:"周孔虽言略示显近,至于释教则备极幽远。故行恶则有地狱长苦,修善则有天宫永乐。举兹以明劝沮,不亦大哉。"据说孙皓也终于理解了(《出三藏记集》卷一三,T55,96c)。然而,康僧会的说明依然不得要领。之所以只能以不得要领的说明而结束,大概也不是没有理由的。在《出三藏记集》中讲到的"以皓性凶粗,不及妙义,唯叙报应近验,以开讽其心焉"(97a),尽管归结为孙皓个人资质的缘故,但是这正是因为考虑到了对于佛教的教理至今未通的中国人的困惑,还由于对康僧会而言认为布教的扩大才是急务,所以倒不如以对正确教义的理解为牺牲,从而主张将儒典的格言原封不动地作为佛教的名训。就是这样的佛家的态度,一直到很晚还妨碍着使人明白佛教与九流百家的应报说的不同,这一情况则是事实。

　　排斥家族主义的应报说而明确地说应报只是个人问题的,大概就是以郗超(336—377年)的《奉法要》(《弘明集》卷一三)为先声的。"古人云,兵家之兴不过三世。② 陈平亦云,我多阴谋,子孙不昌。③ 引以为教,诚足以有弘,然齐、楚享遗嗣于累叶,颜(回)、冉(伯牛)靡显报于后昆。

---

① 译者注:《大正新修大藏经》此处"而"作"面",据本书原文日译文意则应当做"而"。
②《史记》卷七三《王翦列传》中说:"夫为将三世者必败,必败者何? 必其所杀伐多矣,其后受其不祥。"
③《史记》卷五六《陈丞相世家》中说:"陈平曰:我多阴谋,是道家之所禁。吾世即废,亦已矣,终不能复起,以吾多阴祸也。"

既已著之于事验。不俟推理而后明也。"(T52,87b)即如郗超所正确指出的那样,将九流百家的应报说原样地作为佛教的应报说而借用,大概的确是"弘教"上的便利。但是,其终归是不相同的。"若衅不当身而殃延亲属,以兹制法,岂唯圣典之所不容。固亦申(不害)、韩(非)之所必去矣。是以《泥洹经》云,父作不善子不代受,子作不善父亦不受。善自获福,恶自受殃。至矣哉斯言,允心应理然。"郗超当做错误的应报说而在引证上提出古人以及陈平的格言,在稍微先于郗超而同时代人孙绰(311—368年)的《喻道论》(《弘明集》卷三)中还曾作为说明佛教的应报说来引用,这一情况,恐怕也是应该注意的。①

在颜之推的时代,对于佛教的应报是关系到个人的问题的情况,如果是已经成了"通人"的话,当然就没有疑惑了。颜之推也明确地说:"况于己之神爽,顿欲弃之哉?"可是问题并不那么简单。因为在《归心篇》的末尾附载数条应报故事的时候,不仅讲到"好杀之人,临死报验,子孙殃祸,其数甚多,不能悉录耳,且示数条于末"。而且,他还记载了这样的故事,以卖鳝羹为生业的江陵刘氏,生了一儿,头长得像鳝一样;还有在侯景之乱的时候,被西阳郡守杨思达命令警戒盗麦贼的一个部曲,将抓到的盗者手腕逐个砍掉了,后来这个部曲就生下一个无手的畸形儿。这样看来的话,尽管说子孙也不过是和自己没什么不同的天地之间一苍生而抛开不管,可是马上接着又不得不说"而乃爱护,遗其基址",这不是可以认为,其中还是留有自己的行为之善恶会应报于子孙这样的担心之虞吗?比如所谓"立产业之基址"(《汉书》卷七一《疏广传》),"基址"一语,可以认为是专门意味着经济生活的基础,也就是可以留给子孙的良田。如果认为多少有给子孙作为基础的善行的含意,那么我想,在颜之推那里,中国固有的应报说还是微妙

---

① "毫厘之功,锱铢之衅,报应之期,不可得而差矣。历观古今,祸福之证,皆有由缘,载籍昭然,岂可掩哉。何者阴谋之门,子孙不昌,三世之将,道家明忌,斯非兵凶战危积杀之所致耶?"(T52,16c)

地留下了影迹的。

三　道宣与傅奕

《颜氏家训·归心篇》,被道宣(596—667 年)《广弘明集》的《归正篇》(卷三)和《济慈篇》(卷二六)原封不动地采录了。大概因为其被认为是"导向正信的一个模范性文献"①。不过道宣在《辩惑篇·列代王臣滞惑解》(卷六、七)中,进行着与《归心篇》不同的、他自己的排佛论的分类。《列代王臣滞惑解》,就是对作为唐初的排佛家而知名的傅奕(555—639 年)收集"魏晋以来之驳佛教者"共计 25 人而成的排佛家列传《高识传》十卷适当地加以引用,同时又加上驳论的卷书。在之后的魏世祖太武皇帝条中,讲到了傅奕所收集的 25 人的排佛论,其大致可以分成五类。也就是:

（一）批评为"以业运冥昧报果交加"的。

（二）批评为"以教指俗伪终归空灭"的。

（三）批评为"以寺宇崇丽顾陵嫉之"的。

（四）批评为"以僧有杂行抄掠财色"的。

534

（五）批评为"以僧本缘俗位隆抗礼"的(T52,125a)。

与僧祐和颜之推不同,道宣没有设置针对这些方面的一个一个的辩释,而且道宣风格的晦涩文章,也妨碍人们正确地把握其上述的内容。大体上可以做如下的理解:(一)是有关业和报之间的规则性的疑问,也就是批判应报说,相当于颜之推的(二)。(二)是批评佛教的教诲是通俗虚伪,不外乎空灭,大概相当于僧祐的(一),或是颜之推的(一)。(三)是批评造寺造像,相当于颜之推的(四)。(四)则相当于颜之推的(三)。道宣说"五相(五项批判)虽惑多,以杂行者为言焉",只有关于这个(四)例

---

① 本章注 15(译者注:即本译文第 406 页注①)的宇都宫论文的话。

外地设置了辩释的情况很值得注意。(五)是被东晋的庾冰点起火来,而接着被桓玄再度燃起的沙门不敬王者论。①

尽管可以认为(一)、(二)是教理上的问题,(三)、(四)、(五)是有关僧团的存在方式的问题,然而这大概又与道宣在《辩惑篇》的总序(卷五)中所记录的"俗之惑者,大略有二。初惑佛为幻伪,善诱人心;二惑因果沉冥保重身世"(117c)是相呼应的。也就是应该考虑只在总序中列举了有关教理上的排佛论,而且大概可以理解为总序中所说的初惑就相当于(二),二惑就相当于(一)。

不过,如同道宣所指出的,排佛论是"以杂行者为言"的人占多数的,从六朝末到唐初的排佛论确实有这样的趋向。与僧祐完全没有列举这种类型相反,颜之推当做(三)和(四),还有道宣把同样的问题作为(四)或者(三)而列举的情况,并不是没有缘由的。也就是,因为必须维持国家财政机构,所以就需要有禁制僧尼和寺院这样的排佛论。② 不仅是作为这种排佛论的代表,还有就是为了了解在从佛教传来已经过了六百年的唐初,排佛论到了多么激烈的程度,在这里我想举出傅奕这个人。傅奕,就是让护法者道宣也不能不强烈地意识到的一个人物。

从两《唐书》(《旧》卷七九、《新》卷一〇七)的笔调中可以领会到,太史令傅奕在武德七年(624 年)进行了《请除去释教》的上疏(A),或许接着又进行了由 11 条所构成的《减省寺塔僧尼益国利民事十一条》的上疏(B)。不过,有关(B)是在武德四年(621 年)进行的这一情况,根据《广弘

---

① 参见收在木村英一编《慧远研究——研究篇》(创文社,1962 年)的村上嘉实《慧远的方外思想》(之后收录于《六朝思想史研究》,平乐寺书店,1974 年),以及岛田虔次《桓玄——慧远的礼敬问题》。

② 侯外庐等《中国思想通史》第 3 卷(依据人民出版社第四次印刷,1962 年)第 361 页中讲到:"北朝由于名理不发达,所以北朝儒者在反佛思想斗争上,多从政治伦理方面立论,鲜有新义。"可并不一定是只限于北朝的现象。在南朝,不仅荀济是那样(《广弘明集》卷七),郭祖深也是那样(《南史》卷七〇《循吏传》)。

明集》卷七《列代王臣滞惑解》和法琳的《破邪论》来看是没有疑问的。只是因为其当时没有被朝廷采纳,所以他又执拗地继续着排佛的活动,而(A)就是作为其中的一环所写出来的。也就是说,(A)始终是以(B)为基础的。可是,与(A)在两《唐书》本传中被引用的情况不同,遗憾的是,(B)的原文本身现在已经不传了。只不过是因为(B)给了佛家以很大冲击,则有来自佛家的各种的应对,所以其在那些驳论中被引用而有所流传而已。对其有所引用的是,(a)《广弘明集》卷七《列代王臣滞惑解》的傅奕之条(T52,134a~135b),(b)同上书卷一二释明槩《决对傅奕废佛法僧事》(168b~175c),(c)同上书卷一四李师政《内德论·辩惑篇》(188a~191a),(d)释法琳《破邪论》[T52,474c 以下。还有(d′)《广弘明集》卷一一《太史令朝散大夫臣傅奕上减省寺塔废僧尼事十一条》,160a~168b,为其抄录]等。①

在武德四年上疏(B)的序中(d,475c~476b),傅奕说道:②上古的中国能够讴歌为太平的,是因为"当此之时,共尊李(老子)孔(孔子)之教,而无胡佛故也"。可是佛教传来以后又怎么样呢?"剥削民财,割截国贮,朝廷贵臣曾不一悟",实在是惨痛至极。终究就是"佛之经教妄说罪福,军民逃役剃发隐中,不事二亲,专行十恶"。如果在岁月之间不除去它,大概其奸伪就会更甚。所以必须把"胡佛邪教"赶回到天竺去,对沙门则记入本籍使其担负课役。如果这样做的话,"则大唐廓定作造化之主,百姓无事为羲皇之民"。

仅从其序文就已经使人想到傅奕之排佛的激烈程度了。那么,下面就先根据(a)摘记出大概是其上疏十一事的标题部分,并且适当地参考与(a)并列的其他引用的内容,然后再加以说明。请读者注意的是,这里

536

---

① 涉及傅奕的排佛论的论文有以下所记。A. F. Wright, "Fu I and the Rejection of Bud-dhism"(*Journal of the History of Ideas*, Vol. XII, No. 1, 1951)。但是,作为从(a)到(d)而举出的诸文献的参考并不一定完全。

② 其中以夹注的形式有云"弹曰……",大概就是法琳的评语。

说明的部分,只要不特别提示,也都是根据(a)的内容。

(一)"僧尼六十已下简令作民,则兵强农劝"。

如果根据傅奕的计算,也就是说,大唐之丁壮的僧尼是 20 万人,他们"共结胡法,足得人心"(d,484b),是不可轻视的势力。然而如果让他们分别结成配偶的话,那么每年大概就能生育出十万人。可是道宣反驳说:"佛道二众不满七万"。

(二)"寺作草堂土舍,则秦皇汉武为有德之君"。

这就是说,秦始皇的阿房宫、汉武帝的甘泉宫之类的古迹宫观最多不过以十计数,即便如此,史官以其为无道而加以笔伐。可是建造的寺塔比阿育王的八万四千塔还要翻倍的现状,应该说佛才是无道的。与之相比的话,秦汉的两帝也还是有德的了。

(三)"减寺塔,则民安国治"。

虽然算起来是小寺百僧,大寺二百僧,可是如果把这些人编成军队的话,有五寺之众就足以成一旅,总计各寺,则大概就超过六军了。① 而且准许这样的情况,"寺舍请给孤、老、贫民、无宅义士,三万户州唯置一寺,草堂土塔以安经像,遣胡僧二人传示胡法"(d,482a)。在同一条中,又在历数了自古以来沙门的叛乱十余件之后,而说道:"自余凶党,至今犹在。请必除盪②,用消胡气。浃旬之间,宇宙廓清。"在这些十余件的叛乱当中,根据(d)而能判断清楚的,就是后赵的张光、后燕的法长、南梁的道密、北魏孝文帝时的法秀和惠仰(486a),以及梁武帝时的僧光(482a)等各个叛乱。有关这一点,法琳不仅斥责为"检崔鸿《十六国春秋》,并无此色人。出何史籍? 苟生诬抂,诳惑君王";而且还相反地列举出了"古来道士为逆乱者"(486b)。不过若对照史书来说,傅奕所讲到的地方未

───────────

①《周礼·夏官·司马》"凡制军,万有二千五百人为军,王六军,大国三军,次国二军,小国一军,军将皆命卿,二千有五百人为师,师帅皆中大夫,五百人为旅,旅帅皆下大夫……"。
② 译者注:《大正新修大藏经》此处加注作"盪=荡"。

必是虚妄之言。①

（四）"僧尼，衣布省斋，则贫人不饥，蚕无横死者"。

按照傅奕的计算就是，僧尼们的一斋饭即"损田夫十口"，其一身衣则"杀蚕十万"②（b，172a）。

（五）"断僧尼居积，则百姓丰满，将士皆富"。

因为在（b）引用的傅奕所言中，有着或云"将生时之实货，买死后之虚名"，或云"礼佛不得尊豪，设斋不得富贵"（173a）的地方，所以可以认为，他就是在指斥佛教通过天堂地狱说来劝诱民众礼佛、设斋以获得很多的布施这样的情况。

（六）"帝王无佛，则大治年长，有佛则虐政祚短"。

庖羲以下二十九代，直到东汉的明帝为止，足以能够"父子君臣，立忠立孝，守道履德，生长神州，得华夏正气，人皆淳朴"，就是因为佛教当时还没有存在（d，482a）。可是之后又怎么样了呢？"佛来汉地，有损无益"（同上），就变成了"子弗嗣父，臣多篡君"（b，173b）的样子。尽管这就是重复其在序中所讲到的情况，然而也是当时的排佛家们所一再提到的地方，大概可以假定名之为"事佛得祸说"吧。③

538

---

① 张光即如汤用彤在《汉魏两晋南北朝佛教史》（中华书局，1955 年）第 188 页指出的那样，大概就是《太平御览》卷三七九引《十六国春秋·后赵录》中的刘光，还有《晋书》卷一〇六《石季龙载记》中的侯子光的情况。法长的情况在《资治通鉴》卷一〇七《晋纪》太元十五年（390 年）如下所见："九月，北平人吴柱，聚众千余，立沙门法长为天子。破北平郡，转寇广都，入白狼城。燕幽州牧高阳王隆，方葬其夫人，郡县守宰皆会之……遣广平太守广都令先归，续遣安昌侯进，将百余骑，趋白狼城。柱众闻之，皆溃，穷捕斩之。"道密的情况未详。有关法秀和惠仰，请看塚本善隆《北魏的佛教匪》（《著作集》第 2 卷）。还有僧光大概就是妙光的情况，参见砂山稔《江左妖僧考——关于南朝佛教徒的叛乱》（《东方宗教》46 号）。

② 顺便一提的话，并不是作为排佛论，而是从佛教信仰者的立场主张应该将蚕衣改作麻衣的论文，有沈约的《究竟慈悲论》（《广弘明集》卷二六）。

③ 参见拙稿《佛在心中——从〈白黑论〉到姚崇的〈遗令〉》（《中国中世的宗教与文化》，京都大学人文科学研究所，1982 年）。据说罗马末期的异教徒们，也是把伴随着日尔曼人入侵的惨祸归于基督教的责任而说道："所有这些惨祸开始于基督教时代。在基督教时代以前，我们是多么充满幸福的呀！——曾经过着更好的生活——在这一教化传进于世界之前，人们没有蒙受如此多的惨祸。"（皮埃尔·库尔塞尔，尚树启太郎译《表现在文学中的日耳曼人大入侵》，东海大学出版会，1974 年，第 63 页）还有参见 Wright 论文 note（25）。

546

（七）"封周孔之教，送与西域，胡必不行"。

在这个标题之下，针对傅奕想要主张的事情，明槩则忖度地说道："奕意，岂不云胡教来此汉人亦不得受。"（b，174a）也就是说，与讲到周孔之教本来是中华之教，在西域不能实行的说法是同样的，又认为"佛法本出于西胡，不应奉之于中国"（c，188c）。① 这是与僧祐所列的第五疑即"教在戎方，化非华俗"相应的说法。

（八）"统论佛教，虚多实少"。

在这里，傅奕彻底否定造像、写经、诵读之功德的情况，通过如下的明槩的引用也就能明白了。所谓"欲求富贵，唯须壮马负铁，效力疆场。不须造像修功，以祈福力者"。"欲得布绢丰饶，谷米成熟，但栽莳桑麻，积聚烂粪。不须写《涅槃》千部，诵《法华》百遍，以祈福力者。""欲得粮贮充牣，耕获弗愆，但开渠引水，灌畦注埠。不须转（读）《海龙王经》十部，以求雨润。"（175a）而且其所说的"欲求忠臣孝子佐世治民，唯读《孝经》一卷、《老子》二篇。不须广读佛经"（175a～b），就是不仅认为诵读《孝经》和《老子》就可以有功德，而且还认为其被看成与佛经同为特别的宗教性经典是当时的常识，所以排佛家就因此将佛经排除在外了。这是令人深感兴趣的。②

这样，虽说是所谓上疏十一事，但是直接关系到佛教批判的则只限于以上的八事。明槩以第八决破而结束，大概也就是因此。剩下的三事，如果只显示标题的话，讲的就是：（九）"隐农安匠（?），市廛处中，国富民饶"；（十）"帝王受命，皆革前政"；（十一）"直言忠诤，古来出口，祸及其身"。

那么，上面所考察过的上疏（B）一被提出，佛家便发出群起的反对之声的情况，则是不用说了。据说就是释明槩、李师政、释法琳等，还有总

① Wright 论文解说为"要给周公孔子之教以封爵，而驱逐西胡——honor the teaching of the Duke of Chou and Confucius and expel the Western barbarian——"，这是很难同意的。
② 参见下一章《六朝时代对〈孝经〉的接受》。

持寺的普应,也前往秘书太史局与傅奕讨论,并退而执笔写了《破邪论》
两卷(《续高僧传》卷二四,T50,636a～b)。明槩是绵州振响寺的沙门。
李师政是门下典仪,又著有《法门名义集》(T54)。法琳除了在《续高僧
传》卷二四《护法篇》中有传之外,唐朝的彦琮还撰有《唐护法沙门法琳别
传》。现在根据《续高僧传·法琳传》来略述一下傅奕的上疏所激荡起的
涟漪。

　　傅奕的上疏一形成,就是"武皇(高祖)容其小辩,朝辅未能抗也",因
此佛门认为高祖是"遵其邪迳通废宏衢(佛教)"(T50,636c)而掩饰不住
动摇的态度。这时恰好高祖下诏书咨问有关"弃父母之须发,去君臣之
章服"时沙门之损益的情况(同上)。正在激愤于傅奕上疏的长安济法寺
的法琳,立即拿起笔来回答说:"弘善以报四恩,立德以资三有,此其利益
也。毁形以成其志,故弃须发美容。变俗以会其道,故去君臣华服。虽
形阙奉亲,而内怀其孝。礼乖事主,而心戢其恩。泽被怨亲,以成大顺。
祐沾①幽显,岂拘小违。上智之人依佛语故为益,下凡之类亏圣教故为
损。……"②(636c～637a)

　　另一方面,傅奕的上疏虽说也多少牵动了唐高祖的心,但是并没有
立即被采纳。其间,法琳正重新着手撰写《破邪论》。所谓"窃见傅弈所 *540*
上之事,披览未遍五内分崩,寻读始周六情破裂"(d,476b)。据说是从道
士转而成为沙门的法琳,他的阅历大概反而更激发了其护法的热情。他
对于到当时为止所发表的针对傅奕的驳论全都是根据佛经的情况是很
不满的。因为采用对手傅奕从一开始就想废掉而不予承认的佛经作为
反论的材料,是不可能成为有效方法的。这样一来,大量地引证外典而
写成的《破邪论》,原本是奉献给唐高祖的,这从其文中再三地称"陛下"
的情况就可以知道。而且其还备有启文,也是奉献给"储后诸王及公卿

---

① 译者注:《大正新修大藏经》此处作"怗",又加注作"怗＝沾"。
② 到以上为止的经过,在《广弘明集》卷二五《唐高祖问出家损益诏并答》(T52,283a～b)中也有
　几乎同样的纪事。

侯伯"的。在其中之一,也就是武德五年(622年)正月二十七日献给当时的皇太子李建成①——也就是在不久后与其弟李世民的争斗中败逃的所谓隐太子——的《上殿下破邪论启》中,他说:"窃见,傅奕所上诽毁之事,在司既不施行,奕乃公然远近流布,人间酒席竞为戏谈。有累清风寔秽华俗,长物邪见,损国福田。"(d,475b)由此来判断的话,大概其后傅奕也是准备着继续排佛活动的。

法琳对以皇太子或秦王为首的诸王们还有公卿侯伯们进行活动的结果,虽然傅奕的奏状最终被退下了,但是傅奕并没有屈从,他是"重施密谮,搆扇黄巾(道教徒),用为党类,各造邪论"(T50,637c),并且就在武德七年(624年)傅奕又作出了《请除去释教疏》(A)。② 其中的论点大致如下:(一)佛教使得人们成为不忠不孝之徒而对君亲的礼数弛废,使得人们成为游手游食之徒而逃避租赋。(二)佛教以三途或六道之邪说,诈伪恐吓愚夫庸品,使得人们想通过布施和持斋、礼佛或诵经,以求福免罪。(三)生死寿夭本由自然,虽然刑德威福与人主有关,但是佛教却说贫富贵贱都是功业所招来的,这就是窃人主之权,擅造化之力。(四)即所谓事佛得祸说。而且在此说法之后,傅奕又重复着与其上疏(B)相同旨趣的内容如下:"今之僧尼,请令匹配,即成十万余户。产育男女,十年长养,一纪教训,自然益国,可以足兵。四海免蚕食之殃,百姓知威福所在,则妖惑之风自革,淳朴之化还兴。"

之后,到了武德九年四月辛巳(二十三日),高祖即下了指示僧尼、道士、女冠等等的诏书,可见傅奕排佛的连续活动还是成功了。诏书说,让戒行精勤的僧尼、道士、女冠居住在大寺观,官方提供衣食,而让其他的人全都回归桑梓。而且,在京城保留寺庙三所、道观二所,地方诸州则只留一所③。但是并不能认为这个诏书是被传达实行了。要说为什么的

①译者注:此处本书原文作"李建世",订正。书后索引中亦同。
②《唐会要》卷四七《议释教》是放在武德七年七月十四日。
③《旧唐书》本记作"五月辛巳",但是武德九年的五月没有辛巳。故依照《新唐书》和《通鉴》。

话，那是因为在同年六月庚申（四日）也就是玄武门之变的当日，太宗大赦天下，“复浮屠老子之法”（《新唐书》卷一《高祖纪》）。

傅奕排佛的上疏及其所激荡起的涟漪，其情况大致即如以上。其为道士出身的情况我们是早就知道的[1]。然而傅奕排佛之激进和猛烈，达到了即使非佛教徒大概也不能不皱眉的程度。他攻击佛教，在认为佛教乃胡之教这一点上是尤为激烈。其所认为的“佛法本出于西胡，不应奉之于中国”，的确与僧祐的所谓第五疑的“教在戎方，化非华俗”是有着系谱关系的。在讲戎方和讲华俗的话语中，大概就已经包含了认为华为优秀，戎为落后的认识。不过，在僧祐设立五疑之子目的时候大概最先出现在脑海里的是顾欢的《夷夏论》，其中至多是与“端委搢绅”、“擎跽磬 542
折”、“棺殡椁葬”的夏之俗相对，只是把“翦发旷衣”、“狐蹲狗踞”、“火焚水沉”归于夷，把佛教称作“绝恶之学”。然而傅奕则无忌惮地附加了这样的恶态而说道：“西域胡者，恶泥而生，便事泥瓦。”所谓泥瓦，大概是指佛的塑像吧。又说：“今犹毛臊，人面而兽心，土枭道人，驴骡四色，贪逆之恶种。”毛臊是兽肉腥臭之气，土枭是吃母鸟的一种恶鸟；还有所谓驴骡四色，大概是如同驴骡的四足兽。进而斥责说：“佛生西方，非中国之正俗，盖妖魅之邪气。”（c 及 d，482a）而且在《夷夏论》中，尽管认为为了教化夷和夏的各自之教法——迹，也就是指佛教和道教（并非狭义的道教，而是包括老庄周孔），因为夷和夏之俗的不同而迹也成比例地不同，但是承认使两者的迹之成为迹的道——即所以迹——是一致的，这种宽容或许还是有的。[2] 再有，即使是在老子化胡说中，由于把佛教当做由老子开始创始的，所以胡大概就是被包含在中国的外延范围的。可是在傅奕那里又是怎样呢？就是在中国与西胡之间，以及中国与开始于西胡的

① 《广弘明集》卷七傅奕一条的开头说：“傅奕，北地泥阳人，其本西凉，随魏入代，齐平入周，仕通道观。隋开皇十三年，与中山李播请为道士……。”李播是李淳风之父。武内义雄《老子之研究》（收于《全集》第5卷，角川书店，1978年）中怀疑到，法琳还写有另一著作《辩正论》中的一篇《十喻九箴篇》，而成为其引子的《十异九迷论》的著者李仲卿大概就是李播。

② 参见前一章《夷夏论争》。

佛教之间,任何一致点都不可能看到。

那么,因为佛教是夷狄之教所以必须排击,这一观点被中唐的古文运动家们,也就是成为新儒学之先驱的韩愈和李翱等人忠实地继承了。赵翼是在傅奕的《请除去释教疏》中寻找韩愈《论佛骨表》的事佛得祸说的根据①,因此我们更应该注意到,韩愈是讲"伏以佛者,夷狄一法耳"而写出这一文章的,并且一贯是从讲其为夷狄之教的观点来排击佛教的。傅奕还曾在被太宗诘问道"佛道玄妙,圣迹可师。且报应显然,屡有征验。卿独不悟其理,何也"的时候,回答说:"佛是胡中桀黠,欺诳夷狄。初止西域,渐流中国。遵尚其教,皆是邪僻小人。模写庄老玄言,文饰妖幻之教耳。于百姓无补,于国家有害。"(《旧唐书》本传)讲到佛经是模写老庄之玄言从而成了剽窃者的这个论点,与认为"浮屠所载与中国老子经相出入"是因为老子变成了佛的所谓老子化胡说,是绝不相同的。傅奕上述的论点,不仅使人感到在李翱讲到"佛法之所言者,列御寇、庄周言所详矣。其余则皆戎狄之道也"的《去佛斋》这一文章中能够找到其余响,而且不久就成为被朱子多次强调的了。② 在这一点上,傅奕的排佛论大概还是需要正确地加以定位的。

---

① 《陔余丛考》卷三四《谏佛骨表有所本》。
② 参见《朱子语类》卷一二五《论道教》以及卷一二六《释氏》。其中的一条有如以下:"晋宋以前,远法师之类所谈,只是庄列,今其集中可见。其后要自立门户,方脱去庄列之谈,然实剽切＊其说,傅奕亦尝如此说。"(＊译者注:原著引文如此,《四库全书》本亦同。)

第十五章　六朝时代对《孝经》的接受

前　言

　　也可以说是六朝儒学史之简要概论的《北史》卷八一《儒林传序》当中，有一段讲到："《论语》、《孝经》，诸学徒莫不通讲。诸儒如权会、李铉、刁柔、熊安生、刘轨思、马敬德之徒，多自出义疏。虽曰专门，亦皆相祖习也。"也就是说，《论语》及并列的《孝经》，与其他的诸经情况不同，不必拘于专门，是作为儒家经典中最基本的文献而存在的。

　　在六朝时代，除了关于是否为郑玄所注而意见有分歧的《孝经郑玄注》之外，直到梁朝，《古文孝经孔安国传》是被立于国学的。后者在梁末的战乱中一度丢失了，尽管后来到隋朝又重新在世间出现，但是其真伪程度早在《隋书·经籍志》以来就被视为是有疑问的。① 而且，在六朝时代产生出很多《孝经》注释的情况，在《隋书·经籍志》"经部·孝经类"当中也很清楚。其中，甚至著录了作成于北朝的鲜卑语翻译的《孝经》，亦即《国语孝经》一卷。所谓"国语"就是指北朝的鲜卑语，即如《隋志》"经

---

① 详细的则参见兴膳宏、川合康三《〈隋书·经籍志序〉译注(三)》(《中国文学报》28 册)。

部·小学类"的小序中记载所说的:"后魏初定中原,军容号令,皆以夷语,后染华俗,多不能通,故录其本言,相传教习,谓之'国语'。"有关《国语孝经》本身,则有如下所做的说明:"魏氏迁洛,未达华语,孝文帝命侯伏侯可悉陵,以夷言译《孝经》之旨,教于国人,谓之《国语孝经》。"这也就是作为汉(华)化政策推进者的北魏孝文帝,在迁都洛阳后不久,以教育尚未达到通晓汉语程度的鲜卑部人——国人——为目的而让人翻译制作出的文本。这就令人想起在后来的金、元等征服者王朝的统治下,以翻译成少数民族(夷)的语言为前提,从而出现很多口语翻译的《孝经》,即所谓《孝经直解》。由于鲜卑族没有自己固有的文字,所以大概还是使用汉字来翻译的。据记载,在可以想象到就是鲜卑人的翻译者侯伏侯可悉陵那里,还有《国语物名》四卷、《国语杂物名》三卷等著作(《隋志》"经部·小学类")。

不过,我在这里并不是要论述有关《孝经》的注释学或翻译的问题。而是要论述在六朝时代《孝经》是怎样被阅读的,也就是关于《孝经》接受者的立场的两三个问题。

一 作为幼童课本的《孝经》

从接受者的立场来看《孝经》的时候,可以指出这样一个事实,那就是在六朝时代,《孝经》和《论语》等书同为知识分子家庭幼童教育的课本。在《孝经》作为基本经典而被广泛阅读的背景上,则存在着这样的情况,也就是在正史的列传所记录的有关幼儿时期教养的形成过程的部分中,可以很容易地挑出如下诸例。比如:"八岁诵《孝经》、《诗》、《论》(《论语》)"(《南齐书》卷五四《高逸·顾欢传》)。"幼敏寤,七岁通《孝经》、《论语》"(《梁书》卷五○《文学下·伏挺传》)。"六岁能诵《孝经》、《论语》、《老子》"(《陈书》卷一九《马枢传》)。"母王氏授贞《论语》、《孝经》,读讫便诵"(同上书卷三二《孝行·谢贞传》)。"幼颖悟,三岁能读《孝经》"

549

420

(《周书》卷四〇《颜之仪传》)。"初就学,始读《孝经》,舍书而叹曰:'名教之极,其在兹乎!'"(《隋书》卷四六《韦师传》)。这些内容大部分当然无非是为了确认被立传者各自的早熟和夙惠的印象而作为点缀的纪事。不过,似乎可以认为,无论是谁,最初被给予的课本之一就有《孝经》。正因为是作为幼童的课本,对内容的理解暂且不说,大概是被要求记在脑子里而能背诵的。在上面所显示的诸例当中,使人感到"诵"这一表述很显然就是这样的情况。再有,对于如下的记录也应该加以注意。如三国魏时的钟会,是从其矜严的母亲张氏那里接受教育的,就是被要求诵读经典,以4岁时读《孝经》、7岁时读《论语》为开始,8岁时读《诗经》,10岁时读《尚书》,11岁时读《周易》,12岁时读《左氏传》和《国语》,13岁时读《周礼》和《礼记》,14岁时读《成侯易记》,[1]到15岁入太学,才开始寻访四方奇文异训,就这样可以使人看到当时知识分子家庭子弟的教育过程(《三国志》卷二八《魏志·钟会传》注引《母夫人张氏传》)。或者还有这样的记录,作为目不识丁的武弁,南朝齐的张敬儿,在荣达之后而发奋学习的就是《孝经》和《论语》(《南齐书》卷二五)。如此等等。在属于晚学一类的人们那里,《孝经》也被选择为最先要掌握的课本之一。16岁的葛洪开始读的就是《孝经》、《论语》、《诗经》、《周易》(《抱朴子·自叙篇》),20岁的皇甫谧所得授教的也是《孝经》和《论语》(《颜氏家训·勉学篇》)。 ⁵⁵⁰

　　总之,以至于似乎被认为,有关《孝经》和《论语》方面的知识,假如是作为知识人乃至识字阶层的人,这是最低限度的条件。这一情况大概在颜之推的抒怀当中是可以看到的:"有学艺者,触地而安。自荒乱已来,诸见俘虏,虽百世小人,知读《论语》、《孝经》者,尚为人师。虽千载冠冕,不晓书记者,莫不耕田养马。以此观之,安可不自勉耶?若能常保数百卷书,千载终不为小人也。"(《颜氏家训·勉学篇》)尽管颜之推还说到

---

① 成侯是钟会之父钟繇的谥号。因此大概就是钟繇关于《周易》的笔记。

"士大夫子弟,数岁已上,莫不被教。多者或至《礼》、《传》,少者不失《诗》、《论》"(同上),但大概还是以在"《礼》、《传》——《礼经》和《春秋》三传"、"《诗》、《论》——《诗经》和《论语》"当中一并也加上《孝经》为好的。所谓"多者"、"少者"是讲有关字数的问题,这是洪焕莲氏的意见①。至多不足二千字的《孝经》,说来说去大概应该是计数在"少者"当中的。大概正因为是这样的短篇,所以才采用为幼童教育课本的。而且,从《诗经》当中频繁引用的诗句②,由丰富的对仗式文句所构成的简洁而且带律动性的文体,确实是适合记诵的条件。与被记载为"汉制,使天下诵《孝经》,选吏举孝廉"(《后汉书》传五二《荀爽传》)的汉代不同,在六朝时代,尽管《孝经》的诵读是完全没有了来自官方强制的一个尝试,但是以上面所看到的这种情形为背景,《孝经》的诵读者则广泛存在于社会当中。

551 二 作为宗教经典的《孝经》

《孝经》作为幼童课本的这一情况,未必只是限于六朝时代的现象,也许可以看成在中国社会贯穿于各个时代的现象。③ 然而,关于《孝经》,大概可以指出仅在这个时代所特有的、令人深感兴趣的一个事实,也就是恰如诵读宗教经典那样地来诵读《孝经》的这一事实。

　　作为《论语义疏》的作者而知名,并且著述了《孝经义疏》的梁朝的皇侃,就是"性至孝,常日限诵《孝经》二十遍,以拟《观世音经》"(《梁书》卷四八《儒林传》)。同样是在梁武帝的时候,以年仅 16 岁就应对《春秋左氏传》、《制旨孝经义》的策试,并被举为高第的岑之敬,有记载称其

---

① 在周法高《颜氏家训汇注》(《"中央研究院"历史语言研究所专刊》之四十一,1960 年)中有引用。
② 加地伸行《〈太史公自序〉的形成——〈史记〉研究之一》(《密教文化》67 号)中,制作了《孝经》引《诗》表。
③ 例如在近世中国的学塾里,《孝经》作为课本而被使用的情况,参见田中谦二《旧中国儿童的学塾生活》(《东方学报》京都,15 册)。

"年五岁,读《孝经》,每烧香正坐。亲戚咸加叹异"(《陈书》卷三四《文学传》)。

尽管这样的读法是在其他儒家经典那里很难看到的现象,但是这样,《孝经》就不只是被像宗教经典那样地诵读,而且是被当做寄托着一种宗教性巫术力量的东西了。在陈朝的徐陵第二个儿子徐份的传记中说道:"份性孝悌。陵尝遇疾,甚笃。份烧香泣涕,跪诵《孝经》,昼夜不息。如此者三日,陵疾豁然而愈。亲戚皆谓份孝感所致。"(《陈书》卷二六)大概可以认为,徐份希望陷于笃疾的父亲尽快痊愈而一个劲地诵读《孝经》的情形,就是由以孝德为全篇主题的《孝经》的性质本身所决定的。但是,寄托于《孝经》的宗教性巫术力量,似乎不限于只是从孝德所能够直接导出的属性,比如南齐的道士顾欢所讲的话,就使人感到是在于这样的一个方向的:"又有病邪者问欢,欢曰:'家有何书?'答曰:'唯有《孝经》而已。'欢曰:'可取(《开宗明义章》的)《仲尼居》置病人枕边恭敬之,自差也。'而后病者果愈。后人问其故,答曰:'善禳恶,正胜邪,此病者所以差也。'"(《南史》卷七五《隐逸传》)还有,尽管时代靠后,在《龙城录》中有"王渐作《孝经义》"一条,讲到:①在国初,亦即唐初,孝子王渐作《孝经义》五十卷,当有乡里发生斗讼时,他就站在相互争斗的人的门前高声诵读《孝经义》一卷,当事者们无论哪一方都不能不引发惭愧之心。在这之后,他又曾应病人的邀请而同样地诵读一番《孝经义》,病人立刻就痊愈了。像这样,王渐的《孝经义》也就已经是具有驱除邪气力量的东西了。

然而,在这里希望读者特别注意的,就是刚才提到的皇侃比拟于《观世音经》(略称《观音经》,亦即《法华经·普门品》)而诵读《孝经》的这一事实。那时候,《观音经》确实是作为具有巫术力量(魔力)和灵验显著的

①《龙城录》被认为是唐代柳宗元之作,但是宋代王铚怀疑大概是假托柳宗元的。参见《四库提要》卷一四四《子部·小说家类存目二》。

佛典而被诵读的。在《法苑珠林》卷一七《敬法篇》中，就引用了通过诵读《观音经》，或乃至念及"观世音 kuan－shih－yin"这三个字，就能够逃离猛火，摆脱桎梏，躲避兵刃等，这样一类难得的故事达十数条。此外，其中还讲到："自晋、宋、梁、陈、秦、赵国，国分十六，时经四百，观音、地藏、弥勒、弥陀，称名念诵，获得救者，不可胜纪。"(T53,411c)[1]讲《孝经》比拟于《观音经》而被诵读的这一情况，大概表示《孝经》也被期待着能有与其类似的灵验。比如，可以把刚才举出的《徐份传》与下面《刘霁传》的这两段文字对比着读一下来看。"母明氏寝疾，霁年已五十，衣不解带者七旬，诵《观世音经》，数至万遍，夜因感梦，见一僧谓曰：'夫人算尽，君精诚笃至，当相为申延。'后六十余日乃亡。"(《梁书》卷四七《孝行传》)期望着父亲或者母亲的疾病能够康复的徐份和刘霁，他们的形象何其相似！只不过有着这样的不同，他们二人所诵读的，一方是《孝经》，一方则是《观音经》。

六朝时代的确是宗教性的时代。之所以特意称是宗教性的，不只是因为仅仅看到了道、佛两教的隆盛，而是在于可以认为，在道、佛之间，进而又加上儒教的三教之间，活跃的交流与融合的结果，就形成了超越三教各自范围的宗教性的风土。于是，本来理应作为非宗教性的儒家经典其中之一的《孝经》，被用于幼童课本而那样地适于诵读，而且仅此就广泛地普及于民间。大概以此为有力的理由，在当时社会已形成的宗教性的风土背景当中成为一种奇妙的读法。在被寄托了巫术力量(魔力)的《孝经》的相关事例中有所表现的顾欢，是个也很精通佛教的道士[2]；还有

---

[1] 有关《观音经》信仰，参见佐伯富《近世中国的观音信仰》(《塚本博士颂寿纪念佛教史学论集》,1961年)，牧田谛亮《六朝古逸观世音应验记的研究》(平乐寺书店,1970年)。还有，作为《观音经》信仰的一个条件，大概应该加上这样的考虑，就是与《孝经》同样地，《观音经》是"小儿童子"也能诵读的小品。《续高僧传》卷二八《释慧恭传》中说："……(慧)远曰：'大无所解，可不诵一部经乎？'恭答曰：'唯诵得《观世音经》一卷。'远厉色曰：'《观世音经》，小儿童子皆能诵之，何烦大汝许人乎。……'"(T50,686c)。
[2] 参见本书第十三章《夷夏论争》。

徐份,作为陈朝士大夫佛教界之中心存在的徐陵的儿子,则是在宗教性氛围浓厚的家庭里成长起来的人物。这些大概都是应该引起注意的。可以想象,在《孝经》中看到灵验或也可以定名为"《孝经》信仰"的这一现象,不仅只限于士大夫阶层,也是广泛存在于庶民之间。

三　纬书与《孝经》

那么,作为在《孝经》中寄托巫术力量(魔力)的早些时代的一个事例,大概就是我们在《后汉书》传七一《独行传》向栩的传记中所看到的。"征拜侍中,每朝廷大事,侃然正色,百官惮之。会张角作乱,栩上便宜,颇讥刺左右,不欲国家兴兵,但遣将于河上北向读《孝经》,贼自当消灭。"这当然讲的是通过《孝经》所具有的巫术力量,就能够使张角指挥的黄巾叛乱军不攻自溃。然而惠栋的《后汉书补注》卷一九在"北向诵(读)《孝经》"的标题之下,为了能增强《孝经》的这种性质,作为"袁宏纪曰"而在袁宏的《后汉纪·献帝纪》初平元年中附加了如下的一条:"尚书令王允奏曰:'太史王立说《孝经》六隐事。令朝廷行之,消却灾邪,有益圣躬。'诏曰:'闻王者当修德尔。不闻孔子制《孝经》,有此而却邪者也。'允固奏请曰:'立学深厚。此圣人秘奥,行之无损。'帝乃从之。常以良日,王允与王立入,为帝诵《孝经》一章。以丈二(一丈二尺)竹箪画九宫其上,随日时而去入焉。"接着,在这后面,惠栋还加了如下的案语:"栋案:《孝经》六隐,未详所出。《风俗通》亦云:'到伯夷,坐诵《六甲》、《孝经》、《易本》。'[1]《六甲》其亦六隐欤?[2] 疑纬书有是说也。"

"六隐"和"六甲"是指什么暂且不论。惠栋指出在纬书中大概也有

---

[1]《风俗通》卷九《怪神篇》"世间多有精物妖怪百端"条。北部督邮到伯夷,做部内巡察的途中,在一小亭留宿,"整服坐诵《六甲》、《孝经》、《易本》",结束之后而卧,不一会儿便治退了出现的老狸妖怪。

[2]《后汉书》传七二《方术传序》的注中有的"遁甲,推六甲之阴而隐遁也",大概支持了惠栋的说法。

555 讲《孝经》具有"却邪"之力的地方,这是很敏锐的。尽管并不是直接与这些事情结合起来的,但是在作为《孝经纬》之一的《孝经元神契》中记载有关《孝经》的形成,如下的说法则是很引人兴趣的:"孔子作《春秋》,制《孝经》。既成,使七十二弟子向北辰星罄折而立,使曾子抱《河》、《洛》事北向。孔子斋戒,簪缥笔,衣绛单衣①,向北辰而拜。告备于天曰:'《孝经》四卷,《春秋》、《河》、《洛》凡八十一卷,谨已备。'天乃虹②,郁起,白雾摩地,赤虹自上下,化为黄玉。长三尺,上有刻文。孔子跪受而读之曰:'宝文出,刘季握。卯金刀,在轸北,字禾子,天下服。'"(《古微书》卷二九。采自《宋书》卷二七《符瑞志上》)那么,向栩所说的"北向而读《孝经》,云云",在这里不就可以找到其脉络了吗? 大概就是说,面向着北辰星,就像念诵咒语一样来诵读《孝经》。这时候,我们就必须注意到,向栩是个保留着很浓的道术家风格痕迹的人物。其"性卓诡不伦,恒读《老子》,状如学道。又似狂生,好被发,著绛绡头……"③。所谓"学道",即学习"道",是指神仙修行的一个词语。④ 而且,向栩是因为主张停止对黄巾军出兵而蒙受了与张角通气的嫌疑后遭处死刑的。黄巾军是以太平道信仰为精神纽带而组织起来的集团,这大概不是什么新的说法。而说向栩对黄巾军怀有一种特殊的感情,这样的嫌疑也许未必是事实上没有根据的。

556 ## 四 《孝经》的随葬

与本章所讲的《孝经》是作为宗教经典而被接受的这一主题相关而不能无视的问题,就是在《孝经》被随葬于墓葬中的事例方面所能发现的事实。表示要以《孝经》随葬的就有西晋皇甫谧(215—282 年)的《笃终》

---

① 译者注:中华书局本《宋书》卷二七《符瑞志上》无"簪缥笔,衣绛单衣"七字。
② 译者注:中华书局本《宋书》卷二七《符瑞志上》"虹"作"洪"。
③ 译者注:见于《后汉书》卷八一《独行·向栩传》。
④ 参见宫川尚志《六朝史研究——宗教篇》(平乐书店,1964 年,第 49 页)。

（《晋书》卷五一），也就是讲到厚葬无益，并指示家人在自己死后要实行薄葬的一份遗嘱。其中说道："气绝之后，便即时服，幅巾故衣，以籧篨裹尸，麻约二头，置尸床上。择不毛之地，穿圹深十尺，长一丈五尺，广六尺，圹讫，举床就圹，去床下尸。平生之物，皆无自随，唯赍《孝经》一卷，示不忘孝道。"

　　有关这个《笃终》意味着什么的穿凿附我们会暂且搁置。如果说起被随葬于墓中的典籍，当然应该参考近年来显著的考古学发掘成果。在甘肃省武威磨咀子东汉墓出土了以《仪礼》为主的竹木简 490 枚（1959 年）①，还有同样在武威的旱滩坡东汉墓出土了有关医药的简牍 92 枚（1972 年）②。以此为开始，山东省临沂银雀山的西汉前期一号墓有 4 942 枚，同期二号墓有 32 枚，合计将近 5 000 枚的大量竹简被发现（1972 年）③。接着，在马王堆三号墓有超过 12 万字的帛书和医书简 200 枚被发现（1973 年）④，在湖北省云梦县睡虎地十一号秦墓有达 1 155 枚竹简被发现（1975 年）⑤，等等。这些确实惊人的发现，到现在也仍然给学术界提

---

①《武威汉简》（文物出版社，1964 年）。

② 甘肃省博物馆、甘肃省武威县文化馆：《武威旱滩坡汉墓发掘报告——出土大批医药简牍》（《文物》1973 年 12 期）。

③ 根据罗福颐《临沂汉简概述》（《文物》1974 年 2 期），据说到当时为止整理了的竹简 830 余枚的内容如下：第一部《周秦诸子》(1)《六韬》残简，(2)《孙子十三篇》残简，(3)《尉缭子》残简，(4)《管子》残简，(5)《晏子》残简，(6)《墨子》残简和佚文。第二部《佚书丛录之一》(1)《汉元光元年历谱》，(2)《齐孙子兵法》残简，(3)《相狗经》残简。第三部《佚书丛录之二》《阴阳书》及《风角灾异杂占》残简。

④ 马王堆三号墓出土的帛书大部分写有篇题。这里先列举出晓菡《长沙马王堆汉墓帛书概述》（《文物》1974 年 9 期）的分类。（甲）(1)《老子》甲本，(2)《老子》甲本卷后佚书四篇。（乙）(1)《老子》乙本卷前佚书四篇（有《经法》、《十大经》、《称》、《道原》的篇题），(2)《老子》乙本。（丙）(1)《周易》，(2)《周易》卷后佚书三篇（在后边的两篇中有《要》、《昭力》的篇题），(3)《周易·系辞》。（丁）与《战国策》有关系的书。（戊）与《左传》类似的佚书。（己）关于天文星占的佚书。（庚）关于相马的佚书。（辛）关于医经方的佚书。（壬）关于刑德的佚书三篇。（癸）关于阴阳五行的佚书二篇。（子）《导引图》一幅。（丑）地图一幅。（寅）《驻军图》一幅。（卯）《街坊图》一幅。（辰）杂占。详细的这里就省略了。针对这个分类，有各种各样的不同说法和意见提出，内容的整理大概今后会变动的。

⑤ 详细的则参见睡虎地秦墓竹简整理小组《睡虎地秦墓竹简》（文物出版社，1978 年）。

557 供着话题。除此之外,在新疆维吾尔自治区吐鲁番的唐墓中发现景龙四年(710年)书写的《论语郑氏注》残卷(1967年)①,也是众所周知的事情。

不过,与从银雀山墓和马王堆三号墓中大量古代典籍的发现也相匹敌的大发现——尽管原本是盗掘的结果,就是在皇甫谧死时,即西晋武帝的太康三年(282年)前后发生的事情,在历史上非常著名。这就是从坐落在汲郡,据说是战国的魏襄王墓和安僖王墓的冢墓中出土的所谓汲冢书。在官方没收之后,经过卫恒和束皙等人整理分类的竹简有数十车、十余万言、75篇的内容,亦即如下所述的情况:②自夏以来直到周幽王被犬戎所灭为止而作为年代记的《竹书纪年》13篇,与《周易》上下经相同的《易经》二篇,与《周易》几乎相同但爻辞不同的《易繇阴阳卦》二篇,与《说卦》类似又不同的《卦下易经》一篇,由公孙段与邵陟有关《易》的问答而来的《公孙段》二篇,讲述楚晋之事的《国语》三篇,类似于《礼记》或是《尔雅》、《论语》的《名》三篇,有关《左传》的种种卜筮而记录的《师春》一篇,作为诸国之卜梦妖怪相书的《琐语》11篇,叙述魏的世代数并讲到要把金玉藏于山丘的《梁丘藏》一篇,论述弋射之法的《缴书》二篇,与帝王之封的祭祀有关的《生封》一篇,邹衍谈天一类的《大历》二篇,作为周穆王四海游记的《穆天子传》五篇,书赞一类的《图诗》一篇,以及杂书19篇;此外,简书折坏而名题不明的七篇。

在这批汲冢书发现之前约两个世纪的东汉明帝时,曾经让公卿大夫诸儒八十余人对《五经》的错误疏漏多加议论。当时,符节令宋元的提案中说到,应该寻求焚书以前的直接的明证,发掘据传因好书而以典籍随葬的秦昭王和吕不韦的墓看看如何(《太平御览》卷五六〇"礼仪部·冢墓"《皇览·冢墓记》)。这一提案如果被采纳的话,必定会成

---

① 参见文物出版社《唐写本〈论语郑氏注〉说明》(《文物》1972年2期),金谷治编《唐抄本郑氏论语注集成》(平凡社,1978年)。

② 除《晋书》卷五一《束皙传》之外,参见同书卷三《武帝纪》、卷三六《卫恒传》、卷五一《王接传》。还有,有关汲冢书发现的年代,参见第十章《颜师古的〈汉书注〉》的注23(译者注:即本译文第249页注释③)。

为大发现的。降至南齐时代，尽管不能与所谓汲冢书的规模相比，然而 *558*
襄阳的一个传说是楚王冢的冢墓遭到盗掘，除了玉屐、玉屏风之外，还得
到用青丝编起来的竹简。据说经过博识的王僧虔的鉴定，其中的十余简
是撰写《周礼》时候的科斗书《考工记》①（《南齐书》卷二一《文惠太
子传》）。

　　无论是汲冢书，还是银雀山汉墓出土的竹简和马王堆三号墓出土的
帛书，都说明了被葬者权力的巨大，并且是多么的豪奢。从东汉时代开
始，随着薄葬之风逐渐普遍化②，如此大量的典籍被随葬的情况应该已经
没有了。可是，如果变成只以一种典籍为伴而赴黄泉的话，人们究竟会
选择什么呢？虽然也有这样的故事流传：据说，由黄石公传授给张良的
《黄石公素书》，就正像"不许传不道、不神、不圣、不贤之人"的密戒那样，
因为没有发现可以传授的人，所以就原封不动地与其遗体一同埋葬了。
不久在晋的乱离之际，张良的子房冢被掘开而此书重见天日（张商英《黄
石公素书序》，《道藏》第 849 册）。但是，典籍被随葬的记录却意外地缺
乏，不过是仅有如下事例散见着。东汉的周磐，在建光元年（121 年）迎来
73 岁寿辰的时候，对其两个儿子留下遗嘱说："编二尺四寸简，写《尧典》
一篇，并刀笔各一，以置棺前，示不忘圣道。"（《后汉书》传二九）他特意选
择《尚书·尧典篇》，大概是因为，在年轻时游学于京师的周磐，曾与《洪
范五行传》、《左氏传》一并而学习过《古文尚书》。再有，在这个周磐的事
例之后出现的，就是要求以《孝经》随葬的皇甫谧的《笃终》了。如前面已
经指出过的，很晚才开始学习的皇甫谧，在 22 岁时被教授的，正是《论
语》和《孝经》。然而，他的情况与周磐不同，大概既不是为了纪念青春时
的记忆而特别要求以《孝经》随葬，也不是基于多么美好的感伤。因为就 *559*
像我们反复讲到的那样，《孝经》是那种只要是知识人无论谁都应该最初

---

① 不过这个情况在贾公彦的《序周礼废兴》中也好，在《考工记》的疏中也好，一句都没有提及，
　　这是不可思议的。
② 参见拙文《犹如魂气无所不至》（《展望》1976 年 6 月）。

就学习的典籍。在这里,需要考虑到的就是这一事实,即可以看到在六朝时代,《孝经》在被屡屡地比拟于《观音经》的同时,又在对其特别灵验的一种期待之下而被诵读,从而可以称作"《孝经》信仰"的宗教性感情普遍地存在。以至被赋予了宗教的、巫术性质的《孝经》,不是因此就变成与丧葬的礼仪有着很深关系的了吗? 而且这种情况不是反而更给《孝经》增添了宗教性的香气了吗?

皇甫谧的《笃终》似乎相当著名。据记载,被慧远的人格所吸引而进入庐山的刘遗民(354? —410 年?),住在建造于西林涧北的禅房里达 15 年。他在临终之际,面向西方而端坐,以合掌的姿势而气绝。在临终之前,他也写下了同名的《笃终》。"皇甫谧遗论佩《孝经》,示不忘孝道。盖似有意小儿之行事。今即土为墓,勿用棺椁。"(《广弘明集》卷二七释慧远《与隐士刘遗民等书》附录,T52,304b)对于隐士刘遗民来说,甚至连打算仅以一篇《孝经》陪其踏上最后人生旅途的事情都变成只是"小儿之行事"了。可是,随着所谓"《孝经》信仰"的加深,皇甫谧的《笃终》超过了临终的人们的记忆,想要学他的做法的人似乎也有不少。例如,梁朝天监二年(503 年)到 85 岁而卒的沈麟士,不仅评价了留下裸葬遗言的西汉的杨王孙,以及这个皇甫谧,称此二人是深达生死之理;而且在自己的遗嘱中,也明确地这样讲到:"棺中唯此,依士安用《孝经》。"(《南史》卷七六《隐逸传下》)其所讲的士安,就是皇甫谧的字。

560　　　如果以上的推论无误的话,南齐的张融(444—497 年)留下遗嘱说:"左手执《孝经》、《老子》,右手执小品(《般若经》)、《法华经》"(《南齐书》卷四一),如此之后而终的意义大概也就自然而然清楚了。正如一再被讲到的那样,这就是显示六朝人儒、佛、道兼习的象征性的事例。① 就是选择作为佛教经典的《小品般若经》和《法华经》,及作为道教经典的《老子》,还有出自儒家经典中的《孝经》。为什么特别地选出《孝经》呢? 其

---

① 例如,塚本善隆《魏晋佛教的展开》(收于其《著作集》第三卷,大东出版社,1975 年)。

原因通过我前面的叙述,大概已经不需要再说明了。进而可以推测,这些儒、佛、道的经典是与张融的遗体一起被埋葬在墓里了。北魏笃信佛的逸士冯亮,在延昌二年(513年)留下了遗诫而死于嵩高山的道场寺,大概会使这一推测更为确实:"敛以衣帽,左手持板,右手执《孝经》一卷,置尸磐①石上,去人数里外。积十余日,乃焚于山。以灰烬处,起佛塔经藏。"(《魏书》卷九〇《逸士传》)再有,梁朝的元帝萧绎(508—554年),则不仅引用了皇甫谧的《笃终》,还讲到想以《曲礼》一篇、《孝经》一帙、《孝子传》以及陶华阳(陶弘景)的剑一口随葬在墓中,这也是很引人注意的(《金楼子·终制篇》)。

这样,尽管是很少的事例,但是使人感觉到,适合用于随葬的儒家典籍,在六朝时代似乎专门固定在了《孝经》上。而且,如果想在道教经典中特别选出一种的话,那么以张融为例,还不是首先落定在《老子》上吗?东晋的郭翻,就被记载为"遗令俭葬,唯以两卷《老子》,示存道德"(《太平御览》卷五五五《礼仪部·葬送·郭翻②别传》)。据说,作为五斗米道教团司祭的祭酒的第一项任务,就是让作为信者的鬼卒都习《老子》五千言(《三国志》卷八《魏志·张鲁传》注引《典略》),那么《老子》也类似于《孝经》,只要诵读它就会有灵验,大概就是作为这样性质的东西才使人相信的。在马王堆三号墓出土的帛书中,也包含有《老子》二种。还有,据说 *561* 唐代的傅奕在调查《老子》诸本的字数时,有北魏太和中道士寇谦之所得的望安丘之本,齐处士仇岳所传的河上丈人本,再加上北齐武平五年(574年)彭城有人打开项羽妾冢时所得的项羽妾本,全都是5 722字云云。如果宋谢守灏《混元圣纪》卷三(《道藏》第551册)的这一记述可信

---

① 译者注:中华书局本作"盘"。
② 译者注:以上三处"郭翻"的"翻"字本书原文作"潘",现据《太平御览》改,本书后面的索引中亦同。又据《晋书》卷九四《隐逸传》记有"郭翻,字长翔,武昌人也",与《太平御览》引《郭翻别传》所记"翻,字道翔,武昌人"者当为同一人物。

的话①，那么，尽管以《老子》随葬在六朝时代之前的汉代就已经开始了，但是在黄老思想盛行之下的情形与在六朝时代的情形，其来龙去脉大概还是各自有别的。总之，可以认为，作为对儒、佛、道三教想公平地承认其各自价值的典型的六朝人，张融看到了《老子》原来与《孝经》、《小品般若经》和《法华经》等佛典同样的宗教性，所以才做出那样的遗嘱的。

这样，以佛典再加上《孝经》和《老子》作为一套东西，于其中期待着宗教性、巫术性的灵验力——功德——的情况，这不正成为三教融合论者的一般心态吗？能为我们证实这一推测的，就是唐初的排佛家傅奕的议论。傅奕在武德四年（621 年）进行的《减省寺塔僧尼益国利民事十一条》上疏的第八条中，好像就包含着如下的内容②："欲得布绢丰饶，谷米成熟，但栽莳桑麻，积聚烂粪。不须写《涅槃》千部，诵《法华》百遍，以祈福力者。……若言欲得粮贮充牣，耕获弗愆，但开渠引水，灌畦注埠，不须转（读）《海龙王经》十部，以求雨润者。……若言欲求忠臣孝子，佐世治民，唯读《孝经》一卷、《老子》二篇。不须广读佛经。"由于傅奕是排佛论者，所以排斥《涅磐经》、《法华经》和《海龙王经》等佛经也是当然的。但是作为替代这些佛经之功德的东西而被列举出来的，则是努力种田加上《孝经》和《老子》，这大概是应该引起更多注意的。

---

① 吉冈义丰《老子河上公本与道教》（酒井忠夫编《道教的综合性研究》，国书刊行会，1977 年），在其第二部分《傅奕的〈道德经〉诸本说》中，论述了应该怎样来读《混元圣纪》这一文章，并反驳岛邦男的《老子校正》。因为与本章的论旨没有直接关系，而且过程也很烦琐，所以不做介绍了。不过《混元圣纪》的原文则可信为如下："唐傅奕考覈众本，勘数其字。云，① 项羽妾本。齐武平五年，彭城人开项羽妾冢得。② 望安丘之本。魏太和中，道士寇谦之得。③ 河上丈人本。齐处士仇岳传家之本，有五千七百二十二字。与韩非《喻老》相参……"还有，与此几乎同文，可以看到在宋彭耜的《道德真经集注杂说》卷下（《道藏》第 403 册）中作为从《老君实录》中引用的文字。据此，上述②《望安丘之本》就是见于《经典释文·序录》等的《毋（安）丘望之本》，还有③的部分，应该改成"河上丈人本。齐处士仇岳传之。三家本有五千七百二十二字"。

② 根据释明槩《决对傅奕废佛法僧事》（《广弘明集》卷一二）的引用（T52，175a～b）。傅奕的排佛论的详细情况，参见前一章《中国的排佛论的形成》第三节。

结　语

《孝经》在儒家经典中特别著名以至获得了宗教性典籍的位置,这是为什么呢? 我认为,当然是应该提出这样的问题的。那么可以说,至少其理由之一大概就是如下这样的。

"孝"对中国人来说,是最基本的德行①,虽然如此,但是因为剃发而毁伤身体发肤,并以出家主义为前提的佛教往往与孝德相抵触,所以在这时候,孝不就成为更应该被彰显的德行了吗? 东晋孙绰的《喻道论》(《弘明集》卷三),就是针对当时的中国人对佛教提出的率直疑问而从佛教者的立场一一加以回答的论文。其中举出的主要题目就是报应、杀生,还有孝这三者。关于孝的问题,问难者发言道:"周孔之教,以孝为首。孝德之至,百行之本。本立道生,通于神明。故子之事亲,生则致其养,没则奉其祀。三千之责,莫大无后。(身体发肤)体之父母,不敢夷毁。…… 而沙门之道,季离所生(父母),弃亲即疏。刓剔须发,残其天貌。生废色养,终绝血食,骨肉之亲,等之行路。背理伤情,莫此之甚。"(T52,17a)

如果认为这样的孝的德行,与佛的教导相对抗,也就是必须在宗教的水平上而特别有意识地加以彰显②,那么通篇全都当然地高扬孝的主题,诵读又很便利,而且早自汉代以来就被相信有"祛邪"之力的《孝经》,就变得被赋予了也与佛典类似的位置。亦即《孝经》就变得被特别赋予了宗教性的位置。在《孝经》中,不只讲天子、诸侯、卿大夫、士、庶人有各自的孝的方式,因为原本在《孝经》当中,孝是被提高到"天之经,地之义, 563

---

① 有关这个主题务必读的,就是桑原陟藏《中国的孝道——特别是从法律上观察的中国的孝道》(收于《全集》第三卷,岩波书店,1968 年)。

② 对于中国的"孝",佛教方面是如何将"孝"的理论放在对立的位置的呢? 关于这个问题参见如下的论文。Kenneth Ch'en:"Filial Piety in Chinese Buddhism"(*Harvard Journal of Asiatic Studies*, Vol.28,1968)。

民之行"的贯通三才的宇宙性原理的程度的(《三才章》);而且,还讲到:"宗庙致敬,鬼神著矣,孝悌之至,通于神明,光于四海,无所不通。"(《感应章》)

　　唐玄宗的《孝经注》,即所谓《御注孝经》,就是参考韦昭、王肃、虞翻、刘邵、刘炫、陆澄等,"举六家之异同,会《五经》之旨趣"而成的(玄宗《孝经序》)。还有,在将此注扩展而成的宋邢昺的疏中,又很多地方引用了六朝人之说。其中,讲到过"常每日限诵《孝经》二十遍,以拟《观世音经》"的南朝梁的皇侃《孝经义疏》的说法也随处散见。例如在开头的《御制序并注》的疏中,就引用了其颂扬孝是永不磨灭之规范的话说:"皇侃曰,经者,常也,法也。此经为教,任重道远。虽复时移代革,金石可销,而为孝事亲常行,存世不灭,是其常也。为百代规模,人生所资,是其法也。"然而,遗憾的是,没有发现其明确说明作为本章主题的《孝经》的宗教性的文字,即在似乎是给我们以线索而讲到"宗庙致敬,鬼神著矣,云云"的前引《感应章》的疏当中,并没有引用皇侃之说。原本玄宗注,大概就是因为在孔安国注、郑玄注以及皇侃的《义疏》中纰缪很多,所以"于先儒注中采摭菁英,芟去烦乱,撮其义理允当者,用为注解"(邢昺《孝经注疏序》),也就是说,皇侃《义疏》的纰缪部分是被摒弃了的,而邢昺也基本上还是沿袭了这一线索的。

　　更为遗憾的是,从墓中实际发现《孝经》的记录是很难找到的。正如皇甫谧在《笃终》讲到的"无不发之墓"那样,盗掘的记录倒是大量存在。即使过了六朝时代,除东晋的卞壶、桓温、桓温之女等人的墓之外①,尤其是在南朝末期的陈的混乱时期,前代的王侯墓屡屡遭到盗掘,也就是"玉

____

①《晋书》卷七〇《卞壶传》:"其后盗发壶墓,尸僵,鬓发苍白,面如生,两手悉拳,爪甲穿达手背。"《南齐书》卷二九《周山图传》:"盗发桓温冢,大获宝物,客窃取以遗山图,山图不受,簿以还官。"同书卷三五《宜都王铿传》:"镇姑熟,时有盗发晋大司马桓温女冢,得金蚕银茧及珪璧等物。铿使长史蔡约自往修复,纤毫不犯。"

杯得于民间,漆简传于世载"的样子(《陈书》卷三《世祖纪》"天嘉六年
诏")。据记载,东晋的郗昙和谢安的墓也被打开了,而在郗昙墓中随葬
的则是"王羲之书及诸名贤遗迹(墨迹)"。①

---

① 《陈书》卷二八《始兴王伯茂传》:"是时征北军人于丹徒盗发晋郗昙墓,大获晋右将军王羲之
书及诸名贤遗迹,事觉,其书并没县官,藏于秘府,世祖以伯茂好古,多以赐之,由是伯茂大工
草隶,甚得右军之法。"同书卷三六《始兴王叔陵传》:"尚书八座奏曰:'……始兴王叔陵……
抄掠居民,历发丘墓,谢太傅(谢安)晋朝佐命,草创江左,斫棺露骸,事惊听视。'"
　　不过,在《文物》1972 年 1 期《无产阶级文化大革命期间出土文物展览简介》中,新疆维吾
尔自治区《吐鲁番阿斯塔那北区晋唐墓葬》的注(10)中,有从 1967 年发现的一座墓中出土了
《孝经》残片两纸这样极其简单的报告(《文化大革命期间出土文物》,人民出版社,1972 年,65
页注(3)中也有同样的纪事)。详细报告则要等待发表。
　　附记:作为随葬典籍的事例,最早的据说是河南信阳市长台关一号墓的竹简。江村治树
《战国、秦汉简牍文字的变迁》(《东方学报》53 册)推定为战国中期。

后 记

　　构成本书的各章,是以在过去大约 20 年间发表的论文为基础
的。在不仅对这些论文分别加以补订,还有某些完全改写的基础上,
尽可能地按照主题的不同、时代的顺序进行了排列。我所面对的是
以六朝时代为中心,一部分上溯到东汉,一部分延伸到唐初的这些时
代的思想、学术、宗教的问题。不过,由于并不是思想自身展开过程
的探究,而是以在与这一时代的社会框架的照应关系基础上对思想、
学术、宗教的考察为主要关心的问题,所以就以《六朝精神史研究》作
为整体的书名了。

　　在中国思想史上,六朝时代占据怎样的位置,显示着怎样的特色呢?
这是一个在继承汉代以来之传统的儒教,与从西方传来的佛教,还有与
佛教一样具有教义、礼仪、教团组织等方面作为中国人自己的宗教而形
成的道教这三者之间进行着相互渗透,或者是反复地相互对立和反驳的
时代。这样一来,儒教失去了如同在汉代那样的绝对性价值,这一情况
必然带来儒教面貌的改变。还有,可以认为,在以门阀贵族制为社会框
架的这个时代,学问也被规定在这个框架内的地方很多,似乎很容易采
取在一门之间一代传一代的"家学"的形式。也就是被以名为"王氏青箱

学"的琅玡王氏的有职故实①之学、平阳贾氏的谱学、河东裴氏的史学、沛
国刘氏的《汉书》学以及在本书第十章《颜师古的〈汉书注〉》弄清楚了的
琅玡颜氏的同样的《汉书》学等等。而且,这个时代是在中国史上别不见　569
其类的宗教性的时代的情况则自不待言。如为人所熟知的那样,梁武帝
被评价为"溺佛",然而他被如此评价,大概不只是由于他自己笃信佛教,
还有对公卿百官们信仰佛教予以奖励的情况。而在这些情况之外况且
还有,他从不杀生的立场而将在宗庙祭祀上使用的牺牲改成蔬菜,放弃
天子之位而舍身,或者还有在禁止九陌钱的使用的时候,如所说的"顷闻
外间多用九陌钱,陌减则物贵,陌足则物贱,非物有贵贱,是心有颠倒"
(《梁书》卷三《武帝纪》中大同元年)那样,甚至连诏敕中都使用佛教的用
语等,说起来不能不理解成了通过佛教而使朝廷本身庄严起来。另一方
面,北朝的天子,据称在即位的时候"必受符录"(《隋书·经籍志》),这
样,佛教和道教就是与朝廷的礼仪有着很深的关系了。即使在这一点
上,儒教大概也不能不寻求改变面貌吧。

　　以下我就想把各章的意图和问题点等方面,还有成为各章之基础的
论文原来发表的杂志名乃至书名,以及发表的年次全都记述一下。

　　序章《六朝士大夫的精神生活》,《岩波讲座世界历史5》,1970年。

　　希望能作为本书全貌的鸟瞰而放在开头。因此,也有简要地记述从
第一部分到第五部分的各章内容的地方。

　　第一部分《由汉代到六朝》第一章《党锢与学问——特别以何休为
例》,《东洋史研究》35卷3号,1976年。第二章《真人与革命》,《东洋学
术研究》17卷5号,1978年。

　　这是把作为本书主题的学术和宗教的问题从六朝时代上溯来考察　570
的两章。可以作为这两章中共通的问题而指出的,大概就是在何休的
《公羊解诂》中所强调的,而且又成为《太平经》之题名本身的"太平"的理

① 译者注:即研究古代朝廷之礼式、典故、官职、法令、装束、武具等的学问。

想。可以认为,"太平"的理想,才是贯流于东汉末的社会上下的东西,生活在这一困难的时代的人们,是在寄托于"太平"一语的社会理想上来探索现实性课题的解决的。所谓他们的现实性课题又是怎样的东西呢? 从东汉末的最严重混乱当中产生出来的六朝的社会,怎样能够实现"太平"的理想呢? 为了无论多少也要回答这些问题,不知何时起我就想进行有关《太平经》的广泛考察了。再有,在第一章第56页①,简单地记述了在东汉末使人看到异常高涨的游学热的情况,这一点大概也是必须更进一步考察的。游学热的高涨,显示着这个时代社会的激烈的流动化现象。朝着太学或是私塾,来自全国各地的多数青年走出游学之旅,他们在那里相互交游,在修学终了之后回到故乡。这一情况被认为对于全国性规模的士人层的形成发挥了很大作用,在六朝士大夫社会形成的问题上,大概也有必要从这一视角来考察。不仅如此,这一时代的游学热,使人想起与不知在什么地方的唐代以后的禅录中所描述的行脚僧们相类似。访师而步行到各地的游学子与行脚僧不仅是样子类似,我认为在私塾的生活形态与禅院的生活形态上似乎也是类似的。在禅院里,劳作是重要的日常功课之一,还是如在第57页所指出的那样,可以想象,即使在东汉的私塾里,也是经营着读书和劳动一体化的生活的。这样看来的话,即使在那些私塾里,劳动不只是作为将私塾经营下去的简单手段,在劳动本身中也可以发现意义和乐趣,这样的劳动观就没有产生吗? 在这个意义上,据记载的那个五斗米道教团的教法之一,"又教使自隐,有小过者,当治道百步,则罪除"(《三国志》卷八《魏志·张鲁传》注引《典略》)的情况值得注意,也就是,承认在道路修筑的劳动上的伦理性意义。尽管五斗米教团是宗教集团,私塾是学问集团,尽管有着这样的不同,但都是在这个困难的时代而目的在于各自理想的完成而聚集起来的人们的集团。对于 R.A.斯坦因所指出的东汉末廉直的儒者和黄巾或五斗米道

571

---

① 译者注:见本译文正文页边码。下同。

等的行动中存在着共通的基调的说法,我深感兴趣(川胜义雄译《纪元二世纪的政治——关于宗教性的道教运动》,《道教研究》第二册)。总之,我认为在东汉末的游学热的现象当中,是似乎包含着与第十一章《师受考》所讲述的"勤求明师"根本上相通的问题的。

关于第二章《真人与革命》,有一个事实我如今还记挂在心上,那就是作为曹操、曹丕父子的故乡谯与被认为是老子生地的苦县赖乡几乎相重叠的事实。在唐杜光庭的《道德真经广圣义》卷三(《道藏》第 440 册)中,指出老子有时候也被称为谯国之人的情况,讲到:"今老君旧宅太清宫东北四十里有谯城,是也。"对谯城和苦县赖城的位置关系,如果就《水经注》卷二三《阴沟水注》中所见有关濄水的水脉而更详细地追寻的话,就是以下的样子。从广乡城北东流的濄水,在苦县的西南分为二水,其干流东南曲而通过苦县故城之南,又东北曲而至赖乡之西,进而北流通过老子庙。所谓这个老子庙,东汉桓帝在延熹八年(165 年)的春正月和冬十一月分别遣中常侍左悺和管霸到苦县"祠老子"(《后汉书》纪七),还有就是在同年八月甲子陈相边韶动手撰文的《老子铭》(《隶释》卷三)碑被竖立起来。再有就是杜光庭称为"老君旧宅太清宫"的地方,濄水从这里进而继续东流而通过相县故城之南然后到谯县故城之北。这样,如果认为谯和苦县距离至近的话,那么在曹丕教令中讲到"谯霸王之邦,真人本出"之处的"真人"(第 86 页),即使认为直接就是指曹操也不会错,然而其背后或许隐含着老子的联想也未可知。之所以这样说,就是因为边韶的《老子铭》中说老子"自羲农以来,为圣者作师",还因为以被推定为与《老子铭》同样形成于东汉时代的《老子变化经》为中心而加以研究的索安(Anna Seidel)女士,如下地说明了体现在《老子变化经》中的老子。也就是说,老子是"作为救济者,自己为了再建社会秩序而经过数次地回到地上来的神","老子历经到最后的五次出现是处在很短的间隔而在从 132 年到 155 年间进行的"(《关于汉代老子的神格化》,《道教研究》3 册)。这样看来的话,把老子称作"真人"又是多么地合适。事实上,在

《老子变化经》当中,尽管是难解的表述,然而有着老子关于自己而说到"外为亡仆,内自为真"的地方,索安女士将其翻译为"尽管在外在性上好像是没有单纯性(仆＝朴?)的,但是在内在性上则是真人"。这样一来,在那个教令当中被称作"真人"的曹操那里,不就重叠着作为社会的救济者而反复降临的老子的印象了吗? 这样的认识的确是使人感到很有魅力的。

第二部分《范氏研究》第三章《范宁的学问》,《东洋史研究》25 卷 4 号,1967 年(原题《范宁的生活和学问》)。第四章《关于踞食论争》,《田村博士颂寿东洋史论丛》,1968 年。第五章《范晔和刘知几》,《东海史学》4 号,1967 年。第六章《范晔与东汉末期》,《古代学》13 卷 3—4 合并号,1967 年。

573　　对于唐李延寿的《南史》和《北史》,内藤湖南的《中国史学史》评论说:"……可是到了南北史,以一家数代相续之家(族)必汇总于一处,其子孙兄弟有官没官的全都写上。……当时的名族,全都重视自己的家(族),对朝代的变化不关心,因为以自己的家世为主,所以南北史自然就是变成这样的写法了。虽然这些如果从即如中国人把断代史确定为正史的体裁,并根据是否与之相合来批判历史的写法这种眼光来看的话,大概是不合体裁的,但是若从今天来看的话,不能不说这方面是很与当时的情况相一致的"(收于《全集》第 11 卷,筑摩书房,1969 年)。说起来的话,仿效这一南北史的方法,而留意于叙述南阳顺阳范氏的人们,亦即历经东晋的范宁、宋的范泰、范晔三代的学术史乃至思想史方面的情况,就是这第二部分。即如以第三章所弄清楚的那样,《谷梁传集解》是范氏的人们以及范氏周围的人们协同而成的著述,其也可以称为一种"家学"的成果。这之后,范泰专心关注的问题是佛教,还有在范晔那里关注的是史学,而具体地追踪范宁的经书研究的传统是怎样被继承的则是困难的。不过,通过三代而贯穿着一样的思想倾向的情况是不可否认的。即如第四章中指出的那样,认为在各地域存在着由历史性、社会性所产生的固有的风俗习惯,圣人的说教是以适应这些风俗习惯而做出的各种各样的表现方式,这一认识是他们所共有的。尽管作为圣人的说教之根本的"道"乃至"所以迹"是归于一的,然而作为其具体表现的"迹"乃至作为功能的"用"则是各种各样的,这一说法是这个时代普遍的认识。可是说到范氏的人们,比起"道"乃至"迹"来,毋宁说他们是更重视于"迹"乃至"用"的。范宁就把其当做礼教来把握。而且范泰排斥佛教戒律当中的印度式的做法——踞食,范晔排斥佛教的全体,也都是基于这样的立场。

第三部分《沈约研究》第七章《沈约的传记与生活》,《东海大学文学部纪要》11 辑,1968 年(原题《沈约的传记及其生活》)。第八章《沈约的思想》,《中国中世史研究》(中国中世史研究会编,东海大学出版会),1970 年。

作为生活于宋、齐、梁三代的南朝的著名文人,并且在齐梁革命之际起到了重要作用的沈约,与南阳范氏不同,是吴兴的寒门出身。这样的出身的他在文化史、思想史、政治史上得以显著活跃的情况,令人预想到门阀贵族社会的变质。范宁以谋反罪被处刑死是在元嘉二十二年(445 年),就是沈约人生刚刚开始的 5 岁时候的事情,以范晔的刑死作为一个象征性的事件,从这个时候开始门阀贵族的荣光也逐渐地黯淡,代之而起的则是寒门层开始抬头。有关这一点的社会史的、经济史的考察,在川胜义雄的《六朝贵族制社会的研究》(岩波书店,1982 年)第三部分《贵族制社会的变质和崩坏》中则是很全面的,然而大概有必要也把文化的问题纳入视野当中来。也就是说,获得被贵族层所占有的文化的传统,不就成为寒门层所担负的要求吗?因为这样的观点,我设置了第三部分。不过我感到遗憾的是,当时专门以颜之推或韩愈等后世人们的思想立场为尺度,而在与其对比之下来论断沈约的这一情况。因此现在反省起来,这就变成了见解有所偏颇,并且对构成主题的人物附加了自我感情的文章。

第四部分《颜氏研究》第九章《颜之推论》,《东洋史研究》20 卷 4 号,

574

1962 年(原题《颜之推小论》)。第十章《颜师古的〈汉书注〉》,《东方学报》
51 册,1979 年。

　　尽管成为第九章之基础的是我的处女作,然而除了把汉文原样加以
引用的地方改为日语训读体和现代日语翻译之外,还加了相当大幅度的
订正。这是因为我强烈地感到,即便同是自己的文章,可 20 年前的文章
与现在文章的笔调有所不同。亲身体验了 6 世纪中叶的江南贵族社会
之破产的颜之推,从这一体验当中,又被成为其新迁住地的华北的生活
所触发了,所以他在进行贵族社会批判的同时,提出了生存于新时代的
士大夫像,也就是科举官僚式的士大夫像。这些就是第九章的论旨。不
过,颜之推也是热心的佛教信仰者,而 20 年前的我对佛教是完全无知
的,所以,我就轻易地说道:"不能不断定他的佛教理解是低层次的,不能
认为是在佛教思想史具有重要意义的东西"。但是这之后,到了在该章
注 16① 中举出的宇都宫清吉的《〈颜氏家训・归心篇〉觉书》和该章注 2②
中举出的胜村哲也的《关于〈严氏家训・归心篇〉与〈冤魂志〉》等有关颜
之推的佛教信仰的论文发表的时候,我又有了修正认识之处,即在删除
这部分的同时,在第十四章《中国排佛论的形成》中设了一节而举出《颜
氏家训・归心篇》。还有在第十章,我又论述了有关《汉书》的接受史、南
学与北学的问题;然而弄清楚颜师古的《汉书注》是继承其祖父颜之推和
叔父颜游秦的《汉书》解释的著述的情况,亦即《汉书》学是颜氏的家学的
情况,就是该章最大的要点。因而,这是与第二部分《范氏研究》共有主
题的部分。

　　第五部分《六朝人与宗教》第十一章《师受考——集中于〈抱朴子内
篇〉》,《东方学报》52 册,1980 年。第十二章《中土边土的论争》,《思想》
579 号,1972 年。第十三章《夷夏论争》,京都大学教养部《人文》17 集,

---

① 　译者注:即本译文第 227 页注②
② 　译者注:即本译文第 209 页注①。

1971 年。第十四章《中国的排佛论的形成》,《南都佛教》34 号,1975 年(原题《中国的排佛论》)。第十五章《六朝时代对〈孝经〉的接受》,《古代文化》19 卷 4 号、27 卷 7 号,1967 年、1975 年。

这一部分是由诸章构成的,所处理的问题是在中国史上别不见其类 ⁵⁷⁶ 的宗教时代的六朝时代,亦即这个时代的信仰与非信仰的诸相,或者广泛覆盖社会的宗教感情问题。也就是,有以道教为对象的第十一章。其中,受 H.马伯乐引导而将"明师"的"明"作为与"盟"相关联来解释的部分是新加写出来的。还有以佛教为对象的从第十二章到第十四章的三章。其中第十三章是与第四章《关于踞食论争》密切相关的,但是由于其和在第十二章处理的主体又分别与排佛论有关,所以就设了整体性地涉及六朝隋唐初的排佛论而概观论之的第十四章。在第十五章,则是论述儒家的经典《孝经》作为宗教经典而被接受的问题。大胆而言,我认为,正是在如此确实特殊的现象当中,才能很好地看到六朝时代是宗教的时代的意味所在。在这一章所举出的梁的皇侃,在《论语义疏》当中,除了使用着像"印可"那样的明显来自佛教的用语之外,有关《论语·先进篇》的"未能事人,焉能事鬼",而讲到"外教无三世之义,见乎此句也。周孔之教唯说现在,不明过去、未来",也是流露出他对于欠缺三世之理法的儒家说教的不满的。不过,尽管我论述了在六朝时代《孝经》屡屡作为宗教经典而被接受的情况,但是据说王重阳也是将《般若心经》、《道德清静经》以及《孝经》的诵读推荐给人们的(《甘水仙源录》卷一《终南山神仙重阳真人全真教祖碑》,《道藏》第 611 册),那么,即使在所谓新道教的全真教那里,也是《孝经》与佛典之《般若心经》一同受到特别对待的情况,这则是令人深感兴趣的。总之,第十五章是将相隔八年而写的两篇论文汇集修改成一篇的。在这八年之间,在中国令人惊叹的考古学上的新发现相继而出,这一情况到现在也还继续着,所以我们就期待着从六朝墓中,被随葬的并非残片的《孝经》能够被发现吧。

在如以上的意图和构成的基础上编成了本书,然而其内容大概在多 ⁵⁷⁷

大程度上呼应了书名呢？由于列举了何休和范宁的情况，所以大概若有关于杜预一章大概就能得到平衡了。再有，对于道教的关注，尽管这数年来我好不容易熟悉起来，但是在本书中，仅限于有第十一章《师受考》一章的情况也是很遗憾的。虽然应该如此反思的地方很多，不过，无论如何，在本书以这样的形式付梓之际，我必须再次向各位先生表示谢意。即我在京都大学文学部东洋史学科取得学籍以来的老师宫崎市定、田村实造、佐伯富、佐藤长等诸位先生们。对于其中的作为东洋史研究会会长的宫崎先生，在将本书加入东洋史研究丛刊之一的时候所予以的关照，我不胜感谢。再有从我大学院生时代以来，在公私各个方面不断赐予指导的福永光司先生，还有很多的前辈友人，特别是"中古史研究会"的各位。在拜宇都宫清吉先生为师父，由川胜义雄、谷川道雄两氏推进的这一研究者集体里，我是意想不到地仰赖了很多的。

本书的刊行得到了昭和58年度文部省研究成果刊行费补助金的资助，还有关于出版事务给同朋舍出版社的木村京子女士增添了很多麻烦，我想这里一并致以感谢。

1983 年 9 月 1 日

吉川忠夫

人名·书名·作品名索引

黑体数字是设置了章、节或子目而论述的项目①

---

① 译者注:索引中的词语是著者按照首字日语读音的十行字母顺序排列的;数字均为原著页
码,见译文页边码。此外据检索,本索引当中所列人名·书名·作品名似乎并没有全部都显
示出具体所在的位置,请读者注意。

446

---

① 译者注:此处原文作"异",依正文改。

译后记

在吉川忠夫先生《六朝精神史研究》的翻译工作完成之际,在即将把这部译作呈现给读者的时候,作为译者的我在此想做一些简要地说明,既有些许的回忆,又可以算是一种纪念。在不会忘怀的时期,在不会忘怀的地方。留下这散漫的文字,也作为一种记录。

最初,是我的朋友王中江先生提议的,希望能将吉川先生的这部书翻译出版,介绍给中国学界,由我通过日本朋友与吉川先生本人及原著的出版社联系商讨此事。当时,是否我也直接参与翻译工作还说不定。

2006 年的初夏,当我第一次拿到这部书的日文原版,并大致地翻阅了一下之后,就深为书中的研究题目和内容所吸引,一心想着能由自己亲手翻译出来学习和参考就好了,也可以供中国读者们共同分享。不仅因为这部书中的研究题目和内容是我近些年研究中的相关思考和研究方法上的先行研究,还因为作为一部集中于六朝精神风貌的研究著作,汇集了著者历经 20 年的多角度、多方面的研究成果;在距离原著出版 20 多年后的今天,此书在研究的对象和主题、考证和论述、思考和方法等多个方面,我觉得都依然很值得中国读者参考和借鉴。

此后,因为版权上的一些原因,与日中两方出版社的联系搁浅,具体翻译上的考虑也暂时放下了。不过,大概是因为我和吉川先生的这部书已经结下了缘分,事情不久就有了新的机会。讲到为这部书联系出版事宜的继续和翻译工作的展开,对我来说又是在一个比较特别的时期进行和完成的。

2006 年 11 月末,承蒙日本大东文化大学教授、东京大学名誉教授池田知久先生支持和帮助我申请日本学术振兴会外国人特别研究员共同研究项目获得成功,使我有幸在时隔六年再次来到日本东京,在池田先生身边进行为期两年的学习和研究。如果没有池田先生的关照和支持使我有了这次在日本的机会,也许我与此书的翻译出版就失之交臂了。所以,我首先要特别表示感谢的,就是池田先生。

2007 年的春天,在我的好友、同在大东文化大学做研究的刘岳兵先生的联络、介绍和推荐下,翻译和出版此书的计划得到《海外中国研究丛书》主编、我 20 年前在中国社科院研究生院的同校学兄刘东教授,还有江苏人民出版社府建明先生的共同支持,江苏人民出版社决定出版这部书的中文版,从而使我亲手翻译此书的愿望得以实现。以上三位先生,也是我在这里要深表感谢的。

在本书翻译的进程中,我和著者吉川忠夫先生书信联系,请他为本书写了中文版序,并且多次请教翻译中遇到的问题,吉川先生不仅欣然赐序,还详细解答疑难,寄给我相关的参考资料。在此,对吉川先生我要由衷地表示感谢。

吉川先生这部著作的汉文文献的引用,有三种形式,有的是直接汉字原文照录,有的是直接翻译成日文,有的是两者兼备,既有日文翻译又附加了汉文原文。那么对我来说,所要做的就是要全部还原到引用文献的原文形式。这里面包含着两方面的问题,一方面是断句和标点,一方面是文字上的出入。

我在对引文的断句和标点方面做技术处理时,(1) 基本上根据吉川先生所作的断句和标点,对于那些与通行版本(如大正新修《大藏经》和中华书局版《史记》以下的正史等)的断句不太一样的地方,也以遵照吉川先生的断句和标点为原则,以体现著者的理解。(2) 对于引文中没有做具体标点的地方,则参考通行文本或根据文意,在必要的地方增加或调整为相应的冒号、引号、顿号、问号、书名号等标点符号。(3) 对于一些引文中的标点以简约的形式处理。比如本书第十章所引用的颜师古《汉书注》的文字中常常包含引用其他诸家的文字,如果按照中华书局标点本《汉书》的颜师古注那样地做详细标点的话,加上《汉书》本文的引用,就会有多套的单引号、双引号重叠出现而使人眼花缭乱,所以只是在著者要说明特别意思的地方,才加上引号,以示分别,其他就简约化。

在引文的核对中,我所做的主要工作是:(1) 基本上利用吉川先生标明所引用的文本和一般常见的通行的文本来复原,尽可能地使每一条引文都有着落。(2) 当发现文字上有出入的时候,就以译者注的形式标示出来;有些特别补充的地方,比如一些引文具体的出处等,也以译者注的形式标示出来,供读者参考。原书中很少的一些疏漏之处,也得到吉川先生的确认后而做了修正。(3) 在引文中出现的括号中的文字,比如语义的说明和姓名的补全等等,多数是吉川先生将引文翻译成的日文当中为明确意思而增加的,还有一部分是我依照同样的原则而根据吉川先生翻译成的日文中的词语所增加的,也体现着吉川先生的理解。

需要说明的是,以上文献核对工作得以顺利进行,我除了利用大东文化大学图书馆之外,文学部中国学科资料室的藏书,还有中国学科吉田笃志教授、渡边义浩教授的私人藏书,给我提供了极大的方便和帮助。而且,令人印象深刻的是,有关中国古典文献的书籍,无论是文学部中国学科资料室的藏书,还是吉田笃志教授、渡边义浩教授的私人藏书,均以中国台湾上世纪六十年代到八十年代出版的居多。我要核对的文献,在这些大套书中总能找到具体的文本和出处,深感方便。比如,世界书局印行、杨家骆主编《中国学术名著》(第 1 辑至第 6 辑,1962 年—1963 年),台湾商务印书馆《四部丛刊初编缩本》(1965 年),台湾中华书局本

《四部备要》(第 1 册—第 266 册,1966 年—1970 年),世界书局印行的《景印摛藻堂四库全书荟要》(1—500 册,1988 年),艺文印书馆印行《十三经注疏》(1—8 册,1982 年)等等。

在此书的翻译过程中,大东文化大学中国学科的几位先生,吉田笃志教授除了慷慨地提供私人藏书供我核查之用以外,对于我所遇到的翻译疑难问题,也时常予以细致的解答。平时与吉田先生的学术交流,更是令我受益匪浅。萩庭勇教授也是我经常请教日文的先生,萩庭先生总是细致地答疑解惑,使我得到很多帮助。渡边义浩教授不仅在最初和吉川忠夫先生联系翻译出版事宜上提供了很多帮助,并且在我此次来日本的各方面都予以了关照和帮助。在这里,我一并由衷地感谢这些先生。

此次我来日本学习和研究,得到了我所在的中国社会科学院历史研究所陈祖武所长、刘荣军书记,以及科研处长齐克琛,还有我的老师卢钟锋先生的大力支持,历史所及我思想史研究室的其他同仁也很关照。特别是卢先生和陈先生,多年以来一直关心和支持我的专业学习和学术研究工作,给我以激励和指导。借此,我向他们表示由衷地感谢。

在这里,我还要感谢我的妻子罗莉女士,还有正在上中学的我的女儿王静雪,是她们在这段时间里尽力克服各种困难,精心地安排好工作、学习和生活,才使我能够在这里安心地学习和工作。在这部译著当中,自然也包含着她们的贡献。

在这里,我还要感谢江苏人民出版社各方面的支持和关照,以及相关编辑、校对人员所付出的劳动,我们愉快的合作使这部译著得以顺利出版。

沉浸在吉川先生这部书的思绪当中的一个个日日夜夜,由冬到夏,此时即将结束;跟随着吉川先生的笔触所进行的六朝士人的精神之旅,从汉到唐,到此也将告一个段落。

最后,谨以此译著献给日本学术振兴会和日本大东文化大学,还有我所在的中国社会科学院历史研究所;献给所有帮助和支持我的学习、工作和研究的人们,还有我的家人。

王启发　2008 年 6 月 22 日

于日本东京·大东文化大学文学部中国学科

2 号楼研究栋 0414 研究室

补记:

2008 年 11 月 27 日我结束了两年在日本的研究生活回到北京,随即我就按照出版社府建明先生和本书责任编辑张晓薇女士的意见对译稿做进一步的校正和修改,至今历经近一年的时间终于完成了这项工作。在此,我想对府建明先生和张晓薇女士致以诚挚的感谢。

王启发　2009 年 12 月 20 日

于北京住所

又补记:

这里需要再补充说明的是,在看校样的时候所出现的技术问题,现做如下处理:(1) 本书原著的注释体例为章后注,而此次出版社方面采用的是页下注,这样在正文或注释当中出现称引某章注释的序号时,我就以“译者注”的方式标出其在此译本中的页码位置。(2) 此译本注释部分页边码所标出的数字即为原著注释内容所在原著页码的位置。

王启发　2010 年 7 月 12 日于北京

"海外中国研究丛书"书目

157. 行善的艺术:晚明中国的慈善事业(新译本) [美]韩德玲 著 曹晔 译
158. 近代中国的渔业战争和环境变化 [美]穆盛博 著 胡文亮 译
159. 权力关系:宋代中国的家族、地位与国家 [美]柏文莉 著 刘云军 译
160. 权力源自地位:北京大学、知识分子与中国政治文化,1898—1929 [美]魏定熙 著
张蒙 译
161. 工开万物:17 世纪中国的知识与技术 [德]薛凤 著 吴秀杰 白岚玲 译
162. 忠贞不贰:辽代的越境之举 [英]史怀梅 著 曹流 译
163. 内藤湖南:政治与汉学(1866—1934) [美]傅佛果 著 陶德民 何英莺 译
164. 他者中的华人:中国近现代移民史 [美]孔飞力 著 李明欢 译 黄鸣奋 校
165. 古代中国的动物与灵异 [英]胡司德 著 蓝旭 译
166. 两访中国茶乡 [英]罗伯特·福琼 著 敖雪岗 译
167. 缔造选本:《花间集》的文化语境与诗学实践 [美]田安 著 马强才 译
168. 扬州评话探讨 [丹麦]易德波 著 米锋 易德波 译 李今芸 校译
169. 《左传》的书写与解读 李惠仪 著 文韬 许明德 译
170. 以竹为生:一个四川手工造纸村的 20 世纪社会史 [德]艾约博 著 韩巍 译 吴秀杰 校
171. 东方之旅:1579—1724 耶稣会传教团在中国 [美]柏理安 著 毛瑞方 译
172. "地域社会"视野下的明清史研究:以江南和福建为中心 [日]森正夫 著 于志嘉 马一虹
黄东兰 阿风 等译
173. 技术、性别、历史:重新审视帝制中国的大转型 [英]白馥兰 著 吴秀杰 白岚玲 译
174. 中国小说戏曲史 [日]狩野直喜 张真 译
175. 历史上的黑暗一页:英国外交文件与英美海军档案中的南京大屠杀 [美]陆束屏 编著/
翻译
176. 罗马与中国:比较视野下的古代世界帝国 [奥]沃尔特·施德尔 主编 李平 译
177. 矛与盾的共存:明清时期江西社会研究 [韩]吴金成 著 崔荣根 译 薛戈 校译
178. 唯一的希望:在中国独生子女政策下成年 [美]冯文 著 常姝 译
179. 国之枭雄:曹操传 [澳]张磊夫 著 方笑天 译
180. 汉帝国的日常生活 [英]鲁惟一 著 刘洁 余霄 译
181. 大分流之外:中国和欧洲经济变迁的政治 [美]王国斌 罗森塔尔 著 周琳 译 王国斌
张萌 审校
182. 中正之笔:颜真卿书法与宋代文人政治 [美]倪雅梅 著 杨简茹 译 祝帅 校译
183. 江南三角洲市镇研究 [日]森正夫 编 丁韵 胡婧 等译 范金民 审校
184. 忍辱负重的使命:美国外交官记载的南京大屠杀与劫后的社会状况 [美]陆束屏 编著/
翻译
185. 修仙:古代中国的修行与社会记忆 [美]康儒博 著 顾漩 译
186. 烧钱:中国人生活世界中的物质精神 [美]柏桦 著 袁剑 刘玺鸿 译
187. 话语的长城:文化中国历险记 [美]苏源熙 著 盛珂 译
188. 诸葛武侯 [日]内藤湖南 著 张真 译
189. 盟友背信:一战中的中国 [英]吴芳思 克里斯托弗·阿南德尔 著 张宇扬 译
190. 亚里士多德在中国:语言、范畴和翻译 [英]罗伯特·沃迪 著 韩小强 译
191. 马背上的朝廷:巡幸与清朝统治的建构,1680—1785 [美]张勉治 著 董建中 译
192. 申不害:公元前四世纪中国的政治哲学家 [美]顾立雅 著 马腾 译
193. 晋武帝司马炎 [日]福原启郎 著 陆帅 译
194. 唐人如何吟诗:带你走进汉语音韵学 [日]大岛正二 著 柳悦 译